| 本书得到 | 河南大学黄河文明传承与现代文明建设河南省协同创新中心
教育部人文社会科学重点研究基地河南大学黄河文明与可持续发展研究中心
河南大学历史文化学院 | 资助出版 |

本书系国家社科基金重大项目"大遗址与河洛三代都城文明研究"（批准号：13&ZD100）的中期成果

李玉洁◎著

科学出版社

北京

内 容 简 介

魏国（公元前403—前225年），姬姓，其辖地包括今山西南部，河南北部和中南部，陕西、河北部分。战国初年，魏国任用李悝进行变法，废除了世卿世禄制度，是早期任用布衣卿相的诸侯国。平民中贤能之士的大量选拔任用，成就了战国初年魏国的霸业。魏国是法家文化的发祥地，李悝所制定的《法经》是我国第一部比较完整的成文法典，是后世封建王朝法典的蓝本，对我国后代法典的形成有重要意义。河南汲县发现的魏襄王墓中出土了大批竹书，即《汲冢周书》，是研究古史的珍贵史料。魏文化是先秦时期重要的、发达进步的诸侯国文化之一，魏国史的研究有重要的学术价值。

《中原诸侯国史研究丛书·魏国史》通过对魏国历史和文化的研究，展现了中原诸侯国文化的灿烂与辉煌，适合中国古代史研究领域的学者、研究生、本科生，以及对中国古代史研究有兴趣的读者阅读。

图书在版编目(CIP)数据

魏国史／李玉洁著.—北京：科学出版社，2017.1
（中原诸侯国史研究丛书）
ISBN 978-7-03-050870-6

Ⅰ.①魏… Ⅱ.①李… Ⅲ.①中国历史–研究–魏国 Ⅳ.①K236.107

中国版本图书馆 CIP 数据核字（2016）第280127号

责任编辑：牛 玲 张 莉 曹 玮／责任校对：张小霞
责任印制：赵 博／封面设计：有道文化

科学出版社 出版
北京东黄城根北街16号
邮政编码：100717
http://www.sciencep.com

北京厚诚则铭印刷科技有限公司印刷
科学出版社发行 各地新华书店经销
＊
2017年1月第 一 版　开本：720×1000 1/16
2025年3月第五次印刷　印张：24
字数：300 000
定价：98.00元
（如有印装质量问题，我社负责调换）

丛书编委会

学术顾问：李学勤　李伯谦　刘庆柱　朱绍侯

　　　　　　郝本性　杨育彬　杨肇清

编委会主任：苗长虹

主　　编：李玉洁

编　　委（以姓氏笔画为序）：

　　　　　　马媛媛　王山青　李　暖　李玉洁　李麦产

　　　　　　杨小召　吴爱琴　宋军令　陈方圆　周保平

　　　　　　郭　霞　郭书学　武思梦　姜　鹏　霍　蕾

丛 书 序

中原又称中土、中州、中夏、华夏等。"中原"在狭义上指今河南省，即洛阳至开封为中心的黄河中下游地区；广义的"中原"包括今河南、山西、陕西、河北、山东、安徽北部、江苏北部等区域。自远古时期，中原就活跃着许多大大小小的部落，之后又形成一个个的方国。夏、商、周三代皆建都在中原。西周王朝在中原地区分封了许多诸侯国，如宋国、卫国、陈国、蔡国、晋国、齐国、郑国等，以及战国时期的魏国、韩国、赵国、秦国、齐国、楚国等。中原诸侯国是创造中华古代文明的实体。中国古代最早的文字、铜器、第一部诗歌总集——《诗经》、最早的成文法、中国古代最值得骄傲的先秦诸子思想的各流派及其鼻祖，皆产生在中原诸侯国。虽然中国古代文明是满天星斗式的出现，而中原当是最灿烂、最辉煌的地区之一。"中原诸侯国史研究丛书"以狭义中原地区的诸侯国文化研究为主，兼及广义的诸侯国文化的研究。我们编纂"中原诸侯国史研究丛书"的目的在于研究中原诸侯国的历史、文化、特点、兴衰原因等，以及其在中华文明发展进程中的重要奠基作用，从而弘扬中原地区的古代文化。

一、"中原"概念产生与中原文明的形成

"中原"一词，其原意是"原野之中"，最早见于西周宣王时期的《诗经·小雅·吉日》。诗云：

> 瞻彼中原，其祁孔有。儦儦俟俟，或群或友。悉率左右，以燕

天子。

　　既张我弓,既挟我矢。发彼小豝,殪此大兕,以御宾客,且以酌醴。

(汉)毛亨传云:

　　祁,大也。趋则儦儦,行则俟俟。兽三曰群,二曰友,悉率左右,以燕天子。驱禽之左右,以安待天子。

这段诗歌的意思是,看那中原多么辽阔广平,一些野兽三三两两,或跑或行,张弓射箭,驱赶射猎,并以酒宴飨天子;而一些小的野兽可用来宴飨宾客。

这段诗歌描述了周人在广大平坦的原野之中打猎的情况。由于这是周人的诗歌,所以"中原"当是指黄河中游一带的原野。

西周幽王时期的《诗经·小雅·小宛》云:"中原有菽,庶民采之。"(汉)毛亨传云:"中原,原中也。"这里的"中原"与《小雅·吉日》中所指的一样,也是指黄河中游一带广平的原野。

黄河中游地区四季分明,土地肥沃,原野广大而平,无论是在古代还是近代,都是庶民的宜居之地,许多的族群活动在这广袤的原野之上。随着人类的体质、智力和生产力的发展,社会财富迅速地增加,争夺财富和权力的斗争日益激烈。部族之间爆发了频繁的战争和冲突,胜利者取得了领袖的地位。黄帝在对炎帝、蚩尤的战争中均取得胜利,从而成为华夏民族的正统帝王。胜利的部族把失败的部族赶到边地和山区,而自己占据最好的、最宜居的中原地区。于是,中原逐渐成为政治、军事、经济的文明中心。

中原是我国远古文明形成最早、最集中的地区。学术界所认可的文明要素——城堡、文字和金属,最早皆是在中原地区出现和形成。中原在仰韶文化晚期已出现古城堡。郑州西山古城址是仰韶文化的遗存,距今约 4800～5300 年。中原地区已发现龙山文化时期的古城堡数百座,如河南淮阳平粮台、登封王城岗、郾城郝家台、安阳后岗、淅川下王岗等古城址普遍出现。

文字的起源应追溯到新石器时代器物上的刻划符号。河南舞阳贾湖遗址发现的龟甲和石柄上带有的契刻符号，具有原始文字的性质，距今8000年左右。西安半坡、临潼、邰阳、铜川、宝鸡和甘肃秦安等遗址出土的大批陶器上均有刻划符号，莒县陵阳河的陶尊发现了刻文古文字。这些都与中国古甲骨文具有一脉相承的渊源。

铜器，在龙山文化期的遗址中多有发现，郑州牛寨遗址、淮阳平粮台、登封王城岗四期H617内出土青铜块、铜渣、青铜残片，临汝煤山遗址中出土铜坩锅、熔铜炉残壁及铜液痕迹等。可以说中原是最早、最集中出现文明的地区。

中原也是古代最重要的战场。《左传·僖公二十三年》云："晋楚治兵，遇于中原，其辟君三舍。"《国语·越语上》曰："寡人不知其力之不足也，而又与大国执雠，以暴露百姓之骨于中原。"《国语·晋语三》："耻大国之士於中原。"战国的《荀子·王制》："兵革器械者，彼将日日暴露毁折之中原。"汉末诸葛亮《出师表》云："当奖率三军，北定中原。"等等。"得中原者得天下，失中原者失天下"，中原是部族争夺的焦点，是历代兵家必争之地，也是古代文明最发达、最辉煌的地区。

二、中原诸侯国文化源远流长，极富特色

中原自古就是部族方国聚集的地区，夏、商、周皆是在中原建都的王朝。夏商时期，中原的部族方国主要有昆吾、祝融八姓、葛天氏、有莘氏、有扈氏、伯益、有崇氏，等等。西周春秋时期，中原地区又分封了许许多多的诸侯国，如卫国、宋国、陈国、蔡国、晋国、齐国、鲁国、郑国、秦国等。战国时期有魏国、韩国、赵国、齐国，还有东周王朝，楚国的一大部分辖地也在中原地区。

中原诸侯国创造了非常辉煌的文化，对黄河文明的形成与发展起着非常重要的奠基作用，是中华文明的主体部分。正因为有中原诸侯国文化的奠基，中华文明才源远流长、光彩夺目。

陈文化是我国最古老的文化源头之一。陈是太皞、伏羲的都城，具有远古英雄时代的淳朴风俗。伏羲制嫁娶、画八卦、造书契、河图洛书的传说皆

与此地此国有密切的关系。陈国又是虞舜之后胡公满的封国，妫姓，国都宛丘（在今河南淮阳县）。《左传·襄公二十五年》记载：周武王"以元女大姬配胡公而封诸陈，以备三恪"。陈胡公娶了周武王之长女大姬，又是帝舜之后裔，西周王朝封之为公侯级的诸侯，以备三恪。恪，客也，陈国于周为客，而不是周王朝的臣服国。《诗经·陈风》展现了古老的陈国风情。例如，《东门之池》表现了陈国平民男女在沤麻、沤纻、沤菅的劳动中，用歌声、语言，表达爱情的生活场景。《宛丘》描写了陈国人用土鼓、缶奏乐，举着白鹭羽毛做成的华盖和旌旗跳舞的欢快场景。《衡门》是说，人皆自足而无求则安，即人们可以志在天地四方，如果志向不能满足，不要强求。这些诗歌都表现出陈国人民的生活、爱情和思想境界。陈国是道家鼻祖老子的母国（后文将详述）。

宋国是殷商后裔的封国，保留着许多远古的传统和习俗。例如，宋楚泓水之战中，宋襄公认为不能乘人半渡而击，认为"君子不重伤，不擒二毛，古之为军也，不以阻隘也，寡人虽亡国之余，不鼓不成列"，① 故宋国在楚军半渡及既渡而未成列时，放弃进攻，失去有利的战机，导致大败。这在春秋时期被人所笑为愚蠢，但确是远古战争的礼仪。《淮南子·汜论训》"古之伐国，不杀黄口，不获二毛。于古为义，于今为笑。古之所以为荣者，今之所以为辱也；古之所以为治者，今之所以为乱也。"不乘人之危，不伐无备之军，不伐丧，不伐凶（即凶荒年不伐），不薄人于险，灭国不绝祀。战争是为了"以战止战"，宋襄公在战争中表现的道德信义和现象是继承了三代时期淳朴的古风。

卫国是武王少弟康叔的封国，封国在殷商故地，国都定在殷旧都朝歌（今河南淇县）。《汉书·地理志》云："周既灭殷，分其畿内为三国，《诗·风》邶、庸、卫国是也。邶，以封纣子武庚；庸，管叔尹之；卫，蔡叔尹之；以监殷民，谓之三监。故《书序》曰：'武王崩，三监畔'，周公诛之，尽以其地封康叔，号曰孟侯。"孟侯，就是诸侯之长。卫国是西周王朝分封在殷商故地的最大的诸侯国，故称"诸侯之长"。《诗经·国风》中的《邶风》《鄘风》《卫风》都

---

① 杨伯峻《春秋左传注·僖公二十二年》中华书局，1981年，397～398页。

是产自卫国的诗篇。卫国是封在殷商故地是诸侯国，继承了殷商王朝的手工业与青铜冶炼业的基础，又地处中原，是交通中心，故工商业特别发达，工匠也很多，曾发生过两次工匠起义。"苟卫国有难，工商未尝不为患。"① 工匠起义赶走了国君，这种情况在春秋时代是很少见的。卫国有深厚的文化积淀和发展的土壤。例如，春秋时期齐桓公任命的"大田"宁戚，是管理农业的官员，负责垦田、辟土、艺粟，尽地力之利，是齐桓公称霸时期的重要人才。战国初年有名的政治家、军事家吴起、商鞅等，皆是卫国人。能培养出来这样的人才，说明卫国是文化素质很高的诸侯国。卫国在西周至春秋文明的发展中有重要的作用。

春秋时期，郑国是第一个与商人定立盟约的诸侯国。《左传·昭公十六年》记载：郑国与商人"世有盟誓，以相信也；曰：'尔无我叛，我无强贾，毋或匄夺。尔有利市宝贿，我勿与知。'恃此质誓，故能相保以至于今"。郑国商人弦高在秦国的进攻面前，不计个人得失保护了郑国的利益，也表现出对郑国的热爱和很高的政治素质。郑国一带的风俗也是比较开放的。司马迁在《史记》中记载："赵女郑姬，设形容，揳鸣琴，揄长袂，蹑利屣，目挑心招，出不远千里，不择老少者，奔富厚也。"② 郑国风俗的开放，与其春秋时期经济文化的繁荣有密切的关系。公元前536年，郑国子产"铸刑书"，把法律条文公布出来，让民众皆知，违者有罪，这是我国最早的成文法。邓析是我国最早的"律师"，为当事人进行狱讼辩护，在中国司法诉讼史上有重要的地位。

中原诸侯国有源远流长的文化，并根据历史、地域的特点形成了自己的文化特色，构成了中华文明形成的重要基础。

三、诸子百家思想主要在中原诸侯国形成

春秋战国时期出现了诸子百家争鸣的局面，道家、儒家、墨家、法家、

---

① 杨伯峻《春秋左传注·定公八年》中华书局，1981年，1567页。
② 司马迁，《史记·货殖列传》，北京：中华书局，1982年，3271页。

阴阳家、名家、兵家、工商等学术流派纷纷形成，这是我国思想史上最活跃、最辉煌的时期。先秦思想家们探讨治国治民的理论，研究国家的产生与形成，探索宇宙、人类的起源，对世界、社会和人生都进行了深刻的研究。先秦诸子的思想充满了民本主义精神，闪跃着理性的、尚思辩的光辉，对中国社会产生了深远的、永久的影响，是中国人民宝贵的精神财富。先秦诸子与同时期的希腊哲学、印度佛学构成了世界历史上的"轴心时代"。

诸子百家学派及各学派的奠基人皆产生在中原诸侯国。道家学派的奠基人老子、庄子分别是陈国、宋国人，二人的民想精粹合称为老庄思想。道家学派是先秦时期代表小国贵族的重要思想流派，在中国历史上的影响仅次于儒家。历史上每当大的战乱过去，封建王朝都会采取道家"无为而治"的思想去治理国家，让饱受战争苦难的人民有一个喘息的机会。如西汉初年，唐朝初年，北宋初年等封建政权皆以黄老思想做为统治的思想依据和国策。道家学说中朴素的辩证法思想、小国寡民的社会理想对我国历代都有重要的影响。道家学说同时也是古代道教的理论基础，道家在中国历史上有深远的影响和作用。

儒家思想是自汉武帝之后的、我国封建社会最重要的治国治民的理论，影响中国2000多年，直至今日。儒家学派的先驱当是周公，主要活动在镐京（今西安）、雒邑（今洛阳）一带。之后，鲁国的孔子继承了周公的思想，成为儒家学说的奠基人。孔子祖籍在先秦时期的宋国（今河南省夏邑县），其先祖在宋国受到迫害逃到鲁国。孔子后因在鲁国受到排挤，出外周游列国14年，曾到郑国、卫国、陈国、蔡国、宋国等。孔子周游列国主要是在中原列国之中进行，所以说中原地区是儒家思想形成的深厚土壤。

墨家学派的奠基人墨子在宋国为大夫，被认为是宋国人；有人又根据墨子在鲁国求学，在鲁国做事，认为墨子是鲁人；亦有人提出墨子是鲁阳人、鲁山人等。墨子是小生产者和小手工业者知识分子的代表，他要求人们"兼相爱、交相利""非攻""尚贤"等。他代表新兴的商人和手工业者的强烈要求走上政治舞台。《墨子·非命上》云："虽在农与工肆之人，有能则举之，高予之爵，重予之禄，任之以事，断予之令。"墨子认为，天子、三公、卿宰、诸侯等王公贵族并不神秘，皆是古代从平民百姓中选出的贤者，他们被推选出来是为了治理刑政，而不应该搜刮人民。墨子提出"三表法"的认识论，《墨子·非命上》云："上本之于古者圣王之事""下原察百姓耳目之实""发以为刑政，观其中国家百姓人民之利"。他的认识论和方法论，在中国哲学史上有极其重要的地位。墨子的思想放射出可贵的平等思想的火花。

魏国的李悝是法家学派的鼻祖。韩非子是法家学说的集大成者。法家是在中原形成的重要学派。春秋时期，以晋、齐为主的诸侯国的贵族利用军功、事功专擅国权，尾大不掉，最后对国君取而代之，如三家分晋、田氏代齐等。战国时期，李悝变法，"夺淫民之禄"，废除一世有功为官、万世皆荣的世袭制度，摒弃军功世袭大族对政权的把持，大大加强了国君的权力，从此形成了战国时期的君主专制制度。可以说，李悝变法，是分散的君主权力形成君主专制的转折点。商鞅曾在魏国为宦，不得志，西走秦国；吴起曾为将于魏国，被谗害，奔楚。商鞅在秦、吴起在楚，分别用李悝变法的内容在秦、楚进行变法。之后，战国各诸侯国皆效仿李悝进行变法，这对中国封建专制制度的形成产生了非常重要的作用。

名家学派的奠基人是宋国的惠施和赵国的公孙龙。名家对名、实关系进行探讨，公孙龙提出的"白马非马论""离坚白论"等，在逻辑学上是相当重要的哲学命题。惠施提出了"至大无外""至小无内""日方中方睨，物方生方死"等辉煌的哲学理论，他还发观事物的共同规律"大同异"与"小同异"，并找出它们的差别。这是当时人们对世界认识深化的结果，大大丰富了中国古代的哲学思想理论。

阴阳学说的奠基人是齐国人邹衍。他"大小九州说"的揣测有一定的科学性，反映了邹衍知识的渊博。邹衍把水、火、金、木、土演绎成五德，以附会历史上的各个王朝，把所谓的"五德"与朝代的兴衰更替相附会，然后用五行相生相克的理论去解释王朝更替的必然性。阴阳学说是中华民族最重要的哲学思维之一，对我国有极其深远的影响。

兵家鼻祖是春秋时期的齐国人孙武。孙武将自己的战争经验、思想、战略、战术写成兵学著作十三篇，即《孙子兵法》，是世界上最早的兵学著作。孙子主张正义的有道之战，他认为，发动战争者应"非危而战""唯民是保"，战争的最终目的是保护人民。《孙子兵法·谋攻篇》云："不战而屈人之兵，善之善者也。"孙子提出"兵不厌诈"。《计篇》云："兵者，诡道也。故能而示之不能，用而示之不用，……攻其无备，出其不意。"这就是所谓的诈术之道。孙子的军事思想对我国后代有深远的影响。《孙子兵法》是我国历代将领，如韩信、曹操、诸葛亮、李世民、岳飞、戚继光、曾国藩等人的必读之书。《孙子兵法》影响远及海外。英国元帅蒙哥马利曾说过，世界上所有的军事学院都应把《孙子兵法》列为必修课程。美国人约翰·柯林斯在《大战略》中指出："孙子是古代第一个形成战略思想的伟大人物。"孙子是我国古代值得骄傲的军事家和学者。

从以上论述可以看出，先秦诸子各流派思想的奠基人主要产生在中原诸侯国。先秦诸子思想对我国数千年的社会有深远的影响，是我国人民宝贵的精神财富。由此可见中原诸侯国思想的前瞻性和文化的先进性。

"中原诸侯国史研究丛书"对中原诸侯国的历史、政治、军事、经济、制度、兴衰、思想、文化进行全面的分国研究，并着重研究诸侯国的地域、历史对思想文化的影响。如前所述，本套丛书以狭义的中原地区诸侯国史研究为主，但广义上的中原诸侯国史也是本套丛书研究的对象。研究中原诸侯国历史的辉煌及其对中华文明的贡献是本套丛书的宗旨。

李玉洁

于河南大学闲云斋

2016 年 6 月 26 日

目 录

丛书序

绪论 ··· 001

    一、战国初年魏国独霸中原的原因探析 ················· 001

    二、对贤能之士的排斥和迫害是魏国极盛而衰的原因 ········· 003

    三、魏国兴亡与大梁地理位置毫无关系 ······················· 005

    四、魏文化在我国历史上的深远影响 ························· 007

第一章　魏氏在晋国的发展 ··· 010

  第一节　毕万在晋国受封为魏氏 ························· 010

    一、毕万仕晋 ·· 011

    二、晋国"灭公族""尚军功"的国策是毕万家族发展的土壤 ··· 012

    三、毕万受封于魏 ·· 015

    四、"魏"地溯源 ·· 016

    五、魏氏城的考古学发现 ······································ 019

  第二节　魏武子袭封 ·· 021

    一、魏武子追随重耳逃亡 ······································ 021

    二、魏武子受次赏袭封在魏 ··································· 022

    三、魏悼子徙治在霍 ·· 023

第三节　魏颗在晋国的功勋 …………………………………… 024
一、魏颗立功辅氏之役 ……………………………………… 024
二、老人结草报恩，魏颗勋铭景钟 ………………………… 026

第四节　魏氏家族地位的腾升与魏绛"和戎" ……………… 027
一、魏颉成为晋国的卿 ……………………………………… 028
二、魏绛执法不阿 …………………………………………… 029
三、魏绛的"和戎"政策 …………………………………… 030
四、魏绛"和戎"的意义 …………………………………… 033

第五节　魏氏得国 …………………………………………… 034
一、魏献子为政 ……………………………………………… 035
二、晋六卿火并 ……………………………………………… 036
三、韩、魏、赵三家破智氏 ………………………………… 038
四、韩、魏、赵三家分晋 …………………………………… 039
五、分晋之初魏国的辖地与关隘 …………………………… 040

第二章　战国初年魏独霸中原 ……………………………… 044

第一节　魏文侯建立魏国 …………………………………… 044
一、魏斯称侯与得国 ………………………………………… 044
二、三家分晋前后与周边国家的斗争 ……………………… 046
三、三晋领袖魏文侯 ………………………………………… 048

第二节　魏国都城安邑 ……………………………………… 050
一、魏国的早期国都——安邑 ……………………………… 050
二、安邑的考古学发现 ……………………………………… 052

第三节　"象魏"一词源于魏国都城安邑"门阙" ………… 055
一、"象魏"的出现当与魏都安邑的建筑有关 …………… 055
二、"阙"建筑形式最早出现在西周时期的周王室与鲁国 ……… 056

三、"象魏"释义及"阙"称为"象魏"的原因 …………… 058

第四节　魏文侯首开战国布衣卿相之风 …………………… 060
　　一、魏文侯任贤使能 …………………………………… 060
　　二、魏文侯虚心纳谏 …………………………………… 063
　　三、魏文侯首开任用布衣卿相之风 …………………… 066
　　四、魏文侯"好乐" …………………………………… 068

第五节　李悝变法改革 ……………………………………… 070
　　一、废除世卿世禄制度 ………………………………… 071
　　二、李悝作《法经》 …………………………………… 072
　　三、李悝大力推行耕战之策 …………………………… 074

第六节　吴起在魏国的改革 ………………………………… 075
　　一、关于吴起"贪"与"杀妻求将"质疑 …………… 076
　　二、吴起在魏国推行武卒制 …………………………… 078
　　三、吴起的政治思想 …………………………………… 080
　　四、吴起的战功 ………………………………………… 082

第七节　乐羊灭中山 ………………………………………… 083
　　一、春秋时期晋与鲜虞的斗争 ………………………… 084
　　二、魏及诸侯各国求发展、灭戎狄的活动 …………… 085
　　三、中山国的建立 ……………………………………… 086
　　四、乐羊攻灭中山 ……………………………………… 088

第三章　魏武侯时期的魏国 ……………………………… 090

第一节　魏武侯时期的国策 ………………………………… 090
　　一、魏武侯即位前后的文治武功 ……………………… 091
　　二、魏武侯的治国之策 ………………………………… 093

第二节　吴起奔楚 …………………………………………… 094

一、公叔"尚公主"为魏相，以害吴起 …………………… 095
　　　二、吴起在楚变法 …………………………………………… 097
　第三节　魏武侯时期三晋合作关系的破裂 ……………………… 099
　　　一、魏赵刚平之战 …………………………………………… 099
　　　二、韩赵关系与魏韩之间的战争 …………………………… 100
　第四节　中山国的沉浮与复国 …………………………………… 102
　　　一、中山国的沉浮 …………………………………………… 103
　　　二、中山国的复国 …………………………………………… 104
　第五节　战国初年魏国的疆域 …………………………………… 105
　　　一、魏国与秦对河西的争夺 ………………………………… 106
　　　二、西门豹在魏国北部的防守 ……………………………… 109
　　　三、魏国的疆域 ……………………………………………… 111

第四章　魏国的鼎盛之都——大梁城 ……………………… 115
　第一节　子罃即位魏国 …………………………………………… 115
　　　一、子罃与公中缓的争立 …………………………………… 115
　　　二、魏与韩、赵的战争 ……………………………………… 117
　　　三、魏惠王与齐、秦的战争 ………………………………… 120
　第二节　魏惠王迁都大梁 ………………………………………… 121
　　　一、魏惠王迁都大梁时间的几种说法 ……………………… 121
　　　二、魏惠王迁都大梁的时间考略 …………………………… 123
　第三节　大梁城之沿革 …………………………………………… 125
　　　一、夏王朝最早建立国都的老丘 …………………………… 125
　　　二、从卫国的仪邑到郑国的启封城 ………………………… 127
　　　三、魏国迁都大梁城 ………………………………………… 128
　第四节　魏国都城大梁 …………………………………………… 130
　　　一、魏都大梁城建的天子规制 ……………………………… 130

二、大梁的宫苑楼台 ……………………………………… 133

　　三、魏惠王召集逢池之会、驱十二诸侯朝孟津 ………… 135

　　四、大梁的战略地位 ……………………………………… 137

第五章　魏国由盛转衰 ……………………………………… **140**

第一节　魏国人才的流失 ……………………………………… 140

　　一、商鞅离魏西入秦 ……………………………………… 140

　　二、孙膑在魏国被陷害后偷渡齐国 ……………………… 142

第二节　齐国变法与发展 ……………………………………… 144

　　一、齐国变法 ……………………………………………… 144

　　二、桂陵之战 ……………………………………………… 145

　　三、马陵之战 ……………………………………………… 147

第三节　商鞅变法与秦国的崛起 ……………………………… 148

　　一、商鞅变法 ……………………………………………… 148

　　二、卫鞅诈虏魏公子卬，魏丧河西地七百余里 ………… 150

　　三、魏国是秦攻伐的首要目标 …………………………… 151

　　四、秦国攻占安邑、迁都咸阳 …………………………… 152

　　五、商鞅之死 ……………………………………………… 153

第四节　魏国衰落原因试析 …………………………………… 154

　　一、人才的流失 …………………………………………… 154

　　二、四面敌国 ……………………………………………… 157

　　三、梁惠王的狂妄与张扬 ………………………………… 158

第五节　梁惠王"折节下士" ………………………………… 159

　　一、孟子与梁惠王 ………………………………………… 160

　　二、梁惠王欲禅让国于惠施 ……………………………… 161

第六节　魏齐"徐州相王" …………………………………… 164

一、诸侯国称王的背景 ··· 164

　　二、魏、齐"徐州相王" ··· 166

　　三、"徐州相王"者与魏惠王改元 ································· 168

　　四、各国相继称王 ·· 171

第六章　魏国专制王权的形成与职官制度 ·························· **174**

第一节　魏国的专制王权与官制 ·· 174

　　一、魏国专制王权的形成 ·· 175

　　二、魏国太子的地位 ··· 176

　　三、魏国的相 ··· 178

　　四、魏国的官制 ··· 183

　　五、印玺制度 ··· 185

　　六、上计制度 ··· 187

第二节　魏国的军制 ·· 188

　　一、魏国的军制 ··· 188

　　二、魏国武卒的服饰与器械装备 ··································· 189

　　三、魏国立将与军法 ··· 192

第三节　魏国的封君 ·· 193

　　一、魏国的封君 ··· 194

　　二、魏王对封君的控制 ··· 197

第四节　魏国的郡县制 ·· 199

　　一、春秋时期旧晋的郡县制度 ······································ 199

　　二、魏国的郡及其机构形式 ··· 200

第五节　魏国的长城 ··· 202

　　一、魏国的西长城 ·· 203

　　二、魏国西长城的重镇 ··· 205

三、魏国的南长城 ……………………………………… 208

四、魏国的北长城 ……………………………………… 211

第七章　战国时期的合纵连横 ……………………………… 214

第一节　合纵连横的形势 ……………………………………… 214

一、秦魏雕阴之战 ……………………………………… 215

二、战国时期的纵横家 ………………………………… 216

第二节　诸侯各国的时纵时横 ………………………………… 217

一、魏称东藩 …………………………………………… 218

二、五国合纵攻秦 ……………………………………… 219

三、齐、楚与秦、魏、韩两大政治集团的形成 ……… 221

四、张仪诈楚，散六国之纵 …………………………… 222

第三节　齐在战国时期的鼎盛与衰败 ………………………… 224

一、齐国破燕 …………………………………………… 224

二、齐、魏、韩与楚国的泚水之战 …………………… 225

三、第二次合纵伐秦，攻入函谷关，秦国求和 ……… 227

四、逼秦去帝号 ………………………………………… 228

五、宋国的灭亡 ………………………………………… 231

六、诸侯国合纵伐齐 …………………………………… 233

第四节　秦国伐楚 ……………………………………………… 235

一、秦得巴蜀 …………………………………………… 235

二、楚国的疆场之败 …………………………………… 236

三、白起拔郢 …………………………………………… 237

第八章　秦统一中国 ………………………………………… 240

第一节　秦国对三晋的攻伐 …………………………………… 240

一、秦国的远交近攻之策 ·················· 241
　　二、使魏、韩丧失元气的伊阙之战 ············ 242
　　三、秦昭王时期对韩、魏的攻城略地 ············ 243
　　四、长平之战，赵国惨败 ·················· 246

第二节　魏国信陵君窃符救赵 ················ 248
　　一、秦国兵围邯郸、白起赐死 ··············· 248
　　二、信陵君救赵 ························· 249
　　三、信陵君第四次合纵伐秦 ················ 252

第三节　秦国越战越强 ······················ 253
　　一、秦国在兼并战争中越战越强 ············· 254
　　二、第五次合纵伐秦的失败 ················ 255

第四节　秦王政平息内部的斗争 ··············· 256
　　一、秦王政与吕不韦 ····················· 256
　　二、秦国控制与反控制的斗争 ··············· 258

第五节　秦国的统一 ························ 259
　　一、关东六国的倾轧与斗争 ················ 259
　　二、秦横扫六国如卷席 ··················· 261

第九章　魏国经济的发展 ·················· **264**

第一节　魏国的冶铜业与青铜工艺水平 ········· 264
　　一、中条山丰富的铜矿 ··················· 264
　　二、中条山的古冶炼遗址 ················· 266
　　三、魏的青铜艺术水平 ··················· 267

第二节　魏国的冶铁业 ····················· 271
　　一、魏国在古共城的铸铁遗址 ·············· 271
　　二、魏国境内出现的铁器 ················· 274

第三节　李悝对魏国农业的改革变法 …………………… 276
　　一、废井田、开阡陌，始自李悝变法 ………………… 277
　　二、李悝"尽地力之教"，奖励耕战 ………………… 279
　　三、李悝作平籴法垂范后世 …………………………… 280

第四节　魏国的农业 ……………………………………… 282
　　一、魏国的田制 ………………………………………… 282
　　二、魏国的救荒措施 …………………………………… 284

第五节　魏国的水利 ……………………………………… 286
　　一、西门豹废除"河伯娶妇"的恶俗 ………………… 286
　　二、西门豹开凿漳河十二渠、以富魏之河内 ………… 288
　　三、魏国的水利及对黄河的治理 ……………………… 289
　　四、魏国的水资源环境与鸿沟的开凿 ………………… 291

第六节　魏国的古盐文化 ………………………………… 293
　　一、魏国境内的盐池溯源 ……………………………… 293
　　二、河东盐池的价值及晒盐工艺 ……………………… 296

第七节　魏国的商业 ……………………………………… 297
　　一、魏国市场的繁荣与发展 …………………………… 298
　　二、魏国的大商人 ……………………………………… 299
　　三、魏国是最早使用圜钱的诸侯国 …………………… 301
　　四、魏国佣工的出现 …………………………………… 305
　　五、白圭仕魏及其经济思想与贡献 …………………… 306

第十章　魏国的思想文化与科技 …………………… **309**

第一节　魏国汲冢出土古书的价值 ……………………… 309
　　一、汲冢周书的出土 …………………………………… 310
　　二、《逸周书》的史料价值 …………………………… 311

三、《竹书纪年》相对传世文献的史料价值 ……… 313

四、《穆天子传》的史料价值 ……… 315

第二节　魏国墓葬反映的思想与文化 ……… 318

一、魏国墓葬形制的特色和等级研究 ……… 318

二、魏国墓葬随葬礼器的礼制研究 ……… 324

三、魏国墓葬随葬玉器的礼制研究 ……… 328

第三节　魏相惠施的哲学思想 ……… 332

一、惠施的哲学思想 ……… 332

二、惠施的明辨逻辑思想 ……… 335

第四节　魏国的军事思想 ……… 337

一、吴起的军事思想 ……… 337

二、尉缭子的军事思想 ……… 340

第五节　魏国天文学家石申及其贡献 ……… 344

一、古代天文学的发展与魏国天文学家石申 ……… 344

二、石申天文学对农事天候的贡献 ……… 346

三、石申对星辰方位与运行规律的识别 ……… 348

魏国史大事年表 ……… 351

主要参考资料 ……… 356

后记 ……… 359

绪　　论

魏国是三家分晋之后、战国初年形成的最强大的诸侯国。战国初年，魏国独霸中原，其文化是先秦时期中原地区最重要的、最发达的诸侯国文化。魏国最早任用布衣卿相，是法家文化的发祥地。魏国地处中原，是战国时期合纵连横的核心。《战国策·魏策一》云："今梁者，天下之脊也。"西晋时期，河南汲县发现魏襄王墓，出土了大批竹书，这是我国继孔壁藏书之后发现的第二批研究古史的珍贵史料。

魏国最后为秦国所灭亡，研究魏国的古代文明与文化兴衰的深层次原因，并对魏历史文化进行全面研究，是学术研究的重要课题。

一、战国初年魏国独霸中原的原因探析

战国初年，魏国是最早独霸中原的诸侯国。究其称霸的主要原因，肯定有人会说，魏文侯能用贤能之士，如李悝、吴起、乐羊、西门豹等。的确如此，魏文侯礼贤下士，不受任何外人之干扰，甚至受到顶撞也照样礼敬贤能之士的行为是很值得称赞的。一个国君能任用贤能之士，说起来容易做起来却是很难的。

吴起，卫国人，自少年时就爱好兵学，有大志，听说魏文侯招纳贤能，于是来到魏国。当时就有人在魏文侯面前说吴起的坏话，但是魏文侯认为吴起的军事才能是无人能比的。

吴起来到魏国之后，得到了魏文侯的礼遇。《吴子·吴初见文侯》记载："文侯身自布席，夫人捧觞，醮吴起于庙，立为大将"。魏文侯对吴起的尊重，不比汉刘邦立坛拜将韩信的规格低。

吴起确实了不起，他"为魏守西河，使秦人不敢东向""将三军，使士卒乐死，敌国不敢谋""治百官，亲万民，实府库"，是一个优秀的政治家、军事家。

至于有人说吴起"杀妻求将"，笔者将在本书中论证澄清，当属子虚乌有之事。

魏文侯对乐羊也是如此。《战国策·秦二》记载：魏文侯派乐羊将师攻中山，三年而拔之。乐羊反，文侯示之谤书一箧。乐羊再拜稽首曰："此非臣之功，主君之力也。"面对着一箱子的诽谤材料，魏文侯不动摇，是基于他对乐羊的信任。

魏文侯敬贤，绝不听儿子之妄论，更不受儿子之干扰。

魏文侯以子夏为师，以田子方为友，敬段干木，皆因这三人都是贤能之士。

据刘向《说苑·尊贤》记载，有一次，魏太子击见到田子方，下车而趋，子方不予理睬，坐乘如故。太子很不高兴，就问田子方：是富贵者傲人，还是贫穷者傲人？你田子方为什么如此骄傲？田子方曰："人主骄人而亡其国，大夫骄人而亡其家，富贵者怎么敢骄傲？"太子击将田子方之语告诉魏文侯。魏文侯叹曰："如果不是你的缘故，我怎么能够听到贤人之言论。自吾以田子方为友，君臣益亲，百姓益附。我欲伐中山，拜访乐羊，三年而中山为献于我，我是以得有武之功。吾之所以有如此之功，皆是得贤人帮助之缘故。"

魏文侯敬贤，也绝不听兄弟之妄论，更不受兄弟之干扰。

《新序·杂事》记载，魏文侯之弟魏成子问魏文侯：那些所谓的贤人，又无权、又无势，有什么值得你这样尊重的？魏文侯曰："仁人也者，国之宝也；智士也者，国之器也；博通士也者，国之尊也。故国有仁人，则群臣不争；国有智士，则无四邻诸侯之患；国有博通之士，则人主尊；固非成之所议也。"

魏文侯对于那些搜刮百姓、以讨上司欢心的官员，并不买账，而是将其免职，如《水经注·滹沱水》记载，苦陉之吏年终上计时，上缴的贡赋比头一年多了很多，李悝认为苦陉并不是富庶地区，而贡赋却多了许多，肯定是搜刮、苦害百姓，将其免官。魏文侯对李悝此举非常满意。贪官的献媚讨好得不到上司的笑脸，反而被免官，当然就不会再搜刮百姓了。

《说苑·反质》记载：有一次，魏文侯问李悝曰："刑罚之原安生？"李悝非常精辟地向魏文侯论述了刑罚产生的原因：刑罚生于奸邪淫佚之行为；奸邪是因饥寒而起；如果统治者伤农害本，就会有刑法。国内就会出现贫穷者，民就可能成为奸邪，因以法随，诛之不赦其罪，则是为民设陷也。

魏文侯非常认可李悝的说法，并且把这些作为他治国的重要内容。

魏文侯礼贤下士、知人善任，不受任何外人，包括儿子、弟弟等之干扰，是战国初年魏国强大的重要原因。

魏文侯时期，向北攻取了中山国，设立中山郡，与中山相邻的赵国不敢问津。魏国向西攻占了少梁、籍姑、临晋、元里、合阳、阳狐、雒阴。魏将吴起又"击秦拔五城"。这五城不知是哪五城，但是在秦国境内是毫无疑问的。这样黄河之河外，即西河地区，自少梁（今陕西韩城县）至华阴连成长长的防御线和进攻秦国的基地。

魏国对西河的攻伐，占领了秦国的河西地，设立西河郡，使秦国处于极为被动的境地。魏国还占领与秦相接界、初为黄河的上流之地，设立上郡，在今陕西榆林市南。

魏文侯派吴起为西河守令，派李悝为上地守令，秦人不敢东向。秦孝公曰："三晋攻夺我先君河西地，诸侯卑秦，丑莫大焉。"① 秦孝公的话正表明当时魏、秦之间的格局。

二、对贤能之士的排斥和迫害是魏国极盛而衰的原因

魏国在魏武侯、梁惠王时期，一改魏文侯礼贤下士之风，对贤能之士自觉不自觉地采取漠视、排斥甚至迫害之态度，使贤能之士大量外流，逃亡敌国，严重地威胁了魏国的安全。这是魏国极盛而衰的重要原因。

魏武侯时期，开始任人唯亲。魏武侯的相是其女婿公叔。公叔是"韩之公族"，在魏国为相，并没有什么功劳，完全是因为裙带关系成为魏武侯最信任的人。公叔对魏国的大功臣吴起是非常胆怯害怕的，于是就阴谋害吴起。

公叔欲害吴起，就对魏武侯说："吴起太有才能了，他守的西河郡与秦接界，是否把另一公主嫁给他，如果他同意婚事，说明他忠心；他不同意就是有二心。"

公叔请吴起到他的家里，让妻子当吴起之面轻贱自己。吴起见此，知公主之傲慢；次日，当武侯向他提亲时，他委婉拒绝了。于是"武侯疑之，而弗

---

① 《史记·秦本纪》，北京：中华书局，1982年，202页。

信也。吴起惧得罪，遂去，即之楚"。公叔费尽心机，赶走了吴起。魏武侯已经完全抛弃了魏文侯任用贤能的布衣卿相国策，开始了任人唯亲的用人政策。

吴起离开魏国时，抿泣曰："君知我而使我，毕能西河，可以王。今君听谗人之议，而不知我。西河之为秦取不久矣，魏从此削矣。"果然不久，秦国的商鞅趁机取河西之地。

吴起"惧得罪"，遂逃往楚国，楚悼王任命其为令尹。吴起深感楚悼王的知遇之恩，尽展自己平生之才能和抱负，在楚国变法改革，以治理楚国。

《战国策·齐策五》云：

> 吴起相悼王，南并蛮越，遂有洞庭、苍梧。当魏国攻赵之时，吴起救赵，与魏国战于州西，出梁门，军舍林中，马饮于大河，魏国大败。赵国趁机取魏棘蒲（今河北魏县南），拔黄城（今河南内黄县西北）。

孙膑与庞涓是同窗好友。庞涓首先到魏国，被魏惠王任命为将军。庞涓知道自己的能力与学识比不上孙膑，就把孙膑骗到魏国。之后，庞涓找借口用极刑把孙膑"断其两足而黥之""欲隐勿见"，欲使孙膑永远不能在社会上发挥才能。

孙膑在齐国使者的帮助下逃亡齐国。齐威王任孙膑为军师，与魏国发生桂陵之战、马陵之战。孙膑以其精湛的战略战术打败了不可一世的庞涓，逼庞涓自杀，魏全军覆没。魏国元气大伤，丧失了自魏文侯以来的霸主地位。魏国独霸中原的局面一去不复返。齐国却以大国的姿态登上了战国时期的政治舞台。

从魏国逃走的还有一个重要的人物——公孙鞅。公孙鞅后来到秦国后，封于商，又称商鞅。公孙鞅是魏相公叔痤的门客，"公叔痤知其贤，未及进"。公叔痤行将就木时，向魏惠王说："公孙鞅年虽少有奇才，愿王举国而听之。王即不听用鞅，必杀之，无令出境。"公叔痤知道公孙鞅无论到那里，都会对魏国形成极大的威胁。公叔痤对公孙鞅的能力有充分的认识，但公叔痤有病之前却不向魏惠王举荐。公叔痤曾用阴谋将吴起赶走，如果把公孙鞅举荐上去，可能会将公叔痤的魏相取而代之，这是他不向魏惠王举荐公孙鞅的原因。

魏惠王没有任用公孙鞅，但是也没有杀他，这说明魏惠王并不了解公孙鞅。魏惠王已不像魏文侯那样求贤若渴。

公叔痤死后，公孙鞅听说秦孝公下令在国中求贤，乃西入秦。秦魏之战中，商鞅以饮酒为名诈魏公子卬，并将其俘获，使魏失去了河西之地七百里。商鞅又攻下了魏国旧都安邑。魏国极盛而衰，失去了战国时期的大国地位。试想，假使吴起仍然为魏守西河，商鞅能够不费一兵一卒得到河西之地吗？！

之后，又有范雎在魏国受到迫害，逃亡秦国，献远交近攻之策，使秦国有了明确的攻伐目标，对秦国的统一起了重要的作用。

魏国本来是有人才的，如吴起、孙膑、公孙鞅、范雎等，这些人都是战国时期顶尖之英才。他们从其他诸侯国来到魏国，孙膑从齐国来，公孙鞅从卫国来，吴起在魏文侯时期就已经到魏，并为魏立下了卓越的功勋。他们钦佩魏国的功业和形势，当时魏国确实有统一天下之势，但是后来的魏国已经不是魏文侯时期那个礼贤下士、任人唯贤的魏国了。这些战国时期的顶尖英才，相继在魏国受到迫害，逃亡他国，重创魏国，使魏国永远失去了统一天下的可能，而为秦国所灭。这是魏国的伤痛和悲剧。

三、魏国兴亡与大梁地理位置毫无关系

大梁，即今河南省开封市，是中华民族的重要发祥地之一。金代诗人李汾《汴梁杂诗》云："琪树明霞五凤楼，夷门自古帝王州。"开封是八朝古都，是历代王朝建都的风水宝地，显示出一派帝王气派。夏朝经历了太康失国、少康中兴之后，夏后杼时期，迁都老丘，即战国时期的大梁、现在的开封市。大梁地处中原，诸侯四通、万邦通衢，是历代兵家必争之地。但就是这样一个人灵地杰之地，曾被认为是"亡国之都"。

孟子说："天时不如地利，地利不如人和。"国家之安危"在德不在险"，国家之败亡是统治者腐朽引起的，绝不是险塞关隘所能阻挡的。大梁为那些腐败的帝王蒙受了多少不白之冤。

"大梁境势不可为都"的说法源于战国时期的纵横游说之士张仪。是时，张仪为了让魏国与秦连横而恐吓魏王曰：

> 魏地方不至千里，卒不过三十万人；境四平，诸侯四通，条达辐辏；无有名山大川之阻……魏之境势，故战场也。[①]

自此之后，大梁是亡国之都的名声渐响；又加上宋朝建都开封 127 年后亡

---
① 《战国策·魏一》，上海：古籍出版社，1985 年，792 页。

国。大梁是四战之地，兵家必争，"境四平"，无山川之险阻，开封是亡国之都的论调似成定论。

清代学者阎若璩亦曰：

> 魏之失计未有如都大梁之甚者也。去河山之险而就平衍四达之地，弃文侯、武侯两代之霸迹，而为新造之邦。……故于魏号为梁之日，即谓毕万之后已灭，不待征诸河水，灌王假降之日矣。①

阎若璩认为，魏之迁都，不仅失去山河之险，而且失去了当年的占卜之吉。晋国当年发耿、霍之役中，毕万封于魏，改称"魏万"；经占卜这是魏氏发展的起点。

据《史记·魏世家》记载，卜偃曰：

> 毕万之后必大矣。万，满数也；魏，大名也。以是始赏天开之矣。天子曰兆民，诸侯曰万民，今命之大，以从满数。其必有众。

把魏地封给毕万，是天意。从此毕万称为"魏万"。魏万仕晋，可以说是初始大吉。如果说失去山河之险，还可以说得通，说失去当年的占卜之吉，就不着边际了。自毕万封于魏（山西省芮城县北5里）之后，魏氏家族又经历了几次迁都。魏悼子徙治在霍（今山西省霍县境）；公元前445年三家分晋，魏文侯乃以安邑（今山西省的夏县）为都邑；公元前403年，魏文侯立为诸侯，安邑是魏之国都，直至公元前365年梁惠王迁都大梁，安邑作为魏之都邑82年，作为国都40年。霍与安邑，皆不是"魏"。如果说迁都离魏，就会失去"占卜之吉"，那么，自魏氏家族迁霍、迁安邑，就已经失去当年的占卜之吉了。

还有学者说魏惠王"迁都大梁，西失关河之固，东就黄泛而无险可凭之地，自此地削国弱，以至招来灭顶之祸"②。

笔者认为，造成一个国家灭亡的原因是多方面的，但最重要的是由这个国家的政治制度决定的。《战国策·魏一》与《史记》都曾记载：魏武侯与诸大夫浮于西河，看到河山之险要，认为这是霸王之业的基础。

魏武侯称曰："河山之险，岂不亦信固哉！"王错附和说："此晋国之所以强也，若善修之，则霸王之业具矣。"

---

① （清）阎若璩：《四书释地》《又续卷下》"都大梁"，清皇清经解本，76页。
② 陈国生、罗文：《试论地理环境在魏国兴衰中的作用》，《山西大学学报》1993年第2期，84、86页。

吴起对曰:"吾君之言,危国之道也。而子又附之,是重危也。"武侯愤然曰:"子之言,有说乎?"吴起对曰:"河山之险,信不足保也,是霸王之业不从此也。昔者三苗之居,左有彭蠡之波,右有洞庭之水,汶山在其南,而衡山在其北。恃此险也,为政不善,而禹放逐之。夏桀之国,左天门之阴,而右天溪之阳,卢睾在其北,伊洛出其南。有此险也,然为政不善,而汤伐之。殷纣之国,左孟门而右漳滏,前带河后被山;有此险也,然为政不善,而武王伐之。且君亲从臣而胜降城,城非不高,人民非不众也,然而可得并者,政恶故也。从是观之,地形险阻奚足以霸王矣?"最后,吴起说:"由此观之,在德不在险。若君不修德,舟中之人尽为敌国也。"①

吴起举出三苗之居、夏桀之国、殷纣之国的例子,其皆占据山河之险,但是他们为政不善,相继被大禹、商汤、武王灭之。

魏国的史实也是这样。魏文侯时期,用李悝进行变法改革,废除世卿世禄制度,魏国首先富强,成为战国时期最早的霸主;用吴起守西河,秦人不敢东向;用乐毅击中山,建立中山郡;用西门豹治邺,开凿十二渠以灌溉,使河内成为膏腴之壤……而至魏武侯、梁惠王时期,逼走了吴起,失去了河西之地;迫害了孙膑,使魏国失去了霸主国的地位;冷落了公孙鞅,使魏国成为秦国的臣属……这些都是魏国可用的能臣良将,他们在魏国无法生存,逃亡他国,成为魏国的严重威胁,是使魏国一步步走向衰亡的重要力量。因此,魏国的衰弱、直至最后的灭亡绝不是迁都到大梁造成的,而是其统治者腐朽的政治制度造成的。

至于后来北宋王朝的灭国,北宋守内虚外、右文轻武的祖宗成法,北宋末年宋徽宗君臣的腐败,皆是其王朝灭亡的直接原因。

如果说,魏国、北宋的灭亡,是由于无险可守造成的,那么东周王朝都雒邑,秦王朝都咸阳,西汉、隋唐王朝都长安,东汉、西晋、北魏王朝都洛阳,元明清王朝都北京,这些都是山河拱卫、关隘环绕之地,而这些王朝最后的灭亡是因为什么呢?答案是肯定的,是政治制度的腐败造成的,险塞关隘无法抗拒一个朝代的灭亡。

四、魏文化在我国历史上的深远影响

魏文化是先秦时期最辉煌的文化之一,对我国有巨大深远的影响。魏文

---

① 《史记·吴起列传》,北京:中华书局,1982年,2166页。

侯最早任用布衣卿相，催发了战国客卿制度的产生。魏相李悝是法家学说的鼻祖，他综合诸国法律，撰著《法经》，认为王者之政，莫急于盗贼，故作《盗》《贼》《网》《捕》《杂律》《具律》，共六篇，成为中国后世封建历代法典的蓝本。《晋书·刑法志》云："秦汉旧律，其文起自魏文侯师李悝。……商君受之以相秦，汉承秦制。"宋李心传在《建炎杂记》中说："律令者自魏李悝、汉萧何以来有之，历代相传，皆以律书为本。"①

李悝提出"平籴法"，使诸侯国"虽遇饥馑水旱，籴不贵而民不散，取有余以补不足"，是我国历代封建社会调剂粮食措施的蓝本和国策。

魏绛"和戎"之策，提出"以德绥戎，师徒不勤，甲兵不顿"，是我国处理汉族与少数民族关系的第一部政策性文件，对我国后世有重大的影响。

西晋时期太康二年（公元281年），汲郡人不准盗发魏襄王墓或言安釐王冢，得竹书数十车，竹简、小篆、古书十余万言。这些竹书经过编次，被称为《汲冢竹书》。其中包括《竹书纪年》，记载夏以来至周幽王为犬戎所灭，以事接之三家分晋，仍述魏国史实，至安釐王之二十年，与魏国之史书大略，与春秋皆多相应，是魏国史官所作的史书。《穆天子传》记载周穆王游行四海，见帝台、西王母，有图诗一篇，画赞等西征的史实，记载了西北少数民族的风俗习惯，以及西周王朝与西域交流的情况。另外还有《公孙段与邵涉》《论易》《国语》三篇，记载楚晋之事；《论语》《书》《左传》等，《琐语》十一篇，记载诸国卜筮、卜梦、妖怪、相书也。《梁丘藏》一篇，先叙魏之世数，次言丘藏金玉事。冢中得铜剑一把，长二尺五寸；漆书皆科斗文字。

不准盗发冢墓时，烧竹策照取宝物，当官府收缴时很多已成灰烬。断简、札文残缺，不能诠次。晋武帝把这些残缺的竹简交付秘书整理、校缀、编排，并对疑问处进行阐释、义证，而以晋朝通用文字写之，成为今天的版本。这些书籍足以补正史之缺。

历史上由于秦始皇焚书，六国史书多被焚毁。《汲冢周书》是魏国史书的一部分，出土后在我国历史上产生了较大的影响，有些观点及记述是以往史书所未见的。例如，《竹书纪年》《逸周书》《穆天子传》《公孙段与邵涉》《论易》《国语》《梁丘藏》《琐语》等书籍，都有很高的史料价值，皆能够弥补以

---

① （宋）李心传：《建炎以来朝野杂记》乙集卷五《炎兴以来勅局废置》，清武英殿聚珍版丛书本，241页。

往史书之阙。但是因这些古籍多不是儒家学说,在儒学为一尊的时代,这些书籍还没有得到足够的重视。

《汲冢周书》的出土,对我国的古史研究有重大的意义,在我国的文献学史上占有重要地位。这批竹书从魏襄王墓中所出,代表了魏国史学的进步和文化的发展。

第一章　魏氏在晋国的发展

魏国是由晋国的魏氏发展而形成的诸侯国。魏氏先祖毕公高是周文王之子，受封于毕，建立毕国。晋国是西周成王弟弟叔虞的封国。春秋初年，毕国被一些强大的诸侯国吞并，毕公高之后裔绝封，沦为庶人。毕公高之后裔毕万来到晋国。晋国在晋献公时期开始实行任用军功的政策，为异姓贵族的发展提供了良好的条件。毕万由于在战争中立功，故受封于魏，称魏万；以后魏氏之族的魏颗、魏绛相继在晋国立下功勋。晋国春秋 200 多年的发展使魏氏成为晋国的重臣和强宗大族，魏绛的儿子魏献子成为晋国的执政卿。

魏氏家族的之所以称为魏氏，是因毕万封于魏，从此毕氏称为魏氏。《史记·魏世家》记载了魏氏三次迁徙家族治所的情况，表现了魏氏家族在晋国的发展。"魏武子袭魏氏之后封，列为大夫，治于魏"；魏悼子徙治霍，魏绛时期，"徙治安邑"①。

此时，晋国公室不断衰弱，政在大夫之家门。魏氏最终与韩、赵共同瓜分晋国，史称"三家分晋"。魏氏建立魏国。

第一节　毕万在晋国受封为魏氏

春秋初年，魏的先祖毕公高之后裔毕万以庶人的身份来到晋国，臣事晋献公。毕万在晋献公灭耿、灭霍、灭魏的战役中为车右，作战勇敢，立下战功。晋献公为表彰毕万的功绩，将魏地封给毕万为采邑，从此毕万称为魏

---

① 司马迁：《史记·魏世家》，北京：中华书局，1982 年，1836 页。

万。魏，在殷商时期当是鬼方或是鬼国故地。西周初年，周王室曾在这里分封过一个姬姓魏国，春秋以后，姬姓魏国被芮国所灭，成为芮国的一个地名——魏。毕万受封魏地之后，从此被称为魏氏，在晋国迅速发展起来。

一、毕万仕晋

魏的先祖毕公高是西周文王之子，名高，封于毕，故称毕公高，姬姓。《左传·僖公二十四年》云："管、蔡、郕、霍、鲁、卫、毛、聃、郜、雍、曹、滕、毕、原、酆、郇，文之昭也。"其中"毕"，就是毕公高。杜预注曰："十六国，皆文王子也。管国在荥阳京县东北，雍国在河内山阳县西，毕国在长安县西北，酆国在始平鄠县东。"《史记·魏世家》《集解》引"杜预曰：'毕在长安县西北。'《正义》按《地志》云：'毕原在雍州万年县西南二十八里'"。毕公高曾经跟随周武王伐纣，立下战功，故受封于毕；从此以"毕"为姓。但是毕姓很快就绝封，沦为庶人，或在中国，或在夷狄，史上没有记载。

当毕氏在毕国绝封衰微之后，毕公高的一个后裔毕万来到晋国，臣事晋国献公。

晋国，原是唐尧故地。《史记·晋世家》《正义》载："《括地志》云：'故唐城在绛州翼城县西二十里，即尧裔子所封。'《春秋》云：'夏孔甲时，有尧苗裔刘累者，以豢龙事孔甲。夏后嘉之，赐氏御龙，以更豕韦之后。龙一雌死，潜醢之以食夏后，既而使求之，惧而迁于鲁县。夏后召孟别封刘累之孙于大夏之墟为侯，至周成王时，唐人作乱，成王灭之，而封太叔。更迁唐人子孙于杜，谓之杜伯，即范匄所云在周为杜唐氏。按：鲁县汝州鲁山县，是今随州枣阳县东南一百五十里上唐乡故城，即后子孙徙于唐。"

西周初年，周成王的军队灭了山西绛州翼城县的唐国，把唐国故地封给了幼弟叔虞。《史记·晋世家》载："成王与叔虞戏，削桐叶为珪以与叔虞，曰：'以此封若。'史佚因请择日立叔虞。成王曰：'吾与之戏尔。'史佚曰：'天子无戏言。言则史书之，礼成之，乐歌之。'于是遂封叔虞于唐。唐在河、汾之东，方百里，故曰唐叔虞。"叔虞因封于唐地，故称唐叔虞。《正义》载："《宗国都城》记：唐叔虞之子燮父徙居晋水旁，今并理故唐城。唐者，即燮父初徙之处也。《毛诗谱》云：'叔虞子燮父以尧墟南有晋水，改曰晋侯。'"因叔虞之子燮父徙居晋水旁，故从此唐国名为晋国。

晋国的国都翼（今山西翼城县东南），其辖地在今山西西南。《左传·定公四年》记载：周王朝分以"大路、密须之鼓、阙巩（甲名）、沽洗（钟），怀姓九宗"①。杜预认为，怀姓九宗原是唐国余民。王国维先生认为，怀姓即隗国，其九宗人民授给了唐叔虞。所建的晋国，处于戎狄包围之中，故晋国则"启以夏政，疆以戎索"。

古人迷信，对所做的每件事都要进行占卜。毕万到晋国求仕，当然也要进行占卜。《左传·闵公元年》云："初，毕万筮仕于晋，遇屯☳之比☷，辛廖占之曰'吉'。屯固比入，吉孰大焉，其必蕃昌。震为土，车从马。足居之，兄长之；母覆之，众归之。六体不易，合而能固，安而能杀，公侯之卦也。公侯之子孙，必复其始。"

毕万到晋国求仕之时，曾经占卜了一卦。此卦遇屯之比卦，大吉。《左传·闵公元年》杜预注曰："屯，险难所以为坚固；比，亲密所以得入。"即毕万仕晋，地位会非常坚固，与国君也会很亲密；能在晋国得到很好的发展，得到民众的支持；此"公侯之卦也"。因为毕万原就是公侯之后裔，将来肯定还是公侯，"公侯之子孙，必复其始"。也就是说，毕万到晋国求仕，将会有一个很好的发展，有可能再上升为公侯。

二、晋国"灭公族""尚军功"的国策是毕万家族发展的土壤

毕万到晋国之后，成为晋献公的车右，能够接触到晋国最上层的人士。晋国"尚军功"国策是毕万家族发展的土壤。

晋国是春秋史上第一个"灭公族""尚军功"的诸侯国。

晋自西周建国，并没有太出色的政绩和表现。西周末年，晋文侯仇护送周平王东迁雒邑，被平王命为侯伯。晋文侯的弟弟名曰成师，是晋国一个很有实力的人物。晋文侯死后，其子昭侯即位，对其叔父成师非常畏惧，将成师封在曲沃（今山西省曲沃县），成师被称为曲沃桓叔。《史记·晋世家》云："昭侯元年，封文侯弟成师于曲沃。曲沃邑大于翼。翼，晋君都邑也。成师封曲沃，号为桓叔，靖侯庶孙栾宾相桓叔。桓叔是时年五十八矣，好德，晋国之众皆附焉。"又《左传·桓公二年》云："晋始乱，故封桓叔于曲沃。"桓叔在曲

---

① 杨伯峻：《春秋左传注·定公四年》，北京：中华书局，1981年，1539页。

沃的势力已经大于晋国国君的力量。

公元前739年，曲沃桓叔派臣潘父弑其君昭侯。曲沃庄伯弑晋孝侯。鄂侯执政六年而死。曲沃武公杀死晋哀侯、诱杀小子侯、杀晋侯缗。曲沃采邑主一支弑晋国的5个国君。公元前679年，曲沃武公灭掉晋国的正宗，尽以其宝器献东周王室，贿赂了周釐王。周釐王命曲沃武公为晋君，拥有晋国。

曲沃武公即位为晋君，列为诸侯，更号曰晋武公，其实曲沃武公已即位37年矣。从桓叔始封曲沃，至晋武公列为诸侯，曲沃经桓叔、庄伯、武公三代63年，杀晋国5个国君，终于以旁系灭掉正宗，成为晋国的君主。曲沃一支之所以能够灭掉晋国的正统国君，是由于晋国君权不太巩固，又加上曲沃的强大，晋国君权由大宗旁落到小宗手中。

公元前676年，晋武公即位两年多后死去，其子诡诸即位，是为晋献公（公元前676～前651年）。晋献公是曲沃代翼以后的第二代国君，他亲眼看到公室旁系庶族势力强大，对国君公然取而代之的事实。晋献公最担心的也是他的旁系同宗兄弟，即曲沃桓叔、庄伯之后裔等对他的威胁。晋献公认为，必须削弱或灭掉公室的同宗大族，才能加强国君的权力。晋国大夫士蒍为之出谋划策，"尽灭群公子"、灭公族，以加强晋献公的力量。

从此以后，历整个春秋时代，晋国的公子、公孙基本上无受封者，亦无在国内任官当政者。晋国的公子，除太子即位国君外，其他诸公子多流离他国，只有在国君死后，没有太子即位时，才从其他诸侯国迎回立为国君，如公元前607年，晋灵公死，"迎（晋）襄公弟黑臀于周而立之，是为成公"①。《国语·晋语一》载骊姬语："自桓叔以来，孰能爱亲。惟无亲，故能兼翼。"

春秋初年，晋国曲沃代翼，以旁系庶支代替正宗，给晋国国君以强大的震撼。晋国废除了亲亲尚恩的世袭制度，灭公族、"尽灭群公子"，杜绝了国君权力旁落在其他公室大族的可能性。晋献公晚期，还发生了骊姬杀太子申生，逼走群公子的事件，更进一步打击了公室的势力。

从此，晋国公子皆走他国。根据《左传·文公六年》载，文公之子雍在秦，乐在陈；《左传·宣公二年》载，黑臀在周都雒邑。《左传·成公十八年》载，襄公之曾孙周在周。

杨伯峻先生在《春秋左传注》中说："文、襄之公子俱在他国，则是自献公、骊姬以迄惠、怀、文、襄、灵，晋国踵行此令，而未改复。"这种状况消

---

① 司马迁：《史记·晋世家》，北京：中华书局，1982年。

弱了公室公子对晋君权力的威胁，是春秋时期晋国加强君权的重要措施。

晋国在灭公族、废除亲亲尚恩的同时，在政治和军事的管理上，建立起尊贤尚功，以军功、事功作为标准的用人制度。士蒍为晋国政治立了一大功。《左传·庄公二十六年》云："春，晋士蒍为大司空。"郑玄注："大司空，卿官。"士蒍由一般的大夫被提升为卿官。

《国语·晋语四》也记载晋国任用军功的情况："文公问元帅于赵衰，对曰：'郤縠可，行年五十矣，守学弥惇。夫先王之法志，德义之府也。夫德义，生民之本也。能惇笃者，不忘百姓也。请使郤縠。'公从之。公使赵衰为卿，辞曰：'栾枝贞慎，先轸有谋，胥臣多闻，皆可以为辅佐，臣弗若也。'乃使栾枝将下军，先轸佐之。取五鹿，先轸之谋也。郤縠卒，使先轸代之，胥臣佐下军。公使原季（即赵衰，为原大夫，故称原季）为卿，辞曰：'夫三德者，偃之出也。以德纪民，其章大矣，不可废也。'使狐偃为卿，辞曰：'毛之智，贤于臣，其齿又长，毛也不在位，不敢闻命。'乃使狐毛将上军，狐偃佐之。狐毛卒，使赵衰代之，辞曰：'城濮之役，先且居之佐军也善，军伐有赏，善君有赏，能其官有赏。且居有三赏，不可废也。且臣之伦，箕郑、胥婴、先都在。'乃使先且居将上军。公曰：'赵衰三让，其所让，皆社稷之卫也。废让，是废德也。'以赵衰之故，蒐于清原，作五军。使赵衰将新上军，箕郑佐之；胥婴将新下军，先都佐之。子犯卒，蒲城伯请佐。公曰：'夫赵衰三让不失义。让，推贤也。义，广德也。德广贤至，又何患矣。请令衰也，从子。'乃使赵衰佐新上军。"

这段记载说明晋国自晋献公、文公时就开始了奖励军功的政策，凡在战争中建立军功或对晋国有贡献的人皆处在高位，掌握军队、拥有封邑。特别是晋文公以后，晋国开始称霸，经过一些大的战争，涌现出一批贤能之士，为晋国的霸业立下了赫赫战功。由此，赵氏、郤氏、狐氏、先氏、栾氏、胥氏、箕氏、魏氏、士氏、荀氏、智氏、韩氏、庆氏、伯氏、续氏等家族在晋国崛起，成为晋国的新贵族。晋国尊贤尚功的国情和政策为魏氏在晋国的发展提供了良好的条件和基础。

晋国的这种国策，对于晋国公族、公子来说，无疑是沉重的打击，从长久来看也是使公室力量日益薄弱的重要因素，但对于到晋国来游士、游宦的下层贵族来说是一件天大的好事，给了他们一个良好的机会，为这些异姓贵族的发展提供了良好的土壤。

春秋初年，毕万到晋国求仕，晋国的形势和国策为他提供了一个非常好的条件和机会，非常有利于其在晋国的发展。

三、毕万受封于魏

春秋初年，晋武公拥有晋国之后，晋国逐渐发展壮大。晋国原是小国，大约只有一军。晋献公时期，开始作二军，进而攻打周围的小国和地区，向外扩张。

《左传·闵公元年》云："晋侯作二军，公将上军，大子申生将下军。赵夙御戎，毕万为右，以灭耿、灭霍、灭魏。还为大子城曲沃，赐赵夙耿，赐毕万魏，以为大夫。"杜预注："平阳皮氏县东南有耿乡，永安县东北有霍太山，三国皆姬姓。"《史记·魏世家》《正义》云："魏城在陕州芮城县北五里。"

晋国攻打耿国、魏国、霍国等小国时，毕万为车右。车右在战争中是一个很重要的角色，古人乘车作战，国君或主帅的指挥车居中自掌旗鼓，驾驭车者在左，而车右则是勇力之士，持矛执戈以御敌卫国君，并负责战争中的力役之事，如地势险阻需下车助推等。车右在古代作战中起着非常重要的作用。

在这次战争中，晋国灭耿、灭霍、灭魏。为了表彰毕万、赵夙的功绩，封毕万为大夫，又把魏地封给毕万，把耿地分给了赵夙。古人多以地名氏，所以毕万又被称为"魏万"。

这里要明白一个问题，那就是晋国灭耿、灭霍、灭魏后，把魏地封给毕万，把耿地分给了赵夙，但霍地并没有分给功臣，而是留下成为晋国公室的辖邑。由于霍是周厉王曾经居住的地方，晋国公室没有分封出去。

然而，把魏封给毕万，在十分迷信的古代社会中，据说"魏"具有象征壮大发展的喻意，毕万封于魏，对毕氏的发展也是不可估量的。

晋国卜偃曰："毕万之后必大。万，盈数也；魏，大名也；以是始赏，天启之矣。天子曰兆民，诸侯曰万民，今名之大，以从盈数，其必有众。"①卜偃认为，毕万之后必大。魏，是高大之意；万是盈数，即多的意思。诸侯拥有的民，一般称为"万民"；把魏地封给毕万，是天意。从此毕万称为"魏万"。魏万仕晋，可以说是初始大吉，有一个非常好的开始。

毕万受封的魏地原是虞舜、夏禹所都的故地。如（汉）郑玄撰《毛诗谱》：

---

① 杨伯峻：《春秋左传注·闵公元年》，北京：中华书局，1981年，259页。

"魏者虞舜夏禹所都之地，在《禹贡》冀州雷首之北、析城之西，周以封同姓焉。其封域南枕河曲北涉汾水，昔舜耕于历山陶于河滨，禹菲饮食而致孝乎鬼神，恶衣服而致美乎黻冕，卑宫室而尽力乎沟洫。此一帝一王俭约之化，于时犹存，及今魏君啬且褊急不务广，修德于民，教以义方。"

（唐）孔颖达疏引《正义》曰：

《地理志》云：河东郡有河北县，《诗》魏国也。晋献公灭之，封大夫毕万。皇甫谧云：舜所营都或云蒲坂，即河东县是也。禹受禅都平阳，或安邑，皆属河东。《五子之歌》怨太康失邦，其歌云："惟彼陶唐，有此冀方；今失厥道，乃底灭亡。"左传引其文。服虔云：尧居冀州，虞夏因之；不迁居，不易民。其陶唐虞夏之都，大率相近，不出河东之界。故《书》责太康亡失，然则魏都河北蒲坂，故安邑皆逼近之。故云魏者舜禹所都之地，谓境内有其都耳，魏不居其墟也。

虞舜、夏禹都曾在这里建国都城，至少可以说这里是虞舜、夏禹统辖的故地。这里先王遗风犹在，勤劳刻苦之风、俭省节约之化、仁义修德之传统，对这一带有深远的影响。魏国封于此，继承了这里优良的传统，"啬且褊急不务广，修德于民，教以义方"，又加上魏国之祖毕万是周文王之后裔，有较好的社会影响和地位；于是毕万封于魏地之后迅速发展起来。

四、"魏"地溯源

《左传·闵公元年》记载，晋献公为了表彰毕万、赵夙灭耿、灭霍、灭魏的功绩，"赐赵夙耿，赐毕万魏，以为大夫"。毕万被封于魏。那么"魏"，是个国名，还是一个地名呢？

"魏"字出现较晚，甲骨文中没有"魏"。"魏"字，从鬼、从委。"魏"地当与"鬼"有关。陈梦家《殷商卜辞综述·方国地理》云：

殷代鬼方似当在晋南。《郑语》"当成周者……西有虞、虢、晋、隗、霍、杨、魏、芮"；《左传》昭九年'我自夏以后稷，魏、骀、芮、岐、毕，吾西土也'。此隗与魏当是鬼方较集中之处。《左传》闵元，晋灭耿、霍、魏，而以魏赐毕万，今芮城县北五里。

鬼，在中国的语汇中有两种含义：①中国人把生活中很精明的人称为"鬼"，我国古代也把祖先的灵魂称为鬼。②中国人把与自己长相不一样的人蔑称为"鬼"，如称西方人为"洋鬼子"。

笔者认为，殷商人所称的"鬼方"当是与自己长相不一样的人。根据考古材料，这个时期中亚地区的高鼻深目的人种已经进入中国，如山西地区的石峁古城址，发现了"多达20余件特征明确、造型独特的石雕或石刻人像，均砂岩质地，大部分为头面部像，还有一些半身像或全身像，其中不乏头戴尖帽高鼻深目者"[①]。另外在新疆罗布泊地区还发现了小河遗址，是三千年前的遗存，这个墓地上发现的人骨架基本全是高鼻深目者的尸骨架。这些现象都说明当时的中亚、西亚人已经进入中国。可能殷商人认为这些人与自己长相不一样，故把这样的人称为"鬼方"、把"鬼方"的首领称为"鬼侯"。

卜辞有："乙酉卜，宁贞：鬼方扬无祸？五月。"《合集》8591

"乙酉卜，内……鬼方扬……祸？五月。"《合集》8592

"……殻贞：乎龙田于……"《合集》8593

"……卜，殻贞：鬼方扬……"《合集》8593

"乙巳卜，宁贞：鬼获羌？一月。"

"乙巳卜，宁贞：鬼不其获羌？一月。"《乙》865

"鬼方扬"之"扬"，郑杰祥先生认为，"当是鬼方部落首领的私名"[②]。笔者认为，"鬼方扬"之"扬"，当是一个动词，为举起、震荡之意。《周礼·夏官·环人》有"讼敌国，扬军旅"句，又如《诗经·大雅·公刘》"弓矢斯张，干戈戚扬"等句，其中"扬"字皆为发动兵戈、军旅之意。那么《合集》8591"乙酉卜，宁贞：鬼方扬无祸？五月"的意思当是：乙酉这天，宁进行占卜，问鬼方是否发动兵卒侵扰，是否有祸？

《吕氏春秋》卷二十《恃君览·行论》："昔者，纣为无道，杀梅伯而醢之，杀鬼侯而脯之，以礼诸侯于庙。"（汉）高诱注："肉酱为醢，肉熟为脯。梅伯、鬼侯皆纣之诸侯也。梅伯说鬼侯之女美，令纣取之。纣听妲己之谮曰'以为不好'，故醢梅伯、脯鬼侯，以其脯燕诸侯于庙中。"

---

① 陕西省考古研究院、榆林市文物考古勘探工作队、神木县文体局：《陕西神木县石峁遗址》，《考古》2013年7期，16页。

② 郑杰祥：《商代地理概论》第三章《商代的四土与方国部落》，中州古籍出版社，1994年，317页。

殷商王朝后期，鬼方已经有"鬼侯"。鬼方是殷的诸侯方国。

西周之后，周成王的大军攻下唐国，在这里分封了一些诸侯国。《国语·郑语》云："当成周者……西有虞、虢、晋、隗、霍、杨、魏、芮八国，姬姓也。虞，虞仲之后；虢，虢叔之后西虢也。"

《左传·昭公九年》亦云："王使詹桓伯辞于晋曰：我自夏以后稷，魏、骀、芮、岐、毕，吾西土也。"郑玄注："在夏世以后稷功受此五国为西土之长，骀在始平武功县，所治厘城；岐在扶风美阳县西北。"（唐）孔颖达疏曰："《释例·土地名》云：魏，河东河北县也。芮，冯翊临晋县芮乡是也。毕，在京兆长安县西北，骀在武功，岐在美阳。"

（晋）郑玄《毛诗谱·魏谱》云："魏者，虞舜夏禹所都之地；在《禹贡》冀州雷首之北析城之西，周以封同姓焉。其封域南枕河曲，北涉汾水。"

（唐）张守节《史记·魏世家》《正义》认为是个国名，云："魏城，在陕州芮城县北五里。郑玄《诗谱》云：魏，姬姓之国，武王伐纣而封焉。"

这很明显是说，魏在河东郡的汾河北岸，与芮相邻，当是把殷商时期的"鬼方"或者说是"鬼国"故地，因文字的发展与细化，把"鬼"称为"魏"了。

《诗经》中有《魏风》，但是《魏风》所记述的皆表现的是晋国的风俗与事情，但是后代的记载或删削诗的人，把这些诗当成唐尧时期的诗了。

（宋）苏辙《诗集传》卷五云：

> 魏，本姬姓之国，晋献公灭之，以封大夫毕万。其地南枕河曲，北涉汾水，舜禹之都在焉。其民犹有虞夏之遗风，习于俭约。而晋公自僖公以来变风，既作及魏为献公所并，其人作诗以讥刺晋事，如邶鄘之诗，其实皆卫之得失。故孔子之编诗，列之唐诗之上，亦如邶鄘卫之次。然毛氏之叙魏诗，则曰魏地狭隘，其民机巧趋利，其君俭啬褊急，国迫而数侵削，役乎大国，民无所居，盖犹以为故魏诗，而不知其为晋诗也。

西周初年，在魏地确实有一个姬姓封国魏，但是笔者认为，春秋以后，姬姓封国魏被芮国所灭，成为芮国的一个地名魏。

《左传·桓公三年》记载："芮伯万之母芮姜恶芮伯之多宠人也，故逐之，出居于魏。"杜预注："芮伯万之母芮姜，恶芮伯之多宠人也，故逐之，出居于魏。"孔颖达疏："《地理志》云：冯翊临晋县芮乡，故芮国也。河东郡河北县，

《诗》魏国也。《世本》芮、魏,皆姬姓。《尚书·顾命》成王将崩,有芮伯为卿士,名谥不见。魏之初封不知何人。闵元年,晋献公灭魏芮,则不知谁灭之。"

《左传·桓公四年》记载:"冬,王师、秦师围魏,执芮伯以归。"杜预注:"三年,芮伯出居魏,芮更立君,秦为芮所败;故以芮伯归,将欲纳之。"

《左传·桓公十年》记载:"秋,秦人纳芮伯万于芮。"杜预注:"四年,围魏所执者。"

从这段记载可以看出,魏已经是芮国之地。芮伯万的母亲芮姜,因讨厌芮伯拥有太多的宠人,将他放逐,使之出居于魏地,也可以说魏已经被芮所灭,成为芮国的辖地了。

五、魏氏城的考古学发现

毕万被封于魏,在魏国建立都邑。《左传·庄公二十八年》云:"凡邑,有宗庙先君之主曰都,无曰邑;邑曰筑,都曰城。"杜预注:"《周礼》:四县为都,四井为邑;然宗庙所在则虽邑曰都,尊之也。"

先秦时期,贵族们在采邑上建立供奉祖先的宗庙。虽然采邑上的贵族不是诸侯国的国君,但他们建立宗庙的邑称为宗邑,也称为"都"。毕万既被封于魏,称魏万,在魏建立宗庙,这里就是魏氏的都邑。

(宋)朱熹《诗经集传》卷三亦云:"魏,国名,本舜禹故都,在禹贡冀州雷首之北,析城之西,南枕河曲,北涉汾水。其地狭隘而民贫,俗俭盖有圣贤之遗风焉。周初以封同姓,后为晋献公所灭,而取其地。今河中府解州即其地也。"

魏氏之封邑。《史记·魏世家》《正义》云:"魏城在陕州芮城县北五里。"陈梦家《殷商卜辞综述·方国地理》亦云:"《左传》闵元,晋灭耿、霍、魏,而以魏赐毕万,今芮城县北五里。"

考古工作者在山西芮城发现了魏氏之都邑古魏城。古魏城位于今山西芮城县北、中条山南麓,东有柴村、铁家庄,西有后龙泉村和城南沟村。中龙泉村和前龙泉村位于古城内西侧,涧西村在城之东侧,永乐宫新址在城南部之中央。这一带泉水很多,流水纵横,龙泉水流经古城山西南部。城之西有贾公泉、地皇泉等,南距黄河5公里左右。

城址平面略呈方形，方向正北。东、南、北三侧城墙，近乎呈一条直线，曲折甚少，而西城墙成拱形，中央向外凸出。城墙除西城外，一般在地面上都能看到，高出地面 1～7 米。西城墙遭到贾公、地皇二泉的严重冲刷，已是残破不堪。城周长约 4600 米，城基宽度在 13～16 米。

城的建筑方法，从南城墙 450 米（自东南城角起）残缺破坏处可以看出，城由夯土版筑，分上下两层；下层又分内外两部，很可能是先造内部，再在外侧加厚，然后又在上部加高。可能因用土来源及先后不一致，这三者的土色也是不同的。上层为深灰色，内部为漫灰色，外侧为黄色。古城夯层一般厚 6～8 厘米，夯土坚硬，土呈灰褐色，含有五花土颗粒等。土质一般较钝净。夯窝密集，成半球状，直径 4～5 厘米。①

南城墙全长 1100 米，保存尚好。在地面上，西段残存高度 1～2 米，东段残存高度 4～5 米，东南城角高度达 6 米。由东南城角往西 350 米和 780 米两处，都有 40 米和 50 米的阙口，但没有找到城门的痕迹。

东城墙全长 1268 米左右，随着地势变化，北高南低。南北二段在地面上尚能看到，中段城基湮没在耕土下 40～80 厘米。由东南城角往北到 176 米处，城墙尚断，两侧高、中间低，宽 65 米。在缺口南侧断面上看到有一层厚约 6 厘米的路土层。这里有可能是原城门。此城阙的南侧，城墙叠压在龙山文化堆积上，其面积很小，估计有可能是在筑城取土时带来的。

北城墙保存最好，地面上还有数米高，其上部有 4～5 米厚的夯土层，土色稍灰，包含有大量的河卵石，夯土也比较松，夯层厚度 8～12 厘米。而其他地方有厚 5～6 米的夯土层。

西城墙全长约 1000 米，成拱形，中间向外凸出，城墙大部分已被泉水和洪水冲毁，在地面上残存很少。自西北城角往南约 465 米处，有一缺口，南侧的断面，夯层清楚，其北约 15 米处，耕土下 60 厘米有一条 2～3 米的路土层，厚 10～15 厘米，估计这里是城门。

古城东南、东北、西北三个城角都保存较好，城外侧都有月牙状的夯土台，现高约 1 米，成为城角的一部分，很可能是一种加固措施。

古城位于中条山南麓，洪水经常冲溢城区，带来了淤土以及卵石块，覆盖在地面上，厚达 1～1.5 米。只有城南半部的一些地方，还基本保持原来的面貌。

古城址周围有战国时代的遗物筒瓦和板瓦，以及鬲、豆类残片等，瓦类

---

① 陶正刚、叶学明：《古魏城与禹王古城调查简报》《文物》，1962 年第 5 期，59 页。

饰交错绳纹或直绳纹等，皆泥条盘筑。此外有小口罐、盆、鬲等，腹部有绳纹或素面。①

山西省准备复建唐代永乐宫，永乐宫新址在芮城北 2.5 公里，即古魏城处。复建之前，考古工作者在城址内进行清理，探出古墓、古井、灰坑 17 处，春秋中晚期的墓葬 10 余座。这些墓葬均为中小型墓葬，出土的遗物有石圭、石璧、石珏、骨簪等，亦有战国时期的陶片与瓦当。② 这些遗物当与魏氏都城有密切的关系。

在永乐宫新址纯阳殿下发现的 10 座春秋末战国初的墓葬，压在文化层下面。这说明了古城的上限。根据采集的遗物、发掘的墓葬情况和史籍记载相互印证，推断这里当是毕万所封的魏城。

第二节　魏武子袭封

春秋前期，晋国发生了骊姬之乱，晋公子重耳在内乱中逃亡。魏万之子魏犨（即魏武子）跟随晋公子重耳逃亡 19 年。后晋公子重耳回晋国即位，是为晋文公，成为春秋时期的一代霸主。魏武子是晋文公逃亡时期的股肱之臣，经历了冻饿、追杀等各种磨难和险阻，为重耳出谋划策，同甘共苦。因此，晋文公赏赐功臣时，魏氏一跃成为晋国最显赫的家族。

一、魏武子追随重耳逃亡

魏万之子魏犨，即魏武子在魏国也是一个非常有影响的人物，是跟随晋文公重耳逃难的功臣。鲁僖公五年（公元前 655 年），晋国发生骊姬之乱。晋献公晚年，宠爱骊姬，于是就废除并杀掉原来的太子申生，把骊姬所生的儿子立为太子。不仅如此，在骊姬的谗言之下，晋献公又派人追杀太子申生的两个弟弟——公子重耳与公子夷吾。公子重耳与夷吾出逃。魏万的孙子魏犨追随

---

① 陶正刚、叶学明：《古魏城与禹王古城调查简报》《文物》，1962 年第 5 期，60 页。
② 山西省文物管理委员会、山西省考古研究所：《山西芮城永乐宫新址墓葬清理简报》，《考古》1960 年第 8 期，18、20 页。

公子重耳逃亡。《左传·僖公二十三年》云：晋大夫叔向在提及晋公子重耳逃亡一事时，说："晋公子重耳之及于难也，……奔狄。从者狐偃、赵衰、颠颉、魏武子、司空季子。"杜预注："武子，魏犨；胥臣，臼季也。时狐毛、贾佗皆从，而独举此五人，贤而有大功。"《左传·昭公十三年》云："我先君文公，狐季姬之子也。有宠于献公，好学而不贰；生十七年，有士五人，有先大夫子余、子犯以为腹心，有魏犨、贾佗以为股肱。有齐、宋、秦、楚以为外主，有栾、郤、狐、先以为内主。亡十九年，守志弥笃，惠、怀弃民，民从而与之。献无异亲，民无异望，天方相晋，将何以代文？！"

这段话所说的是晋公子重耳在外逃亡19年，跟随重耳在外流亡的"有士五人"，即狐偃、赵衰、颠颉、魏武子、司空季子，这五个人"子余、子犯以为腹心，有魏犨、贾佗以为股肱"。子余，赵衰；子犯，狐偃；魏犨，魏武子也。

魏武子魏犨是带领魏氏家族中的一些族人追随重耳流亡的。《史记·魏世家》云："魏武子以魏诸子事晋公子重耳。"晋公子重耳在外逃亡19年中，魏犨带领魏氏家族的许多族人跟随重耳，经历了冻饿、追杀等各种磨难和险阻，历尽千辛万苦。

《史记·魏世家》云："晋献公之二十一年，武子从重耳出亡十九年反，重耳立为晋文公，而令魏武子袭魏氏之后封，列为大夫，治于魏。"当晋公子重耳回到晋国即位后，魏武子被封为大夫，以魏万之后裔的身份继封魏地为采邑。魏武子"治于魏"，就是以魏为自己的采邑之都。

二、魏武子受次赏袭封在魏

晋文公即位之后，对跟随自己逃亡的功臣进行封赐，但是魏犨在这次封赐中并没有成为晋国最上层的贵族。魏犨之所以得了一个"魏武子"的名号，当与其勇敢、武力有关。晋文公的封赏重在仁义道德之士，而对于那些勇力之士只给予次赏。

晋文公回到晋国后，"赏从亡者及功臣，大者封邑，小者尊爵"。晋文公说："夫导我以仁义，防我以德惠，此受上赏。辅我以行，卒以成立，此受次赏。矢石之难，汗马之劳，此复受次赏。若以力事我而无补吾缺者，此（复）受次赏。"[1] 重耳说"导我以仁义，防我以德惠"；才"受上赏"；而"矢石之

---

[1] （汉）司马迁：《史记·晋世家》，北京：中华书局，1980年，1662-1663页。

难，汗马之劳""以力事我而无补吾缺者""受次赏"。魏犨是以勇力而著称的，当是"以力事我而无补吾缺者"，因此魏犨受的是次赏。

魏犨跟随晋文公流亡，虽然受封赏，但是并没有进入晋国的最上层，只被封为大夫，仅把他祖父的旧封邑魏给他。

魏武子没有受到重赏，其原因是魏犨在跟随重耳逃亡的过程中是以勇力而著称的，并且违背了晋文公重仁义、崇道德的原则。公子重耳逃亡到曹国时，曹国君曹共公对他很不礼貌。《史记·晋世家》记载："曹共公不礼，欲观重耳骈胁。曹大夫僖负羁曰：'晋公子贤又同姓，穷来过我，奈何不礼！'共公不从其谋。负羁乃私遗重耳食，置璧其下。重耳受其食，还其璧。"①晋文公经过卫国时，曾受到曹国大夫僖负羁的照顾。

当晋文公即位之后恼怒曹共公的无礼，攻打曹国，以报其仇；曹国的衰亡与此有很大的关系。然而晋文公也没有忘记当年曹大夫僖负羁对他的尊重与恩德，于是"令无入僖负羁之宫，而免其族，报施也。魏犨、颠颉怒曰：'劳之不图，报于何有？'爇僖负羁氏。魏犨伤于胸，公欲杀之而爱其材，问且视之病，将杀之。魏犨束胸见使者曰：'以君之灵，不有宁也。'距跃三百，曲踊三百，乃舍之；杀颠颉以徇于师，立舟之侨以为戎右"②。这段记载说明魏犨了勇敢与莽撞，尽管他在某些时候违背了晋文公的意愿，但是晋文公怜其才，爱其勇，还是舍不得杀他。

由于魏犨蛮横与莽撞，使晋文公对其产生不满，甚至有杀他的念头；魏犨由于勇敢，才免于一死。晋文公对他的封赏当然不会太高，仅封以大夫，与先祖之旧封邑。而魏邑对魏氏家族的重要意义前面已经详细论述，此处不再赘述。

但是晋文公这一次赏赐、封邑、尊爵，非常重要，受到赏赐的人从此成为晋国的贵族。魏氏家族虽然没有得到最高的封赏，但是从此在晋国成为政权核心的贵族。

三、魏悼子徙治在霍

《史记·魏世家》云："晋文公而令魏武子袭魏氏之后封，列为大夫，治于魏。生悼子，魏悼子徙治霍。"

---

① （汉）司马迁：《史记·晋世家》，北京：中华书局，1980年，1658页。
② 杨伯峻：《春秋左传注·僖公二十八年》，北京：中华书局，1981年，454页。

（晋）杜预《春秋释例》卷五《土地名》第四十四之一云："彘，平阳永安县东北彘。"《春秋释例》卷七《土地名》第四十四之三云："霍，平阳永安县东北有霍太山。"（宋）程公说《春秋分记》卷二十五《书》七《疆理书》第一云："周厉王流于彘，即此有彘水，西南流入汾，因曰彘县。《释例》晋平阳永安县东北。彘，今平阳府霍邑县。""厉王出奔于彘。"韦昭曰："彘，晋地也，汉为县属河东，今曰永安是也。厉王终死于彘，于是太子静即位是为宣王。"霍，今山西霍县境。

《索隐》："《系本·居篇》曰：魏武子居魏，悼子徙霍。宋忠曰：霍，地名。今河东彘县也。则是有悼子。《系本》卿大夫代自脱耳。然魏，今河北魏县是也。"《正义》："晋州霍邑县，汉彘县也。后汉改曰永安，隋改曰霍邑，本春秋时霍伯国也。"霍，即西周时期的彘地；春秋初年本是霍伯国所在之地，春秋初年晋献公灭之。由于霍距离魏很近，不知何时，至少在魏悼子时期，霍已经纳入魏氏的辖地。

魏武子时期，魏氏治所仍然在魏。但魏悼子时期，魏氏的治所已经迁到霍。如前所述，霍是周厉王曾经居住的地方。这说明，魏氏家族在晋国得到了很好的发展。魏悼子徙治于霍，一方面说明魏氏已经将霍纳入自己的辖地；另一方面，魏悼子徙治于霍，或许希望自己沾上周厉王的王气。

第三节　魏颗在晋国的功勋

春秋时期，虽然人殉已受到人们的谴责，但很多贵族仍然要求其爱妾或者奴隶为其殉葬。魏武子有一个非常喜爱的小妾，魏武子生病初期曾吩咐儿子魏颗说：自己百年之后，把这个小妾嫁出；后来在将死之际，又说要小妾殉葬。当魏武子死后，魏颗将这个小妾嫁出。小妾的父亲感谢魏颗活女儿之命，在魏颗与秦国力士杜回打仗时，结草报恩，使魏颗立下战功。这是历史上一个著名的结草报恩的故事。

一、魏颗立功辅氏之役

魏武子的儿子魏颗在晋国的历史上也立下了很大的功勋。

本来秦晋是婚姻之国，史称"秦晋之好"。秦穆公娶了晋献公的女儿为夫人，晋怀公、晋文公娶了秦国的女儿为妻。晋献公末年，晋国发生骊姬之乱，杀死了太子申生。公子重耳、夷吾逃亡在外。秦穆公护送夷吾至晋，立为晋君。晋惠公死，子圉即位，是为晋怀公。秦杀了晋怀公，帮助晋文公即位，并希望以此控制晋国。公元前632年，晋楚城濮一战，晋文公成为华夏霸主。秦国不仅不能左右晋国，反而随从晋国出入作战。秦国的东进受阻。公元前627年，秦晋发生了崤山之战，秦国全军覆灭，从此"秦晋之好"变成了秦晋世仇。

公元前594年，晋秦之间发生辅氏之战。起初，晋景公之姊嫁给了潞国国君潞子婴儿，结果潞国执政大臣酆舒，杀了晋景公之姊，又伤潞子之目。于是晋国准备攻打酆舒。

宣公十五年（公元前594年），"六月癸卯，晋荀林父败赤狄于曲梁；辛亥，灭潞。酆舒奔卫，卫人归诸晋。晋人杀之……秋七月，秦桓公伐晋，次于辅氏。壬午，晋侯治兵于稷，以略狄土，立黎侯而还。及雒，魏颗败秦师于辅氏，获杜回，秦之力人也。"①辅氏，晋地，今陕西大荔县东二十里左右。稷，山西稷山县南五十里有稷山，山下有稷亭。

这段话的意思是，宣公十五年六月，晋侯与荀林父稷地用兵，以攻打狄人。秦桓公乘晋国伐狄人之机伐晋，驻扎在晋地辅氏，伺机伐晋。晋侯派魏颗迎战秦师。当晋侯打败狄人，而此时立服从晋国的黎侯而还。当晋侯回兵至雒邑时，魏颗已经在辅氏大败秦师，俘获了秦国的大力士杜回。

魏颗立了战功，受到晋景公的重赏。《左传·宣公十六年》云："晋侯赏桓子狄臣千室，赏士伯以瓜衍之县。曰'吾获狄土，子之功也。微子，吾丧伯氏矣。'"因这次战役打败狄人、立黎侯的主将是桓子，晋侯赏以"狄臣千家"，就是把俘虏的一千家狄人给桓子做奴仆；而在辅氏大败秦师、俘获大力士杜回者就是士伯魏颗，晋侯赏以"瓜衍之县"；晋景公皆予以重赏。晋国大夫羊舌职评价此赏曰："《周书》所谓'庸庸祇祇'者，谓此物也。夫士伯庸中行伯，君信之，亦庸士伯，此之谓明德矣。文王所以造周不是过也。故《诗》曰：'陈锡载周'，能施也，率是道也，其何不济。"

《国语》卷十三《晋语七》云："昔克潞之役，秦来图败晋功。魏颗以其身却退秦师于辅氏，亲止杜回。其勋铭于景钟，至于今不育，其子不可不兴

---

① 杨伯峻：《春秋左传注·宣公十五年》，北京：中华书局，1981年，764页。

也。"（吴）韦昭注："克，胜也；鲁宣十五年六月癸卯，晋荀林父将灭赤狄潞氏。七月，秦桓公伐晋，次于辅氏，欲败晋功。壬午，晋景公治兵以略狄土，及雒。魏颗败秦师于辅氏，获杜回。辅氏，晋地；杜回，秦力士也；勋，功也；景钟，景公之钟；育，遂也。"

当晋景公治兵伐狄之时，秦国乘机攻伐晋国。魏颗大败秦师于辅氏，并俘获了秦的力士杜回。魏颗的功劳已经被刻在景钟（晋景公之钟）之上，永垂后世。

（汉）史游《急就篇》卷一："令狐，晋地名也，在河东；大夫魏颗食邑于此。号令狐，颗因为氏焉。"

（宋）罗泌《路史》卷二十八《国名纪五》："令狐，魏颗邑；晋惠公济河围令狐者，今猗氏西十五有故令狐城。"

由于魏颗的战功卓著，还增加了封邑令狐，从此魏氏有一支称为令狐氏。

二、老人结草报恩，魏颗勋铭景钟

关于魏颗在辅氏之役中大败秦师，获秦力士杜回的战功，在历史上有一个典故。

魏武子（魏颗之父）有一个爱妾，这个爱妾没有儿子。魏武子初有病时，曾指着爱妾对魏颗说："我死之后，将她嫁出就是了。"但当魏武子病危时又对魏颗说："我死之后，必以她为我殉葬。"魏武子死后，魏颗将父亲的爱妾嫁出，并说："疾病则乱，吾从其治也。"[1] 魏颗的意思是，父亲病重的时候，说话就会杂乱无序，清醒的时候说的话才合乎人情。我应听从父亲清醒时候的指示，即"治命"不以人为殉。

辅氏之役中，魏颗与秦国大力士杜回在原野上角逐。魏颗看见一个老人在草地上把草结起来以阻止杜回，杜回被老人所结的草绊倒。魏颗转身俘获了杜回。"颗见老人结草以亢杜回，杜回踬而颠，故获之。夜梦之曰：'余而所嫁妇人之父也，尔用先人之治命，余是以报。'"[2] 正因为魏颗没有把父亲的爱妾殉葬，而是把她嫁出，在辅氏之役中，得到这个小妾父亲的帮助，打了胜仗。从此，老人"结草报恩"的故事，成为历史上的典故而流传。

---

[1] 杨伯峻：《春秋左传注·宣公十五年》，北京：中华书局，1981年，764页。
[2] 杨伯峻：《春秋左传注·宣公十五年》，北京：中华书局，1981年，764页。

经过辅氏之役，魏氏在晋国的地位得到进一步巩固。《左传·成公十八年》云："二月乙酉朔，晋悼公即位于朝。始命百官，施舍、已责、逮鳏寡、振废滞、匡乏困、救灾患、禁淫慝、薄赋敛、宥罪戾、节器用、时用民，欲无犯时。使魏相、士鲂、魏颉、赵武为卿。"杜预注："相，魏锜子；鲂，士会子；颉，魏颗子；武，赵朔子。此四人，其父祖皆有劳于晋国。"（元）赵汸《春秋左氏传补注》卷五云："晋语云：使吕宣子将下军。曰邲之役，吕锜佐智庄子于上军，获楚公子谷臣与连尹襄老，以免子羽。鄢陵之役，亲射楚王而败楚师，以定晋国而无后，其子孙不可不崇也。使彘恭子将新军，曰武子之季，文子之母弟也。武子宣法，以定晋国；文子勤身，以定诸侯；二子之德其可忘乎，故以彘季屏其宗，使令狐文子佐之。曰昔克潞之役，秦来图败晋功，魏颗以其身退秦于辅氏，亲止杜回，其勋铭于景钟，至于今不育，其子不可不与也。又曰吕宣子卒公，以赵文子能恤大事，使佐下军。孔氏曰：吕宣子，魏相也；彘，恭子士鲂也；令狐文子，魏颉也。赵武，父祖功名颇著，故不序。"

晋悼公时期，魏颗之子魏颉已经成为晋国的卿。卿，是晋国的最高、最核心的长官，仅次于国君。魏相、魏颉，皆魏氏之族。魏颉之子别为令狐氏。

第四节　魏氏家族地位的腾升与魏绛"和戎"

公元前573年，晋厉公州蒲被晋国的权势大臣所杀，晋国大臣又迎立了逃亡在外的晋悼公即位；这样又给了晋国权势大臣上升的机会。魏氏家族在晋国的地位就在这个时期更上一层楼，自魏颉开始成为晋国的卿。

之后，魏绛继续为卿。晋悼公元年（公元前573年），魏绛为司马，执掌军法。魏绛执法不阿，尽职尽责。他辅助晋悼公执政时期，提出了有名的"和戎"政策，对晋国边境的安全、各民族的和谐与融合有重要的意义，这是我国最早的对少数民族实行的政策。晋悼公在位时期，"八年之中，九合诸侯"，恢复了晋国在诸侯国中的霸主地位，这与魏绛有密切的关系。魏绛和戎，也使魏绛在晋国的政治地位大大提高，并得到了安邑封地。安邑成为魏国的国都。

一、魏颉成为晋国的卿

魏颉是魏颗之子,在晋悼公时期魏颉成为晋国的卿。卿,是晋国最核心、最尊贵的官长。

公元前573年,晋悼公即位。晋悼公,名字曰周;其祖父捷,是晋襄公之少子,不得立,号为桓叔。这次晋襄公之少子桓叔,由于不是长子不得立,也流离在周王室。晋国"灭公族""尚军功"的政策,虽然使晋国迅速强盛,并成为春秋霸主,但是晋国公室的公子、公孙基本上无受封者,多流离他国,使晋国公室出现卑弱态势,军功大族迅速发展起来。

晋厉公州浦在位时期(公元前580年~前573年),想"欲尽去群大夫而立其左右"①,结果反而被栾书、中行氏等大夫所杀。一时间,晋国没有了国君。是时,异性贵族尚不敢明目张胆登上国君之位,于是想到了在周王室避难的桓叔之后裔。桓叔是晋襄公之少子,桓叔生惠伯谈,谈生悼公周。晋国派大夫荀䓨、士鲂代周王室迎接周而立为晋悼公。此时晋悼公周已经14岁了。

晋悼公周被立为晋国君之后,对势力强大的晋国大夫心存胆怯。悼公周曰:"孤始愿不及此,虽及此岂非天乎?抑人之求君,使出命也。立而不从,将安用君?二三子用我今日,否亦今日。共而从君,神之所福也。"群臣对曰:"群臣之愿也,敢不唯命是听。"于是悼公周与晋国的群大夫"盟而入"②。这些话语都表现了晋悼公回晋国即位时的胆怯心理。

晋悼公即位之后曰:"大父、父,皆不得立而辟难于周,客死焉。寡人自以疏远,毋几为君。今大夫不忘文襄之意,而惠立桓叔之后,赖宗庙大夫之灵,得奉晋祀;岂敢不战?战乎,大夫其亦佐寡人。于是逐不臣者七人,修旧功,施德惠,收文公入时功臣后。秋伐郑,郑师败;遂至陈。"晋悼公一方面"修旧功,施德惠,收文公入时功臣后",拉拢当年跟随晋文公逃亡时期的功臣。晋悼公"使魏相、士鲂、魏颉、赵武为卿"。魏颗之子魏颉终于成为晋国的最高执政长官——卿。晋悼公还把栾伯、荀会、栾魇、韩无忌封为公族大夫。这些功臣都已经发展成为晋国的大族。"逐不臣者七人",这些当是晋国权势大族的政敌。同时发动战争,以团结大族。

---

① 杨伯峻:《春秋左传注·成公十七年》,北京:中华书局,1981年,900页。
② 杨伯峻:《春秋左传注·成公十七年》,北京:中华书局,1981年,907页。

而魏氏家族之先人魏武子是跟随晋文公逃亡时期的功臣，当在晋悼公"修旧功"之列，这样就给了魏氏家族一个良好的发展时机。

晋悼公封魏绛为中军司马。魏绛，根据《索隐》引《系本》云："武仲生莊子绛，无悼子。又《系本居篇》曰：魏武子居魏，悼子徙霍。宋忠曰：霍，地名；今河东彘县也。则是有悼子。《系本》卿大夫代自脱耳然。"所以魏绛，当是魏悼子之子，谥号为庄，故史称魏庄子。《国语·晋语七》："夫公知祁奚之果而不淫也，使为元尉；知羊舌职之聪敏肃给也，使佐之；知魏绛之勇而不乱也，使为元司马；知张老之知而不诈也，使为元侯。"韦昭注："祁奚，晋大夫高梁伯之子也；元尉，中军尉也。羊舌职，晋羊舌大夫之子；敏，达也；肃，敬也；给，足也。魏绛，魏犨之子庄子也，元司马，中军司马也。张老，晋大夫张孟也；元侯，中军侯奄也。"

晋国是一个尚武的诸侯国，国君之下没有设相，中军将是最高长官。晋悼公任祁奚为元尉（中军尉），管理中军的政治与军事；魏绛为元司马（中军司马），管理中军的军事。魏绛已经成为晋国除国君之外的第二高官了。

鲁襄公九年（公元前564年），赵武、魏绛曾率领诸侯国军队伐郑，一路上斩行粟以表道，即把路两边的庄稼砍去，成为道路，攻打郑国的城门，占据郑国的虎牢关，迫使郑国投降。

晋悼公好田猎，魏绛以夏王朝太康好田猎而失国，从而使"后羿代夏"；而后羿又是"恃其射也，不修民事而淫于原兽，弃武罗、伯因、熊髡、龙圉，而用寒浞。寒浞，伯明氏之谗子弟也；伯明后寒弃之，夷羿收之，信而使之，以为已相。浞行媚于内而施赂于外，愚弄其民，而虞羿于田，树之诈慝，以取其国家"①。

二、魏绛执法不阿

魏绛为晋悼公的司马，执掌军法。晋悼公四年（公元前570年），晋悼公为盟主在鸡泽（今河北鸡泽县东10公里处的旧城营村）大会诸侯，夸耀晋国的地位和实力。《左传·襄公三年》六月，晋悼公会王室卿士单顷公及诸侯，在鸡泽会盟。"晋侯之弟扬干乱行于曲梁，魏绛戮其仆。"

这段话的意思是，晋悼公的弟弟杨干驾着马车在曲梁（今河北永年县，

---

① 杨伯峻：《春秋左传注·襄公四年》，北京：中华书局，1981年，936-937页。

与鸡泽县相邻）飞奔乱行，扰乱随从仪卫军队的行列。魏绛作为司马，负责盟会的治安。杨干的行为很明显扰乱了大会的秩序，引起了诸侯国与会人员的反感。魏绛于是处死了杨干之仆。这件事让晋悼公很没面子，非常恼怒，认为魏绛处死杨干之仆是对杨干的不尊重，就是污辱自己，故一定要杀魏绛。

《左传·襄公三年》又记载：晋侯怒谓羊舌赤曰："合诸侯以为荣也，扬干为戮，何辱如之。必杀魏绛，无失也。"羊舌赤对曰："绛无贰志，事君不辟难，有罪不逃刑。其将来辞，何辱命焉。"

话刚说完，魏绛已经来到晋悼公处，将自己所写的"罪过书"交于仆人，欲伏剑自尽。士鲂、张老止之。晋悼公读其"罪过书"曰："日君乏使，使臣斯司马。臣闻师众以顺为武，军事有死无犯为敬。君合诸侯，臣敢不敬？君师不武，执事不敬，罪莫大焉。臣惧其死，以及扬干，无所逃罪。不能致训，至于用钺。臣之罪重，敢有不从，以怒君心；请归死于司寇。"

晋悼公光着脚而出曰："寡人之言，亲爱也；吾子之讨，军礼也。寡人有弟，弗能教训，使干大命，寡人之过也。子无重寡人之过，敢以为请。"

晋悼公是一个很有眼光，也很有作为的国君。他最初很恼怒，但是很快便认识到魏绛的做法是正确的，从这件事上可以看出魏绛的执法不阿。晋悼公认为魏绛是一个以国家刑律为上，公正严肃之人，这样的品格和精神对诸侯国的发展有重要的意义，于是擢升魏绛为新军之佐，委以重任，魏绛从而掌握了兵权。《国语·晋语》云："令狐文子卒，公乃以魏绛为不犯，使佐新军；使张老为司马，使范献子为侯奄。公誉达于戎。"

魏绛此举震动当时，名声远扬，晋悼公和魏绛都赢得了很大的荣誉，史称"晋悼公复霸"。《国语·晋语》云："五年诸戎来请服，使魏庄子盟之，于是乎始复伯。"魏绛是一个对魏氏家族的发展起着关键作用的人物。

三、魏绛的"和戎"政策

晋国，是成王弟叔虞的封国，国都翼（今山西翼城县东南），其辖地在今山西西南。这里初为夏墟，后为唐国所居。周成王诛唐后，将其故地封给叔虞，所以叔虞又称唐叔虞。《左传·定公四年》记载："分唐叔以大路、密须之鼓，阙巩沽洗，怀姓九宗，职官五正，命以《唐诰》而封于夏虚，启以夏政，疆以戎索。"杜预注曰："大原近戎而寒，不与中国同，故自以戎法。"《国语·晋语二》云：晋国"景、霍以为城，而汾、河、涑、浍以为渊，戎狄之民实环之，汪是土也"。晋国正因为"戎狄之民实环之"，故"疆以戎索"，其意就是因为晋国周围多是戎狄部族，故用戎狄之法和风俗进行管理。

《左传·昭公十五年》记载：当周王室责备晋国为什么不向王室贡献礼品时，晋国大夫籍谈说："晋居深山，戎狄之与邻，而远于王室。王灵不及拜，戎不暇。"戎狄对晋国构成严重的威胁，使晋国不能及时向王室履行贡纳义务。

晋国北面边境有獯粥、鬼方、猃狁、骊戎、茅戎、蛮戎、山戎、赤狄、白狄、长狄胡等，就是匈奴的前身，非常剽悍。他们居住在晋国北部，晋国处于戎狄包围之中。《史记·匈奴列传》云："匈奴，其先祖夏后氏之苗裔也，曰淳维。唐虞以上有山戎、猃狁、荤粥，居于北蛮，随畜牧而转移，其畜之所多则马、牛、羊，其奇畜则橐驼、驴、骡、駃騠、騊駼、驒騱，逐水草迁徙。"《晋书·四夷列传·北狄》则曰："匈奴之类，总谓之北狄。匈奴地南接燕赵，北暨沙漠，东连九夷，西距六戎；世世自相君臣，不禀中国正朔。夏曰熏鬻，殷曰鬼方，周曰猃狁，汉曰匈奴。"

这些部落之民生活在北部草原上，过着游牧生活，性格剽悍，经常对晋国北部定居的农业边民进行骚扰，严重地影响了农业边民的生产和生活。晋国既要应付中原地区激烈的兼并战争，又要对付边境戎狄的侵扰。晋国与戎狄之间经常有矛盾和冲突，长期处于战争的攻伐状态。

《左传·庄公二十八年》云："晋伐骊戎，骊戎男女以骊姬。"杜注："骊戎在京兆新丰县。"关于这次晋献公伐骊戎的战争，《国语·晋语一》亦有记载："献公伐骊戎，克之，灭骊子，获骊姬以归。"

东山皋落氏属于赤狄的一支，春秋时期经常与晋国发生冲突。《左传·闵公二年》云："晋侯使大子申生伐东山皋落氏。"杜预注："赤狄，别种也，皋落其氏族。"

关于晋与戎狄之间的战争，《左传》多有记载。

《左传·僖公八年》载："夏，狄伐晋，报采桑之役也。"《左传·僖公三十三年》："狄伐晋，及箕。八月戊子，晋侯败狄于箕，郤缺获白狄子。"杜预注："白狄，狄别种也。"

《左传·宣公六年》云："秋，赤狄伐晋围怀及邢丘。晋侯欲伐之。中行桓子曰：'使疾其民。'"杜预注："邢丘，今河内平皋县。"《春秋经·宣公十五年》云:"六月癸卯,晋师灭赤狄潞氏,以潞子婴儿归。"杜预注:"潞,赤狄之别种,潞氏国故称氏子爵也。"这次战争晋国灭了赤狄潞氏,并俘获了其首领潞子婴儿。

《春秋经·宣公十六年》云:"晋人灭赤狄甲氏及留吁。"杜预注:"甲氏、留吁,赤狄别种。晋既灭潞氏,今又并尽其余党。"

《左传·僖公八年》载:"晋里克帅师,梁由靡御,虢射为右,以败狄于采桑……夏,狄伐晋,报采桑之役也。"

《左传·僖公十六年》载:"秋,狄侵晋,取狐、厨、受铎,涉汾,及昆都,因晋败也。"《史记·匈奴列传》云:"晋文公攘戎翟,居于河西圁、洛之间,号曰赤狄、白翟。"

由以上记载可知,春秋时期,作为游牧部族的戎狄,经常到晋国进行侵扰。晋国已经是一个定居的农业部族,戎狄部族的入侵与抢劫对晋国边民有很大的威胁。

晋悼公是一个有作为的国君,他在位时期,恢复了晋国在中原的霸主地位。有一个山戎小国无终国的国君嘉父派遣孟乐到晋国来,通过魏庄子(即魏绛)向晋国贡纳虎豹之皮,以请和诸戎。《左传·襄公四年》记载:

晋侯曰:"戎狄无亲而贪,不如伐之。"

魏绛曰:"诸侯新服,陈新来和,将观于我。我德则睦,否则携贰。劳师于戎,而楚伐陈,必弗能救,是弃陈也;诸华必叛。戎,禽兽也;获戎失华,无乃不可乎。"

魏绛向晋悼公讲了昔日夏因东夷后羿部族的进攻而失国的故事,说明不要轻易与戎人互相攻伐,应该与戎人讲和。

公曰:"然则莫如和戎乎?"

对曰:"和戎有五利焉。戎狄荐居,贵货易土,土可贾焉,一也。边鄙不耸,民狎其野,穑人成功,二也。戎狄事晋,四邻振动,诸侯威怀,三也。以德绥戎,师徒不勤,甲兵不顿,四也。鉴于后羿而用德度,远至迩安,五也。君其图之。"

魏绛一口气讲了和戎的五大好处,晋悼公非常赞成,就让"魏绛盟诸戎,修民事,田以时"①。

---

① 杨伯峻:《春秋左传注·襄公四年》,北京:中华书局,1981年,739页。

晋悼公任用魏绛,对晋国北部边境的少数民族采取友好相处的方针,即和戎政策。和戎对晋好处极大。北方戎狄过着畜牧生活,逐水草而居,重视财货而不重视土地,晋国可以用财货换取他们的土地,供民耕种。这样既可以扩大晋国的版图和耕地,又可以师徒不勤、甲兵不顿,安定晋的北部边境,使晋国北部边境人民能够安心耕作。

四、魏绛"和戎"的意义

魏绛"和戎"对晋国在中原霸主地位的提高有重要的意义。

魏绛"和戎",使晋国与北部戎狄关系和谐,边境安定,可以使晋腾出力量对付楚国,而且可以威服其他诸侯国家,使远国来朝,邻国安服。

晋悼公时期,直到春秋末年,晋国一直称霸北方。在晋悼公重整霸业的过程中,魏绛的"和戎"政策起了非常重要的作用。

晋悼公采取休养生息的政策,自晋悼公至各级贵族,"苟有积者,尽出之"[①],即拿出所有的财富借贷于民,使财货流通,园宅山林之利与民共之。晋悼公还采取节俭政策,祈祷时不用牺牲,以皮、币代之;款待贵宾,只用一种牲畜的肉;不作新器,只用旧物;车马服饰够用即可,不求多余奢侈。行之期年,大见成效。《左传·襄公九年》载:"三驾而楚不能与争。"杜预注曰:"三驾,三兴师,谓(鲁襄公)十年师于牛首,十一年师于向,其秋观兵于郑东门,自是郑遂服。"

鲁襄公九年(公元前564年),秦要求楚合作伐晋,楚令尹子囊说:"不可。当今吾不能与晋争。晋君类能而使之,举不失选,官不易方。其卿让于善,其大夫不失守,其士竞于教,其庶人力于农穑。商工皂隶,不知迁业。……当是时也,晋不可敌,事之而后可。君其图之。"[②]晋悼公"八年之中,九合诸侯",楚已经不敢与晋较量了。

由于晋国与北部戎狄关系和谐,复霸中原,威服了郑国。

鲁襄公十一年(公元前562年),晋率"诸侯之师观兵于郑东门,郑人使王子伯骈行成。甲戌,晋赵武入盟郑伯。冬十月丁亥,郑子展出盟晋侯。……郑人赂晋侯以师悝、师触、师蠲,广车、軘车淳十五乘,甲兵

---

① 杨伯峻:《春秋左传注·襄公九年》,北京:中华书局,1981年,972页。
② 杨伯峻:《春秋左传注·襄公九年》,北京:中华书局,1981年,966页。

备,凡兵车百乘,歌钟二肆"①。杜预注:"肆,列也;县钟十六为一肆,二肆三十二枚。"

晋侯将郑国贡献给晋国的编钟、镈磬等乐器,分出一半赐给魏绛,也就是说晋景公分出一肆,即十六枚编钟赐给魏绛,并曰:"子教寡人和诸戎狄,以正诸华。八年之中,九合诸侯;如乐之和,无所不谐,请与子乐之。""子之教,敢不承命。抑微子,寡人无以待戎,不能济河。夫赏,国之典也,藏在盟府,不可废也。子其受之。""魏绛于是乎始有金石之乐,礼也。"(宋)林尧叟《春秋左传句解》注曰:"晋有戎患,则日虞四竟之狃牟,不能济河,而南服郑。"②

《史记·晋世家》云:"公卒贤绛,任之政,使和戎。戎大亲附。十一年悼公曰:'自吾用魏绛,九合诸侯,和戎翟,魏子之力也。'赐之乐,三让乃受之。"真是"夫和戎狄,国之福也"③。从此魏绛作为大夫开始享用金石之乐。

魏绛还得到了安邑。《史记·晋世家》云:魏绛"和戎"之后,晋悼公赐采邑安邑,魏绛"徙治安邑"。安邑,今山西夏县,是夏禹初建都之地,名曰"夏墟"。这里地处今山西运城盆地的腹心,是重要的农业地区。魏绛得到安邑,对魏氏在晋国的发展极有好处。战国时期,魏国建都城于安邑,可见安邑古城的重要。

"和戎"政策使魏绛在戎狄之中也有了很大的威信,赢得了荣誉和赞扬。《国语·晋语七》云:"公誉达于戎",说明"和戎"政策受到了华夏族和戎狄各族人民的欢迎,和平是各族人民的愿望。

魏绛"和戎"使晋国边民能够与边境的少数民族和睦共处,加强了中华民族的团结。魏绛"和戎"是我国最早提出的少数民族政策,对我国后世有极大的影响和意义。

第五节　魏氏得国

魏氏家族经过春秋 200 余年的发展,到魏绛之子魏献子时期,魏献子已经

---

① 杨伯峻:《春秋左传注·襄公十一年》,北京:中华书局,1981年,991页。
② 杨伯峻:《春秋左传注·襄公十一年》,北京:中华书局,1981年,993页。
③ 《史记·晋世家》,北京:中华书局,1982年,1682页。

成为晋国的执政卿,主持晋国国政。此时晋国公室卑弱、政在家门。魏氏也成为晋国的强宗大族。在晋国激烈的族权斗争中,魏氏胜出,与韩、魏一起瓜分了晋国,史称"三家分晋",魏氏建立了一个新的诸侯国——魏国。

一、魏献子为政

《史记·魏世家》记载,魏绛生魏嬴,嬴生魏献子。但是《史记·魏世家》《集解》引《系本》说:"献子名荼。荼,庄子之子,无魏嬴也。"魏献子是魏绛之子或是魏绛之孙,现在只这两种版本。史书关于魏嬴的记载很少,魏氏家族自魏绛之后,至魏荼,即魏献子时,魏氏在晋国的地位又达到一个高度。

魏献子事晋昭公。晋昭公死后,晋国大族的势力进一步膨胀,公室卑弱。晋顷公十二年(公元前514年)晋国执政卿韩宣子致仕告老,魏献子成为执政卿,主持晋国国政。在这种情况下,魏氏上升为晋国的执政,即仅在国君之下的高位。魏献子执政当然会给魏氏的进一步强大创造很好的条件。

是时,晋国已处在末世。《左传·昭公三年》叔向曰:"虽吾公室,今亦季世也。戎马不驾,卿无军行。公乘无人,卒列无长。庶民罢敝,而宫室滋侈。道殣相望,而女富溢尤。民闻公命,如逃寇雠。栾、郤、胥、原、狐、续、庆、伯,降在皂隶。政在家门,民无所依;君曰不悛,以乐慆忧。公室之卑,其何日之有?"①

晋国的贵族皆有很大的封邑。《左传·昭公五年》记载,楚大臣薳启疆说:"韩赋七邑,皆成县也。羊舌四族,皆强家也。晋人若丧韩起、杨(羊舌)肸,五卿八大夫辅韩须、杨石,因其十家九县,长毂九百,其余四十县,遗守四千,奋起武怒,以报其大耻。"②韩须、杨石分别为韩起、羊舌肸之子,晋国军功贵族已经具有压倒公室的力量,这是何等强大的势力。

这时,又发生了晋国祁氏、羊舌氏发生相恶相攻的事件。此时正好是魏献子执政时期,于是魏献子就诛灭了祁氏、羊舌氏,并把祁氏、羊舌氏的邑与晋国的几家强宗大族瓜分。

---

① 杨伯峻:《春秋左传注·昭公三年》,北京,中华书局,1981年,1236页。
② 杨伯峻:《春秋左传注·昭公五年》,北京,中华书局,1981年,1269页。

《史记·魏世家》云:"魏献子为国政,晋宗室祁氏、羊舌氏相恶,六卿诛之,尽取其邑为十县。六卿各令其子为之大夫。献子与赵简子、中行文子、范献子并为晋卿。"

《史记·魏世家》所说的"六卿",指的是赵氏、智氏、魏氏、荀氏、范氏、韩氏。是时,晋国的六卿开始强大,晋国六卿越强,其野心越大。

《左传·昭公二十八年》载:"魏献子为政,分祁氏之田以为七县,分羊舌氏之田以为三县。司马弥牟为邬大夫,贾辛为祁大夫,司马乌为平陵大夫,魏戊为梗阳大夫,知徐吾为涂水大夫,韩固为马首大夫,孟丙为盂大夫,乐霄为铜鞮大夫,赵朝为平阳大夫,僚安为杨氏大夫。"这些被封为县大夫的人,皆不是晋侯所封,而是晋执政魏献子所封。所以当这些人受封后,"皆受县而后见于魏子"。魏献子分封了自己的儿子魏戊以后,又做贼心虚地说:"吾与戊也县,人其以我为党乎?"① 魏献子在晋国拥有了可以控制政权的绝对权力。

二、晋六卿火并

晋国任军功的政策,为军功贵族的发展提供了条件和机会。春秋中期以后,军功贵族在晋国已发展成为强大的世族,并拥有晋国政治、经济、军事等一切权力。他们的权力达到炙手可热的地步,这样就不可避免地出现了君权与族权的斗争。

魏献子执政时期,晋国的君权已经卑弱,不足与晋国的强宗大族对抗,于是晋国的大族之间展开了激烈的斗争。

春秋后期,晋国经过君权与族权、族权与族权之间的较量,公室衰弱,政归六卿。其六卿分别为:智氏、魏氏、韩氏、赵氏、范氏、中行氏。

智氏,姬姓,为晋国公族之后,至荀氏荀首时,别封邑在智,故称智氏。晋国六卿中智氏最强。

魏氏,其祖毕公高封于毕为毕氏。毕氏后裔毕万事晋,曾与赵氏共破耿、霍、魏,故晋献公封之魏,称魏氏,为晋大夫。魏犨曾随晋文公重耳,得重于晋国。以后经过数代的努力,如魏颗在辅氏之役的功勋、魏绛"和戎"的重大作用,至魏献子时,魏氏终于成为晋国的重臣与执政卿,逐渐

---

① 杨伯峻:《春秋左传注·昭公二十八年》,北京,中华书局,1981年,1494页。

强大。

韩氏，姬姓之别族，其苗裔事晋，食邑于韩原，称韩氏。在晋国权力角逐中，赵氏曾遭灭顶之灾，但以后在韩厥的帮助下重新复兴。晋景公时，晋有六卿，韩氏为一卿。

赵氏，嬴姓，与秦同祖，其先造父事周穆王有功，封在赵城，称赵氏。西周末年，去周事晋，晋献公赐赵夙耿地。赵夙之弟赵衰追随晋文公重耳流亡19年，回晋后封为原大夫，在晋为卿。赵衰、赵盾曾做晋执政卿。赵盾以后，在晋几乎被族灭，赵武复续赵氏，亦为晋之大族。

范氏，史称陶唐氏之后。周成王将其迁杜，为杜伯。其后隰叔奔晋为士师，故为士氏。隰叔之子士蔿曾为晋献公谋"灭公族"之策。士氏子孙被封于范及随，故又称范氏或随氏，于晋为卿。

中行氏，姬姓，晋公族之后，与荀氏、智氏同族。荀林父将中行，故其后又称中行氏。晋国六卿执政，互争雄长。

《左传·昭公十三年》记载子产的话说："晋政多门，贰偷之不暇，何暇讨？国不竞亦陵，何国之为？"春秋后期，晋国政出多门，互相争斗，无暇顾及诸侯国之间的事务。

公元前497年，晋国赵氏家族发生内乱。赵衰之后赵鞅与赵夙之后邯郸午（午被别封于邯郸）发生冲突。赵鞅杀死邯郸午。邯郸午的儿子赵稷以邯郸叛乱。邯郸午是荀寅的外甥；荀寅又与范氏联姻，是儿女亲家。范氏、中行氏（荀氏）帮助邯郸午攻伐赵氏。但是韩简子与中行氏（荀氏）有怨，魏襄子亦与范昭子相恶。韩氏、魏氏助赵氏以伐范氏、中行氏。在晋国的几个大族中，以范氏、中行氏（荀氏）、邯郸午为一方，以韩氏、魏氏、赵氏团结了晋国的国君晋定公为一方形成了两大阵营，互相攻打。临战，赵简子誓曰："范氏、中行氏反易天明，斩艾百姓，欲擅晋国而灭其君。寡君恃郑而保焉。今郑为不道，弃君助臣，二三子顺天明，从君命，经德义，除诟耻心，在此行也。克敌者，上大夫受县，下大夫受郡，士田十万，庶人工商遂，人臣隶圉免。"①赵简子以晋国君为号召，以克敌受赏为条件，激励晋国将士的士气，一举打败了范氏、中行氏及齐、郑的军队。范氏、中行氏从而在晋国被灭族，晋国智、赵、韩、魏四家分范、中行氏之邑。

---

① 杨伯峻：《春秋左传注·哀公二年》，北京：中华书局，1981年，1614页。

三、韩、魏、赵三家破智氏

晋国范氏与中行氏两族被灭后，还剩智、赵、韩、魏四大望族。智、赵、韩、魏四卿不经过晋君，共分范、中行二族的采邑，智伯得的最多，引起了晋出公的强烈不满，但晋君根本没有能力干涉。晋出公使人告齐、鲁，欲以讨伐四卿的不臣之罪。四卿恐，遂共攻出公，出公奔齐，死于道路。

四卿乃立昭公之曾孙骄，是为晋哀公。晋哀公是晋昭公知曾孙，名骄；晋哀公的祖父雍，号戴子，是晋昭公的少子；戴子生忌，忌与智伯关系较好，但是忌早死；忌生骄。智伯欲并晋而有之，但是四家并立，智伯尚心有胆怯。于是智伯立了忌的儿子骄为晋君。是时，晋国之政皆决于智伯，晋哀公无任何权力。由于当时智氏最强，智伯要求韩、赵、魏三家各割给他一个邑。

《战国策·魏策一》记载：当智伯向魏桓子索地时，魏桓子准备不给。

其谋臣任章曰："何故弗予？"桓子曰："无故索地，故弗予。"

任章曰："无故索地，邻国必恐重欲无厌，天下必惧。君予之地，智伯必骄；骄而轻敌，邻国惧而相亲；以相亲之兵，待轻敌之国。智氏之命不长矣。《周书》曰：'将欲败之，必姑辅之；将欲取之，必姑与之。'君不如与之以骄智伯，君何释以天下图智氏、而独以吾国为智氏质乎？"

君曰："善。"乃与之万家之邑一，智伯大悦。因索蔡皋梁于赵，赵弗与，因围晋阳。韩、魏反于外，赵氏应之于内，智氏遂亡。

其实，魏桓子也是不愿意白送给智氏一个城邑的，因为智氏的力量最强，不得已而为之。但为了使智氏更加骄傲，"将欲败之，必姑辅之；将欲取之，必姑与之"，然后联合韩、赵共同打击智氏。

《战国策·赵策一》记载：智伯"使人请地于韩，韩康子欲勿与。段规谏曰：'不可！夫智伯之为人也，好利而鸷复，来请地不与必加兵于韩矣。君其与之，与之彼狃；又将请地于他国。他国不听，必乡之以兵，然则韩可以免于患难而待事之变。'康子曰：'善。'使使者致万家之邑一于智伯。"

"智伯说又使人之赵，请蔡皋狼之地；赵襄子弗与。智伯因阴结韩魏将以伐赵。"

韩、魏各割给智氏一个邑，但是赵氏坚决不割。于是智氏强迫韩、魏一块攻伐赵氏。赵氏困守在晋阳，智氏引汾水灌其城。晋阳城中悬釜而炊，易子而食。赵襄子惧，于深夜派张孟谈偷偷逃出城，私见韩、魏之君曰："臣闻唇亡则齿寒。今智伯帅二国之君伐赵，赵将亡矣。亡，则二君为之次矣。"

二君曰："我知其然，夫智伯为人也，粗中而少亲，我谋未遂，而知则其祸必至，为之奈何？"

张孟谈曰："谋出二君之口，入臣之耳，人莫之知也。"

……

"张孟谈见韩魏之君日夜期杀守堤之吏而决水灌智伯军。智伯军救水而乱，韩魏翼而击之，襄子将卒犯其前，大败智伯军，而擒智伯；智伯身死国亡地分，为天下笑，此贪欲无厌也。"① 韩、赵、魏联合，反而灭掉智氏。

四、韩、魏、赵三家分晋

韩、魏、赵三家灭了智伯之后，瓜分了晋国的土地。

哀公立八年而卒。其死后，子柳即位，是为晋幽公。晋公室只有绛、曲沃二邑，绛为国都，曲沃为宗邑。晋国的大片辖地皆为韩、赵、魏三家瓜分。智伯已灭，晋国韩、赵、魏三家专权。幽公害怕，反而朝于韩、赵、魏三卿。晋幽公以乐慆忧，夜间外出，被盗所杀。是时，魏氏最强大；魏氏宗族长斯自立为侯，称魏文侯。魏文侯以发兵灭杀死晋幽公的"盗"。

魏文侯又立幽公子（有说是幽公弟）止，是为烈公。周威烈王二十三年、晋烈公十九年（公元前 403 年），周王室正式册封魏文侯斯、赵烈侯籍、韩景侯虔为诸侯。晋烈公二十七年卒，子欣立，是为孝公；孝公十七年而卒，子俱酒立，是为静公。静公二年，韩、赵、魏三家"灭晋后而三分其地。静公迁为家人，晋绝不祀"②。

太史公司马迁评价晋国的灭亡说："晋文公古所谓明君也，亡居外十九年至困约，及即位而行赏尚忘介子推；况骄主乎？灵公既弑，其后成景致严，至厉太刻，大夫惧诛祸作；悼公以后日衰，六卿专权，故君道之御其臣下，固不易哉？"③ 司马迁把晋国灭亡的责任推给了晋厉公太刻，导致了"大夫惧诛祸作"；但是他看到了晋悼公以后，晋国六卿专权，确实一个事实。晋悼公自外即位，为了拉拢晋国的权势大家，大大地扩大了晋国大夫的权力，并给以公族大夫的称号等，使晋国大夫的权力进一步膨胀；最终导致了六卿专权、政在家

---

① 《战国策·赵策一》，上海古籍出版社，1985 年，593 页。
② 《史记·晋世家》，北京中华书局，1982 年，1687 页。
③ 《史记·晋世家》，北京中华书局，1982 年，1687 页。

门、晋绝不祀。

但是司马迁看到的只是一个片段和表象。（唐）司骥在《史记·晋世家·索隐述赞》曰："天命叔虞，卒封于唐。桐圭既削，河汾是荒。文侯虽嗣，曲沃日强；未知本末，祚倾桓庄。献公昏惑，太子罹殃；重耳致霸，朝周河阳。灵既丧德，厉亦无防，四卿侵侮，晋祚遽亡。"①晋国是灭亡在异性的权势大臣手中。

晋国之亡，国君的荒淫当然是最重要的；但是自"曲沃代翼"之后，晋献公为了不让小宗同姓兄弟代替大宗的政治事件重演，于是实行"灭公族""尽灭群公子"策略，只有即位的国君在晋国，其他晋国公室公子一律赶出晋国；在晋国推行任军功、事功的国策。然而历史总是爱开玩笑，晋国统治者本来希望通过"灭公族"、任军功的国策，杜绝小宗同姓兄弟的篡权，但是却使晋国公族日趋衰微，军功贵族日渐强大，形成"尾大不掉"之弊，最后导致"三家分晋"，晋国灭亡。事实上，如果执政者昏庸、不理国务、不恤人民，采取任何方式也不会使江山永固。

与三家分晋基本同时，齐国也发生了"田氏代齐"的政治事件，即田氏贵族取代了姜齐贵族，拥有了齐国。时代进入战国，也出现了魏、赵、韩和田齐等四个新的诸侯国。

五、分晋之初魏国的辖地与关隘

三家分晋之初，魏国占据了旧晋的河东、河内地区。其土地面积并不大，但却是晋国最肥沃的地方。《国策地名考》曾引管同曰："魏地兼有河西、河内、河东、河外，约言之，龙门以东，据汾为河东，今汾、蒲、吉、解诸府州是；龙门以西为河西，今同、墉等州是；太行之南，殷墟为河内，今彰德、卫辉、怀庆等府是；太华以东，虢略为河外，今陕州是。"这一片地方就是今天晋南的运城、晋城、长治等地区，以及河南省的三门峡、焦作、新乡、安阳、濮阳等地区的全部或一部分。

这些地方是旧晋时期最核心、最富庶的地区。司马迁在《史记·货殖列传》中说："昔唐人都河东，殷人都河内，周人都河南。夫三河在天下之中，若鼎足，王者之所更居也，建国各数百千岁。"唐人指的是唐尧，殷人指的是

---

① 《史记·晋世家》，北京中华书局，1982年，1687页。

殷商王朝，周人指的是西周部族。也就是说自尧，中经夏、商直至西周所建的都城和政治文化的中心皆在河东、河内、河南，即三河地区。三河地区就是"天下之中"。三河地区除去东周王室地处雒邑之外，河东、河内基本上是魏国所占。三家分晋之后，魏国占据的辖地是古帝王建国数百千岁、王者更居之地，是天下之中。

晋南上古称"冀州"《尚书·禹贡》："冀州。"孔颖达疏："冀州，帝都。"冀州是古代人类易居之地。（汉）刘熙的《释名·释州国》云："冀州，亦取地以为名也。其地有险有易，帝王所都；乱则冀治，弱在冀强，荒则冀丰也。"冀州是由晋境内一个叫"冀"的地方而得名的。这个"冀"又在哪里？在今河津县。

西汉时期蒲州划为河东郡，河北省一带始称"冀州"。

古史传说中的女娲氏、炎帝神农氏、蚩尤、共工氏、后土、尧、舜、禹、先周，皆发祥于冀州（后面将详述），这些情况绝不是偶然的。（宋）苏轼在《书传·夏书》说："尧都平阳、舜都蒲坂、禹都安邑，皆在冀州。"平阳，今临汾；蒲坂，今永济；安邑，今夏县。

河东是我国最早被称为"中国"的地区。在帝舜时期，我国已经有了"中国"的称呼。河东是尧舜禹三代帝王之都，因此是我国最早被称为"中国"的地区。《史记·五帝本纪》曰：舜"夫而后之中国，践天子位焉，是为帝舜"。《集释》说："刘熙曰：'帝王所都为中，故曰中国'。"顾炎武《日知录》曰："古之天子（尧、舜、禹）常居冀州，后人因以为中国之号。"

山西省垣曲县发现了曙猿化石，是4500万年以前的遗存。晋南地区是黄河农耕文明的重要起源地。山西省是目前中国发现旧石器地点和遗址最多的地区，达300多处，经发掘的地点约30处。旧石器时代晚期地点，发现也达90余处。山西已在40多个县市发现旧石器时代遗址或地点，分布在宁武、朔县、偏关、阳城、平陆、霍县、大同、沁水、蒲县、榆次、襄汾、左云、吉县、古交、和顺、五台、陵川、榆社、昔阳、乡宁、大宁、高平、右玉、沁源、阳高、芮城等26个县市，占全省100多个县市的约四分之一。这种情况显然表示旧石器时代晚期文化在山西地区有较为密集的分布。①

山西沁水县下川遗址附近普遍发现粟类作物的野生祖本"狗尾草"的存在；另外还出土石磨盘，有可能是用来加工人工栽培的谷类作物——粟的原始

---

① 陈星灿：《黄河流域农业的起源：现象和假设》，《中原文物》2001年第4期，26页。

种,即正在培育过程中的狗尾草的。卫斯先生说:"下川遗址出土的与原始农业相关的生产工具不仅是三件残缺的石磨盘,而且还有七件锛形器和五件砍砸器,及一件有明显痕迹的磨制骨器用的砺石与两件作研磨用的磨锤等。"①

传说中的神农炎帝氏就发祥在晋南。炎帝的女儿精卫的传说也发生在晋南的不鸠山上。(唐)李吉甫《元和郡县制》卷十九"长子县"条下云:

> 神农城,《后魏风土记》曰:神农城在羊头山上,山下有神农泉。即神农得嘉穀之所。武讫岭在县南四十五里。《风土记》曰:秦赵战于长平,赵军败退秦将白起,逐至此名,曰武讫岭。②

旧晋到中原的水路通道和关隘都在魏国的辖地之内。今河南省的温县、济源等地古称"南阳"(现在河南省的南阳市先秦时期称为"申",战国后期秦王政攻下楚国郢都,建南郡、南阳郡,今南阳才始称南阳),是旧晋从太行山通向中原的唯一山口。公元前636年,狄师伐周王室,大败周师,周襄王逃亡郑国,处于氾(在今河南荥阳县一带)。狄师据王畿温(今河南温县一带)。晋文公率兵勤王,驻军阳樊(今河南济源县东南),以右师围温,左师迎王,将周襄王送回王都,杀掉了勾结狄师攻王的大叔带。周襄王赏晋国"以阳樊、温、原、欑茅之田。晋于是乎启南阳"。③

南阳,《水经注·清水》云:"修武县故城西北,修武故宁也,亦曰南阳矣。马季长曰:'晋地自朝歌以北至中山为东阳,朝歌以南至轵为南阳。'故应劭《地理风俗记》云:'河内,殷国也,周名之为南阳。'又曰:'晋始启南阳',今南阳城是也。"④今河南省温县、济源一带,因其地在黄河以北,太行之南,故晋国称之为"南阳"。

分晋之后,魏国占领了南阳,控制了从汾水平原通向中原的太行山口,使魏国成为一个进可攻,退可守,"表里山河"⑤的战略要地,对魏国的向外发展,进攻中原具有重要的战略意义。

旧晋通向中原的水路主要是黄河上的风陵渡、大禹渡和茅津渡三大渡口皆在魏国辖地内。风陵渡在今芮城县西南35公里的风陵渡镇,大禹渡在芮城县东南的神柏峪。三大渡口最重要的是茅津渡。茅津渡口,在山西省运城市平

---

① 卫斯:《试论中国粟的起源、驯化与传播》,《古今农业》1994年第2期,8页。
② (唐)李吉甫:《元和郡县制》卷十九"长子县"条下云:清武英殿聚珍版丛书本,182页。
③ 杨伯峻:《春秋左传注·僖公二十五年》,北京:中华书局,1982年,433页。
④ (北魏)郦道元:《水经注》卷九《清水》,上海:上海人民出版社,1984年,298页。
⑤ 杨伯峻:《春秋左传注·僖公二十五年》,北京:中华书局,1982年,459页。

陆县城南四公里处茅津村至河南省三门峡市区北部6公里处的会兴镇，这是旧晋通向中原的水路通道。据《平陆县志》载："茅津地当水陆要冲，晋豫两省通衢，冠盖之络绎，商旅之辐辏，三晋运盐尤为孔道。"

另外还有运城的盐池，被认为催生中国古文明形成、促使天下的财富都聚集的安邑附近的解州盐池，也在魏国之境。

因此三家分晋之后，魏国占据的是最核心、最富饶的地区，这些对魏国的发展起了重要的作用。

第二章 战国初年魏独霸中原

根据宋代史学家司马光的历史分期,自威烈王二十三年(公元前403年),我国进入战国时期。先秦时期,诸侯国的建立必须得到周天子的承认。威烈王二十三年,周天子承认韩、赵、魏三家为诸侯。《史记·周本纪》云:"威烈王二十三年,九鼎震,命韩、魏、赵为诸侯。"也就是说周威烈王二十三年,韩虔立为景侯、赵籍立为烈侯、魏斯立为文侯,周王朝承认了韩、魏、赵三家瓜分晋国的事实,命三家为诸侯国君。这一年,司马光认为是战国的开始,笔者也认同这一历史分期观点。

第一节 魏文侯建立魏国

根据历史分期,虽然在周威烈王二十三年魏国才正式立为诸侯,但实际上,魏斯在周天子承认魏国为诸侯之前的22年,已经自称为侯了。魏桓子死后,其孙魏斯成为魏氏宗主,就是后来的魏文侯。魏文侯(公元前445~前396年在位)是一个很有作为的国君。他首开战国时期任用布衣卿相之风,任用了李悝、翟璜、吴起、西门豹、乐羊、屈侯鲋等。《吕氏春秋·举难》:"魏文侯师子夏,友田子方,敬段干木。"在他的治理下,魏国呈现一派生机勃勃的景象。战国初年,魏国独霸中原。

一、魏斯称侯与得国

周天子承认魏国为诸侯之前的22年,即威烈王二年(公元前424年)魏斯已经自称为侯,即魏文侯。是时,晋国国君已经非常衰弱,晋幽公的辖地只剩下绛和曲沃两个邑。绛是晋国的国都,曲沃是国君发祥地宗邑,晋国其余的辖地皆入韩、赵、魏三家。公元前419年,魏桓子卒,其子魏斯即位。《史记·魏世家》记载:公元前416年,"幽公淫妇人夜窃出邑中,盗杀幽公。魏文侯以兵诛晋乱,立幽公子止,是为烈公"①。但是在同一部书,《史记·六国表》记载:威烈王五年(公元前421年),"魏诛晋幽公立其弟止",即说魏文侯以兵平息了晋国的内乱,改立了晋幽公的弟弟,是为晋烈公。

《今本竹书纪年》卷下:"六年晋大夫秦嬴贼幽公于高寝之上,魏文侯立幽公子止。"

到底是"盗杀幽公,魏文侯以兵诛晋乱",还是"魏诛晋幽公"?我们已经无籍可考。晋国的这场内乱,也许就是魏文侯策划,派"盗"或者说是"晋大夫秦嬴"杀死晋幽公,然后以诛晋乱为名出兵,再立晋幽公的弟弟止为国君,即晋烈公,这样魏文侯就更容易控制晋国全局了。这个事实说明,智氏被灭之后,在韩、赵、魏三家中,魏氏最为强大,因此魏文侯才能出兵平息晋乱。魏文侯五年(公元前441年),诛杀了晋幽公,又立了晋幽公的弟弟晋烈公,至此,魏斯基本控制了晋国政权的全局。

孝公十七年(公元前372年),孝公卒。其子静公俱立。静公二年(公元前370年):"魏武侯、韩哀侯、赵敬侯灭晋侯,而三分其地。静公迁为家人,晋绝不祀。"《索隐》引《纪年》云:"桓公二十年,赵成侯、韩共侯迁桓公于屯留,已后更无晋事。"②

韩、赵、魏三家在晋国君尚在时就已经称侯,当然其时晋国国君已经非常卑弱,在晋幽公时期,其辖地就只剩下绛和曲沃两个邑,而此时更是弱小。终于孝公二十年(公元前369年),或静公二年(公元前370年),韩、赵、魏三家灭晋侯,三分其地。晋静公迁为家人。至此,晋国灭亡,"晋绝不祀""已后更无晋事"。一个春秋时期的霸主强国,最后灭亡在自己臣下的手中。从此韩、赵、魏三家被称为三晋,成为三个诸侯国。

韩、赵、魏三个诸侯国各自建立了自己的国都。

魏国,国都设在安邑(今山西夏县安邑故城)。安邑,是晋悼公为了奖励魏绛献"和戎"之策,而赏赐给魏绛的。魏绛得到安邑之后,就把魏氏家族的治所迁徙到了安邑。《史记·晋世家》云:魏绛"徙治安邑"。魏氏建立魏国之

---

① 司马迁:《史记·晋世家》,北京:中华书局,1982年,1687页。
② 司马迁:《史记·晋世家》,北京:中华书局,1982年,1687页。

后,因安邑是夏禹初建都之地,亦称"夏墟"。大约魏氏希望能够得到夏王朝的王气,故把国都建在安邑。魏国占据的是旧晋最肥沃的核心地区,其疆域在今晋东南(晋城、运城一带)、豫西北、豫北(焦作、新乡、安阳一部分),陕西东部(今合阳、华阳、商洛地区),并向东南发展。

韩国,在韩宣子与赵、魏共分祁氏、羊舌氏十县之后死去,其子韩贞子即位,晋定公十五年(公元前497年),把韩氏家族的治所设在平阳(今山西临汾县西北)。建国之后,国都仍在平阳。韩国的疆域包括今晋西南、豫中。

赵国,国都最初在中牟。《史记·赵世家》《正义》云:"邺即相州荡阴县西五十八里有牟山,盖中牟邑在此山侧也。"这个中牟,在今河南省鹤壁市境。旧晋解体时,赵得到的土地最多,其疆域包括山西中部、河北中部、河南北部、陕西东北部等。

历史进入战国时代,魏文侯斯是战国时期第一个称霸中原的诸侯国君。

二、三家分晋前后与周边国家的斗争

三家在分晋之前,其实就已经是独立的诸侯国。他们经常单独地与其他诸侯国作战。三家分晋之初,各自都要向外发展。要发展,就要扩张,就要占领其他诸侯国的辖地,于是不可避免地与周边国家发生许多的矛盾和斗争。

《今本竹书纪年》记载:周威烈王九年(公元前417年),"楚人伐我南鄙,至于上洛"。公元前417年,楚国伐魏国的南部边境上洛。上洛,就是今陕西省商洛市。春秋时期,这里原是楚国的辖地;当魏国强大起来之后,魏文侯占领了这一块地方;于是楚国又前来征伐。是时,魏国已经向南发展,与楚国交锋。

《今本竹书纪年》记载:周威烈王十一年(公元前415年),"田公子居思伐邯郸,围平邑"。周威烈王十六年(公元前410年),"齐田肸及邯郸韩举战于平邑,邯郸之师败逋,遂获韩举、平邑新城"。《水经注·河水》亦云:"《竹书纪年》晋烈公二年,赵城平邑。五年,田公子居思伐邯郸,围平邑。九年,齐田肸及邯郸韩举战于平邑,邯郸之帅败逋,获韩举,取平邑新城。"①

公元前415年,齐国的田姓公子居思伐邯郸,围平邑。平邑,今河南省南乐县。(宋)乐史《太平寰宇记》卷五十四《河北道三魏州》"南乐县"云:"平邑,《竹书纪年》云:'晋烈公四年,赵城平邑。'按县图云:'在县城东

---

① (北魏)郦道元:《水经注》,卷五《河水》,上海:上海人民出版社,1984年,163页。

界。'"平邑，是赵国新筑的城，也是赵国向外发展所筑的城。《古本竹书纪年》记载："晋烈公四年，赵城平邑。"是时，田姓尚未代齐。平邑之战，齐国只是包围了赵国的新城平邑。

而在公元前410年，齐将田盼及赵国将韩举战于平邑，赵国之师败逋，齐国遂在平邑新城俘获赵将韩举，并夺去了赵国的平邑新城；单独依靠赵国的力量似乎还不能与齐国对抗。

周威烈王十七年（公元前409年），"魏文侯伐秦至郑，还筑汾阴、合阳"①。公元前409年，魏文侯伐秦到了郑。郑，今陕西华县，郑国在西周时期的封邑，西周末、春秋初年，郑国迁徙至今河南省新郑、新密一带，陕西还留下一个地名，先秦时期还称为"郑"。文侯伐郑回来之后，筑汾阴、合阳二城。这两个城在魏国的西河之地，是魏、秦争夺最激烈的地方，魏在这里筑城，当然是战略上的需要。

周威烈王十七年，《古本竹书纪年》记载："田悼子卒，田布杀其大夫公孙孙。公孙会以廪丘叛于赵。田布围廪丘。翟角、赵孔屑、韩师救廪丘，及田布战于龙泽，田师败逋。"②周威烈王十八年（公元前408年），《古本竹书纪年》又记载："王命韩景子、赵烈子、翟员伐齐，入长城。"③翟角，就是翟员，是魏国的军帅；翟员当是这次战争的将领。在这一年，齐国田悼子卒，田布杀其大夫公孙孙。齐大夫公孙会以廪丘叛变齐国，投降于赵。田布率兵包围廪丘。翟角、赵国孔屑、韩氏救廪丘，与田布战于龙泽，田师失败逃走。在《史记·齐太公世家》中说："田会自廪丘反。"田会，就是公孙会。廪丘，今山东鄄城县鄄城镇西北19公里处。

赵、齐的这次战役，《吕氏春秋·不广》也有记载："齐攻廪丘。赵使孔青将死士而救之，与齐人战，大败之。齐将死，得车二千，得尸三万，以为二京。"④齐、赵廪丘之战中，齐国处于劣势；赵国将军孔青把齐军士兵的尸体堆成"二京"，即两个大的尸丘。

《今本竹书纪年》记载：周威烈王二十三年（公元前403年），"王命晋卿魏氏、赵氏、韩氏为诸侯"。在公元前403年，韩、赵、魏三家被周天子承认为诸侯。

---

① 方诗铭、王修龄：《古本竹书纪年辑证》，上海：上海古籍出版社，2005年，278页。
② 方诗铭、王修龄：《古本竹书纪年辑证》，上海：上海古籍出版社，2005年，100页。
③ 方诗铭、王修龄：《古本竹书纪年辑证》，上海：上海古籍出版社，2005年，101页。
④ 《吕氏春秋》卷十五《不广》，上海：学林出版社，1984年，917页。

周安王二十一年（公元前381年），"韩灭郑哀侯，入于郑"。这里的"郑"是今河南省新郑市。韩国灭掉郑国迁徙至今河南省新郑、新密一带，新郑成为韩国的国都。

三家分晋之初，都积极地向外扩张发展。由于魏国占据了旧晋时期通向中原的通道和关塞，韩国把国都迁到新郑，之后赵国把国都迁到中牟（今河南省鹤壁市境）。韩、赵两国更加努力地向中原发展，把国都相继迁到中原地区。

三、三晋领袖魏文侯

战国初年，魏国独霸中原。这个时期，魏文侯尚贤、知礼、尊重周天子；并且实力强大，南胜楚国，东胜齐国，得到周天子的承认，封之为上卿。《吕氏春秋·下贤》："文侯可谓好礼士矣。好礼士，故南胜荆于连堤，东胜齐于长城，虏齐侯献诸天子。天子赏文侯以上卿。"[1]魏文侯得到周王室"上卿"的名分，对他的霸业是如虎添翼，很有益处。

如前所述，周威烈王十八年，《古本竹书纪年》记载："王命韩景子、赵烈子、翟员伐齐，入长城。"[2]公元前408年，三晋联合，受周天子之命伐齐，其中的翟员是魏国之帅。但这里三晋为什么是受"王命"伐齐呢？魏文侯已经是周天子的上卿，他受周天子之命带领韩、赵前去攻打齐国。"礼乐征伐自天子出"，这在当时是很理直气壮的，也是莫大的荣耀。三晋底气十足地攻打齐国，一直攻入齐国的长城。这次战争，三晋取得全胜。

《水经注·济水》记载："京相璠曰：平阴，齐地也；在济北卢县故城西南十里。平阴城南有长城，东至海，西至济；河道所由名防门，去平阴三里，齐侯堑防门即此也。"[3]（明）董说《七国考》"齐长城"条下引《括地志》云：齐长城"西北起济州平阴县，缘河历泰山城冈上，经济州、淄州，即西南兖州傅城县北，东至密州琅邪□入海"。平阴，今山东济南的市郊。三晋攻打齐国直至今济南一带。

魏、韩、赵三国皆是从晋国母体中裂变出来的诸侯国，因此魏侯总是以老大哥的身份出现，对韩、赵两国持团结的态度。《战国策·魏一》记载："韩

---

[1] 《吕氏春秋》卷十五《下贤》，上海：学林出版社，1984年，880页。
[2] 方诗铭、王修龄：《古本竹书纪年辑证》，上海：上海古籍出版社，2005年，101页。
[3] （北魏）郦道元：《水经注》卷八《济水》，上海：上海人民出版社，1984年，274页。

赵相难。韩索兵于魏曰：'愿得借师以伐赵。'魏文侯曰：'寡人与赵兄弟，不敢从。'赵又索兵以攻韩。文侯曰：'寡人与韩兄弟，不敢从，二国不得兵，怒而反；已，乃知文侯以讲于已也，皆朝魏。"魏文侯对韩、魏两国的不和，持一种高高在上的劝解态度，使得两国对魏国产生一种敬意，使魏国具有了三晋领袖的地位。

战国初年，三晋在很多时候是在魏国的领导下联合对外的。

楚悼王二年（公元前400年），时代刚刚进入战国，三晋联合伐楚。《史记·楚世家》记载："悼王二年，三晋来伐楚，至乘丘而还。四年楚伐周、郑，杀子阳。九年伐韩取负黍。十一年，三晋伐楚，败我大梁、榆关。"《正义》引《年表》云："三晋来伐我，至桑丘；误也。已辨在年表中。《地理志》云：乘丘故城在兖州瑕丘县西北三十五里是也。"《索隐》："此榆关当在大梁之西。魏国攻占大梁（今河南开封）及其外围襄陵（今河南睢县）。"

楚肃王十年（公元前371年），"魏取我鲁阳"，（宋）裴骃《集解》引《地理志》云："南阳有鲁阳县。"《正义》引《括地志》云："汝州，鲁山，本汉鲁阳县也。古鲁县以古鲁山为名也。"

魏文侯三十二年（公元前414年），"伐郑城酸枣，败秦于注"，《集解》引司马彪曰："河南梁县有注城也。"《正义》引《括地志》云："注城在汝州梁县西十五里；注，或作铸也。"

魏武侯七年（公元前389年），"伐齐至桑丘"，《正义》引《年表》云："齐伐燕取桑丘，故魏救燕伐齐至桑丘也。《括地志》云：桑丘，故城俗名敬城，在易州遂城县界。"

三晋迅速向外扩张，韩灭郑国，占领了河南中部；赵攻取了卫国的50多个城邑，占领了河南北部。三晋败齐军后又向南攻楚。魏武侯五年（公元前391年），三晋大败楚军于大梁、榆关。公元前371年，魏武侯又攻占楚国鲁阳（今河南鲁山）。魏国占领了河南中部之地，拥有了绝对优势。

魏文侯被周天子封为上卿，田齐之所以名列诸侯，也是靠魏国的帮助。田太公和三年，《史记·田敬仲完世家》记载："太公与魏文侯会浊泽，求为诸侯。魏文侯乃使使言周天子及诸侯，请立齐相田和为诸侯。周天子许之。康公之十九年，田和立为齐侯，列于周室纪元年。"由于魏文侯已经在诸侯各国之中显示出自己的实力，田和欲立为齐侯时，需要魏文侯为之说情，才能得到周天子的同意，使用周王室的纪年。

魏文侯、魏武侯事实上成为诸侯的霸主。不过，魏所领导的这些国家

（韩、赵、齐等），已与春秋小国不同，魏不能取得贡纳聘享的利益。所以，《吕氏春秋·举难》说："魏文侯名过桓公，而功不及五霸。"

第二节　魏国都城安邑

安邑（今山西省的夏县），自公元前445年三家分晋，魏文侯就以此为都邑；公元前403年，魏文侯正式立为诸侯，并得到周天子的承认，安邑就成为魏之国都，直至公元前365年梁惠王迁都大梁，安邑作为魏之都邑82年，作为国都40年。安邑原是夏王朝发祥之处，文献记载的夏墟在今山西夏县境，所以人们把这里称为"禹王城"。安邑处于太行山、中条山环抱的山间谷地，又临近山西运城的盐湖，即"河东盐"或者"解州盐池"，是最适合人类生活之地。魏国建国之后，以安邑为国都，从而使安邑成为战国时期的名都。

一、魏国的早期国都——安邑

魏氏家族自毕万始来到晋国，最先得到封邑魏，从此毕氏改为魏氏。魏是魏氏最初的封邑，即其宗邑，这是魏氏家族在晋国发展壮大的起点。《史记·魏世家》云："毕万之后必大矣。万，满数也；魏，大名也。以是始赏天开之矣。天子曰兆民，诸侯曰万民，今命之大，以从满数，其必有众。"（明）董说《七国考》卷三《魏都邑·关塞附》："魏，《史记》晋献公以魏封毕万魏城，在陕州芮城县北五里，汉河北县。《舆地广记》河中府永乐县，古魏国，唐分芮城置。《水经注》永乐涧水北出于薄山，南流径河北县故城西，故魏国也。晋以封毕万。左思赋魏土者，毕昴之所应，虞夏之余人，先王之桑梓，列圣之遗尘。"

魏悼子时期，魏氏家族徙居霍，即晋州霍邑县。（明）董说《七国考》卷三《魏都邑·关塞附》："魏悼子徙居霍，晋州霍邑县。《索隐》引《系本》云：武仲生庄子绛，无悼子。又《系本·居篇》曰：魏武子居魏，悼子徙霍。宋忠曰：霍，地名，今河东彘县也。则是有悼子。"霍，是周厉王奔彘之地，今山西霍县境。

自魏绛时期，魏氏家族迁安邑，以安邑为宗邑。魏绛的"和戎"政策得到了晋悼公的嘉奖，将安邑封给他，魏绛"徙治安邑"。

安邑，今山西夏县，是夏后禹初建都之地，名曰"夏墟"。《尚书·五子之歌》云："惟彼陶唐，有此冀方。"孔颖达疏："尧都平阳，舜都蒲坂，禹都安邑。"

安邑处在汾水下游。（魏）郦道元《水经注》卷六《汾水》："汾水可以浸安邑，绛水可以浸平阳，时韩居平阳，魏都安邑，魏桓子肘韩康子，韩康子履魏桓子。肘足接于车上，而智氏以亡。鲁定公问一言可以丧邦，有诸？孔子以为几乎余睹智氏之谈矣。""汾水灌安邑"，说明安邑就在汾水岸边。

安邑的东南为中条山，又名雷首山。《山西通志·关隘八》："安邑县，虞坂二郎谷东五里，南北孔道，石崖险峻，车不容轨。今名青石槽。明御史张士隆修道，后魏薛凤贤据安邑，都督宗正珍孙守虞坂不得进，是虞坂崖势袤曲，南北胥可守险，故长孙彦、杨侃不繇虞坂繇、平陆县、东北夏县东南之石锥壁以憺安邑东诸村，乃克平之。"

（宋）王应麟《诗地理考》卷六序云："冀州雷首之北析城之西，《郡县志》雷首山，一名中条山，在河中府河东县南十五里。陕州安邑县南二十里析城山在河南府王屋县西北六十里，峰四面其形如城，有南门焉。故曰析城在泽州阳城县西南七十五里。"

（清）朱鹤龄《禹贡长笺》《夏书》："尧治平阳，舜治蒲坂，禹治安邑，三都相去各二百里。《汉书》言，河东土地，平易饶盐铁。"

《史记·货殖列传》："安邑千树枣。"安邑，当是盛产枣子的地方。

《史记·魏世家》："二年城安邑王垣。"《索隐》："纪年十一年，城洛阳及安邑王垣。徐广曰：垣县有王屋山，故曰王垣。"《正义》引《括地志》云："故城汉垣县，本魏王垣也，在绛州垣县西北二十里。"

安邑处于太行山、中条山、吕梁山环抱的山间谷地，相对黄河中下游的冲积大平原不算是特别肥沃，但是这里是一个山间盆地，且地势较高，较少受黄河水患的影响；又有山西运城的盐湖，即"河东盐"或者"解州盐池"。盐是促使我国远古文明形成的重要物质，在古代文明中占据非常重要的地位，是古代部族争夺的重要地区。

中条山（即雷首山）发现了丰富的铜矿遗址。中条山的铜产量非常丰富，《新唐书·食货志》云："天下炉九十九，绛州三十；扬、润、宣、鄂、蔚，皆十；益、郴皆五；洋州三，定州一。每炉岁铸钱三千三百缗，役丁匠三十，费铜二万一千二百斤，镴三千七百斤，锡五百斤。每千钱费钱七百五十，天下岁铸三十二万七千缗。"也就是说，绛州（今陕西南部）的铜产量几乎占天下的三分之一。

中条山胡家峪矿区的店头古铜矿、马蹄沟冶炼遗址、铜矿峪冶炼遗址皆是战国时期的古铜矿遗址。店头古铜矿老窿系的古巷道内设有支护，支护木直径 20～25 厘米，长 1.5～20 米，皆已朽蚀，经 ^{14}C 测定，年代距今 2325 年 ±82 年（公元前 375 年），为战国时期。马蹄沟冶炼遗址位于一个高山顶上的一个巨大的山洞内，山洞开口在山脊两侧，通风良好，洞内有 30 厘米厚的渣灰层等。铜锅古铜矿遗址的炉渣漫山遍野，表明这里曾是一个繁荣的铜矿基地。这里还发现许多古代采矿巷道，表明战国时期中条山已经是大型的铜矿区。① 这正是战国时期魏国的矿冶遗存。

魏绛得到安邑，这里既是夏后禹兴起的发祥地，又是重要的农业地区；还有丰富的铜矿资源，还是"河东盐"或者"解州盐"的产地。安邑地处今山西运城盆地的腹心，对魏氏在晋国的发展极有好处。

战国时期，魏国建都城于安邑，不仅占有了旧晋时期的很多资源，而且还得到了魏至中原的太行山口的险塞关隘，对魏国的发展极其有益。《战国策·齐三》云："安邑者，魏之柱国也。晋阳者，赵之柱国也。鄢郢者，楚之柱国也。"安邑，是魏国的国都，其作用柱国，即国之梁柱。战国初年，魏文侯选贤任能，任用布衣卿士，使魏国迅速发展起来。

二、安邑的考古学发现

山西夏县西北 15 里禹王村附近有古城址，传说夏禹曾经在这里居住过，如《汉书·郊祀志》："昔三代之居皆河洛之间。"颜师古注曰："谓夏都安邑，殷都朝歌，周都洛阳。"《汉书·五行志》："昔三代居三河。河洛出图书。"颜师古曰："谓夏都安邑，即河东也。殷都朝歌，即河内也。周都洛阳，即河南也。"《左传·定公四年》载唐叔"封于夏虚，启以夏政"，古代帝王之都的遗址称"墟"。夏墟在今山西夏县境，所以人们把这里称为"禹王城"。

但是根据目前在这里的考古勘察情况来看，城址西部坐落在层层高起的、蜿蜒曲折的坡地上，东南约 30 里为中条山。"经勘察，古城由时代先后不同的'大''中''小'三个古城和一个夯土台等四部分组成。这三个古城的时代

---

① 关东杰：《古代产铜盛地——中条山》，《金属世界》1995 年第 6 期，24 页。

和相互之间的关系可能是：大城时代最早，相当于战国；中城稍晚，相当于秦汉或者更晚一些；小城使用时间最长，可能和大城是同时，即战国时代建造的，为大城的一部分，很可能是宫城。以后经汉代一直沿用到北魏。"郦道元在《水经注》中就称："今城南台基（指禹王台）犹存。"

"夏县禹王城一带在战国属魏，为魏都安邑城；秦汉在此处置河东郡，一直沿用到北魏，才迁移他处。"① 由此可见，山西夏县西北15里禹王村附近的古城址，是战国时期魏国所建筑的都城安邑。

古代文献也有许多记载，安邑就是魏国都城。

《史记·魏世家》晋悼公曰："自吾用魏绛，八年之中，九合诸侯。戎翟和，子之力也；赐之乐三，让，然后受之，徙治安邑。"《正义》："安邑在绛州，夏县安邑故城是。"

（宋）欧阳忞《舆地广记》卷十四《陕西用刑路》（下）云："安邑县，夏禹所都。春秋时，魏绛自魏徙此；武侯二年，城安邑，盖增广之耳。秦昭王二十一年，魏献安邑，以为河东郡。"②

山西夏县就是战国时期魏国的早期国都安邑，这是毫无疑义的。20世纪60年代，考古工作者曾对夏县的安邑古城进行勘察，勘察结果如下。

（1）大城：周圆约15.6公里，平面近似梯形，北窄南宽。北墙、西墙和南墙之西段，都保存较好，一般高出地面1～4米，西城墙在高岗上，最高处有8米。南城墙自西南城角往东行1860米后，往北拐，行270米后复折东行，在禹王村附近形成一个转角。这段古城的南段，约200米长；城墙高出地面4～5米。夯层厚8～10厘米，版筑时每版长约3米。南城基沿着公路向东行，时断时续，至苏村以西约400米处又折向北，仅在水渠北侧看到有厚20厘米、宽2米许的夯土层。其后往北3000多米，地势低洼、积水成坑，地面下全是流沙，这段东城墙可能已被洪水冲毁，仅地面下残留有城墙的基础。再往北地形渐高，在耕土下深60～80厘米处出现城墙夯土。东北转角亦为弧形。

北城墙一般高出地面1～2米。自西北城角往南1400米处，城向西复向南拐，成一小折角。两侧断面高达12米。群众称之为"险要门"，很可能确为当日的城阙。在西城北段之外侧，好似有护城壕的痕迹。

东城墙北段厚度为10～12米，西城为12米左右，但西城墙北段距西北城角约1000米处城高4米，顶宽12米，城基宽达22米。

---

① 陶正刚、叶学明：《古魏城与禹王古城调查简报》，《文物》1962年第5期，60页。
② （宋）欧阳忞：《舆地广记》卷十四《陕西用刑路》（下），士礼居丛书景宋本，96页。

大城内的文化堆积一般厚2米。北城郭里村西北断崖上普遍有战国时代的地层和灰坑，遗物丰富，并采集铜权1枚。城南部和中城、小城的附近都有战国文化层。采集的遗物主要有鬲、盆、罐、浅盘豆、盖豆、甑、筒瓦和板瓦等。陶质以泥质灰陶为主，也有夹砂灰陶，器物一般有绳杖纹或素面，板瓦和筒瓦皆由泥条盘筑，外饰整齐的竖绳纹或斜绳纹，内面为素面或布纹、方格纹、麻点纹等。在大城里也有一些汉代的遗物，如卷云纹瓦当、直绳纹板瓦和筒瓦等。通过对遗物等的观察，认为大城应该是战国时代的遗迹。

（2）中城：位于大城的西南部，利用了大城西城墙的南段、南城墙的西段作为西城墙和南城墙。禹王村附近有一段城墙，可以认为是属于中城的。北城墙自小城之西北角往西，经庙后辛庄，直达大城之西墙。交接处，大城、中城都已劈断。劈断处，大城周距有50多米宽，不见夯土和路土。而中城、大城仅有10多米宽。大城之北端曾经在外侧补修加厚，外侧厚13米的夯土和中城夯土完全相同，而内侧8米夯土和北大城的夯土相同。

中城城周约6.6公里，城墙宽5～7米。残存高度在1～4米。夯土情况，东城墙夯层厚约10厘米，北墙夯层厚8～10厘米。含有少量的战国瓦片，唯北墙东段夯层稍薄，为6～8厘米。城内布满汉代文化层，尤其以司马村、司马堡、庙后辛庄、禹王村西北更为密集。采集遗物有汉代的卷云纹瓦当、"长乐口口"瓦当和带字的砖（可惜太碎，字句看不清楚。过去曾在这里发现过"海内皆臣，岁丰登熟，道无饥人"十二字砖。"半两"钱范，近似西汉初年的吕后半两）以及盆、钵、罐、瓮等残片。堆积厚度在2米左右。另外，也有战国时代的遗物，但远不如汉代遗物丰富。

（3）小城：位于大城中央，周长约3000米。城墙保存完好，东和东南部现存高度1～2米，西、北和南墙高3～4米。城墙厚度5～6米。东墙中部有50余米宽的阙口，南墙中段偏西有大路穿过形成的阙口，西城墙中偏北亦为大路穿过形成阙口。阙口很可能是原来的城门。

西墙夯层厚6～7厘米，夯窝小而浅，北墙有些地方夯层厚8～10厘米，含有少量陶片。南城墙有些地方夯层厚10～12厘米，为深褐色。小城内地势西高东低，城址周围地面高出1～4米，远望形如土台。地面上布满战国和汉代的陶片、瓦砾等。西南部和西北部地面下深60～70厘米，发现有很厚的路土层。因堆积层厚且瓦砾太多，不便于钻探，尚未发现居住址、台基等遗迹。但群众俗称城之中部为"金沟河"，城之北部为"金銮殿"，是值得注意的。

文化层堆积普遍有2～3米厚，出土遗物甚为丰富，出土有战国的鬲、盆、豆等残片，以及饰有细绳纹、粗绳纹的用泥条盘筑的筒瓦和板瓦。

（4）禹王台：俗称青台，在小城东南角，小城从北、西两面绕过。台面成方形，每边宽约70米，台高约8米，为夯土筑成。从土台的南剖面看，上部有5～6米厚的晚期夯土，发现有战国到宋、元的遗物，还有琉璃瓦等，似为近世禹王庙废墟。但台下部的夯土甚早，夯层厚6～9厘米，土呈红褐色，间有黑花，夯窝直径4～5厘米，较深且清晰，包含有少量东周陶片。另外从侧面窑洞中可以看出夹棍使用情况，其两棍左右间隔1.6米，上下仅有50厘米，夹棍直径3.5～5厘米。但另一处，大概是转角处，使用情况较为错乱，上下四排，间距在30～70厘米，左右相隔35～75厘米，夹棍直径6～10厘米。

根据文献和地下实物资料相互印证，考古工作者初步认为，禹王古城的"大城"可能是魏都安邑。"中城"是秦、汉时期的河东郡地。魏豹也可能受封于此，后又被韩信擒于此。小城如上述情况，可能曾与大城和中城同时使用，而到北魏时大、中城俱废，只有它还继续使用。①

第三节　"象魏"一词源于魏国都城安邑"门阙"

中国古代都城的城门前都有装饰性的建筑，如城门上面的门楼、鸱尾，城门前面的巍然屹立的双阙等。阙，最早出现在西周、春秋时期的周王城及鲁国的都城；战国以后当出现在诸侯各国的都城。这个双阙又称为门阙或者象魏。先秦时期，双阙是朝廷每年正月悬挂颁布新法令之处。笔者认为，门阙之所以称为"象魏"，是商鞅在战国初期灭掉魏国旧都安邑，仿照魏国双阙的样式写放于秦都咸阳；在咸阳所建造的双阙称为冀阙、魏阙、象魏。阙、象魏只在都城的城门前才有，是王权的象征。

一、"象魏"的出现当与魏都安邑的建筑有关

笔者认为，"象魏"就是仿照魏国都城"门阙"之意。

《史记·秦本纪》云："卫鞅为大良造，将兵围魏安邑，降之。十二年作

---

① 陶正刚、叶学明：《古魏城与禹王古城调查简报》，《文物》1962年第5期，62～64页。

为咸阳，筑冀阙。"《正义》引《括地志》云："安邑故城在绛州夏县东北十五里，本夏之都。咸阳故城亦名渭城，在雍州咸阳县东十五里，京城北四十五里，即秦公徙都之者。"冀阙，刘伯庄云："冀，犹记事；阙，即象魏也。"

又《史记·商君列传》云："鞅为大良造，将兵围魏安邑降之。居三年，作为筑冀阙、宫廷于咸阳。"《索隐》："即大上造也，秦之第十六爵名也。今云良造者，或后变其名耳。冀阙，即魏阙也。冀，记也，记列教令当于此门阙。"

《史记·商君列传》又云："商君曰：始秦戎翟之教，父子无别，同室而居。今我更制其教，而为其男女之别；大筑冀阙，营如鲁卫矣。"

《史记》中的《秦本纪》和《商君列传》记载的是同一件事，文中所说的"卫鞅"，就是商鞅。商鞅被任命为秦国的大良造，率领军队攻打魏国安邑，安邑守将投降。安邑，是魏国早期的国都。当商鞅回到秦国的国都咸阳之后，就"筑冀阙、宫廷于咸阳"。《索隐》解释"冀阙，即魏阙也"，是符合实际情况的，但是《索隐》解释"冀，记也，记列教令当于此门阙"，似有不确之处。

"冀"，汉代之前指的是古河东地区，即今晋南。中国上古时期分为九州岛，曰：冀、豫、雍、扬、兖、徐、梁、青、蓟。晋南地区在《禹贡》九州岛中属于冀州，古称冀州。《尚书·禹贡》："冀州。"孔颖达疏："冀州，帝都。""壶口治，梁及岐。"（汉）孔安国传云："壶口在冀州，梁岐在雍州，从东循山治水而西。"《汉书·地理志上》云："冀州既载。"颜师古曰："载，始也。冀州，尧所都；故禹治水自冀州始也。"（宋）苏轼《书传·夏书》说："尧都平阳、舜都蒲坂、禹都安邑，皆在冀州。"平阳，今临汾；蒲坂，今永济；安邑，今夏县；平阳、安邑、晋阳三地均处河东。

魏国的早期都城安邑，就在冀州。因此商鞅在攻下安邑之后，回到咸阳，按照魏国国都安邑的宫廷、门阙的样式，在咸阳建造。因为魏国的宫廷、门阙在冀州，是商鞅所筑的宫廷、门阙的蓝图样本，所以商鞅把所筑的宫阙称为"冀阙"。"冀阙"，是仿照魏国门阙建造，故又称为"魏阙""象魏"。

笔者认为，我国古代的"布法象魏"一词中的"象魏"就是源于魏国的宫廷、门阙而有的称呼。"象魏"一词的出现当与魏国有关。

二、"阙"建筑形式最早出现在西周时期的周王室与鲁国

阙的建筑形式最早当出现在西周，春秋时期阙的形式逐渐壮观。目前见

到的西周、春秋时期的阙，只在周王室、鲁国才有。

《史记·鲁周公世家》载："炀公筑茅阙门。"裴骃《集解》引《世本》曰："炀公徙鲁。"又引宋忠曰："今鲁国阙门。"这里指的是朝宫的正门；也就是说，炀公所筑的阙门在鲁国朝宫的正门之外。鲁炀公是周公旦的孙子、伯禽的儿子。此时尚处在西周初年、炀公徙鲁（今山东曲阜）之时。是时，鲁国的阙门可能还是用茅草筑成，称为"茅阙门"。

鲁国有阙，当然周王室亦有阙。但是在西周、春秋的文献中，没有见到鲁国以外的其他诸侯国有"阙"的记载。鲁国之所以有阙，因鲁是周公旦的封国。周公旦曾经摄政七年，对王室有很大的勋劳，故可用周王室之礼乐。

《礼记·明堂位》云："成王以周公为有勋劳于天下，是以封周公于曲阜。……命鲁公世世祀周公以天子之礼乐。"郑玄注："同之于周，尊之也。"《明堂位》又云："季夏六月，以禘礼祀周公于大庙。""大庙，天子明堂；库门，天子皋门；雉门，天子应门。"郑玄注："言庙及门如天子之制也。"也就是说，鲁国的太庙及门的规制皆如天子之制。

《左传·襄公二十九年》记载：吴国季札到鲁国，"请观于周乐"。杜预注："鲁以周公故有天子礼乐。"朱熹《诗经集传》卷八云："成王以周公有大勋劳于天下，故赐伯禽以天子之礼乐；鲁于是乎有颂以为庙乐。"

西周、春秋时期，鲁国的礼乐规制与周王室是一致的。鲁国宫门前与周王室一样，亦有阙；而且在周王室所属地诸侯国中只有鲁国享用如此殊荣。

《左传·庄公二十一年》云："郑伯将王自圉门入，虢叔自北门入，杀王子颓及五大夫。郑伯享王于阙西辟，乐备。"晋人杜预注曰："阙，象魏也；乐备，备六代之乐。"《左传》中称为"阙西辟"，而杜预所注的"阙，象魏也"是晋朝的语言。这个事件是指王子颓及五大夫篡权将周惠王逼出王宫；郑伯勤王，迎接惠王回到王城，在阙西辟享王。这里"阙西辟"当然是在王城，王都是有阙的。

春秋时期鲁国亦当有阙。《左传·哀公三年》云："季桓子至，御公立于象魏之外，命救火者伤人则止，财可为也；命藏象魏，曰：'旧章不可亡也。'"杜预注："象魏，门阙。《周礼》正月县教令之法于象魏，使万民观之，故谓其书为象魏。"

上文所说的"命藏象魏"，当是将刑法文书藏于城阙之上的门楼之中。（唐）孔颖达疏云："象魏是悬书之处，见其处念及其书，非始就悬处敛藏之。""阙""象魏"，是古代的门阙，当是没有疑义的。

至于所说的"季桓子至,御公立于象魏之外",这是《左传》首次见到的"象魏"一词,而且仅有此一例。这个事件已经到了鲁哀公三年(公元前492年),即春秋末年,此书当在战国中期以后成书。成书之时,"象魏"一词当已经出现。

"象魏"一词在记载春秋史实的《左传》一书中曾出现过,仅此一例,而在《尚书》《国语》《诗经》《楚辞》皆没有见到"象魏"一词。

这种宫门前筑"阙"的建筑形式,西周春秋时期只有周王室与鲁国才有,其他诸侯国是没有的,如《左传·昭公六年》云:"三月,郑人铸刑书。"杜预注:"铸刑书于鼎,以为国之常法。"《左传·昭公二十九年》云:"遂赋晋国一鼓铁,以铸刑鼎。"《左传》中记载的郑国与晋国把刑法条文铸在鼎上,而不是悬挂在门阙之上,说明郑、晋没有"阙"。

在此之前,《左传》从未用过"象魏"一词。是时,北方国家称为"阙"。在其他古籍中出现的仅是观、阙,如《春秋经·定公二年》载:"夏五月壬辰,雉门及两观灾。……冬十月,新作雉门及两观。"杜预注:"雉门,公宫之南门。两观,阙也。"

《左传·定公二年》云:"夏五月壬辰,雉门及两观灾。"注:"雉门,公宫之南门;两观,阙也;天火曰灾。"(唐)孔颖达疏引"《明堂位》云:库门,天子皋门;雉门,天子应门;是鲁之雉门,公宫南门之中门也。《释宫》云:观,谓之阙。郭璞曰:宫门,双阙。"

南方楚国把"阙",称为"窒皇"。《左传·宣公十四年》云:"履及于窒皇。"注:"窒皇,寝门阙。"楚国的寝门亦有"阙"。

楚国的墓门亦有"阙"。《左传·庄公九年》云:鬻拳死,"而葬于绖皇"杜预注:"绖皇,冢前阙;生守门,故死不失职。"

由此可见"象魏"是战国以后才出现的词汇;春秋时期的"象魏"皆称为"阙"。

三、"象魏"释义及"阙"称为"象魏"的原因

有人说"象魏"是从《尚书》中"象刑惟明"中脱出来的,值得质疑。《尚书·大传》云:"唐虞象刑,而民不敢犯;苗民用刑,而民渐兴犯。唐虞之象刑:上刑赭衣不纯,中刑杂屦,下刑墨幪。"郑玄曰:"纯,缘也;时人尚德

义，犯刑者，但易之衣服，自为大耻。屦，履也；幪，巾也；使不得冠饰。"不纯，就是不缘衣边的意思。

《尚书·大传》认为，如果有人犯罪，那么让这个人换上罪服就是了，不需要用刑。后代对"象刑"的"画衣冠，异章服"的处理方式，已经不能理解了。

笔者认为，"象刑"当是一种以图像表明的刑法。应该说越是上古，刑法越重。"象刑"当是用图画形式表明的刑法，如甲骨文中有 释为"圉"字，像一个人手带刑具被囚禁在监狱中；甲骨文中有 ，释为"刖"字，像一个人被砍掉腿； ，是刑具的象形字。这些字当与刑法有关，当然也可以说是"象刑"。由此可见，"象刑"之"象"并不是法，而是"象法""象刑"，"象"仍然是"相似""相像""象""像"的意思；中国字就是象形字。

如果"象魏"之"象"为法，如《周礼·天官·大宰》所云"县政象之法于象魏"。《周礼》中的"政象之法"就是所说的"象刑"，即法；如果"政象之法"与"象魏"之"象"，都是法，在"县政象之法于象魏"一句中，"政象之法"与"象魏"是一种重复；故"象魏"不是"象法""象刑"，也不是从《尚书》中"象刑惟明"中脱出来的。

下面我们再对"象魏"进行探讨。

（明）周祈《名义考》卷三《地部》："象魏、冀阙、两观：古者宫廷为二台于门外，作楼观于上；上圆下方，两观双植，中不为门。门在两旁，中央阙然为道，以其县法谓之象魏。象，法象也；魏，其状巍然高大也；以其记列教令谓之冀阙。冀，记也；阙，中央阙然也；以其使民观之，谓之观；双植，谓之两观；名虽殊，其实一也，犹今午门然。"

如前所述，《周礼·天官·大宰之职》："正月之吉始和，布治于邦国都鄙，乃县治象之法于象魏，使万民观治象，挟日而敛之。"

（宋）程大昌《雍录》卷一云："冀阙：孝公改都咸阳，筑冀阙。其曰：阙者，必古象魏矣。而何以标名为冀也。案《史记》孝公十一年，卫鞅围安邑降之。十二年作冀阙。冀者，冀州也。安邑，即冀州之邑也。冀之为州，尧舜禹皆尝都焉。今此孝公已得冀州，而作冀阙，其必放古阙存者，而并立此名也。秦之诸君皆尝非古以自是矣，而始皇之都，南跨渭水者，亦慕文武之丰镐也。则冀阙之名之制，或亦放古为之也。《秦本纪》曰：秦每破诸侯，写放其宫室作之咸阳北坂上，则冀阙也者，亦其写放宫室之一欤。"（宋）程大昌在《考古编》卷四《正朔四》又说："象刑三：周之阙名，象魏；魏者，取其巍巍然也。"

笔者认为,"治象之法于象魏"之句,与"象刑"是不相匹配的。首先,后代的法令绝不是"治象之法",也不是"象刑",那么悬挂法令文书的阙与楼观,怎么会成为"象魏"呢?"象魏"之"魏","取其巍巍然",或者"其状巍然高大",应该说是有道理的。

(宋)程大昌的解释是很有道理的。《史记·秦始皇本纪》云:"秦每破诸侯,写放其宫室作之咸阳北阪上。南临渭,自雍门以东至泾渭,殿屋复道,周阁相属。"

卫鞅围而攻打安邑,迫安邑投降;回到咸阳后作冀阙。冀者,冀州也。而"象魏",当是秦国所筑的阙观,是模仿魏国,故谓之"象魏"。

商鞅在秦国"作冀阙""象魏",表明魏国建筑的豪华,"巍然高大",是令秦国钦慕的。秦始皇在统一六国之后,"写放其宫室作之咸阳北阪上",这种风格在秦孝公、商鞅时期已经开启端了。

第四节　魏文侯首开战国布衣卿相之风

魏文侯招揽贤才,大批贤能之士如李悝、吴起、白圭、西门豹、乐羊等蜂拥来到魏国。《史记·魏世家》:"秦尝欲伐魏。或曰:魏君贤人是礼,国人称仁,上下和合,未可图也。文侯由此得誉于诸侯。"

魏文侯是战国史上第一个养士和任用布衣卿相的诸侯国君,是第一个对政治和经济进行改革的国君。魏国经过一系列的改革和重用贤能之士,迅速强大,战国初年已独霸中原。

一、魏文侯任贤使能

魏文侯是战国初年最早认识到贤能之士的重要性、也是能够任用贤能之士的诸侯国君。《吕氏春秋·察贤》云:"魏文侯师卜子夏、友田子方、礼段干木,国治身逸,天下之贤主岂必苦形愁虑哉,执其要而已矣。雪霜雨露,时则万物育矣,人民修矣,疾病妖厉去矣。"

卜子夏是孔子的弟子，孔子死后子夏在西河教授生徒，为魏文侯之师。《史记·仲尼弟子列传》云："卜商，字子夏，少孔子四十四岁。……孔子既没。子夏居西河教授，为魏文侯师，其子死，哭之失明。"《索隐》在河东郡之西界，盖近龙门。刘氏云今同州河西县有子夏石室学堂在也。《正义》："河西郡，今汾州也。文侯都安邑，孔子卒后，子夏教于西河之上，文侯师事之，咨问国政焉。"《礼记》云："自东河至于西河河东，故号龙门，河为西河。汉因为西河郡，汾州也。子夏所教处。"

有人认为，子夏少孔子44岁，此时子夏已经是一个100余岁的老人了。但是在周天子承认魏国为诸侯之前的22年，即威烈王二年（公元前424年）魏斯已经自称为侯，即魏文侯；而且魏斯称侯之前，晋国已经形成六卿、四卿、三卿执政的局面，最后才形成了三家分晋。春秋战国之交，也许与秦始皇焚书有关，很多史籍被焚，故这个时期史籍所记载的年代较为混乱。但是子夏曾是魏文侯之师，魏文侯向子夏学习儒家学说，很多史籍都记载了此事，当无误。

魏文侯纳谏如流，对于有利于治理国家的言论和建议皆能虚心接受，特别是对于贤能之士的意见更是如此。

《史记·儒林列传》云："子夏居西河，子贡终于齐，如田子方、段干木、吴起、禽滑厘之属，皆受业于子夏之伦，为王者师。是时，独魏文侯好学。"《正义》：西河，"今汾州"。

子夏是魏文侯之师，魏文侯在很多方面受益良多。《礼记·乐记》云："魏文侯问于子夏曰：'吾端冕而听古乐，则唯恐卧；听郑卫之音，则不知倦，敢问古乐之如彼，何也？新乐之如此，何也？'……子夏对曰：'郑音好，滥淫志；宋音燕，女溺志；卫音趋，数烦志；齐音敖，辟乔志。此四者，皆淫于色，而害于德，是以祭祀弗用也。'"①孔子曾说："放郑声，远佞人；郑声淫，佞人殆。"②

田子方是魏文侯之友，魏文侯受到的礼敬。《战国策·魏一》："魏文侯与田子方饮酒而称乐。文侯曰：'钟声不比乎，左高。'田子方笑。文侯曰：'奚笑？'子方曰：'臣闻之，君明则乐官，不明则乐音。今君审于声，臣恐君之聋于官也。'文侯曰：'善，敬闻命。'"（宋）鲍彪注曰；"比，犹协；周襄世主无如魏文侯之贤者，夫其师友渊源有子夏、子方之徒，诱诲规切之，虽欲无

---

① 《礼记注疏》卷三十八《乐记》，引自《十三经注疏》，北京：中华书局，1980年，1538、1540页。
② 《论语注疏》卷十五《卫灵公》，引自《十三经注疏》，北京：中华书局，1980年，2517页。

贤可得乎？然则用真儒，无敌于天下信矣。"田子方对魏文侯的执政态度确实有所补益和纠正。(汉)刘向《说苑·尊贤》还记载：魏文侯十七年（公元前429年），太子击见到田子方，下车而趋，子方不理睬，坐乘如故。太子很不高兴，认为自己是富贵者，田子方是贫穷者，为什么如此骄傲？田子方曰："人主骄人而亡其国，大夫骄人而亡其家，富贵者怎么敢骄傲？"太子将田子方之语告诉魏文侯。魏文侯叹曰："微吾子之故，吾安得闻贤人之言。吾下子方以行，得而友之；自吾友子方也，君臣益亲，百姓益附。吾是以得友士之功，我欲伐中山，吾以武下乐羊，三年而中山为献于我，我是以得有武之功。吾所以不少进于此者，吾未见以智骄我者也；若得以智骄我者，岂不及古之人乎。"

段干木是一个出身于下层的贤能之士，魏文侯视之为客。《史记·魏世家》云："文侯受子夏经艺，客段干木，过其闾未尝不轼也。"《正义》引皇甫谧《高士传》云：干木"本晋人也，守道不仕。魏文侯欲见，造其门，干木踰墙避之。文侯以客礼待之。出过其闾而轼，其仆曰：'君何轼？'曰：'段干木，贤者也；不趋势利，怀君子之道，隐处穷巷，声驰千里，吾安得勿轼？！干木先乎德，寡人先乎势；干木富乎义，寡人富乎财；势不若德贵，财不若义高。又请为相，不肯，后卑已固请见与语。文侯立倦不敢息。"轼，是车前横木，在这里是停车凭轼致敬之意。

魏文侯对田子方等贤能之士毕恭毕敬，引起了魏国公室的不满。

公季成谓魏文侯曰："田子方虽贤人，然而非有土之君也；君常与之齐礼，假有贤于子方者，君又何以加之。"

文侯曰："如子方者，非成所得议也。子方，仁人也。仁人也者，国之宝也；智士也者，国之器也；博通士也者，国之尊也。故国有仁人，则群臣不争；国有智士，则无四邻诸侯之患；国有博通之士，则人主尊；固非成之所议也。"公季成自退于郊，三日请罪。①

《吕氏春秋·慎大览第三·下贤》亦云："魏文侯见段干木，立倦而不敢息；反见翟璜踞于堂而与之言，翟璜不说。文侯曰：'段干木官之则不肯，禄之则不受。今汝欲官则相位，欲禄则上卿，既受吾实，又责吾礼，无乃难乎？'故贤主之畜人也，肯受实者其礼之。礼士莫高乎节欲，欲节则令行矣。文侯可谓好礼士矣。好礼士，故南胜荆于连堤，东胜齐于长城，虏齐侯献诸天子，

---

① （汉）刘向：《新序》卷四《杂事第四》，四部丛刊景明翻宋本，19页。

天子赏文侯以上卿。"

　　魏文侯尊重不做官、不食俸禄的贤人段干木，而对自己的相翟璜"踞于堂而与之言"，应该说是有其道理的。由此可见，卜子夏为魏文侯师、田子方为之友、段干木受到魏文侯之礼遇，此三位贤士高人均没有做魏文侯的官，但是都对魏文侯的政治有所裨益，皆为魏文侯所尊重。

　　在魏文侯时期，士或者可以说是"贫贱者"的地位是很高的。当然"贫贱者"的地位之所以高是因为统治者的尊崇。

　　当时的名士李克（悝）、翟璜、吴起、西门豹、乐羊、屈侯鲋、惠施等都到了魏国。

二、魏文侯虚心纳谏

　　作为一个国君，刚愎自用是绝对治理不好国家的；只有虚心纳谏，接受来自各方的正确意见，才是治理国家的保证。

　　《韩诗外传》卷八记载：魏文侯问李克曰："人有恶乎？"

　　李克曰："有。夫贵者，则贱者恶之；富者，则贫者恶之；智者，则愚者恶之。"

　　文侯曰："善行此三者，使人勿恶，亦可乎？"

　　李克曰："可。臣闻贵而下贱，则众弗恶也；富能分贫，则穷士弗恶也；智而教愚，则童蒙者弗恶也。"

　　文侯曰："善哉，言乎！尧舜其犹病诸，寡人虽不敏，请守斯语矣。《诗》曰'不遑启处'。"[①]

　　李克提出了一个非常重要的问题，那就是贵与贱、富与贫、智与愚的问题，实际上是一对矛盾的对立面；只有"贵而下贱""富能分贫""智而教愚"，才能解决这个问题。这个关系如果处理不好，会导致国家的动乱，甚至灭亡。魏文侯听此，认为"善哉言乎"，并准备今后要"守斯语矣"。

　　《韩诗外传》卷十还记载了一个故事：魏文侯问里克（即李克或者李悝）曰："吴之所以亡者，何也？"

　　里克对曰："数战而数胜。"

　　文侯曰："数胜，国之福也；其独亡何也？"

---

① （汉）韩婴：《韩诗外传》卷八，四部丛刊景明沈氏野竹斋本，23页。

里克对曰:"数战,则民疲;数胜,则主骄。骄则恣,恣则极;上下俱极,吴之亡犹晚矣。此夫差所以自丧于干遂。《诗》曰:'天降丧乱,灭我立王。'"①

上文所说的"里克",就是李克,也称为李悝,曾为魏文侯的相。魏文侯问"吴国为什么灭亡?"李悝认为,战争太多,使百姓疲敝;胜利较多,国君骄恣;这就是吴国灭亡的原因。

《说苑·复恩》亦记载:魏文侯与田子方语,有两童子衣青白衣而侍于君前。

子方曰:"此君之宠子乎?"

文侯曰:"非也,其父死于战,此其幼孤也。寡人收之。"

子方曰:"臣以君之贼心为足矣。今滋甚君之宠,此子也;又且以谁之父杀之乎?"

文侯憨然曰:"寡人受令矣,自是以后兵革不用。"②

魏文侯也认为应该减少战争,爱惜民力,收养遗孤;并表示"自是以后兵革不用"。

《新序·刺奢》记载:魏文侯见箕季,其墙坏而不筑。文侯曰:"何为不筑?"

对曰:"不时其墙柱而不端。"

问曰:"何不端?"

曰:"固然,从者食其园之桃,箕季禁之少焉。日晏进粝餐之食、瓜瓠之羹。"

文侯出,其仆曰:"君亦无得于箕季矣。曩者进食,臣窃窥之,粝餐之食、瓜瓠之羹。"

文侯曰:"吾何无得于季也?吾一见季而得四焉。其墙坏不筑,云待时者,教我无夺农时也。墙柱而不端,对曰固然者,是教我无侵封疆也。从者食园桃,箕季禁之,岂爱桃哉?是教我下无侵上也。食我以粝餐者,季岂不能具五味哉?教我无多敛于百姓,以省饮食之养也。"③魏文侯到箕季家,看到箕季之"墙坏而不筑";该吃饭时,箕季向魏文侯"进粝餐之食、瓜瓠之羹"。从这样一个事情中,魏文侯体会到箕季之意,理解箕季是劝他"无夺农时""无

---

① (汉)韩婴:《韩诗外传》卷十,四部丛刊景明沈氏野竹斋本,69页。
② (汉)刘向:《说苑》卷六《复恩》,四部丛刊景明钞本,39页。
③ (汉)刘向:《新序》卷六《刺奢》第六,四部丛刊景明翻宋本,35页。

侵封疆""下无侵上""无多敛于百姓，以省饮食之养也"。

魏文侯对于那些搜刮百姓、以讨上司欢欣之人，并不买账，而是将其免职。《水经注释·滹沱水》云："魏文侯时，克为中山相。苦陉之吏上计，而入多其前。克曰：'苦陉上无山原林麓之饶，下无谿谷牛马之息，而入多其前，是苦吾百姓，遂执而免之。'"①

有一次，魏文侯问狐卷子曰："父贤足恃乎？""子贤足恃乎？""兄贤足恃乎？""弟贤足恃乎？""臣贤足恃乎？"

狐卷子皆对曰："不足。"

文侯勃然作色而怒曰："寡人问此五者于子，一一以为不足者，何也？"

对曰："父贤不过尧，而丹朱放；子贤不过舜，而瞽瞍顽凶；贤不过舜，而象傲弟；贤不过周公，而管叔诛臣；贤不过汤武，而桀纣伐。望人者不至，恃人者不久；君欲治，从身始；人何可恃乎？《诗曰》'自求伊祜'。"②

狐卷子的意思是很明白的，贤明要从自己开始，不要只指望父、子、兄、弟、臣。其实魏文侯也是这样做的。

还有一次，魏文侯问李克曰："刑罚之原安生？"

李克曰："生于奸邪淫佚之行。凡奸邪之心，饥寒而起，淫佚者久，饥之诡也。雕文刻镂，害农事者也；锦绣纂组，伤女工者也；农事害，则饥之本也。女工伤，则寒之原也。饥寒并至，而能不为奸邪者，未之有也。男女饰美以相矜，而能无淫佚者，未尝有也。故上不禁技巧，则国贫民侈。国贫穷者，为奸邪；而富足者，为淫佚；则驱民而为邪也。民已为邪，因以法随，诛之不赦其罪，则是为民设陷也。刑罚之起有原，人主不塞其本，而替其末，伤国之道乎。"

文侯曰："善以为法，服也。"③

魏文侯是一个非常精明的君主，认为李悝说得很对，必须"善以为法"，百姓才能信服。

由于魏文侯虚心纳谏，任人唯贤，他的官员也能"外举不避仇"。

《韩诗外传》卷九记载：魏文侯问于解狐曰："寡人将立西河之守，谁可用者？"

解狐对曰："荆伯柳者，贤人，殆可。"文侯将以荆伯柳为西河守。

---

① （清）赵一清：《水经注释》卷十一《滹沱水》，清文渊阁四库全书本，208页。
② （汉）韩婴：《韩诗外传》卷八，四部丛刊景明沈氏野竹斋本，56页。
③ （汉）刘向：《说苑》卷二十《反质》，四部丛刊景明钞本，145页。

荆伯柳问左右："谁言我于吾君。"左右皆曰："解狐。"

荆伯柳往见解狐而谢之曰："子乃宽臣之过也。言于君；谨再拜谢。"

解狐曰："言子者，公也；怨子者，吾私也。公事已行，怨子如故。张弓射之，走十步而没，可谓勇矣。《诗》曰'邦之司直'。"①

虚心纳谏是每一个贤明国君必需的胸怀。魏文侯正因为有这样的肚量和胸怀，魏国才能成为战国初年的最强诸侯国。

三、魏文侯首开任用布衣卿相之风

魏文侯开战国招贤养士和任用布衣卿相的风气，魏文侯在这些贤能之士的帮助下，在中央和地方分别设立了可以自由任免的相和守令。魏国任用的官员中，除魏成子是文侯弟以外，其余在以前多是没有官职的下层贵族"士"。

魏文侯特别重视对相的任用。相，一人之下，万人之上，总揽诸侯国的大权。为了能够使相更好地担负起国家重任，魏文侯很重视官员能否进贤。魏文侯有弟名叫季成，有友名曰翟璜，文侯欲在二人之中择相，但不能确定，请教李克。

李克对曰："君若置相，则问乐商与王孙苟端孰贤？"

王曰："善。"

"以王孙苟端为不肖，翟璜进之；乐商为贤，季成进之。故相季成。"②

《史记·魏世家》亦记载魏文侯命相的故事：魏文侯谓李克曰："先生尝教寡人曰：'家贫则思良妻，国乱则思良相。'今所置非成则璜，二子何如？"

李克对曰："臣闻之，卑不谋尊，疏不谋戚，臣在阙门之外，不敢当命。"

文侯曰："先生临事勿让。"

李克曰："君不察故也，居视其所亲富，视其所与，达视其所，举穷视其所不为，贫视其所不取。五者足以定之矣。何待克哉？"

文侯曰："先生就舍，寡人之相定矣。"

李克趋而出，过翟璜之家。翟璜曰："今者闻君召先生而卜相，果谁为之？"

李克曰："魏成子为相矣。"

翟璜忿然作色曰："以耳目之所睹记，臣何负于魏成子？西河之守，臣之

---

① （汉）韩婴：《韩诗外传》卷九，四部丛刊景明沈氏野竹斋本，60页。
② （汉）刘向：《新序》卷四《杂事第四》，四部丛刊景明翻宋本，19页。

所进也；君内以邺为忧，臣进西门豹；君谋欲伐中山，臣进乐羊。中山已拔，无使守之，臣进先生。君之子无傅，臣进屈侯鲋。臣何以负于魏成子？"①

李克曰："且子之言，克于子之君者，岂将比周以求大官哉？君问而置相，非成则璜二子何如？克对曰君不察故也。居视其所亲富，视其所与达；视其所举穷，视其所不为贫；视其所不取，五者足以定之矣。何待克哉！是以知魏成子之为相也。且子安得与魏成子比乎？魏成子以食禄千钟，什九在外，什一在内，是以东得卜子夏、田子方、段干木，此三人者，君皆师之。子之所进五人者，君皆臣之。子恶得与魏成子比也？"

翟璜逡巡再拜曰："璜，鄙人也；失对，愿卒为弟子。"②

在当时的情况下，知人善任者为哲，进贤受上赏。季成因能够进贤，故文侯相之，表明了魏国把荐贤作为擢拔晋升的标准。而翟璜作为一个异姓贵族竟然敢与魏文侯的弟弟季成即魏成子争夺相位，说明异姓贵族地位的提高。

即是如此，也有人对魏文侯以魏成子为相不满。（汉）刘向《新序》卷四《杂事第四》云："孟尝君问于白圭曰：'魏文侯名过于桓公而功不及五伯何也？'白圭对曰：'魏文侯师子夏、友田子方、敬段干木，此名之所以过于桓公也。'卜相则曰：成与璜孰可？此功之所以不及五伯也。以私爱妨公举在职者，不堪其事，故功废然。而名号显荣者，三士翊之也。如相三士则王功成，岂特霸哉？！"③魏文侯摒弃了贵族对政权的世袭，在平民和下层的士中选拔人才，一些出身下层的贤能之士无论来自何处，出身如何，只要能"安国家全社稷"，皆可能出任魏国的高官，掌魏国之政。

笔者认为，虽然魏文侯在平民和下层的士中选拔人才，但他对自己的兄弟更信任，是必然的。在实际贡献上，应该说，翟璜所推荐的人才更高一筹，对魏国的贡献更大一些。而魏成子进的是"卜子夏、田子方、段干木"，这些人虽然魏文侯"皆师友之"，但在战功上似乎比不上西河之守吴起、邺令西门豹、灭中山的乐羊，包括李悝、太子傅赵苍唐。而魏文侯在让李悝推荐时，就有所指向。李悝何等聪明之人，当然要推魏成子了。不过魏文侯的确还是一个非常贤明、能够任人唯贤的国君，这是战国楚年魏国之所以发展壮大的根本原因。

魏国的相，也不是像旧晋一样在几家贵族中循环，从史籍记载来看，魏

---

① （汉）刘向：《新序》卷四《杂事》第四，四部丛刊景明翻宋本，19页。
② 司马迁：《史记·魏世家》，北京：中华书局，1982年，1840～1841页。
③ （汉）刘向：《新序》卷四《杂事第四》，四部丛刊景明翻宋本，19页。

文侯时的相是李悝，武侯的相是商文（按《吕氏春秋》的说法）、公叔痤，魏惠王的相是中山君，襄王的相是田需，昭王的相是田文，安釐王的相是张仪。这些都不是世袭的贵族，公叔痤是韩之公族，田需、田文皆齐人，张仪是周人，他们皆没有在魏国成为世袭大族，只因其才德而被任为相。

这件事表明了魏国国君对相、将的严密控制。贤能之士无论来自何处，出身如何，只要能"安国家全社稷"，皆可出任魏国的相，掌魏国之政。

四、魏文侯"好乐"

魏文侯是一个非常喜爱音乐的国君，并且陶醉神迷，表明了魏文侯的雅趣，但这并不影响魏文侯在政治方面的作为。魏文侯以孔门弟子子夏为师，但又以法家鼻祖李悝为相，他当是一个儒法融合的政治家。儒家认为，音乐能够陶冶人的性情，是育人治国的重要工具。《论语·八佾》："子谓韶，尽美矣，又尽善也。"《论语·述而》："子在齐，闻韶三月不知肉味。"孔子认为，好的音乐是尽善尽美的，能激发人们美好的情操、奋发向上的思想和情怀。

《尚书·舜典》舜帝曰："夔，命汝典乐，教胄子，直而温，宽而栗，刚而无虐，简而无傲；诗言志，歌永言。"孔安国传："胄，长也；谓元子以下至卿大夫子弟，以歌诗蹈之、舞之教长，国子中和，祗庸孝友，直而温，宽而栗；教之正直而温和，宽简而能庄栗，刚而无虐，简而无傲；刚失之虐，简失之傲，教之以防其失；诗言志，歌永言；谓诗言志以导之，歌咏其义以长其言。"① 就是说，要人们用诗歌礼乐教导人们本于性情，而表之于音乐。

魏文侯对音乐不仅是爱好，可以说达到了精通的地步；如果演奏中某一个音符错了，魏文侯能马上听出，并予以纠正。《战国策》卷二十二《魏一》记载："魏文侯与田子方饮酒而称乐。文侯曰：'钟声不比乎？左高。'田子方笑。文侯曰：'奚笑？'子方曰：'臣闻之，君明则乐官，不明则乐音；今君审于声，臣恐君之聋于官也。'文侯曰：'善，敬闻命。'"② 这里田子方的意思是国君不应该懂音乐，而只应该明国事。

笔者认为，懂音乐是国君儒雅的表现。如三国时期的周瑜就有"曲有误，周郎顾"的佳话。《战国策·魏一》记载魏文侯对音乐谙熟、精通，并不能说

---

① 《尚书正义》卷三《舜典》，引自《十三经注疏》，北京：中华书局，1980年，19页。
② 《战国策》卷二十二《魏一》，上海：上海古籍出版社，1985年，780页。

文侯对治国就不重视了；只能说明魏文侯对音乐的酷爱。

《礼记注疏》卷三十八《乐记》记载：

> 魏文侯问于子夏曰："吾端冕而听古乐，则惟恐卧；听郑卫之音，则不知倦。敢问古乐之如彼，何也？新乐之如此，何也？"
>
> 子夏对曰："今夫古乐，进旅退旅，和正以广，弦匏笙簧，会守拊鼓。始奏，以文复乱，以武治乱，以相讯疾，以雅君子，于是语、于是道古，修身及家平均天下，此古乐之发也。今夫新乐，进俯退俯，奸声以滥，溺而不止，及优侏儒獶杂，子女不知父子，乐终不可以语，不可以道古，此新乐之发也。今君之所问者，乐也；所好者，音也。夫乐者，与音相近而不同。"
>
> 文侯曰："敢问何如？"
>
> 子夏对曰："夫古者，天地顺而四时当，民有德而五谷昌，疾疢不作而无妖祥，此之谓大当。然后圣人作，为父子君臣，以为纪纲；纪纲既正，天下大定；天下大定，然后正六律和五声，弦歌诗颂，此之谓德音，德音之谓乐。《诗》云：'莫其德音，其德克明。克明克类，克长克君。王此大邦，克顺克俾。俾于文王，其德靡悔。既受帝祉，施于孙子。'此之谓也。今君之所好者，其溺音乎？"
>
> 文侯曰："敢问溺音何从出也？"
>
> 子夏对曰："郑音好滥淫志，宋音燕女溺志，卫音趋数烦志，齐音傲辟乔志。此四者，皆淫于色而害于德，是以祭祀弗用也。《诗》云：'肃雍和鸣，先祖是听。'夫肃肃敬也。雝雝，和也；夫敬以和，何事不行？为人君者，谨其所好恶而已矣。君好之，则臣为之；上行之，则民从之。《诗》云：'诱民孔易'，此之谓也。然后圣人作，为鼗鼓椌楬埙篪；此六者，德音之音也；然后钟磬竽瑟以和，之干戚旄狄以舞之，此所以祭先王之庙也，所以献酬酳酢也；所以官序贵贱，各得其宜也；所以示后世，有尊卑长幼之序也。钟声铿铿，以立号，以立横横，以立武君；子听钟声，则思武臣；石声磬磬，以立辨辨，以致死君。子听磬声，则思死封疆之臣；丝声哀哀，以立廉廉，以立志君。子听琴瑟之声，则思志义之臣；竹声滥滥，以立会会，以聚众君。子听竽笙箫管之声，则思畜聚之臣；鼓鼙之声讙讙，以立动动，以进众君。子听鼓鼙之声，则思将帅之

臣；君子之听音，非听其铿锵而已也，彼亦有所合之也。"①

魏文侯以子夏为师。子夏向文侯讲解音乐对陶冶君主性情的重要作用，不要对那些流行的郑卫之音所溺志。

（宋）陈旸《乐书》卷二十四《礼记训义·乐记》云："魏文侯果能放溺而好德，则古乐之道，是诚在我，德成而上比；虽文王，亦我师也。患不闲邪，存诚以驯致之尔，由是知子夏之于君，夫岂以其不能而遂贼之邪。盖作为父子君臣以为纪纲者，礼也；作为鼗鼓椌楬埙篪以为德音者，乐也；识其文者能述，而明知其情者能作而圣；均谓之圣人，不亦可乎。"

魏文侯对音乐的酷爱，使之能够"放溺而好德"。《战国策·魏一》（宋）鲍彪注："谓周衰世主，无如魏文侯之贤者；夫其师友渊源有子夏、子方之徒，诱诲规切之；虽欲无贤可得乎？然则用真儒无敌于天下信矣。"魏文侯是一个非常儒雅、虚心纳谏、善于治国的诸侯国君。

第五节 李悝变法改革

李悝，魏国人，一说是卫国人；有的史籍上记载是李悝，有些史籍上记载是李克。《史记·货殖列传》《索隐》云："《汉书·食货志》李悝为魏文侯作尽地力之教，国以富强。今此及《汉书》言克，皆误也。刘向《别录》则云，李悝也。"魏文侯任用李悝为相，在魏国进行改革。

李悝是魏文侯的相，人称法家之鼻祖。战国时期，自魏国李悝变法开始，各国都开始进行改革变法，如楚国的吴起变法、秦国的商鞅变法等，废除世袭制，采取任用贤能的政策，皆是在李悝变法的基础上进行的。国君世袭，而军功、事功大臣不世袭，这本身就是对国君权力的加强。战国时期，诸侯各国还用限制封君，限制贤能之士，控制军权、法律等形式加强国君的权力，从而使诸侯国的王权走向专制。

---

① 《礼记正义》卷三十八《乐记》，引自《十三经注疏》，北京：中华书局，1980年，310页。

一、废除世卿世禄制度

春秋时期，以晋、齐为主的诸侯各国曾经实行任用军功贵族的政策。军功贵族得到大片的采邑，成为世袭的采邑主。军功大族拥有采邑上的一切政治、经济、军事权力，包括土地、人民和武装，享受采邑上的赋税收入，在采邑上组织自己的私卒家兵。当采邑主的权力威胁到国君的时候，形成尾大不掉之弊病，就会对国君取而代之，如三家分晋、田氏代齐等。战国时期，三家分晋、田氏代齐的历史现象给各诸侯国君的心中投下了长长的暗影，为了杜绝权臣的出现，他们采取了废除世袭制度来加强自身的权力。

李悝首先在任人制度方面进行改制，废除世卿世禄，即世袭为官的制度。

《说苑·政理》记载：魏文侯问李克（悝）曰："为国如何？"对曰："为国之道，食有劳而禄有功，使有能而赏必行，罚必当。"文侯曰："吾赏罚皆当，而民不与，何也？"对曰："国其有淫民乎！臣闻之曰：夺淫民之禄，以来四方之士。其父有功而禄，其子无功而食之，出则乘车马、衣美裘，以为荣华；入则修竽琴钟之声，而安其子女之乐，以乱乡曲之教。如此夺其禄以来四方之士，此之谓夺淫民也。"

由此看来，李悝的"夺淫民之禄"，就是要废除一世有功为官，万世皆荣的世袭制度，摒弃军功世袭大族对政权的把持。

李悝的"夺淫民之禄，以来四方之士"，即废除世卿世禄制度国策的制定，不仅大大减轻了国家的无用负担，也使那些靠着父辈功劳而享用荣华富贵之人失去了政策的依靠；如果自己没有能力，就不能再享俸禄而是逐渐落入下层。

李悝废除世卿世禄制度的国策在当时确实起到了非常重要的作用。商鞅曾在魏国为宦，由于不得志，西走秦国，在秦国进行变法，由此把李悝变法的内容带到秦国。吴起曾为将于魏国，因被谗害，逃到楚国，在楚国进行变法，由此把李悝变法的内容带到楚国。

《史记·商君列传》云："有军功者，各以率受上爵；为私斗者，各以轻重被刑大小。……宗室非有军功论，不得为属籍。""有功者显荣，无功者虽富无所芬华。"《索隐》："谓宗室若无军功，则不得入属籍，谓除其籍；则虽无功,不及爵秩也。"①商鞅变法中奖励军功,废除世袭制的军功爵制,按军功大小授爵位和俸禄。如果宗室没有军功,则削去宗室属籍。按功劳以明尊卑、爵秩和等级,从而确定其占有田宅、臣妾的多少和服饰的等级。吴起在楚国的变法中有"均楚国之爵,而平其禄,损其有余,而继其不足,厉甲兵以时争于天下"②。"封君之子孙,三世而收爵禄,绝灭百吏之禄秩,损不急之枝官,以奉选练之士。"③吴起取消世袭的封君、世袭的爵禄,用从封君那里得到的爵禄奉养有功将士的做法,都是李悝变法的内容。

二、李悝作《法经》

李悝集诸国之刑典,作《法经》。作《法经》是李悝政治生涯中的一件大事,其法也是相当残酷的。

(明)董说《七国考》卷十二《魏刑法》云:

> 魏文侯师李悝著《法经》以为王者之政,莫急于盗贼。故其律始于《盗》《贼》;盗贼劾捕,故著《囚》《捕》二篇;其轻狡、越城、博戏、假借不廉、淫侈逾制,为《杂律》《贼》一篇;又以《具律》,具其加减,所著六篇而已。卫鞅受之,入相于秦,是以秦魏二国,深文峻法相近。正律略曰:杀人者诛,籍其家及其妻氏;杀二人及其母氏;大盗戍为守卒,重则诛,窥宫者膑,拾遗者刖,曰为盗心焉。其杂律略曰:夫有一妻二妾其刑聝,夫有二妻则诛,妻有外夫则宫;曰淫禁。盗符者,诛,籍其家;盗玺者,诛;议国法令者,诛,籍其家及其妻氏;曰狡禁。越城,一人则诛;自十人以上,夷其乡及族;曰城禁。博戏罚金三,市太子博戏则笞,不止,则特笞;不止,则更立,曰嬉禁。群相居一日,则问;三日、四日、五日,则诛;曰徒禁;丞相受金,左右伏诛,犀首以下受金,则诛。金自镒以下罚,不诛也;曰金禁。大夫之家有侯物自一以上者,族。其减律略曰:罪人年十五以下,罪高三减,罪卑一减;年六十以上,小罪情减,大罪理减,武侯以下,守为魏法矣。

---

① 司马迁:《史记·商君列传》,北京:中华书局,1982年2230-2231页。
② (汉)刘向:《说苑·指武》,四部丛刊景明钞本,102页。
③ 《韩非子》卷四《和氏》,引自《诸子集成》,北京:中华书局,1983年,67页。

由以上记载可以看出，李悝所作《法经》主要可分为盗贼、轻狡、越城、博戏、假借不廉、淫侈、踰制等部分。

（1）正律：杀人者诛，籍其家及其妻子；杀二人者，籍其家，并且包括其妻子和母亲。

（2）盗律：如监守自盗者，是为大盗，诛。偷看宫廷者，膑，即剔掉膝盖骨的酷刑；拾遗者刖，即砍掉脚，因为有偷盗之心。

（3）偷盗符玺之律：盗符者诛，籍其家；盗玺者，诛；议国法令者，诛，籍其家及其妻氏。

（4）淫禁之律：古代夫有一妻二妾其刑腻，腻，古无腻刑，可能是断耳之形。夫有二妻则诛，妻有外夫则宫。宫，是古代一种对女子特别的酷刑，即椓窍。椓窍，椓的原意是指拴牲畜的木橛子；窍，应该是指女性下体。椓窍，就是用这种木橛子摧残女性阴部，其狠毒程度可想而知。

（5）城禁之律：如果有人越城，一人则诛；自十人以上，夷其乡及族；曰城禁。

（6）赌博之旅：博戏罚金三，市太子博戏则笞，如果再犯不止，则特笞；不止则更立，曰嬉禁。

（7）不准聚众，群相居一日以上，则问；三日、四日、五日，则诛；曰徒禁。

（8）金禁，即受贿罪；丞相受金，左右伏诛，犀首以下受金，则诛。金自镒以下罚，不诛也；曰金禁。

（9）犯禁，即违反等级罪，大夫之家有诸侯所用之物一件以上者，族灭。

（10）具律，即具其加减；罪人年十五以下，罪高三减，罪卑一减；年六十以上，小罪情减，大罪理减，武侯以下守为魏法矣。

以上之法，是不限制魏武侯的，魏武侯以下的所有魏国臣民都要遵守，魏武侯可以超脱法律之外，"武侯以下守为魏法矣"。

（明）董说《七国考》卷十二《秦刑法》云："故桓谭曰：秦之重法，犹盛三代之重礼乐也。初卫鞅学于李悝，其严刑峻法，皆李悝之教。"

董说在《七国考》卷十二《魏刑法》又云："余按古五刑之禁决关梁、踰城郭而略盗者，其刑膑男女；不以义交者，其刑宫；触易君命，革舆服制度；奸轨盗攘伤人者，其刑劓；非事而事之，出入不以道义，而诵不祥之辞者，其刑墨降畔；寇贼劫略夺攘矫虔者，其刑死。悝之《法经》何其深也。卫鞅既不用于魏，挟法入秦，定刑令，什伍连坐，匿奸同罚；为私斗则被刑，怠耕织则收孥，较魏《法经》先后一辙。作俑无后，悝不免矣。魏之《法经》曰：大夫之家有侯物自一以上者，族。惠王尝乘夏车，建九斿，诸侯不得奸天子，犹大夫不得奸诸侯，防已极疏，绳人徒急，吾恐惠王之世国附法不行矣。"董说对李悝的严刑峻法是持否定态度的，但是也不得不承认李悝所作《法经》对中国历史的影响之大。

《法经》原本虽然早已失传，但它曾由吴起从魏传到楚、由商鞅传到秦。

《晋书》卷三十《志第二十·刑法》："是时，承用秦汉旧律。其文起自魏文侯师李悝。悝撰次诸国法著法经。以为王者之政莫急于盗贼，故其律始于《盗》《贼》。盗贼须劾捕，故著《网》《捕》二篇，其轻狡、越城、博戏、借假不廉、淫侈踰制，以为《杂律》一篇，又以其律具其加减，是故所著六篇而已，然皆罪名之制也。商君受之以相秦，汉承秦制。"

沈家本《唐律释文考》："《法经》六篇：一盗法，今盗贼律也；二贼法，今诈伪律也；三囚法，今断狱律是也；四捕法，今捕亡律是也；五杂法，今杂律是也；六具法，今名例律是也。"李悝所著《法经》，其目的是为了保护"王者之政"，是第一部比较完整的维护王权的成文法典。

法家是我国先秦时期的重要学派，对先秦社会及后世都有重要影响。（唐）长孙无忌《唐律疏义序》云："周衰刑重，战国异制。魏文侯师于李悝，集诸国刑典造《法经》六篇，一盗法、二贼法、三囚法、四捕法、五杂法、六具法。商鞅传授改法经为律，汉相萧何更加李悝所造户舆厩三篇，谓之九章之律，是为九法。"[1] 宋代大史学家李心传在《建炎杂记》中说："律令者自魏李悝、汉萧何以来有之，历代相传，皆以律书为本。"[2]

尽管历史上有人对李悝有一些负面的评价，但李悝在中国法制史上的地位是不可否认的。李悝所作的《法经》是中国历代法律的蓝本。李悝是中国法家学派的鼻祖。

三、李悝大力推行耕战之策

李悝曾为上地之守令，在这里大力推行耕战之策。

《韩非子》卷九《内储说上·七术第三十》："李悝断讼以射。"（元）何犿

---

[1] （唐）长孙无忌：《唐律疏义序》，引自明人董说《七国考》卷十二《魏刑法》，清守山阁丛书本，167页。
[2] （宋）李心传：《建炎以来朝野杂记》（乙集）卷五《炎兴以来勑局废置》，清武英殿聚珍版丛书本，241页。

注:"欲人之善射故其断讼,与善射者理也。"

《韩非子》卷九《内储说上·七术第三十》:"李悝为魏文侯上地之守,而欲人之善射也,乃下令曰:'人之有狐疑之讼者,令之射的,中之者胜,不中者负。'令下而人皆疾习射,日夜不休。及与秦人战,大败之。以人之善战射也。"

上地,战国时期,很多诸侯国皆有上地,如有韩国上地,后为上党郡;赵国上地等。

《战国策·魏策三》云:芒卯任以为魏之司徒,谓魏王曰:"王曰王所患者上地也。"鲍彪注曰:"上流之地,近秦。"魏国的上地,初为黄河的上游之地,后当为上郡,在今陕西榆林市南。

由于上地与秦国接界,李悝任上地之守,不敢有任何松懈之意;李悝欲民皆习射,于是下令:如果有狱讼打官司者,令其射箭,"中之者胜,不中者负"。这样上地之人皆习射,日夜不休,当与秦人作战时,大败秦人。

"李悝断讼以射",这样的断案标准,未必值得推崇,但是在当时的环境下,确实刺激了民众的习射热情。

李悝在魏国的上地推行耕战政策,与吴起一道成为魏国西河边境的坚强屏障,不仅为魏国守卫了西部边陲,而且不断地为魏国扩疆启土,为魏国在战国初年的发展做出了重大贡献。

李悝奖励耕战的政策,是商鞅在秦国变法、吴起在楚国变法的蓝本。

第六节 吴起在魏国的改革

《史记·儒林列传》:"田子方、段干木、吴起、禽滑厘之属,皆受业于子夏之伦,为王者师。"吴起曾经受学于子夏,是一个"将三军,使士卒乐死,敌国不敢谋";"治百官,亲万民,实府库"[1]的政治家、军事家。由于吴起的军事才能,在太庙中被魏文侯拜为大将。《吴子·吴起初见文侯》记载:"文侯身自布席,夫人捧觞,醮吴起于庙,立为大将。"

---

[1] 司马迁:《史记·吴起列传》,北京:中华书局,1982年,2167页。

一、关于吴起"贪"与"杀妻求将"质疑

吴起,卫国人,自少年时就爱好兵学,有大志。吴起家累千金,但因游仕不成功,遂破其家,乡里之人皆嘲笑他。吴起杀其谤己者三十余人,而东出卫国之郭门,与其母诀别,用牙咬破自己的胳膊发誓曰:"起不为卿相,不复入卫!"① 吴起出外求师,遂师事曾子。

在追随曾子学习期间,其母死去,但因吴起有"不为卿相,不复入卫"的誓言,没有回卫国奔丧。曾子是古代提倡孝道的代表人物。《史记·仲尼弟子列传》云:"孔子以为(曾参)能通孝道,故授之以业,作《孝经》。"《宗圣志》卷七说:"曾子之孝感天地,动鬼神,自汉至隋不过乎!"曾子之孝可谓至孝。吴起在母亲去世之时,不奔母丧,"曾子薄之",与吴起断绝了师生关系。

吴起又到鲁国学习兵学,臣事鲁君。有一次,齐人攻鲁。鲁君欲吴起为将,但是吴起的妻子是齐国女子,因而怀疑吴起而不敢用。吴起为了能够得到鲁君的重用,遂杀其妻,以明自己绝不会背鲁勾结齐国。鲁君于是任吴起为将,将而攻齐,大破齐国。鲁国人认为吴起为人太残忍。鲁君因吴起杀妻求将之事而不信任吴起,对吴起说:"夫鲁,小国而有战胜之名,则诸侯图鲁矣。且鲁、卫,兄弟之国也;而君用起,则是弃卫。"② 鲁君从而谢绝了吴起。

吴起听说魏文侯很是贤能,欲到魏国臣事之。文侯问李克曰:"吴何如人哉?"

李克曰:"起贪而好色,然用兵,司马穰苴不能过也。"《索隐》引王劭云:"此李克言吴起贪,下文云魏文侯知起廉尽能得士心,又公叔之仆称起为人节廉;岂前贪而后廉,何言之相反也。今李克言起贪者,起本家累千金,破产求仕,非实贪也。盖言贪者,是贪荣名耳,故母死不赴,杀妻将鲁是也;或者起未委质于魏,犹有贪迹,及其见用,则尽廉能,亦何异乎陈平之为人也。"王劭在这里分析得很有道理,吴起是一个很廉洁的人(后面将详述),吴起"委质于魏"之前,根本没有做官,有什么"贪迹"呢?

吴起是一个有大志向的人,他为了实现自己为卿相的目的,可以不要千金之家产,母死不赴,但吴起是否曾残忍地"杀妻求将"呢?笔者在这里做进

---

① 司马迁:《史记·吴起列传》,北京:中华书局,1982年,2165页。
② 司马迁:《史记·吴起列传》,北京:中华书局,1982年。

一步的探讨。

《韩非子·外储说右上》记载：

> 吴起，卫左氏中人也，使其妻织组而幅狭于度，吴子使更之。其妻曰："诺。"及成复度之，果不中度。吴子大怒。其妻对曰："吾始经之而不可更也。"吴子出之。其妻请其兄而索入。其兄曰：'吴子为法者也。其为法也，且欲以与万乘致功，必先践之妻妾，然后行之子母，几索入矣。'其妻之弟又重于卫君，乃因以卫君之重请吴子。吴子不听，遂去卫而入荆也。
>
> 一曰：吴子示其妻以组曰："子为我织组，令之如是，组已就而效之。"其组异善。
>
> 起曰："使子为组，令之如是，而今也异善，何也？"其妻曰："用财若一也，加务善之。"吴起曰："非语也。"使之衣归其父，往请之。吴起曰："起家无虚言。"去卫而入荆也。

组，是宽而厚的丝带。《韩非子·外储说右上》记载的意思是，吴起因妻子织丝带不符合他所要的规格和尺度，而把妻子出了，用后代的话说，就是休妻。

《史记·吴起列传》记载的是吴起杀妻求将，《韩非子·外储说右上》记载的是吴起因妻子织组而幅狭于度，吴子使更之，妻子虽然答应，但是没有改，因而吴起出妻。关于吴起出妻，《韩非子·外储说右上》记载了三种说法，皆是妻子织组，没有按照吴起的要求而被出。那么哪一种说法更接近事实呢？笔者认为，当以吴起出妻更符合史实。理由有三：

（1）《韩非子》成书的年代在战国后期，而《史记》成书在西汉武帝时期，离吴起所在的年代甚远。典籍历史的记载当以早期为准。西汉武帝时期，吴起已经被处死，儒学逐渐成为国家的治国理论，法家已经受到上至朝廷、下至官员的贬斥。社会上对吴起种种的不实指责，在所难免。

（2）吴起是一个仁德之人，如他对魏文侯说：山河之固，"在德不在险。若君不修德，舟中之人尽为敌国也"；他在政治上，"治四境之内成驯教、变习俗，使君臣有义、父子有序；"在军事上能够"士马成列，马与人敌，人在马前；援桴一鼓，使三军之士乐死若生"；他如果"今日置质为臣，其主安重；今日释玺辞官，其主安轻"[①]（后面将详述）。吴起重道德，有严格的军事纪律，是对诸侯国的安危具有举足轻重的人；他绝不是一个不顾道德的、非常残忍的人。

---

① 陈奇猷校释：《吕氏春秋校释》卷十八《执一》，上海：学林出版社，1984年，1133页。

（3）吴起是一个要求法令很严的人，他在西河为将治兵，信赏必罚得到民众的信任。"民信吴起之赏罚，赏罚信乎民何事而不成。"①

根据以上分析，吴起出妻的可能性更大，杀妻求将是对吴起的不实指责。

二、吴起在魏国推行武卒制

吴起是一个严格要求遵守规章制度的政治家、军事家。吴起为魏"守西河，秦人不敢东向"②，吴起是有特别才能和素质很高的军事将领。下面以吴起在魏国训练武卒为例，研究吴起在军事上的严格要求。

吴起在魏国实行武卒制。《荀子·议兵篇》云："魏氏之武卒，以度取之；衣三属之甲，操十二石之弩，负服矢五十个，置戈其上；冠胄带剑，赢三日之粮，日中而趋百里。中试，则复其户、利其田宅。"杨倞注："武卒，选择武勇之卒，号为武卒。度取之，谓取其长短材力中度者。如淳曰：上身一、髀裈一、胫缴一，凡三属也。置戈于身之上，谓荷戈也。胄与赢，负担也；日中，一日之中也；复其户不徭役也，利其田宅，不征众也。"胫缴，套裤，或缠上行膝（裹腿）。

魏国的武卒是由考选而得，那些报名武卒者，按照标准必须把上衣、满裆绔、套裤、裹腿、甲胄等全部穿好，即穿戴整齐；再操十二石之弩机，负服矢五十个，置戈、剑其上，背上三日之粮，一日之中而能走百里之地，就算合乎要求而中试，成为魏国的武卒。魏国的武卒可以不服徭役，"利其田宅"，得到的田宅也优惠，比一般人多。

吴起时期，魏国的武卒是由精选而得，非常剽悍，使魏国的军事力量空前强大，有非常强大的作战能力。

吴起对士卒进行严格训练，并且根据个人的体质、身高、强弱、智商情况安排不同的工作。（唐）杜佑《通典》卷一百四十九《篡兵二》云："吴起教战法，短者持矛戟，长者持弓弩，强者持旌旗，勇者持金鼓，弱者给厮养，智者为谋士。乡里相比，什伍相保，一鼓整兵，二鼓战陈，三鼓趣食，四鼓白辨，五鼓就行，闻鼓声合，然后举旗。"

吴起为将治兵，言行不二，重诚信，守然诺。他认为这样才能使兵卒相信遵守军令。《吕氏春秋》卷二十五《似顺论第五·慎小》云：

---

① 陈奇猷校释：《吕氏春秋校释》卷二十五《倾顺论第五·慎小》，上海：学林出版社，1984年，1681页。
② 司马迁：《史记·吴起列传》，北京：中华书局，1982年，2167页。

> 吴起治西河,欲谕其信于民。夜日置表于南门之外,令于邑中曰:"明日有人偾南门之外表者,仕长大夫!"明日日晏矣,莫有偾表者。民相谓曰:"此必不信。"有一人曰:"试往偾表,不得赏而已,何伤?"往偾表,来谒吴起。吴起自见而出,仕之长大夫。夜日又复立表,又令于邑中如前。邑人守门争表,表加植不得所赏。自是之后,民信吴起之赏罚。赏罚信乎民何事而不成岂独兵乎?

《韩非子》卷九《内储说上·七术第三十》亦记载了一件事情:

> 吴起为魏武侯西河之守。秦有小亭临境,吴起欲攻之,不去则甚害田者,去之则不足以征甲兵。于是乃倚一车辕于北门之外,而令之曰:"有能徙此南门之外者,赐之上田上宅!"人莫之徙也,及有徙之者还,赐之如令。俄又置一石赤菽东门之外,而令之曰:"有能徙此于西门之外者,赐之如初。"人争徙之。乃下令大夫曰:"明日且攻亭,有能先登者,仕之国。大夫赐之上田宅。"人争趋之。于是攻亭,一朝而拔之。

吴起的军令也是非常严格的,如果不遵守军令,是要斩头的。

(唐)杜佑《通典》卷一百四十九《纂兵二》记载:

> 吴起与秦人战。战而未合,有一夫不胜其勇,乃怒而前获首而返。吴起斩之。吏曰:"此壮士也,不可斩!"吴子曰:"虽壮士,然不从令者,必斩之。"故须劝之以重赏,威之以严刑,随时而与之移,因机而与之化,可谓不滥矣。凡人耳目,不可以视千里之外;因人耳目而视听之,即无善不闻,无恶不见,故目贵明、耳贵聪、心贵智,三者并进,则明不可蔽,如能赏罚不欺,明于察听则千里之外隐微之事,莫不阴变而为忠信,若赏罚直于耳目之前;其不闻见者,谁肯用命哉?故上无疑,令则下不二听;动无疑事,则众不二志;由是言之,则持军之急务,莫大于赏罚矣。

魏文侯时,吴起为将,吃苦在先,享乐在后,他关心士卒的疾苦,生活非常简朴。

《史记·吴起列传》记载:

> (吴)起之为将,与士卒最下者同衣食,卧不设席,行不骑乘,

亲裹赢粮，与士卒分劳苦。卒有病疽者，起为吮之，卒母闻而哭之，人曰："子卒也，而将军自吮其疽，何哭为？"母曰："非然也，往年吴公吮其父，其父战不旋踵，遂死于敌。吴公今又吮其子，妾不知其死所矣，是以哭之。"

（周）尉缭《尉缭子》卷二《武议》第八："吴起与秦战，舍不平陇亩，朴樕盖之，以蔽霜露。如此何也？不自高人故也。……吴起临战，左右进剑，起曰：将专主旗鼓尔，临难决疑，挥兵指刃，此将事也；一剑之任，非将事也。"

吴起在战争宿野之时，住在不平的陇亩，用一些小树枝遮蔽霜露，以表示自己并不比别人高贵。吴起还认为，作为将领，其职责当是主控旗鼓，临难决疑，挥兵指刃；只一个人用剑刀在战场上拼杀，那不是将领的职责。

吴起廉平，关心士卒，尽得士卒之心。士卒作战，战不旋踵，皆乐为之死。吴起是一个十分出色的军事将领。

三、吴起的政治思想

吴起是一个非常有思想、有能力的政治家、军事家。在政治上，吴起认为，治国之道在于修德亲民，而不在于山河形势的险要，如果治国者不修德亲民，那么自己国家的人民也尽如敌国。吴起认为国家之安危，在于政府是否对民众施以德政，而不在于山河之险要。《史记·吴起列传》记载：吴起曰："在德不在险，昔三苗氏，左洞庭，右彭蠡，德义不修，禹灭之。夏桀之居，左河济，右泰华，伊阙在其南，羊肠在其北；修政不仁，汤放之。殷纣之国，左孟门，右太行，常山在其北，大河经其南，修政不德，武王杀之。由此观之，在德不在险，若君不修德，舟中之人尽为敌国也。"《集解》引皇甫谧曰："壶关有羊肠坂，在太原晋阳西北九十里。"《索隐》刘氏按："纣都朝歌，今孟山在其西，今言左，则东边别有孟门也。"则认为山河之固，在德不在险。他列举了三苗、夏桀、殷纣皆拥有险要的山河，但却因德政不修而被攻灭的事实。吴起这种治国以民为重的民本主义思想是值得肯定的。

我国历史上都把吴起当作早期法家，实际吴起是儒家出身的政治家。他曾"受业于子夏之伦"，曾师事曾子，因此吴起的治国思想很多倾向于儒家。《吴子·吴起初见文侯章句》记载，吴起初见文侯，就是"儒服以兵机见魏文侯"。吴起在治理魏国时，"治四境之内成驯教、变习俗，使君臣有义、父子有序"①。

吴起认为社稷明主应该对战争有明确的看法，既不能穷兵黩武，也不能不知守备。吴起说："若以备进战退守而不求能用者，譬犹伏鸡之搏狸，乳犬之犯虎，虽有斗心随之死矣。昔承桑氏之君，修德废武，以灭其国家。有扈氏之君恃众好勇，以丧其社稷。明主鉴兹，必内修文德，外治武备，故当敌不进无逮于义矣，僵尸而哀之，无逮于仁矣。"②

吴起认为，作为一个国家的治理者，必须懂得什么时候才能出战，在战争中要以义、以道、以谋、以礼、以仁指导自己的行为和战争。他以儒家学说，作为治理国家的指导思想。《吴子·图国》曰：

必先教百姓，而亲万民；有四不和，不和于国不可以出军，不和于军不可以出阵，不和于阵不可以进战，不和于战不可以决胜，是以有道之主，将用其民，先和而后造大事。

又说：

夫道者，所以反本复始；义者，所以行事立功；谋者，所以违害就利；要者，所以保业守成。若行不合道，举不合义，而处大居贵，患必及之；是以圣人绥之以道，理之以义，动之以礼，抚之以仁。此四德者，修之则兴，废之则衰。故成汤讨桀，而夏民喜悦；周武伐纣，而殷人不非；举顺天人，故能然矣。

吴起还说：

凡制国治军，必教之以礼，励之以义，使有耻也。夫人有耻，在大足以战，在小足以守矣。③

吴起还谈到了良将，"得之国强，去之国亡"才能算得上是真正的良将。《吴子·论将》云："其威德仁勇必足以率下，安众怖敌决疑施令而下不敢犯，所在而寇不敢敌，得之国强，去之国亡，是谓良将。"一个良将要让士卒乐意为你去战死，这才是人主所应该具备的政治素养。

《吴子·励士》云：武侯问曰："严刑明赏，足以胜乎？"

---

① 陈奇猷校释：《吕氏春秋校释》卷十七《执一》，上海：学林出版社，1984年，1133页。
② 《吴子·吴起初见文侯章句》，四部丛刊景宋钞本，1页。
③ 《吴子·图国》，四部丛刊景宋钞本，1页。

吴起对曰："严明之事，臣不能悉，虽然非所恃也。夫发号施令，而人乐闻；兴师动众，而人乐战；交兵接刃，而人乐死。此三者，人主之所恃也。"

（宋）高似孙对吴起有一段很中肯的评价，他在《子略》卷三《吴子》"条"云：

> 自有春秋，而天下日穷于兵。孙武以言兵进于吴，吴起以言兵售于魏，各以书名家。然读吴子其说，盖与孙武截然其不相侔也。起之书几乎正，武之书一乎奇；起之书尚礼义、明教训，或有得于司马法者。武则一切战国驰骋战争也，谋诳诈之行耳。武侯浮西河下中流喟然叹曰：'美哉山河之固，国之宝也。'起言之曰：'在德不在险，德之不修，舟中之人皆敌国也。'斯言之善质于经，求之古奚愧焉。反复此意，则所教在礼，所贵在义。夫以汤武之仁，相比起，诚有间求之于齐鲁晋宋秦楚之论兵者，起庶几乎武侯贤矣。

我国历史上多有贬吴起者，但是（宋）高似孙《子略》对吴起的看法还是很公正的，他认为，吴起"尚礼义、明教训"，吴起"庶几乎武侯贤矣"。笔者认为，（宋）高似孙《子略》对吴起的看法较为公允，对后人研究吴起是有一定借鉴意义的。

四、吴起的战功

吴起自到魏国之后，为魏国的强大做出了重要的贡献。

（明）董说《七国考》卷十一《魏兵制》引《未学篇》云："魏制立大将，君自布席，夫人奉觞，亲醮于庙，乃授斧钺；自立吴起始也。"也就是说，魏文侯亲自布席，魏文侯夫人奉觞，亲祭于庙，授斧钺，拜吴起为将的，也说明魏文侯对吴起的重视。

《史记·吴起列传》记载："于是魏文侯以为将击秦拔五城。""文侯以吴起善用兵，廉平，尽能得士心，乃以为西河守，以拒秦韩魏。"

《吴子·吴起初见文侯》记载：吴起"守西河，与诸侯大战七十六，全胜六十四，余则均解；辟土四面，拓地千里，皆起之功也"。

《吕氏春秋》卷十七《审分览·第五执一》吴起谓商文曰："事君，果有命矣夫。"商文曰："何谓也？"

吴起曰："治四境之内成驯教、变习俗，使君臣有义、父子有序，子与我孰贤？"

商文曰："吾不若子。"

吴起曰："今日置质为臣，其主安重；今日释玺辞官，其主安轻；子与我孰贤？"

商文曰："吾不若子。"

吴起曰："士马成列，马与人敌，人在马前，援桴一鼓，使三军之士乐死若生，子与我孰贤？"

商文曰："吾不若子。"

吴起曰："三者，子皆不吾若也；位则在吾上，命也夫，事君。"

商文曰："善。子问我。我亦问子，世变主少，群臣相疑，黔首不定，属之子乎，属之我乎？"吴起默然不对，少选曰："与子。"商文曰："是吾所以加于子之上已矣。"

《史记·吴起列传》也记载了这件事："吴起为西河守，甚有声名。魏置相，相田文。吴起不悦，谓田文曰：'请与子论功可乎？'田文曰：'可。'起曰：'将三军，使士卒乐死，敌国不敢谋，子孰与起？'文曰：'不如子。'起曰：'治百官，亲万民，实府库，子孰与起？'文曰：'不如子。'起曰：'守西河而秦兵不敢东乡，韩赵宾从，子孰与起？'文曰：'不如子。'起曰：'此三者，皆出吾下，而位加吾上，何也？'文曰：'主少国疑，大臣未附，百姓不信，方是之时，属之于子乎，属之于我乎？'起默然良久曰：'属之子矣。'文曰：'此乃吾所以居子之上也。'"

这一段记载虽然说吴起有些争功，但也说明吴起在魏国"治四境之内成驯教、变习俗，使君臣有义、父子有序""士马成列，马与人敌，人在马前，援桴一鼓，使三军之士乐死若生""将三军，使士卒乐死，敌国不敢谋""守西河而秦兵不敢东乡，韩赵宾从""治百官，亲万民，实府库"，吴起确实有很大的功劳，他是一个有作为的政治家和军事家。

第七节　乐羊灭中山

魏文侯灭中山是一个非常不明智的举措。魏文侯越赵国而攻中山，赵国对中山虎视眈眈，魏国即使得到中山，也是很难镇守的。魏文侯派乐羊攻灭中山，但是他又不相信乐羊，不让乐羊镇守，而把魏太子击派去守中山。击害怕失去太子之位，又无心守中山。中山国是鲜虞族建立的国家，英勇顽强地与春秋时期的晋国斗争了几百年，虽然被灭，余部退入太行山中，但经过数十年的努力，终于复国，并在战国中期之后称王。中山国在战国后期被赵国所灭。

一、春秋时期晋与鲜虞的斗争

中山在春秋时期与晋国为邻，是姬姓白狄小国，与当时的肥、鼓、潞、鲜虞等皆属于少数民族国家。春秋时期这些戎狄之国虽然在魏绛时期曾有"和戎"之策，但是皆与晋国有过激烈的战争，而且战争几乎是晋与这些戎狄之国的主流。

春秋时期，晋国不断地与鲜虞进行战争。《左传》有很多关于晋与鲜虞战争的记载。

鲁宣公十五年（公元前594年），晋景公灭潞。其原因是晋景公时期，潞国的权臣酆舒杀了潞国国君的夫人，即晋景公的姐姐。酆舒还伤了潞子婴儿之目。晋景公大怒，于是派荀林父伐潞，灭潞。次年正月，晋大夫士会灭赤狄，甲氏、留吁及铎辰。甲氏、留吁及铎辰，赤狄之分支。晋士会既灭潞氏，又尽灭其余党。

《左传·宣公十五年》云："潞子婴儿之夫人，晋景公之姊也，酆舒为政而杀之，又伤潞子之目。晋侯将伐之，诸大夫皆曰：'不可。酆舒有三儁才，不如待后之人。'伯宗曰：'必伐之。狄有五罪，儁才虽多，何补焉？不祀一也，耆酒二也，弃仲章而夺黎氏地三也，虐我伯姬四也，伤其君目五也。怙其儁才而不以茂德，兹益罪也。后之人或者将敬奉德义，以事神人，而申固其命，若之何待之？不讨有罪，曰将待后，后有辞而讨焉，毋乃不可乎？夫恃才与众，亡之道也，商纣由之，故灭。天反时为灾，地反物为妖，民反德为乱，乱则妖灾生，故文反正为乏，尽在狄矣。'晋侯从之。六月癸卯，晋荀林父败赤狄于曲梁；辛亥，灭潞。"杜预注："曲梁，今广平曲梁县也；书癸卯从赴，酆舒奔卫，卫人归诸晋，晋人杀之。"

公元前530年，晋国灭肥。肥，是鲜虞的一支。

《左传·昭公十二年》云："晋荀吴伪会齐师者，假道于鲜虞，遂入昔阳。秋八月壬午，灭肥，以肥子绵皋归。"（晋）杜预注："鲜虞白狄别种在中山，新市县。昔阳肥国都乐平,沾县东有昔阳城。肥,白狄也;绵皋,其君名。巨鹿下曲阳县西有肥累城。"

鲁昭公十五年(公元前527年),晋人灭鼓,而且当鼓人还没有彻底粮尽时,不准其降;当鼓人"告食竭力尽"之后,才取得了鼓,把鼓国灭掉,俘获了鼓国的国君鸢鞮,从此鼓国灭亡。

《左传·昭公十五年》云:"晋荀吴帅师伐鲜虞围。……围鼓三月,鼓人或请降;使其民见,曰犹有食色,姑修而城。军吏曰:'获城而弗取,勤民而顿兵,何以事君?'穆子曰:'吾以事君也。获一邑而教民怠,将焉用邑;邑以贾怠,不如完旧。弃旧不祥,鼓人能事其君,我亦能事吾君。率义不爽,好恶不愆,城可获而民知义。荀吴必其能获,故因以示义。有死命而无二心,不亦可乎。'鼓人告食竭力尽,而后取之。克鼓而反不戮一人,以鼓子鸢鞮归。"杜预注:"鸢鞮,鼓君名。"

《左传·昭公十二年》还云:"晋荀吴自着雍以上军侵鲜虞及中人,驱冲竞。"注:"中山,望都县西北有中人城;驱冲车与狄争逐。"

《谷梁传·昭公十二年》:"晋伐鲜虞。"春秋时期,晋国不断与周围的少数民族发生战争,灭掉了鲜虞的潞、肥、鼓等部族,并继续攻伐鲜虞部族。

二、魏及诸侯各国求发展、灭戎狄的活动

春秋时期,由于周天子的地位大大衰微,春秋社会发生大动荡。中原地区的动乱,给边邑地区创造了发展的机会,周边少数民族乘机入居中原。《后汉书·西羌传》云:"当春秋时,间在中国与诸夏盟会。鲁庄公伐秦,取邽、冀之戎;后十余岁,晋灭骊戎。是时,伊、洛戎强,东侵曹、鲁。后十九年,遂入王城,于是秦、晋伐戎以救周。后二年,又寇京师,齐桓公征诸侯戍周;后九年,陆浑戎自瓜州迁于伊川,允姓戎迁于渭汭,东及轩辕,在河南山北者号曰阴戎。阴戎之种,遂以滋广。晋文公欲修霸业,乃赂戎狄通道,以匡王室。秦穆公得戎人由余,遂霸西戎,开地千里。及晋悼公又使魏绛和诸戎,复修霸业。"杜预注曰:"阴地,河南山北自上雒以东至陆浑。由余,其先晋人也,亡入戎。戎王闻穆公贤,使由余观秦。秦穆公以客礼待之,秦遗戎王以女乐,由余谏不听;由余乃降秦为谋伐戎。"

由此可见,春秋时期戎夷非常强盛,甚至侵曹鲁、入王城、寇京师;陆

浑戎自瓜州迁于伊川，东周王室的附近。战国时期，新兴的诸侯国自开国就把眼光投向了那些尚处于社会生产较低阶段的戎狄之邦，有强烈的并吞小国的欲望，如赵襄子用欺骗的手段杀了自己的姐夫代王，占领了代地。

《战国策·燕一》云："张仪为秦破从连横，谓燕王曰：大王之所亲莫如赵。昔赵王以其姊为代王妻，欲并代；约与代王遇于句注之塞，乃令工人作为金斗，长其尾，令之可以击人。与代王饮，而阴告厨人曰：即酒酣乐进热歠，即因反斗击之。于是酒酣乐进取热歠，厨人进斟羹，因反斗而击之，代王脑涂地。其姊闻之，摩笄以自刺也。故至今有摩笄之山。天下莫不闻。"

楚国强执蛮氏，皆尽囚禁。秦厉公灭大荔戎。韩、魏共通吞并伊洛、阴戎，伊洛、阴戎在今河南省卢氏县一带的山地之中。这一带为韩国所占有。伊洛、阴戎之遗脱者皆逃往远方，向西越过汧山、陇山。"自是中国无戎寇"，只剩下义渠、中山之戎（后面将详述）。

《后汉书·西羌传》云："楚执蛮氏，而尽囚其人。是时，义渠、大荔最强，筑城数十，皆自称王。至周贞王八年，秦厉公灭大荔，取其地；赵亦灭代戎，即北戎也。韩、魏复共稍并伊、洛、阴戎灭之，其遗脱者皆逃走，西踰汧陇。自是中国无戎寇，唯余义渠种焉。"（唐）李贤注："汧山、陇山之间也，在今陇州汧源县。"又云："戎本无君长。夏后氏末及商周之际，或从侯伯征伐有功，天子爵之，以为藩服。春秋时，陆浑、蛮氏戎称子；战国世，大荔、义渠称王，及其衰亡，余种皆反旧为酋豪云。"

战国时期，当蛮夷戎狄被新兴的魏、赵、韩、秦、楚灭亡之后，这些新兴的诸侯国，如魏、赵、韩、秦、楚、齐、燕开始强大起来，逐渐成为"战国七雄"。

三、中山国的建立

鲁定公四年（公元前506年），中山国之名首见于史籍。《左传·定公四年》范献子曰："国家方危，诸侯方贰，将以袭敌不亦难乎？水潦方降，疾疟方起，中山不服。"杜预注："中山，鲜虞。"中山国就是鲜虞人建立的诸侯国。春秋后期，晋国六卿的相互攻伐紧张激烈，根本无暇对付中山，于是中山乘此机会迅速发展建立国家。

有人认为，公元前506年中山建立国家。中山国离开山西，建都中人城（今河北唐县西北粟山）。（宋）乐史《太平寰宇记》卷六十二《定州》十一引张擢《中山记》云："中山城，城中有山，故曰中山。"史称中山国。最早建立中山国者是中山武公。

中山国是白狄别种鲜虞建立的国家，亦有人认为白狄别种是周人后裔。

赵献侯十年（公元前414年），中山武公成为中山国之君。《史记·赵世家》记载："献侯十年，中山武公初立。十三年，城平邑。十五年，献侯卒，子烈侯籍立。烈侯元年，魏文侯伐中山，使太子击守之六年。"（南朝宋）裴骃《集解》引徐广曰："西周桓公之子。桓公者，考王弟而定王子。"裴骃认为，中山武公是西周桓公之子，周人的后裔。

但是亦有人认为，"西周桓公之子"不确；可能是鲜虞人建立的国家。如《史记·赵世家》《索隐》云："中山，古鲜虞国，姬姓也。《系本》云：'中山武公居顾，桓公徙灵寿，为赵武灵王所灭。不言谁之子孙。'徐广云：'西周桓公之子'，亦无所据，盖未得其实。"①

（魏）郦道元《水经注》卷十一"滱水"条下云："中山城也，为武公之国，周同姓。周之衰也，国有赤狄之难。齐桓霸诸侯，疆理邑土，遣管仲攘戎狄，筑城以固之。其后桓公不恤国政，周王问太史余曰：'今之诸侯孰先亡乎？'对曰：'天生民而令有别，所以异禽兽也。今中山淫昏康乐，逞欲无度，其先亡矣。'后二年果灭。魏文侯以封太子击也。"②

（宋）王应麟《通鉴地理通释》卷八《七国形势考上·中山》云："春秋时为鲜虞，定四年传中山不服。中山之名乃始见于此。魏文侯使乐羊伐取之，及武侯之世、《赵世家》书与中山战于房子，是时盖已复国。其后与诸国并称王，其势又强矣。《广记》中山府安喜县，古中山国。"（宋）程公说《春秋分记》卷十五《世谱六》云："白狄，狄之别种；其白狄之别，又有曰肥、曰鼓、曰鲜虞，今延安府肤施县及祁州鼓城县，鲜虞在今中山府新乐县。"③《史记·赵世家·正义》云：房子，"赵州房子县是"，房子，今河北省邯郸市临城县。

（清）顾栋高《春秋大事表》卷六云："真定府，今府治西北四十里有鲜虞亭，为春秋时鲜虞国，《左传》亦曰中山。"

（清）顾栋高《春秋大事表》卷三十九《四裔表叙》云："余观夫齐桓创霸以来，存三亡国而终不敢加兵于狄。戎伐周，而管仲为平戎于王，几若侪于敌国。而范文子谓狄为三强，自宣迄昭六七十年，晋灭陆浑，兼肥、鼓，划潞

---

① 《史记》卷四十三《赵世家》，北京：中华书局，1982年，1797页。
② （魏）郦道元：《水经注》卷十一滱水条，清武英殿聚珍版丛书本，166页。
③ （宋）王应麟：《通鉴地理通释》卷八《七国形势考上·中山》，清文渊阁四库全书本，112页。

氏、留吁、铎辰，戎狄之在河朔间者，稍稍尽矣。独无终以请和得存，而鲜虞亦曰中山，至战国时为列国，僭号称王。"

顾栋高在本卷中又云"春秋之国日就微灭，而亦有别为建置，如鲜虞亦曰中山，至战国时僭号称王，与燕赵为列国，均非周初之旧封"。

鲜虞是一个非常顽强的民族，所建立的中山国地域在今河北省石家庄市、平山、灵寿、曲阳等地的山区。国都定在灵寿（今河北平山县上三汲乡附近）。

四、乐羊攻灭中山

三家分晋之后，虽然赵国得到的土地最多，但皆是北部的偏远之地；而魏国得到的是晋南与河南北部的土地，土地较为肥沃。魏文侯在战国初年任用李悝变法，采取布衣卿相的政策，使魏国空前强大，成为三晋之首。魏文侯乃以三晋之首的身份攻伐中山国，把攻中山、攘夷狄当成首要任务，其实就是为了扩张领土。

中山国为中山武公所建立，国都在顾（今河北定州市），而至中山桓公之时，桓公荒淫奢侈。

（宋）乐史《太平寰宇记》卷六十一《河北道》十云："灵寿县西南五十里旧一十五乡，本中山国土地。《十三州志》云：'灵寿，中山桓公新都。'《系本》又云：'中山武公居顾，桓公徙灵寿。'按中山武公，本周之同姓，其后桓公不恤国政。晋太史余见周王王问之：'诸侯孰先亡？'对曰：'中山之俗，以昼为夜，滛昏康乐。以臣观之，中山之君其先亡乎！'其后魏乐羊为文侯将，攻拔中山，封之灵寿。《史记》赵武灵王以惠文王三年灭中山，迁其君尚于肤施，是也。汉于此置灵寿县属常山郡。"

（魏）郦道元《水经注》卷十一"滱水"条下亦云："中山城也，为武公之国，周同姓。周之衰也，国有赤狄之难。齐桓霸诸侯，疆理邑土，遣管仲攘戎狄，筑城以固之。其后桓公不恤国政，周王问太史余曰：'今之诸侯孰先亡乎？'对曰：'天生民而令有别，所以异禽兽也。今中山淫康乐，逞欲无度，其先亡矣。'"

（宋）罗泌《路史》卷十九《后纪》十《疏仡纪》："中山武公。东桓公子也。厥后桓公荒淫不恤国。王问晋史余曰：'今诸侯孰先亡？'对曰：'中山乎！'二年而魏拔之，处之灵寿。"

这些记载都表明，中山桓公时期，非常荒淫，以致招来灭亡的命运。

魏文侯时，魏国正处在上升时期，魏文侯一心想灭掉中山。《史记·魏世家》记载：翟璜曰："君欲伐中山，臣进乐羊。"乐羊是魏文侯时期的将军，是魏国大夫翟璜介绍到魏国的能臣。史书记载，乐羊的妻子是一个非常贤淑的女子。《后汉书·列女传》记载："河南乐羊子之妻者，不知何氏之女也。羊子尝行路得遗金一饼，还以与妻。妻曰：'妾闻志士不饮盗泉之水，廉者不受嗟来之食，况拾遗求利以污其行乎。'羊子大惭，乃捐金于野，而远寻师，学一年来归。妻跪问其故，羊子曰：'久行怀思，无它异也。'妻乃引刀趋机而言曰：'此织生自蚕茧，成于机杼；一丝而累，以至于寸；累寸不已，遂成丈匹。今若断斯织也，则捐失成功，稽废时日。夫子积学，当日知其所亡，以就懿德，若中道而归，何异断斯织乎？'羊子感其言，复还终业，遂七年不返。妻常躬勤养姑，又远馈羊子。"这个记载说明乐羊的成功与其妻子的深明大义与竭力相助是分不开的。

是时，中山也是一个非常强盛的诸侯国，故乐羊攻中山也是非常艰难的。《战国策·魏一》云："乐羊为魏将而攻中山，其子在中山。中山之君烹其子而遗之羹，乐羊坐于幕下而啜之尽一杯。文侯谓睹师赞曰：'乐羊以我之故食其子之肉。'赞对曰：'其子之肉尚食之，其谁不食？'乐羊既罢中山，文侯赏其功而疑其心。"

《战国策·秦二》："魏文侯令乐羊将攻中山，三年而拔之。乐羊反而语功，文侯示之谤书一箧。乐羊再拜稽首曰：'此非臣之功，主君之力也。'"

乐羊攻伐中山，三年才攻克，而且在攻中山之时，中山国君将乐羊的儿子杀掉，煮成汤让乐羊食用，这是一件很残酷的事情。当时人们对这件事有很多的疑义，但是古代这种事情是很多的，如殷纣王也曾让周文王吃自己儿子的肉汤。当时魏国很多大臣都反对乐羊攻伐中山，说明乐羊攻伐中山之艰难。

中山国被灭之后，魏文侯派太子击前去镇守。

《史记·赵世家》："魏文侯伐中山，使太子击守之。"

《史记·魏世家》："十七年伐中山，使子击守之，赵仓唐傅之。"

乐羊由于攻破中山，魏文侯又对其怀疑，故留在中山，其子孙就以中山之地为家。《史记·乐毅列传》："乐羊为魏文侯将伐取中山。魏文侯封乐羊以灵寿。乐羊死，葬于灵寿，其后子孙因家焉。中山复国，至赵武灵王时，复灭中山。"《索隐》曰："《地理志》常山有灵寿县，中山，桓公所都之地。"

魏文侯灭中山之后，根据我国古代"灭国不绝祀"的原则，将中山桓公置于灵寿，并没有将中山国灭绝。

第三章 魏武侯时期的魏国

魏武侯在位（公元前395年～前370年）时期，魏国承文侯之基业，仍然处于非常强盛时期。魏武侯就是太子击，在其即位之前曾为中山君，在中山国独当一面；即位之后能够联合三晋一致对外，"败齐于灵邱"，仍然为三晋领袖，也当算是一个有为的国君。

魏武侯是一个非常强硬而且刚愎自用的国君，远比不上魏文侯的政治才能。很快，魏和赵国发生了刚平之战，魏国与韩国也出现了摩擦，三晋关系出现裂痕。魏武侯也不能像文侯那样信任贤能之士，而是采取任人唯亲的国策，使一些贤能之士不得不离开魏国。尽管魏国在这个时期还保持着上升到势头，但已逐渐失去了魏文侯时期的强盛和活力。

第一节 魏武侯时期的国策

魏武侯时期，仍是魏国的强盛时期。魏武侯即位之初也曾有过一些文治武功，但是他心胸狭隘，不像魏文侯那样虚心求贤，而且也没有魏文侯的胸怀、眼光和魄力。魏国在与外部诸侯国的斗争中往往显示出不足。魏武侯一改文侯时期布衣卿相、任人唯贤的国策，任人唯亲，任用自己的女婿公叔为相，使一些贤能之士在魏国无法容身，甚至对魏国的功臣、镇守边境的重将吴起进行迫害，使吴起远走他国。

一、魏武侯即位前后的文治武功

魏武侯，名击，是魏文侯之长子。在魏文侯十三年（公元前412年），公子击就带兵与秦国争夺河西之地。"十三年，使子击围繁庞，出其民。"① 繁庞（今陕西韩城县境）在少梁以北。魏子击把繁庞原地的居民迁出。魏武侯此时还是很有能力的。

乐羊攻克中山国之后，子击被派镇守中山国。

（汉）韩婴《韩诗外传》卷八记载：

> 魏文侯有子曰击，次曰诉。诉少而立以嗣，封击中山，三年莫往来。其傅赵苍唐曰："父忘子，子不可忘父；何不遣使乎？"
>
> 击曰："愿之，而未有所使也。"
>
> 苍唐曰："臣请使。"
>
> 击曰："诺。"于是乃问君之所好与所嗜，曰："君好北犬，嗜晨雁。"遂求北犬晨雁赍行。苍唐至曰："北蕃中山之君有北犬晨雁，使苍唐再拜献之。"
>
> 文侯曰："击知吾好北犬嗜晨雁也。"则见使者。
>
> 文侯曰："击无恙乎？"苍唐唯唯，而不对；三问，而三不对。
>
> 文侯曰："不对，何也？"
>
> 苍唐曰："臣闻诸侯不名，君既已赐弊邑，使得小国侯君，问以名不敢对也。"
>
> 文侯曰："中山之君无恙乎？"苍唐曰："今者臣之来，拜送于郊。"
>
> 文侯曰："中山之君长短若何矣？"
>
> 苍唐曰："问诸侯比诸侯。诸侯之朝则侧者皆人臣，无所比之。然则所赐衣裘，几能胜之矣。"
>
> 文侯曰："中山之君亦何好乎？"对曰："好诗。"
>
> 文侯曰："于诗何好："曰："好黍离与晨风。"
>
> 文侯曰："黍离何哉？"
>
> 对曰："彼黍离离，彼稷之苗。行迈靡靡，中心摇摇。知我者谓我心忧，不知我者谓我何求。悠悠苍天，此何人哉？"

---

① 《史记·魏世家》，北京：中华书局，1982年，1838页。

文侯曰:"怨乎?"曰:"非敢怨也。时思也。"
　　文侯曰:"晨风谓何?"对曰:"鴥彼晨风,郁彼北林。未见君子,忧心钦钦。如何如何,忘我实多。"于是文侯大悦曰:"欲知其子,视其母;欲知其君,视其所使。中山君不贤,恶能得贤。"遂废太子诉,召中山君以为嗣。①

　　这段话的意思是:魏文侯喜爱少子挚,舍不得把少子挚派往中山国,就把太子击派去镇守中山。三年没有使者与之书信往来,太子击乃遣仓唐为使者到国都安邑去问候父亲魏文侯,因魏文侯嗜晨凫、好北犬,于是让仓唐继北犬、奉晨凫,献于文侯。仓唐告诉文侯,太子最爱读《诗经·黍离》,惦记君主。文侯大喜,置酒而称曰:"夫远贤而近所爱,非社稷之长策也。"②乃出少子挚封中山,而复太子击。魏文侯召回太子击,改派少子挚驻守中山。

　　太子击在中山三年,使中山国很稳定,也是一个很了不起的功勋;并且他能不失时机地顺利回魏国即位,这说明他有较深的心机,也是他的一个胜利。

　　魏文侯死后,太子击即位,是为魏武侯。《史记·魏世家》云:"文侯卒,子击立,是为武侯。"魏武侯即位之后,承魏文侯的霸业,继续为三晋之领袖。

　　魏武侯七年(公元前389年),"伐齐至桑丘"。《正义》引《年表》云:"齐伐燕取桑丘,故魏救燕伐齐至桑丘也。《括地志》云:桑丘,故城俗名敬城,在易州遂城县界。"魏武侯九年(公元前387年)"使吴起伐齐至灵丘"。《正义》:"灵丘,蔚州县也,时属齐,故三晋伐之也。"魏武侯十一年(公元前385年)"与韩、赵三分晋地,灭其后"。③

　　《史记·魏世家》记载:武侯十五年(公元前381年),魏"败赵北蔺"。《正义》:"在石州赵之西北,属赵,故云赵北蔺也。"北蔺、蔺,战国赵地,在今山西离石县西。

　　《史记·韩世家》记载:韩文侯七年(公元前380年),"伐齐至桑丘,郑反晋九年,伐齐至灵丘。"《集解》云:"灵丘,蔚州县也,此时属燕也。"

　　《史记·赵世家》云:敬侯二年(公元前385年)"败齐于灵丘,三年救魏于廪邱,大败齐人。"《集解》引《地理志》云:"代郡有灵邱县。"

　　以上《史记》关于魏、韩、赵三世家伐桑丘的时间的记载各不相同,但可能是同一件事;故(宋)苏辙《古史·田敬仲世家》云:齐桓公午五年"韩

---

① (汉)韩婴:《韩诗外传》卷八,四部丛刊景明沈氏野竹斋本,52页。
② (汉)刘向:《说苑》卷十二《奉使》,四部丛刊景明钞本,83页。
③ 《史记》卷四十四《魏世家》,北京:中华书局,1982年,1842页。

魏赵伐我至桑丘"。

《史记·楚世家》记载：魏武侯二年，魏"城安邑、王垣"。（清）徐文靖《竹书统笺》卷十一："二十六年，王陟。魏城洛阳及安邑王垣。"笺按："洛阳，疑当作汾阳。"《索隐》："纪年十一年，城洛阳及安邑王垣。徐广曰：垣县有王屋山故曰王垣。"《正义》引《括地志》云："故城汉垣县，本魏王垣也，在绛州垣县西北二十里。"所谓王垣，当是距离安邑不远的今陕西垣曲县。魏武侯即位之后，对国都安邑即周围的城邑又进行了修缮和加固。

三晋联合伐楚，攻克楚国的大梁、榆关，是在悼王十一年（公元前391年），也当是魏武侯时期的事件。《史记·楚世家》记载："（悼王）十一年，三晋伐楚，败我大梁、榆关。"魏国攻占大梁（今河南开封）及其外围襄陵（今河南睢县）。

《史记·楚世家》武侯十六年"伐楚取鲁阳，武侯卒"。《正义》："今汝州鲁山县也。"

魏武侯在世时，已经攻伐到今河南省平顶山的鲁阳，向其东南扩充疆域，把这一带与其河内的辖地连成一片。

魏武侯时期，魏国还处于上升时期，魏武侯有很多的文治武功，仍然是三晋领袖。

二、魏武侯的治国之策

魏武侯果断刚强，其能力还是很强的，但是其在治理国家方面缺少魏文侯的远见、宽厚和礼贤下士。魏武侯在很多方面不仅不能礼贤下士，还很刚愎自用。

（汉）刘向《说苑·尊贤》记载：魏文侯十七年（公元前429年），"魏文侯从中山奔命安邑，田子方从。太子击过之下车而趋。子方坐乘如故；告太子曰：'为我请君，待我朝歌。'太子不说，因谓子方曰：'不识贫穷者骄人，富贵者骄人乎？'子方曰：'贫穷者骄人，富贵者安敢骄人。人主骄人而亡其国，吾未见以国待亡者也；大夫骄人而亡其家，吾未见以家待亡者也；贫穷者若不得意纳履而去，安往不得贫穷乎？贫穷者骄人，富贵者安敢骄人。'"太子及文侯道田子方之语。

这里很明显，太子击认为是富贵者当以骄人，是最尊贵的；而贫穷者不能骄人，也可以说是应该屈于人下，其统治者的傲人心态是不难理解的。

《荀子·尧问》记载：

　　魏武侯谋事，而当群臣莫能逮，退朝而有色。吴起进曰："亦常有以楚庄王之语，闻于左右者乎？"武侯曰："楚庄王之语，何如？"吴起对曰："楚庄王谋事而当群臣莫逮，退朝而有忧色。申公巫臣进问曰：'王朝而有忧色，何也？'庄王曰：'不谷谋事而当群臣莫能逮，是以忧也，其在中蘬之言也。'曰：'诸侯自为得师者王，得友者霸，得疑者存，自为谋而莫已若者亡。今以不谷之不肖，而群臣莫吾逮，吾国几于亡乎，是以忧也。'楚庄王以忧而君以喜。"武侯逡巡再拜曰："天使夫子振寡人之过也。"（唐）杨倞注曰："中蘬与仲虺同，汤左相也。"

《战国策·魏一》记载：

　　魏武侯与诸大夫浮于西河，称曰："河山之险岂不亦信固哉。"王钟侍王曰："此晋国之所以强也，若善修之，则霸王之业具矣。"吴起对曰："吾君之言，危国之道也；而子又附之，是重危也。"武侯忿然曰："子之言有说乎？"吴起对曰："河山之险，信不足保也，是伯王之业不从此也。昔者三苗之居，左有彭蠡之波，右有洞庭之水，文山在其南，而衡山在其北；恃此险也，为政不善，而禹放逐之。夫夏桀之国，左天门之阴，而右天溪之阳，庐罩在其北，伊洛出其南；有此险也，然为政不善，而汤伐之。殷纣之国，左孟门，而右漳釜，前带河后被山；有此险也，然为政不善，而武王伐之。且君亲从臣而胜降城，城非不高也，人民非不众也，然而可得并者，政恶故也。从是观之，地形险阻奚足以霸王矣？！"武侯曰："善，吾乃今日闻圣人之言也。西河之政专委之子矣。"

以上记载中魏武侯虽然最后说："善，吾乃今日闻圣人之言也"，但还是可以看到魏武侯以君压臣的骄横之态。

第二节　吴起奔楚

　　吴起在魏文侯时期来到魏国，在魏国创武卒制，使魏国迅速崛起，成为战国初年政治舞台上的霸主和主角。《汉书·刑法志》云："魏有吴起，秦有商鞅，皆禽敌立胜，垂着篇籍。……齐愍以技击强，魏惠以武卒奋，秦昭以锐士胜。"吴起"守西河而秦兵不敢东乡，韩、赵宾从"①。但是吴起在魏国一直不是太得意，魏武侯时期，吴起被"尚魏公主"的魏相公叔陷害，不得已到了楚国，被楚悼王任命为相，吴起在楚国进行变法，使楚国的国力空前强盛；但是由于吴起变法，损害了楚国大贵族的利益，楚悼王死后，楚国大贵族联合起来射杀吴起。自吴起离开魏国，魏国逐渐衰落。

一、公叔"尚公主"为魏相，以害吴起

魏武侯时期，魏相田文死。魏武侯又任命了公叔为相。公叔，据《史记·吴起列传》《索隐》云：公叔是"韩之公族"。笔者认为，史籍上并没有见到公叔在魏国有什么功劳，他之所以在魏国为相，有一人之下、万人之上的地位，因为他"尚魏公主"，就是后代所说的驸马。这是我国古代史籍上最先出现的"公主"的称号。

《春秋谷梁传》卷五云："夏，单伯逆王姬。"注："据僖三十年，公子遂如京师，言如其义不可受于京师也。其义不可受于京师何也？曰躬君弑于齐，使之主婚姻，与齐为礼，其义固不可受也。礼尊卑不敌，天子嫁女于诸侯，必使同姓诸侯主之。鲁桓亲见杀于齐，若天子命使为主，则非礼大矣。春秋为尊者讳，故不可受之于京师。"（唐）杨士勋疏："注释曰：天子嫁女于诸侯，必使同姓诸侯主婚之意者，天子与诸侯尊卑不敌，若行君臣之礼则废婚姻之好，若行婚姻之好则废君臣之礼，故使诸侯主之。"

（唐）徐坚《初学记》卷十《中宫部·公主第六》："至周中叶，天子嫁女于诸侯。天子至尊不自主婚，必使诸侯同姓者主之，始谓之公主。秦代因之，亦曰公主。《史记》云，李斯男皆尚秦公主是也。汉制，帝女为公主，帝姊妹为长公主，帝姑为大长公主。后汉制，皇女皆封县公主，仪服同藩王，其尊崇者加号长公主，诸王女皆封乡亭公主。"

以上记载的意思是，天子的女儿下嫁给诸侯，天子不主婚，而是由同姓诸侯代为主婚，故称为"公主"，但是这种说法在目前的先秦史籍上尚未见到。

（晋）干宝《搜神记》卷十四："汉礼：皇后亲采桑祀蚕神，曰菀窳妇人、

---

① 司马迁：《史记·吴起列传》，北京：中华书局，1982年。

寓氏公主。公主者，女之尊称也。"①

公叔是"韩之公族"，在魏国为相，完全是因为裙带关系，并没有什么功劳。因此公叔对魏国的大功臣吴起是非常胆怯害怕的，于是就阴谋害吴起。

《史记·吴起列传》："公叔为相，尚魏公主而害吴起。公叔之仆曰：'起，易去也。'公叔曰：'奈何？'其仆曰：'吴起为人节廉而自喜名也。君因先与武侯言曰：夫吴起贤人也；而侯之国小，又与强秦壤界。臣窃恐起之无留心也。武侯即曰：奈何？君因谓武侯曰：试延以公主，起有留心则必受之，无留心则必辞矣。以此卜之。君因召吴起而与归，即令公主怒而轻君。吴起见公主之贱君也，则必辞。吴起见公主之贱魏相，果辞魏武侯。武侯疑之，而弗信也。'吴起惧得罪，遂去，即之楚。"

从吴起"惧得罪，遂去"，可以看出魏武侯时期的两点情况：一是魏武侯的专制权力已经较为巩固，当国君怀疑吴起时，吴起不敢有任何的解释或反抗，只能逃跑了之。二是魏武侯已经完全抛弃了魏文侯任用贤能的布衣卿相国策，开始了任人唯亲的用人政策。

在这种情况下，吴起离开魏国是必然的。

但是，魏国的西河是完全靠吴起守卫的。

《韩非子·外储说右上》云：

> 吴起治西河之外，王错僭之于魏武侯。武侯使人召之。吴起至于岸门，止车而望西河，泣数行而下。其仆谓吴起曰："窃观公之意，视释天下若释躧，今去西河而泣何也？"
>
> 吴起抿泣而应之曰："子不识，君知我而使我，毕能西河，可以王。今君听谗人之议，而不知我。西河之为秦取不久矣，魏从此削矣。"
>
> 吴起果去魏入楚，有间，西河毕入秦。秦日益大，此吴起之所先见而泣也。

吴起在离开西河时，泪流满面，他对自己在西河的作用是很清楚的。吴起完全明白，如果他离开西河，西河很快就会被秦国所夺取。后来的事实证明了吴起的先见之正确。

---

① （晋）干宝：《搜神记》卷十四，明《津逮秘书》本，53页。

二、吴起在楚变法

吴起离开魏国之后，楚悼王很早就听说了吴起贤能，就派人请来吴起，任命他为楚相。"楚悼王素闻起贤，至则相楚"①，举国以听之。

战国初期，楚国民不聊生，饿莩遍野，楚声王竟至为"盗"所杀。而北方三晋，特别是魏国正在兴起，对楚步步进逼，楚国处于一种十分困窘的境地。

在楚国内忧外困之时，吴起从魏国来到楚国。楚悼王任用吴起，实行变法。吴起变法，从打击大贵族入手。变法的内容散见于典籍中，归纳如下。

（1）均爵平禄。楚国爵禄是世袭的，如果其父兄有功受爵禄，后代亦可承袭享有爵禄，这样就极大地伤害了将士作战的积极性。吴起乃"均楚国之爵，而平其禄，损其有余，而继其不足，厉甲兵以时争于天下"②。另外，"封君之子孙，三世而收爵禄，绝灭百吏之禄秩，损不急之枝官，以奉选练之士"③。

（2）"吴起为楚悼王立法，卑减大臣之威重，罢无能，废无用；损不急之官，塞私门之请；一楚国之俗，禁游客之民，精耕战之士。"④吴起废除无用的官职，剥夺王室贵族的威权，"明法审令，捐不急之官，废公族疏远者，以抚养战斗之士"⑤；削减无用的开支，以奖励真正为国出力的战斗之士。

（3）战国时期，楚国是疆域最大的诸侯国，占领整个中国南部，如四川、云南、贵州等地，这些地方当时开发很少。吴起责令楚国一些与王室关系疏远的贵族前去开发。吴起对楚悼王说："荆所有余者，地也，所不足者，民也。今君以所不足，益所有余。臣不得而为也。于是令贵人往实广虚之地，皆甚苦之。"⑥这是一种新的拓土殖民形式。

从以上吴起在楚国变法的条文来看，很多是李悝变法的内容，如"封君之子孙，三世而收爵禄"的条文与李悝变法中"食有劳而禄有功，使有能而赏必行，罚必当""夺淫民之禄，以来四方之士"的条文完全一致。

---

① 司马迁：《史记》卷六十六《吴起列传》，北京：中华书局，1982年，2168页。
② 《说苑》卷十五《指武》，四明丛书景明钞本，102页。
③ 《韩非子》卷四《和氏》，四部丛刊景清景宋钞校本，33页。
④ 司马迁：《史记》卷七十九《范雎蔡泽列传》，北京：中华书局，1982年，2420页。
⑤ 司马迁：《史记》卷六十五《孙子吴起列传》，北京：中华书局，1982年，2168页。
⑥ 《吕氏春秋》卷二十二《贵卒》，四部丛刊景明刊本，190页。

楚悼王付吴起以国政，言听计从。"吴起事悼王，使私不害公，谗不蔽忠，言不取苟合，行不取苟容，行义不固毁誉，必有伯主强国，不辞祸凶。"①吴起可算是一个无畏的改革家。

吴起变法，旨在富国强兵。变法的内容是消灭世卿世禄制，任用贤能，因此这又是一次打击世袭贵族政治经济特权的运动。吴起变法损害了楚国大贵族既得的政治经济利益，遭到大贵族的激烈反对。楚之贵族皆欲害吴起。楚国官员皆楚王室宗支，决不许异姓插足。吴起作为一个外诸侯国的异姓人，跻身于楚上层贵族之间，依靠楚悼王的信任，打击大贵族特权和势力，所遇到的阻力之大、反对之烈，是可以想见的。

新法行之期年，楚悼王死去。《吕氏春秋·贵卒》云："荆王死，贵人皆来，尸在堂上，贵人相与射吴起。吴起号呼曰：吾示子，吾用兵也；拔矢而走，伏尸插矢而疾言曰：群臣乱王，吴起死矣。且荆国之法，丽兵于王尸者，尽加重罪，逮三族。吴起之智可谓捷矣。"在楚悼王的灵堂上，楚国贵戚大臣作乱而共攻吴起。吴起跑到楚悼王的尸体下躲藏，贵族射杀了吴起，也射中了王尸。楚国之法："丽兵于王尸者，尽加重罪，逮三族。"群臣射王尸者，尽当其罪，因而被夷宗者70余家。变法也因楚悼王和吴起的死而受到挫折。

吴起的变法使楚国国力强盛，曾与魏国"战于州西，西出梁门，军舍林中，马饮于大河"。楚自庄王以后，又一次打到黄河岸边，使中原国家刮目相看。吴起又以战略家的眼光，向南扩展疆域，"吴起相悼王，南并蛮越，遂有洞庭、苍梧"②，江南归入楚国势力范围。

《史记·孙子吴起列传》云：吴起变法"要在强兵，破驰说之言纵横者，于是南平百越，北并陈蔡、却三晋，西伐秦。诸侯患楚之强"③。

《史记·范雎蔡泽列传》云：吴起"南收扬越，北并陈蔡，破横散从，使驰说之士无所开其口；禁朋党，以厉百姓；定楚国之政，兵震天下，威服诸侯，功已成矣"。

吴起变法在楚国贵族中激起了巨大的波澜，对楚国的政治产生了深刻的影响，如《韩非子·喻老》云："楚邦之法，禄臣再世而收地。"《淮南子·人间训》云："楚国之俗，功臣二世而绝禄。"这些现象应该说是吴起变法以后出现的。吴起变法促进了楚国由贵族政治向官僚政治的转化。

---

① 《战国策》卷十八《人间训》《秦策三》，四部丛刊景钞北宋本，217页。
② 《后汉书》卷八十六《南蛮西南夷列传》，北京：中华书局，1973年，2831页。
③ 《史记》卷六十五《吴起列传》，北京：中华书局，1982年，2168页。

吴起变法之后，楚国世卿世禄的局面有所改变，出现了楚国历史上的盛世。《史记·秦本纪》载："河山以东强国六，与齐威、楚宣、魏惠、燕悼、韩哀、赵成侯并。"楚属于山东的六大强国之一，楚宣王与齐威王、魏惠王齐名。

第三节　魏武侯时期三晋合作关系的破裂

魏武侯在位时期，魏国与周边关系紧张。例如，魏国与齐国、楚国关系经常发生战争，当然魏与齐、楚的关系自魏文侯时期就战争不断。魏国的辖地就是在不断地战争中扩大。然而魏武侯时期，魏与韩、赵的关系开始紧张。魏与赵国发生刚平之战，魏国摧毁了赵国的刚平，堕赵国当时的都城中牟之郭城。赵国不得已求救于楚国，在楚国的帮助下赵国才解除了魏国的威胁。与此同时，韩国站在赵国的一边，魏、韩也不断发生战争。三晋关系已经破裂，对魏国在中原的霸业极为不利。

一、魏赵刚平之战

魏武侯初期，三晋联盟就已经出现了裂痕，如《史记·赵世家》："敬侯元年，武公子朝作乱；不克，出奔魏。赵始都邯郸。三年救魏于廪邱，大败齐人。"

《史记·魏世家》亦有相同的记载："魏武侯元年，赵敬侯初立，公子朔为乱，不胜，奔魏，与魏袭邯郸，魏败而去。二年，城安邑、王垣。"

这段记载的意思是，赵敬侯元年，原来的赵武公之子朝作乱，没有成功，于是逃到魏国。魏武侯是和赵敬侯同年即位，于是魏武侯就支持公子朝，为公子朝袭赵国邯郸，但是魏国没有成功，失败而去。这次战争之后，赵国始都邯郸，而魏国"城安邑、王垣"，大概各自也是为了防备对方，赵国迁都，魏国增筑都城。

即使魏国已经为公子朝袭赵国邯郸，但是次年赵国仍然"救魏于廪邱，大败齐人"，还是把魏国作为兄弟对待。

公元前382年，赵国为了扩张，侵入卫国，使卫国已现"亡国之形"，赵国得到卫地之后将很快强大。卫国君跂行至魏以诉。是时,卫国臣服于魏。于是魏国攻伐赵。

《战国策·齐五》记载:"昔者赵氏袭卫,车舍人不休传,卫国城割平,卫八门土,而二门堕矣,此亡国之形也。卫君跂行告溯于魏,魏王身被甲底剑,挑赵索战。邯郸之中骛,河山之间乱。卫得是藉也,亦收余甲而北面残刚平,堕中牟之郭。卫非强于赵也,譬之卫矢而魏弦机也,藉力魏而有河东之地。赵氏惧,楚人救赵而伐魏,战于州西,出梁门,军舍林中,马饮于大河。赵得是藉也,亦袭魏之河北,烧棘蒲,坠黄城。故刚平之残也,中牟之堕也,黄城之坠也,棘蒲之烧也,此皆非赵魏之欲也。然二国劝行之者何也,卫明于时权之藉也。"(元)吴师道补正引《正义》云:"中牟,赵邑;在相州荡阴县西有牟山,邑在山侧。"(今河南省鹤壁市境)这个时期的中牟已经是赵国的都城,魏国"残刚平,堕中牟之郭",竟然堕毁了赵国都城的郭城,赵大乱。

魏武侯十三年、赵敬侯四年至六年(公元前383~前381年),魏赵之间发生的这一次规模较大的战争,确实对赵国有极大的威胁;于是赵国不得已向楚国求救。

(明)董说《七国考》卷十一《赵兵制》"借兵"条下云:"赵敬侯六年,借兵于楚伐魏,取棘蒲。见《史记》按敬侯四年,魏败赵兔台,五年齐魏为卫攻赵,取赵刚平;困乏之后,故借兵于楚也。"

赵国无力抵抗,向楚国借兵伐魏。《史记·赵世家》亦记载:"六年,借兵于楚,伐魏取棘蒲。八年,拔魏黄城。"《正义》云:"今赵州平棘县,古棘蒲邑也。"又引《括地志》云:"故黄城在冠氏县南,因黄沟为名。按陈留外黄城。"《集解》引杜预曰:"留外黄县东有黄城。"而这个时期,魏国的吴起已经逃到楚国。楚国经过吴起的变法改革,兵强马壮,帮助赵国伐魏,攻取了魏国的棘蒲;两年后又攻拔了魏国的黄城。吴起"伐魏,战于州西,出梁门,军舍林中,马饮于大河",大败魏国之后赵国才稍稍安定。

魏武侯时期,赵魏之间连续发生战争,这些战争使魏与赵国之间出现了深深的裂痕。

二、韩赵关系与魏韩之间的战争

在魏国与赵国发生刚平之战后,由于赵国向楚国借兵攻打魏国,袭击了魏国的河北，烧棘蒲，坠黄城，直攻入魏国的大梁，"出梁门"，当然这个时期大梁还不是魏国的国都。楚国攻击魏国是在魏文侯刚去世、魏武侯才即位不久，魏国当然不能接受这样的失败。

然而，韩国的辖土一直与魏国交错在一起，是境土相连的两个诸侯国。韩国为了从中取利，竟然站在了赵国一边。

韩、赵也有一个天然的联系。旧晋时期，韩氏与赵氏是两个互相支持的家族，韩氏家族的兴起与赵氏的举荐是不可分的。韩氏家族在旧晋时期曾为桓族，就是晋献公要灭的公族。但是在晋献公时期，韩氏并不强大，因此没有太引起注意。韩氏家族的韩厥曾经说："昔吾畜与赵氏。"杜预注："畜，养也。"①这个记载说明韩厥曾得过赵盾的抚养。《国语·晋语五》记载："赵宣子言韩献子于灵公，以为司马。河曲之役，赵孟使人以其乘车干行，献子执而戮之。众咸曰：'韩厥必不没矣。其主朝升之而莫戮其车，其谁安之？'宣子召而礼之曰：'吾闻事君者比而不党。夫周以举义，比也；举以其私，党也。夫军事无犯，犯而不隐义也。吾言汝于君，惧汝不能也；举而不能，党孰大焉。事君而党，吾何以从政？吾故以是观汝，汝勉之，苟从是行也。临长晋国者，非汝其谁？'皆告诸大夫曰：'二三子可以贺我矣，吾举厥也而中，吾乃今知免于罪矣。'"②时赵盾为晋国的上卿，执掌晋国的国政。韩献子就是韩厥，是赵盾举荐为司马的。

在赵氏家族遭受晋国的围剿之时，韩厥已经成为晋国的重要官员。韩厥拒绝出兵，并说："孟姬之谗，吾能违兵？"杜预注："违，去也；韩厥少为赵盾所待养，及孟姬之乱，晋将讨赵氏，而厥去其兵，示不与党。言此者明已无所偏助孟姬乱。"③最后当赵氏孤儿赵武长大之后，还是韩厥支持赵武重返政治舞台。韩氏、赵氏最后皆成为分晋的三大家族之一。

三家分晋后，虽然各为其政，但是他们还有一定的渊源关系。

《史记·赵世家》记载：赵成侯三年（公元前372年），"大戊午为相，伐卫，取乡邑七十三，魏败我蔺。四年与秦战高安，败之。五年伐齐于鄄，魏败我怀。攻郑，败之，以与韩。韩与我长子。"《正义》引《地理志》云：蔺"属西河郡也"。赵成侯六年（公元前369年），"伐魏败涿泽"。《正义》涿，"音浊。《括地志》云：浊水源出蒲州解县东北平地。尔时魏都安邑，韩、赵伐魏，岂

---

① 杨伯峻：《春秋左传注·成公十七年》，北京：中华书局，1981年，903页。
② 《国语·晋语五》，上海古籍出版社，1978年，396页。
③ 杨伯峻：《春秋左传注·成公十七年》，北京：中华书局，1981年，903页。

河南至长社也。解县浊水，近于魏都当是也"。

也就是说在赵成侯五年（公元前370年），魏国打败了赵国，但是赵国攻破了郑，"以与韩"，送给韩国，而韩国把长子（今山西长治）送给了赵国。次年，韩、赵伐魏，败魏涿泽。涿泽，就是发源于蒲州解县的浊水，距离魏国都城安邑非常近。魏国当然不能容忍韩、赵联合对付魏国的事情发生，于是在刚平之战后对韩国发动了战争。

《史记·韩世家》云："六年韩严弑其君哀侯，而子懿侯立。"（唐）司马贞《索隐》云："《年表》懿侯作庄侯。又《纪年》云：'晋桓公邑哀侯于郑，韩山坚贼其君哀侯，而韩若山立。'若山，即懿侯也。则韩严，为韩山坚也。《战国策》又有严仲子，名遂，又恐是韩严。"懿侯、庄侯当为同一人。

韩懿侯二年，即当魏武侯二十三年（公元前373年），"魏败我马陵"。《正义》云："在魏州元城县东南一里。"魏州元城县，今河北省大名县一带。魏攻打韩国，并且在马陵大败韩国。韩、魏确实打了一仗，韩国失败。

在很多时候，韩、赵是联合伐魏的。（宋）苏辙《古史·魏世家》云："武侯稍已侵暴邻国"，三晋关系基本破裂。

当然魏武侯时期，其被动局面未必全是因为三晋关系的破裂造成的，原因是多方面的，但这也是一个不可忽视的原因之一。

第四节　中山国的沉浮与复国

魏文侯十七年（公元前429年），魏国在灭掉中山国之后，至魏文侯五十年（公元前396年）死去，此时乐羊也早已老矣。公元前395年，太子击即位，是为魏武侯。魏武侯不能采取文候时期任用贤能的国策，使一些贤能之士逃亡他国；又由于魏武侯对三晋不能采取以团结为主的措施，使兄弟般的三晋关系陷入分裂的战争局面。赵国无力应付魏国的进攻，甚至国都也被攻陷，在此种情况下求救楚国。魏国的良臣吴起也已经逃亡楚国，受到楚国的重用。吴起率领楚国之卒攻打魏国，魏国大败，使魏国处于十分尴尬狼狈的局面。在此形式下，中山国复立了。战国中期以后，中山国与其他诸侯一样并称为王（这是后话）。魏武侯摒弃贤能的政策以及三晋关系的破裂，是中山复国的重要契机。

一、中山国的沉浮

魏文侯在攻中山、守中山的问题上，存在着非常重要的两大误区。

首先，魏文侯越赵而攻中山，就是不明智之举。中山国并不与魏国为邻，三家分晋之后，魏与赵各为一国，魏国不应该在潜意识中，再把三晋视为一个整体；也不应该把旧晋与鲜虞的矛盾与新建的魏国与中山混在一起。

《战国策·中山》宋姚宏续注"魏文侯欲残中山，常庄谈谓赵襄子曰：'魏并中山，必无赵矣。公何不请公子倾以为正妻，因封之中山，是中山复立也。"（汉）高诱注："常庄谈，襄子臣也；并，兼也；兼有中山必复以次取赵。公子倾，魏君之女，封之于中山以为邑是，则中山不残也；故云中山复立犹存也。"

《战国策·赵一》："魏文侯借道于赵攻中山，赵侯将不许。赵利曰：'过矣，魏攻中山而不能取，则魏必罢；罢则赵重，魏拔中山，必不能越赵而有中山矣。是用兵者魏也，而得地者赵也；君不如许之，许之大劝。彼将知矣利之也，必辍；君不如借之道，而示之不得已。"

由此可见，从魏国伐中山始，赵国就准备把中山占为己有了，认为魏国"必不能越赵而有中山""是用兵者魏也，而得地者赵也"。这正是魏国伐中山的不明智之处。

另外，在中山国被乐羊攻灭之后，应该派乐羊或者一个有能力的战将，如乐羊、吴起等前去镇守；而魏文侯不相信乐羊，吴起又在镇守西河。魏文侯派太子击镇守。由于魏文侯喜爱少子挚，就把太子击派去镇守中山。在中国古代，太子奉冢祀，是不能出外镇守的。以致太子击害怕失去承继大统的权力，即失去太子之位，而在中山国不安心，派其傅赵仓唐出使于魏，作诗讽刺魏文侯，魏文侯才改封少子挚于中山。

（宋）吕祖谦《大事记解题》卷一云："按《史记》《战国策》《韩诗外传》古史，乐羊攻中山，其子在中山；悬之以示羊，羊不顾。中山烹而遗之羹，羊啜之尽一杯。中山知其忍，下之。文侯赏其功而疑其心。文侯爱少子挚，使太子击守中山。赵仓唐傅之，居三年往来之使不通。仓唐使于文侯，以诗讽之。文侯乃出少子挚封之中山，而复太子击及文侯子。"

镇守中山国人员的不稳定是最后中行国失守的重要原因。

中山国以后的复兴，还有一个重要的原因，那就是中山部族的英雄顽强和善战。中山被灭后，其残余势力退入太行山中；至中山桓公时期，终于重新复兴了中山国,定都灵寿(今河北平山三汲附近)。公元前334年,魏齐在徐州相王之后,中山国也相继称王。以后赵灭中山国,将王尚迁徙到肤施(今陕西省延安市境),中山国灭亡。

二、中山国的复国

魏文侯只在攻打中山时任人唯贤,他认为镇守中山只需自己的亲信就可以了。其实魏文侯在镇守中山的问题上,所使用的政策是不负责任的糊涂策略。中山是少数民建立的诸侯国,英勇剽悍,精于骑马作战。而且在魏国与中山之间还隔着赵国。赵国一直在虎视眈眈地看着中山。如前所述,在魏国攻打中山时,赵国就说"是用兵者魏也,而得地者赵也",将来中山必定是赵国的辖地。尽管如此,魏文侯还不重视。是时,魏文侯把防守的重点放在西部对付秦国,而把赵国看成自己的兄弟之国。

当魏文侯灭中山之后,中山国的国土被魏国所占据,而中山国之残部跟随国君退入山中。

事实上,当春秋战国之交,中山国已是日益发展强大。

(宋)吕祖谦《大事记解题》卷一"周威烈王十二年中山武公初立"条下云:"《史记·赵世家》是年书,中山武公初立,意者其势益强,遂建国备诸侯之制,与诸夏伉欤。《索隐》曰:'中山,古鲜虞国,姬姓也。徐广曰:中山武公周定王之孙,西周桓公之子。'古史谓周衰已甚,安能使子弟据中山乎?其说是也,或者徐广徒闻中山,姬姓遂傅会其世系欤。"吕祖谦认为是时的赵国已经看出中山国的强大,有可与诸侯国抗衡的苗头,也有建立诸侯国的志向。但是他也不相信中山国是姬姓之后。

但是,由于战国初年的中山国尚未接触到较先进的华夏文化,在他们遇到正处在上升势头的魏国,特别是魏文侯任用乐羊、吴起这样的优秀出色的将领去攻打中山时,刚刚建立的中山国的灭亡是可想而知的。

但是在中山国灭亡之时,中山国之残部跟随国君退入太行山中。

公元前296年,魏文侯去世,魏武侯即位。魏武侯一改魏文侯时期任用贤能的国策,开始任用亲信。而这时的吴起已经离开魏国到楚国去了,李悝年事已高,也退出了政治舞台。

公元前382年,赵国为了扩张,侵入卫国。是时,卫国臣服于魏。于是魏国攻伐赵。次年，魏赵发生了刚平之战。魏国摧毁了刚平，堕毁了赵国都城中牟的郭城，赵国大乱。赵国不得已向楚国求救。而这个时期，魏国的吴起已经逃到楚国。吴起是战国时期最优秀的将领，他在楚国进行变法改革，使楚国兵强马壮。吴起率领楚国之兵伐魏，攻取了魏国的棘蒲；攻拔了魏国的黄城。吴起与魏国"战于州西，出梁门，军舍林中，马饮于大河"，使楚国自楚庄王之后，又一次打到黄河岸边，显示了楚国的威力。

楚国的胜利当然宣告了魏国的失败，这是魏国自战国以来第一次最大的失败。而这个时候退居在太行山中的中山国残部经过30余年的恢复和发展，乘魏国战败之际，打退了驻在原中山国的魏国别部，复国了。

《太平寰宇记》卷六十一宋乐史撰《河北道》十引《十三州志》云："灵寿，中山桓公新都。《系本》又云：中山武公居顾，桓公徙灵寿。"顾，今定州市境内；灵寿，今河北省灵寿县。

（宋）王应麟《通鉴地理通释》卷十《七国形势考》（下）"中山"条下云："定州安喜县，古中山鲜虞地，新乐县鲜虞国。《左氏》定四年传荀寅曰：'中山不服。'威烈王十二年，中山武公初立。《郡县志》定州，春秋时鲜虞白狄之国，战国时为中山国，与六国并称王；后为赵武灵王所灭。中山之地方五百里，秦赵郡、巨鹿二郡之地。魏文侯使乐羊伐中山，汉高帝分置常山、中山二郡。城中有山故曰中山。景帝改为中山国，后燕慕容垂建都于此，封子胜为中山王，置中山尹；后魏为中山郡，置安州，又改为定州，以安定天下为名，隋为博陵郡，今中山府。"

第五节 战国初年魏国的疆域

战国初年，魏国是最强盛的诸侯国。自春秋时期，秦晋就争夺河西地。由于晋国的强大秦国不能与之争。战国之后，魏国继承了旧晋的主体部分，与秦国相邻，河西之地就成为秦魏争夺最激烈的地区。是时，秦国仍不是魏国的对手。战国初年，魏国任用吴起、李悝守卫西部边境，秦国处于劣势。魏国的版图不断扩大，而且多是富饶之地。

一、魏国与秦对河西的争夺

春秋时期,晋之河西之地就是晋秦争夺的重地。战国之后,魏国得到了河西地,于是河西成为秦魏争夺激烈的地区。魏文侯六年(公元前440年),"魏氏城少梁"。少梁(今陕西韩城南),处于秦魏的边界地区,因此是魏文侯与秦国争夺的重要地区。

1. 魏文侯"城少梁"

魏文侯自即位之后,就注意加强对河西的防范。而春秋中后期自崤之战后,秦晋就成为仇雠之国。长年的战争使魏国在建立后更不敢放松对秦国的警惕。周威烈王六年、晋烈公元年、魏文侯六年(公元前419年),"魏城少梁"。魏文侯八年(公元前417年),魏"复城少梁"。

少梁,本为梁国或梁伯国。"梁"之意原为水上之木,可以不趟水而过河之意。《说文》云:"梁,水桥也,从木、从水。"《说文》又云:"桥,水梁也,从木乔声。"总之,古代桥、梁之初意,皆为用木在水上搭建的桥。

梁,在今陕西韩城南,正处在由北向南一段黄河的渡口处。在这里古代当有一座用木搭建的桥梁,故这里称为梁。

梁,西周时期的梁国曾在周天千里王畿之内。西周末年,周平王东迁,不得已把王畿故地给了秦国。秦国又把梁封给了秦襄公少子康,建立了梁国或梁伯国。

(宋)罗泌《路史》卷十六《后纪七》《疏仡纪·小昊》:"五世襄公勤于平王,锡之岐丰以为侯。……王功秦仲既国,襄而复录其少子康,使有夏阳为梁伯。秦溢之有梁氏、梁余氏、梁于氏、将氏、将良氏。汉莽以梁攘为修远伯,奉小昊祀此。"

(宋)罗泌《路史》卷十七《后纪八》《疏仡纪·高阳》记载:伯益"为唐泽虞是为百虫将军,佐禹治水封之于梁。舜嬗禹,禹异于益辞焉。年过二百,南梁,大敖梁之析也。有梁氏、敖氏、伯氏"。

《史记·秦本纪》云:"秦之先为嬴姓,其后分封,以国为姓。有徐氏、郯氏、莒氏、终黎氏、运奄氏、菟裘氏、将梁氏、黄氏、江氏、修鱼氏、白冥氏、蜚廉氏、秦氏。然秦以其先造父封赵城为赵氏。"

梁与秦同姓,后为秦所灭。《史记·秦本纪》云:秦穆公二十年(公元前640年)"秦灭梁、芮。……晋公子圉闻晋君病曰:'梁,我母家也。而秦灭之。

我兄弟多，即君百岁后，秦必留我而晋轻，亦更立他子。子圉乃亡归"。《正义》："梁、芮国，皆在同州，秦得其地，故灭二国之君。子圉母，梁伯之女也。"

梁，曾为秦穆公所灭，梁氏族人可能一部分迁徙。迁徙走的族人为大梁，留下的当为小梁，即少梁。

鲁文公十年（公元前617年），晋国攻取了少梁，从此少梁成为晋国的辖地。《左传·文公十年》云："春，晋人伐秦，取少梁。"杜预注："少梁，冯翊夏阳县。"

梁是处在由北向南的一段黄河的渡口处，是河西重地，是通向秦国的交通要道，故魏文侯即位之后，对这个河西重镇少梁进行苦心经营。

《史记·魏世家》云："六年城少梁，十三年使子击围繁庞，出其民；十六年伐秦，筑临晋、元里。……（十七年）子击西攻秦至郑而还，筑雒阴、合阳。"《正义》云："雒，漆沮水也，城在水南。合阳，合水之北。《括地志》云：合阳故城在同州河西县南三里，雒阴在同州西也。"

以上记载是说，公元前419年，魏国接续晋国的防备措施，在河西重镇少梁筑城，加强对秦国的防卫，并准备在适当的时候发动对秦国的战争。

2. 秦、魏对河西地区的争夺

秦国也在密切注意魏国的举动。《史记·秦本纪》记载：秦灵公六年（公元前419年），"晋城少梁，秦击之。十三年，城籍姑"。《正义》引《括地志》云："籍姑，故城在同州韩城县北三十五里。"

《史记·六国年表》记载，秦灵公七年（公元前418年），即"晋（魏）城少梁，秦击之"的次年，秦"与魏战少梁"。

魏文侯八年（公元前438年），魏"复城少梁"。

秦国的应对：《史记·六国年表》记载，秦灵公八年（公元前417年），就是在魏国"复城少梁"的这一年，秦国"城堑河濒，初以君主妻河"。《索隐》云："谓初以此年取他女为君主。君主，犹公主也；妻河，谓嫁之河伯，故魏俗犹为河伯娶妇，盖其遗风，殊异其事故云。"秦国此时当不是魏国的对手，把国君女儿嫁给河伯，以祈求河伯的保护。

秦灵公八年（公元前417年），秦"补庞城、籍姑"，即对庞及籍姑等城邑进行修补。

魏国对河西的进攻。《史记·魏世家》云：魏文侯三十二年（公元前414

年），魏国伐秦，"伐郑，城酸枣，败秦于注"。郑，就是今陕西华县，属秦国境。至于注城，《集解》曰："河南梁县有注城也。"《正义》引《括地志》云："注城在汝州梁县西十五里。注，或作铸也"。

《史记·六国年表》[①]记载：

秦简公二年，"与晋战，败郑下"。

魏文侯十三年（公元前433年），"公子击围繁庞，出其民"[②]。

魏文侯十六年（公元前430年），魏国"伐秦，筑临晋、元里"[③]。临晋、元里，今陕西澄城南。

次年（公元前429年），魏国"击宋、中山，置合阳"；"攻秦，至郑，还筑雒阴、合阳"。魏文侯二十四年（公元前420年），"伐秦，至阳狐"。《正义》引《括地志》云："阳狐郭在魏州元城县东北三十里也。"

魏文侯三十二年（公元前414年），"伐郑，城酸枣"[④]。

《史记·魏世家》《正义》："雒，漆沮水也，城在水南。合阳，合水之北。《括地志》云：合阳故城在同州河西县南三里，雒阴在同州西也。"

在魏文侯发奋图强、治理魏国时，秦国发生内乱。"秦以往者，数易君。君臣乖乱，故晋复强，夺秦河西地。献公元年止从死，二年城栎阳。"[⑤]《正义》引《括地志》云："栎阳，故城，一名万年城，在雍州东北百二十里。栎阳汉七年分栎阳城内为万年县。"

魏文侯以吴起为将，攻伐秦国拔五城。

魏文侯时期，魏国攻占了少梁、籍姑、临晋、元里、合阳、阳狐、雒阴，魏将吴起又"击秦拔五城"。这五城不知是哪五城，但是在秦国境内是毫无疑问的。这样在黄河之河外，即西河地区，自少梁（今陕西韩城县）至华阴连成一个长长的防御和进攻秦国的基地。

（清）胡渭《禹贡锥指》卷十三中云："之以今舆地言之，河自韩城县龙门山南流与汾水合，又南径合阳县东其东岸，则荣河县、临晋县。"胡渭自注："《县志》云：河自龙门而南距合阳不百里，河壖多客土，遇潦辄溃。合阳在陕西同州东北一百十里，黄河去县四十里；荣河在山西蒲州东北一百二十里，黄河旧在县西五里。明时渐徙而东，正德二年遂至城下，今去县仅七十步。临晋

---

① 司马迁：《史记·六国年表》，北京：中华书局，1982年，685页。
② 司马迁：《史记·六国年表》，北京：中华书局，1982年，707页。
③ 司马迁：《史记·六国年表》，北京：中华书局，1982年，708页。
④ 司马迁：《史记·六国年表》，北京：中华书局，1982年，712页。
⑤ 司马迁：《史记·秦本纪》，北京：中华书局，1982年201页。

在州东北七十里，黄河在县西三十里。"其中，"河壖多客土，遇潦辄溃"的意思是：河岸上多溪土，每遇水潦时，河岸就可能会溃塌。

魏国对西河的攻战，占领了河西地，设立西河郡，以吴起为西河守令，使秦国处于极为被动的境地。

魏文侯派吴起守西河，使秦人不敢东向；派李悝为上地之守，发布习射令，"令下而人皆疾习射，日夜不休。及与秦人战，大败之"[①]。魏国的上地，与秦接界，初为黄河的上游之地，后当为上郡，在今陕西榆林市南。

从以上记载可以看出，魏、秦两国在河西地区的激烈争夺。在争夺河西的战争中，秦国往往处于劣势。魏文侯三十二年（公元前 414 年），《史记·魏世家》云：魏国"败秦于注"。《集解》引司马彪曰："河南梁县有注城也。"《正义》引《括地志》云："注城在汝州梁县西十五里，注或作铸也。"

魏文侯三十六年（公元前 410 年），"秦侵我阴晋"。《集解》引徐广曰："今之华阴。"《索隐》引《年表》："作齐侵阴晋。《秦本纪》云：'惠王六年，魏纳阴晋，更名曰宁秦。'徐氏云：'今之华阴也。'"魏文侯三十八年（公元前 408 年），"伐秦，败我武下，得其将识"。《正义》引《括地志》云："故武城，一名武平城，在华州郑县东十三里。"《索隐》："识将，名也；武下，魏地。"

公元前 433 年，魏"公子击围繁庞，出其民"；公元前 430 年，魏国"伐秦，筑临晋、元里"；公元前 429 年，魏国"攻秦，至郑，还筑雒阴、合阳"；公元前 422 年，"伐秦，至阳狐"。《韩非子》卷九《内储说上·七术》记载：李悝"及与秦人战，大败之"。"魏文侯以（吴起）为将，击秦拔五城"[②]；吴起为魏"守西河，与诸侯大战七十六，全胜六十四，余则均解；辟土四面，拓地千里"[③]。由于魏文侯时期，魏国与秦斗争中，虽然有小败，但是由于魏文侯善于任贤使能，魏国在与秦国的战争中，立于不败之地，秦人不敢东向。

二、西门豹在魏国北部的防守

西门豹所管辖的邺城，位于魏国的北部边境，与燕、赵相邻。《史记·货殖列传》云："燕，亦勃碣之间一都会也，南通齐、赵，东北边胡、上谷至辽东，……大与赵代俗相类，而民雕捍少虑。"自古燕赵多慷慨悲歌之士，民风

---

① 《韩非子》卷九《内储说上·七术第三十》，四部丛刊景清景宋钞校本，76 页。
② 《史记》卷六十五《吴起列传》，北京：中华书局，1982 年，2166 页。
③ 吴起：《吴子》，续古逸丛书景宋刻武经七书本，1 页。

较为彪悍，邺城多次遭到燕国士卒入城抢掠。魏文侯时期，赵国虽然与魏国关系较好，但毕竟是两个诸侯国，如魏伐中山时，赵国就极不满意。《战国策·赵一》赵国大夫赵利曰："魏攻中山而不能取，则魏必罢；罢则赵重，魏拔中山，必不能越赵而有中山矣。是用兵者魏也，而得地者赵也。"赵国与魏国实际上各怀心机，是不能完全相信的。

《淮南鸿烈解·人间训》记载：西门豹为邺令，治理邺城，结果仓廪无积粟，官府无储钱，兵库无盔甲兵器，官府也没有会计算账。很多人多次到文侯处诉说西门豹的过失。文侯于是亲自到邺城去访察，结果与人们所说的一样。

文侯曰："翟璜任子治邺而大乱，子能道则可，不能将加诛于子。"文侯让西门豹说出一个理由，否则将加诛西门豹。

西门豹曰："臣闻王主富民，霸主富武，亡国富库。今王欲为霸王者也，臣故蓄积于民。君以为不然，臣请升城鼓之。一鼓，甲兵、粟米可立具也。"西门豹认为，"王主富民，霸主富武，亡国富库"。藏富于民，使民力与财力支持君王的战争，才能产生真正的爱国意识和思想，是真正的富国之源。

西门豹于是乃升城而鼓之，第一鼓，"民被甲、括矢、操兵弩而出"。这些"被甲、括矢、操兵弩而出"者，当是准备到战场作战的士卒。第二鼓，民众则"负辇粟而至"，以辇负粟从家中跑出。这些"负辇粟而至"者，当是负责运送粮草的后勤杂务之卒。在西门豹的治理下，国家官员登城一呼，邺城人民"操兵弩而出、负辇粟而至"，"甲兵、粟米立具"，为国效力。

见此，魏文侯才算对西门豹满意。

西门豹所治理的邺城，与北部燕国为邻。燕国乘魏国经营的重点在河西地区，经常乘机侵入魏国的城池进行抢掠。西门豹操练士卒，就是为了抵御燕国的入侵。

西门豹说："与民约信，非一日之积也；一举而欺之，后不可复用也。燕常侵魏入城，臣请北击之，以复侵地。遂举兵击燕，复地而后，反此有罪，而可赏者也。"① 西门豹率领邺城人民举兵击燕，收服了魏国的城池。

"故国虽大，好战必亡；天下虽安，亡战必危。"② 西门豹治邺，操练士卒，一方面防御燕国，另外也对赵国进行防御。西门豹廉洁自律、克己奉公，藏富于民，训练邺城民众的战争防卫意识，捍卫了魏国的北部边境，建立了卓著的功勋。

---

① 《淮南鸿烈解》卷十八《人间训》，四部丛刊景钞北宋本，222 页。
② 《司马法》卷上《仁本》，四部丛刊景钞宋钞本，1 页。

三、魏国的疆域

魏国的疆域，在魏文侯时期基本定型。三家分晋时，魏国得到的土地面积并不大，但却是晋国最肥沃的地方。《国策地名考》曾引管同曰："魏地兼有河西、河内、河东、河外，约言之，龙门以东，据汾为河东，今汾、蒲、吉、解诸府州是；龙门以西为河西，今同、埠等州是；太行之南，殷墟为河内，今彰德、卫辉、怀庆等府是；太华以东，虢略为河外，今陕州是。"这一片地方是晋国最富庶的地区。

（清）朱鹤龄《禹贡长笺》《荆河惟豫州》云："魏地自高陵以东，尽河东、河内、南有陈留及汝南之召陵，氾疆、新汲、西华、长平、颍川之舞阳、郾、许、鄢陵、河南之开封、中牟、阳武、酸枣卷，皆魏分。"朱鹤龄在这里所说的河东、河内、河西、河外，基本就是魏国的疆域。

1. 河西地区

魏文侯时期，魏国攻取了河西之地。所谓河西，指的是晋陕交界之黄河河段西岸的土地。魏国所得到的河西地主要有少梁、籍姑、临晋、元里、合阳、阳狐、郑、雒阴，这一狭长地带即今山西、陕西两省间黄河南段以西地区，即从今陕西韩城县南下直至华阴、大荔一带。韩城县之北为上郡，即今陕西延安市，魏国在这里设立上郡。上郡、河西，皆是魏国的边界地区，故魏文侯以李悝为上郡守、以吴起为西河令，皆派能力很强的守将镇守。

2. 河东地区

因黄河流经山西省的西南境，则山西境内南北流向的黄河以东，故这块地方古称河东，即今山西省的南部，包括山西运城、临汾、侯马、晋城等地区。这一带地方属于运城盆地，气候适宜，物产丰饶，是我国远古文明重要的发祥地之一。这里与河南省的焦作有太行山口相通，又有河山环绕。鲁僖公二十四年（公元前 636 年）周王室发生王子带之乱，周襄王蒙尘于外，即被迫逃离王都。于是晋文公出兵勤王，迎周襄王回到王都。周天子为了感谢晋文公的勤王之功，"与之阳樊、温、原、攒茅之田，晋于是始启南阳"。杜预注："在晋山南河北，故曰南阳。"① 晋国得到了南阳之地，占据了出入中原的太行山口，这是一道重要的关隘险塞，使晋国相对中原来说成为进可攻、退可守"表

---

① 杨伯峻：《春秋左传注·僖公二十五年》，北京：中华书局，1981 年，433 页。

里山河"的战略宝地。太行山口在春秋 200 多年的争霸战争中起着非常重要的作用,三家分晋后这里归魏国所辖。

《史记·魏世家》云:"秦将白起败我军伊阙二十四万。六年,予秦河东方四百里。芒卯以诈重。七年,秦拔我城大小六十一。……九年,秦拔我新垣、曲阳之城。"新垣、曲阳,皆在今河南济源县一带。伊阙战后,魏国把河东四百里割给秦。秦攻拔了魏国的怀、邺丘。继而"秦七攻魏,五入囿中,边城尽拔,文台堕,垂都焚,林木伐,麋鹿尽,而国以继围。又长驱梁北,东至陶、卫之郊,北至平监。所亡于秦者,山南山北,河外河内,大县数十,名都数百"[1]。秦攻拔魏国的众多城池,皆是战国初年魏国的河东所管辖的范围。

楚汉战争时期,韩信曾从长安一带东攻魏。《史记·曹相国世家》云:"韩信东攻魏,将军孙遫军东张大破之,因攻安邑,得魏将王襄击魏王于曲阳,追至武垣,生得魏王豹;取平阳,得魏王母妻子,尽定魏地凡五十二城,赐食邑平阳。"这指的就是河东地区魏国的城邑情况。

3. 河内地区

春秋战国时期,黄河以北为河内,即今河南省的焦作、济源、怀庆、孟津、新乡、安阳、温、武陟、获嘉、新乡、汲、淇、临漳,河北省南部临漳、磁县、魏县、大名、广平等地区,即黄河以北、太行山之南的地区;春秋战国时期称为河内。春秋时期的南阳,就属于河内地区,太行山口就是连接河东与河内地区的险塞。

河内地区为殷商的王畿故地,西周以后曾是卫国辖地,战国之后属于魏国所辖。该地区继承殷商文化的传统,手工商业发达。春秋时的卫国,发生了两次工匠起义,都杀死国君,沉重地打击了卫国统治者。卫大夫王孙贾曰:"苟卫国有难,工商未尝不为患。"[2]魏国曾"伐郑,城酸枣"。酸枣在今河南省延津西南,是黄河上的重要渡口。

这里处于黄河的北岸,属于漳河流域,土地肥沃,气候适宜,是华北平原的一个粮仓。

(清)胡渭《禹贡锥指》卷十三下《附论历代徙流》云:"今澶州临河有鲧堤,自黎阳入北至恩州清河历亭皆有之,然则降水者,自元城以北堤竭之水是也。盖以堰为鲧所作,或曰元城为战国魏地,北与赵接壤。"

---

[1] 司马迁:《史记·魏世家》,北京:中华书局,1982 年,1853、1860 页。
[2] 杨伯峻:《春秋左传注·定公八年》,北京:中华书局,1981 年,1567 页。

魏国辖有河内地区，其北部与赵接壤。赵国属于三晋之一的诸侯国，魏国无法吞并赵国，于是魏国就越赵而攻取了中山。如本书第三章第四节"中山国的沉浮与复国"所云，魏文侯派乐羊、吴起等著名军事家攻取了中山国，即今河北省石家庄市平山、灵寿、曲阳等地的山区。

4. 河外地区

黄河以南为河外。魏国已经辖有河内地区，按理说魏国应该向南发展，如今河南省的洛阳、郑州一带，但是河南省的洛阳，古称雒邑，是东周王室的辖地。魏文侯不敢轻易攻伐；而今新郑、郑州属于郑国，三晋之一的韩国正对郑国虎视眈眈。于是魏文侯向大梁，即今河南省的开封市一带攻伐。

《史记·楚世家》记载："（楚悼王）十一年，三晋伐楚，败我大梁、榆关。十年魏取我鲁阳。"大梁，就是今河南省开封市。《索隐》："此榆关当在大梁之西。"《集解》徐广曰：《年表》三年归榆关于郑。《地理志》云：南阳有鲁阳县。"《正义》引《括地志》云："汝州，鲁山，本汉鲁阳县也。古鲁县以古鲁山为名也。"魏国向东、向南发展，夺取了大梁附近包括豫东平原的大片土地。

魏国伐楚，得到了大梁、榆关，向南直至鲁阳，在今河南省的平顶山地区。

魏国河外地区的辖地还有华阴（今灵宝地区）的虢国，向东直达陕县，陕城东南的阴地。《竹书纪年》卷下云："九年楚人伐我南鄙，至于上洛。"这个记载说明"上洛"已经是魏国的辖地。"上洛"，包括今陕西东南的商县、洛南、山阳、商南、镇安、柞水等，即陕南的商洛地区。这一片地区北与魏国新得到的河西相通，东与虢国，即今河南省的三门峡、卢氏县相连，把秦国紧紧地压在雍城（即今陕西省凤翔境内）之内，不得向东扩展。

《竹书纪年》卷下记载：魏武侯、魏惠王时期，"晋取玄武、濩泽"，即今山东省菏泽地区，雷泽舜渔处。"二十一年，魏殷臣赵公孙衷伐燕，还取夏屋，城曲逆。""魏章帅师及郑师，伐楚取上蔡。孙何取潧阳"①

《史记·宋世家》云："宋王偃立四十七年，齐闵王与魏楚伐宋，杀王偃遂灭宋，而三分其地。"魏昭王十年（公元前286年），魏又与齐、楚三分宋国，魏得其梁、陈留。

魏国的辖地，以山西南部为中心，即以安邑、运城、平陆、临汾、新绛、

---

① 沈约注：《竹书纪年注》卷下，四部丛刊景明天一阁本，32页。

侯马、曲沃、河津、永济、襄汾、翼城为中心,向西有上郡、西河、河内、河东、河外等地,即从今陕西延安、志丹县、吴起县、宜川韩城县南下,合阳、澄城、大荔、华阴、华县,再向南至上洛(商洛)、商南、洛南、卢氏、三门峡、灵宝、叶县、汝南、舞阳、许,向北陈留、开封、商丘、新乡、卫辉、获嘉、焦作、武陟、温县、汲县、鹤壁、安阳,越赵而有中山,今河北省石家庄市、平山、曲阳、灵寿、阳泉等;横跨陕西、山西、河南、河北、山东等地。

(清)阎若璩《四书释地又续卷上·河东河内》:"梁河东,今之安邑等县;梁亦有河西,《六国表》魏入河西地,于秦是也。梁河内今之河内济源等县,梁亦有河外。《苏秦传》大王之地,北有河外;注云谓河南地是也。河东西亦谓之河内外。《左传·僖十五年》赂秦伯以河外列城五,内及解梁城。《魏世家》无忌曰:所亡于秦者,河外河内是也。至河内外,则梁之河北河南地。苏代曰:秦正告魏,我陆攻则击河内,水攻则灭大梁。是然则梁之地,自河西逶迤而至河南,几二千里。何以苏秦曰'魏地方千里'盖从长而横不足,绝长补短算耳。"

魏国的辖地从长约两千里,从宽也约有千里之远,是当时面积最大、物产最富庶的诸侯国之一。(宋)苏辙《古史·魏世家》云:"魏文侯非战国之君也,内师事卜子夏、友田子方、段干木,被服儒者,身无失德;用吴起、西门豹、李悝,尽力耕战,民赖以富,而敌不敢犯。外以礼与信交接诸侯,与韩赵无怨,终其身魏人不知战国之患。虽非盛德之主,使当平世得行其志,虽西汉文帝不能远过也,一时诸侯无足言者矣。"

第四章 魏国的鼎盛之都——大梁城

魏惠王时期，尽管魏国失去了一些很重要的将领和帅才，如李悝去世，而吴起离魏奔楚，使得魏国在河西没有了得力守将，边境吃紧。但由于魏文侯、魏武侯时期积累的强盛国力，秦国尽管努力地争夺河西，但始终无法将河西夺取。魏惠王时期，魏国在与赵、韩的斗争中始终处于优势地位。魏国出兵攻赵，拔邯郸；驱十二诸侯于孟津，召集逢池之会，走上了鼎盛时期。

第一节 子罃即位魏国

魏惠王（公元前369～前319年）为文侯之孙、武侯之子，又称惠成王、梁惠王。魏惠王时期，召集逢池之会、驱十二诸侯朝孟津，以朝天子。魏惠王"身广公宫，制丹衣柱，建九斿，从七星之旗"，享用了天子的规格，魏国进入鼎盛期。魏惠王又迁都大梁，故又称为梁惠王，以谋求在中原地区的更大发展。但是由于梁惠王的刚愎自用，魏国人才进一步流失，如商鞅西入秦国，孙膑逃亡齐国，对魏国构成极大的威胁，以致魏国由盛而衰，失去了大国的地位。

一、子罃与公中缓的争立

魏武侯执政二十六年（公元前370年）后死去。魏武侯在世时，与魏文侯一样偏爱少子，死之前也没有立太子；因此魏武侯死后，就发生了兄弟争立，即长子罃与公中缓（即公子缓）争立为国君的内乱。

《古本竹书纪年》云："魏武侯元年，封公子缓。"[①]《今本竹书纪年》云："魏

---

① 方诗铭、王修龄：《古本竹书纪年辑证》，上海：上海古籍出版社，2005年，104页。

武侯击元年乙未,封公子缓。"①朱右曾《竹书纪年存真》云:"公子缓,武侯之子,惠成王之弟公仲缓也。"②这里只见到魏武侯击刚即位,就封了次子公子缓,而不见封长子䓨。

当魏武侯死去之后,子䓨与公中缓争立。公中缓不胜,其支持者公孙颀逃到宋国,自宋入赵国,自赵国入韩,游说赵成侯、韩懿侯,请求此时出兵伐魏,进行武装干涉。《史记·魏世家》云:"惠王元年初,武侯卒也。子䓨与公中缓争为太子。公孙颀自宋入赵,自赵入韩,谓韩懿侯曰:'魏䓨与公中缓争为太子,君亦闻之乎?今魏䓨得王错,挟上党,固半国也。"《正义》:"中音仲。"《索隐》:"颀音祁,《纪年》云:'武侯元年,封公子缓。赵侯种韩懿侯伐我,取蔡。而惠成王伐赵,围浊阳。七年,公子缓如邯郸,以作难。'是说此事也。"

这段记载表明了武侯死后,子䓨与公中缓争立战争的残酷。根据中国的传统,当然是长子即位,故子䓨很早就做准备,拉拢了魏大夫王错,"挟上党,固半国也"。子䓨在王错的支持下即位为魏惠王,并在范台宴请魏国大夫。

公中缓虽然很早就被封,但是也没有被封为太子。公中缓的支持者公孙颀逃亡他国,公中缓也无法在魏国待下去,于是也逃到赵国。烈王元年(公元前375年)丙午,"魏公子缓如邯郸以作难"。邯郸是赵国都城。

周烈王六年、梁惠王元年(公元前369年),赵成侯偃、韩懿侯若伐魏国的葵。次年,赵成侯又伐魏国浊泽。魏惠王三年,齐国伐魏。魏大夫王错出奔韩。在赵、韩、齐的进攻下,魏惠王䓨处于劣势,子䓨的支持者魏大夫王错出奔韩求救。

韩懿侯虽然乘机与赵成侯合军并兵以伐魏,战于浊泽(今河南长葛境),魏子䓨大败,被韩、赵大军包围。魏子䓨面临着灭顶之灾。

但是在子䓨之败已成定局的情况下,赵、韩二国发生分歧。其原因是公中缓及其支持者公孙颀皆逃亡赵国,而子䓨的支持者王错出奔韩求救。赵、韩二国各怀私心。

赵企图杀子䓨,立公中缓,割取魏国土地;韩国害怕子䓨死,公中缓即位,就会亲赵国;于是坚决主张让子䓨与公中缓皆立,分魏为二,其势必弱;结果两国意见不统一而各自退兵。《史记·魏世家》云:韩懿侯"乃与赵成侯合军并兵以伐魏,战于浊泽。魏氏大败魏君,为赵谓韩曰:'除魏君,立公中

---

① 方诗铭、王修龄:《古本竹书纪年辑证》,上海:上海古籍出版社,2005年,279页。
② 方诗铭、王修龄:《古本竹书纪年辑证》,上海:上海古籍出版社,2005年,105页。

缓，割地而退，我且利。'韩曰：'不可。杀魏君，人必曰暴；割地而退，人必曰贪；不如两分之，魏分为两，不强于宋、卫，则我终无魏之患矣。'赵不听，韩不说，以其少卒夜去。惠王之所以身不死，国不分者，二家谋不和也。若从一家之谋，则魏必分矣。故曰君终无嫡子，其国可破也。"（唐）张守节《正义》中，音仲。

《史记·魏世家》所说的"魏氏大败魏君，为赵谓韩曰"之"魏氏"当指的是"公孙颀"，"魏君"指的当是"子罃"。

（宋）司马光《资治通鉴》卷一《周纪一》记载的就较为明确，云："魏大夫王错出奔韩，公孙颀谓韩懿侯曰：'魏乱可取也。'懿侯乃与赵成侯合兵伐魏，战于浊泽，大破之，遂围魏。成侯曰：'杀罃，立公中缓，割地而退；我二国之利也。'懿侯曰：'不可。杀魏君，暴也；割地而退，贪也；不如两分之。魏分为两，不强于宋、卫，则我终无魏患矣。'赵人不听。懿侯不悦，以其兵夜去；赵成侯亦去。子罃遂杀公中缓而立，是为惠王。太史公曰：'魏惠王所以身不死、国不分者，二国之谋不和也；若从一家之谋，魏必分矣。故曰君终无嫡子，其国可破也。'"

赵、韩二国的私心与矛盾拯救了魏惠王。

魏国自魏惠王开始，三晋关系破裂，力量大大分散。魏惠王杀掉公中缓，即位之后，立刻对赵、韩实施报复。《史记·魏世家》记载，魏惠王即位的次年，"魏败韩于马陵，败赵于怀"。三晋关系由团结一致到相互攻伐，魏国实力也随之大大削弱。

此时，齐国开始强大，并对淮泗间一些小国收取贡纳之物。秦国经公元前408年实行"初租禾"，生产有了长足发展，不断东侵魏国，成为魏国的敌对国。齐、秦兴起，成为魏国霸业的竞争者。

二、魏与韩、赵的战争

魏惠王在刚即位时，与赵、韩发生的很多战争可以分为三个阶段。

（1）魏惠王在即位之初，赵、韩二国联合之前，魏惠王也是很主动的。

魏惠王元年，在平阳故城打败了赵国，（北魏）郦道元《水经注》卷十《浊漳水》引《竹书纪年》曰："梁惠成王元年，邺师败邯郸师于平阳者也。司马彪《郡国志》曰：邺有平阳城即此地。"平阳城在邺，今河南省安阳市境。

（2）赵、韩联合起来共同对付魏国，魏与赵、韩的战争，基本上失败的。但是当魏惠王即位稳定、迁都大梁之后，与赵、韩的战争，基本是占上风、胜利的。

《史记·魏世家》云：魏惠王二年，"魏败韩于马陵，败赵于怀"。马陵，今不知何地，或许是魏齐之战的马陵；怀，今河南省沁阳县。

魏惠王二年（公元前368年），赵国又攻打魏国。《史记·六国年表·赵年表》记载：赵"败魏涿泽，围惠王"。看来这次战争，魏国也是吃亏的，魏惠王亲自领兵，被赵国包围。

魏惠王在赵、韩的进攻之下，节节败退，难以应付。

如前所述，《史记·魏世家》云："公孙颀自宋入赵。"魏惠王元年，赵、韩二国不仅伐葵，而且已经攻取了蔡邑。魏惠成王又围浊阳。《史记·魏世家》又云："懿侯说，乃与赵成侯合军并兵以伐魏，战于浊泽。魏氏大败。"《集解》引徐广曰："长社有浊泽。"浊阳，就是浊泽。

《水经注·沁水》记载："（沁水）又径平阳城北，《竹书纪年》曰：'梁惠成王元年，赵成侯偃、韩懿侯若，伐我葵。'即此城也。司马彪《郡国志》曰：'邺有平阳城'，即此地也。"司马彪认为，葵，即郪城，今河南省安阳市境。亦有人认为，"葵"与"蔡"形近，"葵"当是"蔡城"，在今焦作市境。司马彪《续汉书·郡国志一》："山阳邑有雍城，有蔡城。"刘昭补并注："蔡叔邑，此犹郑管城之类乎？"

笔者认为，刘昭所注此"蔡城"可能是"蔡叔邑"，是有道理的。西周初年，周武王封了"武庚三监"，三监，是管叔、蔡叔、霍叔，以监督武庚。武庚，在今河南省安阳一带，那么"三监"，就不会离武庚太远，蔡叔初封在山阳一带（今河南省焦作市境）是完全可能的。

（3）当魏惠王即位稳定后，与赵、韩不断发生冲突和战争。魏国在与赵、韩的战争中，如果不是赵、韩联合，基本是占上风的。

《史记·魏世家》云："五年，与韩会宅阳城。"魏惠王元年，败韩于马陵（此马陵与魏齐之战马陵是否同一地，尚无记载）；在怀打败赵国；又与韩国在宅阳城会盟。宅阳，《正义》引《括地志》云："宅阳故城，一名北宅，在郑州荥阳县东南十七里。"

《水经注·济水》记载："《竹书纪年》梁惠成王五年，公子景贾率师伐郑，韩明战于阳，我师败逋。泽北有坛陵亭，亦或谓之大陵城，非所究也。"在这次战争中，魏国又失败。

《史记·魏世家》记载：魏惠王九年（公元前361年），"伐败韩于浍"。《战国策·魏一》记载："魏公叔痤为魏将，而与韩、赵战浍北，禽乐祚。"《史记·魏世家》云：魏惠王十年（公元前360年），魏"伐取赵皮牢，彗星见。十二年，星昼坠有声。十四年，与赵会鄗"。《史记·赵世家》云：赵成侯种十三年（公元前362年）"魏败我浍，取皮牢"。皮牢，《正义》引《括地志》云："浍水县在绛州翼城县东南二十五里，按皮牢，当在浍之侧。"史籍所记，当指的是同一战争，皆发生在浍水流域。魏国在浍水边打败韩国，并夺去了皮牢城。

《山西通志》卷九《关隘一》云："曲沃南北皆山，紫金山北六七里有浍水，乔山南二十里有合水。浍南合北邱高壑深，各接于山；而浍北合南，东南浍高山，东北覆釜堆，踰翼以达于沃七十里，中修冈孤阜平畴，高高下下，皆两水束焉。"浍水，当是山西曲沃附近的一条河水。魏与赵、韩在浍水北岸发生较大规模的战争，魏国大胜。

《战国策·魏一》云："魏公叔痤为魏将，而与韩、赵战浍北，禽乐祚。魏王说，迎郊，以赏田百万禄之。公叔痤反走，再拜辞曰：'夫使士卒不崩，直而不倚，挠拣而不辟者，此吴起余教也，臣不能为也。前脉形境之险阻，决利害之备，使三军之士不迷惑者，巴宁、爨襄之力也。县赏罚于前，使民昭然信之于后者，王之明法也。见敌之可也，鼓之，不敢怠倦者，臣也。王特为臣之右手不倦赏臣，何也？若以臣之有功，臣何力之有乎？'王曰：'善。'于是索吴起之后，赐之田二十万；巴宁、爨襄田各十万。王曰：'公叔岂非长者哉，既为寡人胜强敌矣，又不遗贤者之后，不揜能士之迹，公叔何可无益乎？！'故又与田四十万，加之百万之上，使百四十万。故老子曰：'圣人无积，尽以为人，已愈有。既以与人，已愈多。'公叔当之矣。"（宋）鲍彪注："《说文》浍水出霍山西南入汾，此二年败韩马陵，败赵于怀；乐祚，赵将；闲田以待赏有功者。挠，折也，喻敌之压已。脉见其幽，形见其显。"

这一段话是说，魏将公叔痤与韩、赵战于浍北，俘获赵将乐祚。当魏惠王给他赏田百万作为俸禄时，公叔痤坚决不要，并且说：士卒之所以勇往直前，不辟险阻者，"此吴起余教也"；能够识别险阻厉害，"巴宁、爨襄之力也"；使民信于赏罚，是"王之明法也"。

从这段记载来看，公叔痤还是很不错的。但是据分析，当年害吴起、"尚公主"的公叔与此公叔痤是同一人。公叔痤当年害吴起，迫使吴起离开魏国，为什么如今又推崇吴起的功勋和吴起之后代呢？实际上是很容易理解的，公叔痤当年嫉害吴起，是因为吴起的能力比他强；他不想魏国衰弱，也不能容忍能力比自己强的人；把吴起赶走，魏国就属他最有能力，当然他的地位也会最高。他打了胜仗又推崇吴起的功勋和吴起之后代，是因为吴起已经不在魏国或者已经在楚国死去；此时推崇吴起，只会显示他的雅量和胸怀，他会因此得到更多的赏赐。例如本次战争胜利，魏惠王本来赏赐他田百万，而他一谦让，就赏赐他田一百四十万。后来他在临死时，才把他早已了解到的能人商鞅推荐给魏惠王，结果魏惠王也不能重用。为什么不早推荐，他是害怕一个比自己能力强的人在魏国受到重用，他的地位会因此降低。公叔是一个很有心计的人。

三、魏惠王与齐、秦的战争

魏惠王即位之后，面临的形势还是很严峻的。这个时期魏国的对手不仅有赵、韩二国，齐国、秦国也趁火打劫。

《史记·魏世家》云：魏惠王三年（公元前367年），"齐败我观。五年，与韩会宅阳城，武堵为秦所败。六年，伐取宋仪台"。

观，《集解》："《齐世家》云，献观以和。齐年表曰：伐魏取观，今卫县也。"《索隐》："《田完系家》云：败魏于浊津，而围惠王。惠王请献观以和。"《正义》："魏州魏城县，古之观国。《国语》云：观国，夏启子太康第五弟之所封也，夏衰灭之。"

从以上《魏世家》的记载来看，魏惠王三年（公元前367年），齐人在观（即轵，战国时魏城，故址在今河南省济源市东的轵城镇）败魏。魏国献出观邑，与齐达成和解。

当然在这期间，魏国也攻取了宋国的仪台。

秦国自从魏文侯派出将军吴起占领河西之地后，一直耿耿于怀，伺机夺回河西。

魏惠王五年（公元前365年），又为秦所败。《史记·六国年表·秦年表》记载：秦孝公十九年（公元前343），"败韩、魏洛阳"。《集解》引徐广曰："《秦年表》曰：败韩、魏洛阳。"这里是洛阳，当知道是洛水之阳。

秦献公十九年（公元前366年），秦魏发生石门之战，《史记·六国年表·秦年表》记载："章蟜与晋战石门，天子贺。"《集解》引徐广曰："斩首六万。"这里所说的"晋"，就是魏国；因为在分晋之后，魏国一直以晋国的主体自称为"晋"。这次战争还得到"天子贺",说明秦国得了大便宜。周天子已经成为一个摆设,哪一个诸侯国强盛,就对哪个诸侯国嘉奖祝贺。石门之战中,魏国六万士卒被斩首,吃了大亏。

公元前366年,还是在石门之战的同一年,秦乘胜攻打魏国。大概此时赵国已经看到魏国的危机,于是赵国在石阿对魏国救援。此年,秦攻魏少梁,赵又救之。

《史记·六国年表·秦年表》记载:秦献公二十三年(公元前362年),"与魏战少梁,虏其太子"。《史记·魏世家》云:梁惠王九年,"与秦战少梁,虏我将公孙痤,取庞;秦献公卒,子孝公立。……十七年与秦战元里,秦取我少梁"。魏惠王九年(公元前361年),魏与秦有少梁之战,又夺取庞,今陕西韩城市东南。

魏惠王十七年(公元前353年),秦、魏在元里大战。秦国俘虏魏将公孙痤,魏国大败。元里,今陕西澄城县南。秦国终于夺取了少梁这个河西重地。

当秦国占领河西重镇少梁、澄城之地时,已经是秦孝公时期,商鞅已经到了秦国,魏国将面临着巨大的灾难(第五章将详述,此处不再赘述)。

第二节 魏惠王迁都大梁

魏惠王时期,魏国迁都大梁,从此魏惠王又称为梁惠王。关于魏国迁都的原因有到中原寻求更大的发展说、避秦说等两种说法;魏国迁都大梁的时间,史上有魏惠王六年说、魏惠王二十九年说、魏惠王三十一年说等三种说法。探讨魏国何时迁都与其迁都的原因是研究魏国迁都的重要问题,因此也是研究魏国历史的重要内容。

一、魏惠王迁都大梁时间的几种说法

魏惠王时期,魏国的国都由安邑迁往大梁(今河南省开封市)。魏国为什么迁都,历史上有两种说法:一种说法是魏国希望向中原发展,在中原地区魏国可以有更广阔的发展空间,对成就魏国的霸业极有好处;另一种说法是,魏惠王时期,魏国逐渐衰落,西部边境经常受到秦国的攻击。在秦国的威逼下,

魏惠王不得已而迁都。

关于魏惠王何时迁都大梁，由于先秦史籍的不完整，我国史书也有不同的记载和说法，但是何时迁都当与迁都的原因密切相关，因此考证魏国何时迁都与为何迁都有重要意义。关于魏国迁都大梁的时间主要有三种说法，即魏惠王六年说、魏惠王二十九年说、魏惠王三十一年说等。

1. 魏惠王六年迁都大梁说

《竹书纪年》记载：周显王四年，相当于魏惠王六年（公元前365年）夏四月甲寅，魏"徙邦于大梁，王发逢忌之薮以赐民"。

《汉书·高帝纪》云："魏人周市略地丰沛，使人谓雍齿曰：'丰，故梁徙也。今魏地已定者数十城，齿今下魏，魏以齿为侯守丰。'"文颖曰："晋大夫毕万封魏，今河东河北县是也。其后为秦所逼徙都，今魏郡魏县是也。至文侯孙惠王畏秦，复徙都大梁，今浚仪县大梁亭是也。故世或言魏惠王或言梁惠王至孙假，为秦所灭，转东徙于丰，故曰丰，故梁徙也。臣瓒曰：《史记》及《世本》毕万居魏，昭子徙安邑，文侯亦居之。《汲郡古文》云：惠王之六年，自安邑迁于大梁。师古曰：魏不常都于魏郡魏县，瓒说是也。其他即如文氏之释。"

（魏）郦道元《水经注》卷二十二引《竹书纪年》云："梁惠成王六年四月甲寅，徙都于大梁。"

（清）徐文靖《竹书统笺》卷首上："孙奭《孟子》疏曰：《汲冢纪年》梁惠成王九年四月甲寅，徙都大梁。今据竹书是六年。《汉书·高祖纪》臣瓒引《汲郡古文》魏惠王六年自安邑迁于大梁。"

2. 魏惠王二十九年迁大梁说

《史记·商君列传》："魏惠王兵数破于齐秦，国内空，日以削，恐；乃使使割河西之地献于秦以和，而魏遂去安邑，徙都大梁。"《索隐》："《纪年》曰：梁惠王二十九年，秦卫鞅伐梁西鄙，则徙大梁，在惠王之二十九年也。"《正义》："从蒲州安邑徙汴州浚仪也。"

《汉书·高帝纪》云："秦灭魏迁大梁。"颜师古注："秦昭王伐魏，魏惠王弃安邑东徙大梁，更号曰梁，非始皇灭六国之时。"

3. 魏惠王三十一年迁大梁说

《史记·魏世家》：魏惠王三十一年（公元前339年）"秦用商君，东地至河，而齐赵数破我。安邑近秦，于是徙治大梁。"《集解》引徐广曰："今浚仪。
骃案：《汲冢纪年》曰：梁惠成王九年四月甲寅，徙都大梁也。"《索隐》《纪
年》：以为惠王九年，盖误也。《正义》："《陈留风俗传》云：魏之都也。毕
万十叶徙大梁，按今汴州浚仪也。"

  研究魏惠王迁都大梁的时间有非常重要的意义，如果说魏惠王六年迁都大梁，那么魏国迁都之目的是为了到中原来谋求更大的发展和霸业；如果魏惠王二十九年迁大梁或者魏惠王三十一年迁大梁，魏国迁都则是为了避秦，即为了躲避秦人的攻击；因此对魏惠王迁都大梁的时间应该进行认真的研究和探讨。

二、魏惠王迁都大梁的时间考略

  魏国迁都大梁的时间的哪一种说法更符合历史实际呢？
  首先，我们研究一下魏惠王迁都大梁之后做了哪些事情，依此弄清魏惠王迁都的时间。
  关于魏惠王迁都的三种说法，以"魏惠王六年迁都大梁说"最早，我们先以魏惠王六年迁都说进行探讨。
  《史记·魏世家》记载：

> 魏惠王六年，伐取宋仪台。
>
> 魏惠王九年，伐败韩于浍，与秦战少梁，虏我将公孙痤，取庞，秦献公卒，子孝公立。
>
> 魏惠王十年，伐取赵皮牢，彗星见。
>
> 魏惠王十二年，星书坠有声。
>
> 魏惠王十四年，与赵会鄗。
>
> 魏惠王十五年，鲁卫宋郑君来朝。（《索隐》云："《纪年》鲁恭侯、宋桓侯、卫成侯、郑厘侯来朝，皆在十四年。郑厘侯者，韩昭侯也；韩哀侯灭郑而徙都之，遂改号曰郑。"）
>
> 魏惠王十六年，与秦孝公会杜平，侵宋黄池，宋复取之。
>
> 魏惠王十七年，与秦战元里，秦取我少梁；围赵邯郸。
>
> 魏惠王十八年，拔邯郸，赵请救于齐。齐使田忌、孙膑救赵，败魏桂陵。

魏惠王十八年（公元前352年），魏齐桂陵之战之前，魏国早已经迁都大梁。

《史记·孙子吴起列传》记载：是时，"魏伐赵，赵急请救于齐。齐威王乃以田忌为将，而孙子为师居辎车中，坐为计谋。田忌欲引兵之赵，孙子曰：'夫解杂乱纷纠者不控捲，救斗者不搏撠，批亢捣虚，形格势禁，则自为解耳。今梁、赵相攻，轻兵锐卒必竭于外，老弱罢于内；君不若引兵疾走大梁，据其街路，冲其方虚，彼必释赵而自救，是我一举解赵之围，而收弊于魏也。'田忌从之，魏果去邯郸，与齐战于桂陵，大破梁军。"这里孙子云："今梁赵相攻""君不若引兵疾走大梁""大破梁军"之语，说明是时，魏惠王已经迁都大梁，才称之为"梁"。

魏惠王十八年（公元前352年）之前，魏国并没有受到秦国的残酷打击。

相反《史记·魏世家》记载的"魏惠王十五年，鲁卫宋郑君来朝"之时，秦国也跟随魏国前往孟津朝天子了。《史记·秦本纪》曰：秦孝公十八年（即魏惠王二十六年），"秦使公子少官率师会诸侯逢泽，朝天子"。《史记·赵世家》载："肃侯四年，朝天子。"

魏惠王十五年（公元前355年），秦国派公子少官率师跟随魏惠王会诸侯于逢泽，朝天子，秦国还不敢与魏国分庭抗礼。

《战国策·齐五》云："魏王拥土千里，带甲三十六万，恃其强而拔邯郸，西围定阳；又从十二诸侯朝天子，以西谋秦。秦王恐之，寝不安席，食不甘味，令于境内尽堞中为战，具竟为守备，为死士置将，以待魏氏。卫鞅谋于秦王曰：'夫魏氏其功大，而令行于天下，有十二诸侯而朝天子，其与必众；故以一秦而敌大魏恐不如。'"[①]

魏文侯在位50年，武侯在位26年，魏惠王承祖父之业，在战国初期的60年内，魏是最强大的诸侯国。商鞅认为："魏氏其功大，而令行于天下。"当时西边的秦，东边的齐，南边的韩、楚，皆受魏之攻击。公元前353年，魏攻破了赵之邯郸，并连续占领两年，目的是想统一三晋，做霸主，继承齐桓、晋文的事业。

这些记载说明，魏惠王十八年（公元前352年）之前，魏国"令行于天下，有十二诸侯而朝天子"，是相当强盛的。是时，秦国尚不能与魏国匹敌。尽管魏惠王十八年，魏齐之战，魏国败于桂陵，但这并未伤及魏国元气。然

---

① 《战国策·齐五》。

而，此时的魏国早已迁都大梁，所以在前面的三种说之中，当以魏惠王六年迁都大梁之说符合历史实际。

真正使魏国丧失元气的是魏、齐马陵之战。魏惠王三十年（公元前340年），"魏伐赵，赵告急齐。齐宣王用孙子计，救赵击魏。魏遂大兴师，使庞涓将，而令太子申为上将军，……（魏）败于马陵。齐虏魏太子申杀将军涓军遂大破。三十一年，秦赵齐共伐我，秦将商君诈我将军公子卬，而袭夺其军，破之。秦用商君，东地至河，而齐、赵数破我"。

但在此之前，即魏齐桂陵之战时，魏国已经迁都大梁。魏国的迁都绝不是由于"安邑近秦，于是徙治大梁"。

魏国迁都之时还是很强大的，正处于鼎盛时期；因此魏国迁都大梁当是为了进军中原，以便有更好的发展霸业的空间。魏惠王六年夏四月甲寅，魏"徙邦于大梁，王发逢忌之薮以赐民"①。魏惠王迁都大梁之后，马上就开发逢忌之薮，就是让老百姓逢泽之湿地以富民。在关于魏惠王迁都的三种说法，以魏惠王六年迁都大梁说较为符合历史事实。

第三节　大梁城之沿革

魏惠王六年，魏国的国都从安邑迁往大梁。大梁曾是夏王朝的国都老丘。春秋时期，郑国在大梁城的东南40多华里处建立启封城。至魏惠王时期，魏国迁都大梁，故魏惠王又称为梁惠王。魏国在大梁走上鼎盛期，从而创造了战国时期的辉煌。

一、夏王朝最早建立国都的老丘

夏王朝自夏后禹建国，也有多次迁徙，仅就古籍记载就有15次之多；在夏王朝所居的都城中，以河南开封老丘为夏都的时间最长。

阳城是夏王朝的第一个国都。《古本竹书纪年·夏纪》云："禹都阳城。"阳城在夏墟，即晋南安邑（今山西夏县）地区。以后，夏后禹于是把都城迁到

---

① 《今本竹书纪年》卷下。

雒邑一带，即今河南省洛阳一带，其国都名字仍称阳城。

夏后禹三迁阳翟（今河南禹县）；太康四迁斟寻（今河南巩县西南）。《史记·夏本纪》《索隐》引《汲冢古文》云："太康居斟寻。"

夏后相五迁商丘。《古本竹书纪年》云："帝相即位，处商丘。"

夏后相六迁斟灌（今山寿光县东五十四里）。《汲冢古文》云："相居斟灌。"

夏后相七帝丘（今河南省濮阳市境）。在帝丘，帝后相被杀。相的妻子缗已经怀孕，从墙窦中逃出，逃到其母族有仍氏，生下少康。

少康长大之后，得到有虞氏的帮助，聚集夏民众，建立了政权机构，遂灭有过氏，从而恢复了夏王朝，这就是史书上所说的"少康中兴"。

夏少康八迁原（今河南省济源市境）。《今本竹书纪年》卷上记载："帝少康十八年，迁于原。"

夏后杼九迁老丘（今河南开封市杜良乡一带）。《古本竹书纪年》云："帝宁居原，自迁于老丘。"[1]宁，即杼；老丘，江永《春秋地理考实》卷三引《彙纂》："今河南陈留县北四十五里有老丘城。"[2]

夏后廑十迁西河，夏桀十一迁斟寻，夏桀十二迁夏桀之居。自夏王朝离开老丘之后，二世而亡，已经走下坡路，至夏桀时灭亡。

自帝杼在老丘建都，至帝廑（一名胤甲）元年己未，"居西河"止，夏王朝有帝杼、帝芬、帝芒、帝泄、帝不降、帝扃等夏朝的6世国王、经历216年的岁月。如果除夏王朝自太康失国，经过仲康、相、直至少康的60年余年（那时夏人并没有控制夏国家的政权，夏国家处于"无王"时期），再除大禹"公天下"执政的45年；那么夏王朝经历471年，仅在老丘为国都就216年。夏王朝12迁国都，在其他11个国都中一共255年，可见老丘在夏代历史上地位的重要。在老丘，夏王朝走上了鼎盛时期。

老丘，自夏后廑迁都西河，开始衰落。春秋时期，这里是郑国的边境地区。郑国在这里开土封疆，故这里又叫作开封。

开封在战国时期称为大梁。大梁是相对少梁而命名的。如前所述，梁，本为梁国或梁伯国。在今陕西韩城南。周平王东迁，把王畿故地封给了秦国，又把梁封给了秦襄公少子康，建立了梁国或梁伯国。梁与秦同姓，后为秦所灭。

梁被灭之后，梁氏族人迁徙所处为大梁，即郑国的开土封疆之地开封；留下

---

[1] 方诗铭、王修龄：《古本竹本纪年辑证》，上海：上海古籍出版社，2005年，8页。

[2] 江永：《春秋地理考实》，清文渊四库全书本，102页。

的当为小梁，即少梁。（魏）郦道元《水经注》卷二十二《渠》："大梁城南，本春秋之阳武高阳乡也，于战国为大梁；周梁伯之故居矣。梁伯好土功，大其城，号曰'新里'。民疲而溃，秦遂取焉。后魏惠王自安邑徙都之故曰梁耳。《今本竹书纪年》梁惠成王六年四月甲寅，徙都于大梁是也。秦灭魏以为县。"

魏国自建立之后，最早定都在安邑。安邑是夏王朝兴起的地方；以后在老丘，即夏王朝的鼎盛时期，是时的魏惠王大约也有此种考虑。安邑是夏王朝最早的国都，也是魏国最早的国都。魏国迁都大梁，老丘在大梁城东北约20公里处。

二、从卫国的仪邑到郑国的启封城

在开封东南45里处的朱仙镇附近有一古城村，即郑国在开封所建的启封城，今天开封城的名字源于启封。（宋）吴曾《能改斋漫录》卷九《地理》"开封"条下云："京师开封县，其城本郑庄公所筑。昔卫之水有浚，浚之地有仪。封人掌仪地之封疆，郑人得而城焉，以为开封，此其始也。"

（唐）李吉甫《元和郡县志·河南道·汴州·陈留雄》云："高阳故城县西南二十九里，颛顼高阳氏佐少昊有功，受封此邑。"（宋）罗泌《路史·国名纪三》"高阳氏后"云："高阳帝之初封瀛之高阳县，在高水之阳也。至道三割隶顺安，然棘城实为高阳氏之虚，今浚仪亦有高阳故城，盖后所都。"我国山南水北为阳。这个记载说明，浚仪之南有高水，浚仪亦有高阳故城；颛顼高阳氏曾活动在这一带；后来的大梁城有"高门"为证。

《论语·八佾》云："仪封人请见，曰：君子之至于斯也，吾未尝不得见也，从者见之。"郑玄曰："仪，盖卫下邑也；封人，官名也。"（宋）邢昺疏："《周礼》封人掌为畿封而树之，郑玄云：畿上有封，若今时界也。天子封人，职典封疆。则知诸侯封人亦然也。……此云仪封人，皆以地名；封人，盖职典封疆，居在边邑。"（清）阎若璩《四书释地续·仪》云："卫仪邑城在今开封府兰阳县西北二十里，乃卫西南境，距其国五百余里。"

西周分封时，卫国是最大的封国，"卫为诸侯之长"，今河南省开封是卫国封地的西南边境。由于这里处在卫国的边疆，故卫设"封人"之官以掌仪地之封疆。因这里有浚水，浚水边有卫国边境长官封人所居的仪邑，故此地又称为浚仪。春秋以后，这里被郑国所占据，成为郑国的辖地。郑国在仪邑基础上建立城邑，成为启封，即开启封疆之意。

《后汉书·郡国志三》云："浚仪，本大梁。《帝王世纪》曰：禹避商均浚仪。晋《地道记》仪封人，此县也。《通俗文》曰：渠在浚仪，曰莨荡也。"启封在西汉景帝时，避汉景帝刘启之讳，改名曰"开封"。

（清）顾祖禹《读史方舆纪要》卷四十七对此考证曰："开封废县，在（开封）府南五十里，魏邑也。"也就是说，古启封城在今开封府南50里处，即今开封朱仙镇附近。

20世纪90年代初，考古工作者曾在今开封县朱仙镇东南3公里的古城村发现一个古城遗址，古城村北距今开封市约25公里，其位置与古籍记载相吻合。经勘探发掘，古城遗址呈东西略短、南北稍长的不规整的长方形。其东墙长1105米、西墙长965米、南墙长710米、北墙长550米，四墙全长3330米左右。残垣高约7米，宽30余米，是一夯筑城墙，仍然可以清晰地看出夯层、夯窝和柱洞。残垣上部散布有大量古代陶片。其中一种为灰色夹砂陶，陶胎较薄，纹饰以绳纹居多，方格纹次之。陶片的陶质和纹饰在春秋时期较为流行。故可以推断，启（开）封故城的始建年代大致在春秋时期，结合文献记载，该城为春秋郑庄公所建，那么郑庄公时期（公元前743～前701年），该城距今有已2700年左右。勘探过程中分别在西、南、北三墙发现了三处缺口，其中西墙的缺口宽约30米。在缺口处距地表1.5米深处发现零星路土。在城址西南角老谭寨村的一村民家中征集到一方北魏墓砖。墓砖志文"……开封城西门西二百步横道北五十步……"此缺口，即启封城西门遗址。① 其他缺口也可能是启封故城的城门。

由以上论述可知，这里原是卫国的仪邑，为卫国驻守边境的仪封人所居，可能还没有城，只是一个邑。春秋初年，郑国从陕西迁居中原，夺取了卫国的仪邑，在这里修筑启封城。

西汉景帝名刘启，为避汉景帝的名讳，启封改名开封。启封城在今开封市西南约25公里处。

三、魏国迁都大梁城

战国初年，启封曾落入楚国之手。《史记·楚世家》记载："（楚悼王）

---

① 丘刚：《启（开）封故城的兴废与勘探》，《史学月刊》1992年第2期，97～99页。

十一年，三晋伐楚，败我大梁、榆关。十年魏取我鲁阳。"大梁，就是今河南省开封市。魏国从楚国手中夺走大梁。魏惠王时期，魏国迁都大梁。

大梁，其名字来自春秋初年分封的梁伯国（今陕西韩城县），原称为少梁，嬴姓，与秦国同祖。

《史记·秦本纪》云："（秦）成公元年，梁伯、芮伯来朝齐。"《正义》引《括地志》云："同州韩城县南二十二里，少梁故城，古少梁国。《都城记》云：梁伯国，嬴姓之后，与秦同祖。秦穆公二十二年灭之。"梁被秦穆公所灭。《左传·僖公十八年》："梁伯益其国，而不能实也；命曰'新里'，秦取之。"杜预注："多筑城邑而无民以实之。"《左传·僖公十九年》："春，遂城而居之。"杜预注："承前年传取新里，故不复言秦也。为此冬梁亡。"郦道元《水经注·渭水》亦云："战国为大梁。周，梁伯之故居矣。梁伯好土功，大其城号曰新里，民疲而溃，秦遂取焉。后魏惠王自安邑徙都之，故曰梁。"

（宋）罗泌《路史·国名纪》云："梁，伯爵，本少梁夏阳也。今同之韩城有少梁故城，好战而亡，有梁山。"注："伐曲沃者，秦德公三年，梁伯来朝。《索隐》云：嬴姓是矣。秦惠文公更名夏阳，今韩城在韩城南二十三。文十年，晋伐秦取少梁者。僖十九年梁亡。今有新里城，梁伯所筑。乐史云在澄城，本华氏邑，禹治梁及岐山。"

大梁，是少梁附近梁山的名字。（宋）乐史《太平寰宇记·关西道四》云："韩城县东北二百里旧十二乡、今五乡古韩国及梁国，汉为夏阳县地。今县西南二里有夏阳故城存，韩国故城在今县理南十八里。梁国在今县理南二十二里，有少梁故城。隋文帝分合阳于此，置韩城县以古韩城为名。梁割属河中府后唐天成元年复旧。梁山，汉志注云：梁山在夏阳西北，即尚书禹贡治梁及岐。《诗韩奕篇》'奕奕梁山'。尔雅云：梁山晋望也。注云：谓晋国所望祭也。故曰大梁，别小梁之号，俱在韩城县界。大梁山在今县西五里。"

（宋）程公说《春秋分记·疆理书第五·秦地总说·秦地释名》："少梁（见十年），《禹贡》梁山，盖大梁，也今同州韩城县西。少梁，亦在县界。"

大梁、小梁（即少梁）俱在韩城县界。古梁国，为少梁；梁山，为大梁。春秋初年，少梁是魏秦争夺的焦点地区。是时，魏文侯以吴起为将守西河，使"秦人不敢东向"。古梁国成为魏国的辖地。

魏国原国都为安邑，梁山在其境内。于是在魏惠王迁都以后，把所迁都之处称为大梁，魏惠王亦称梁惠王。

《古本竹书纪年》记载：魏惠王六年夏四月甲寅，魏"徙邦于大梁"。

《汉书·地理志上》云："浚仪，故大梁魏惠王自安邑徙此。睢水首受狼汤水，东至取虑入泗，过郡四，行千三百六十里。应劭曰：魏惠王自安邑徙此，号曰梁。"

《路史·国名纪五》："大梁，魏惠王六年自安邑徙大梁，遂曰梁。今开封祥符，昔之浚仪，而汴城西有故魏城，魏惠王所筑。张仪所谓四平无名山大川之阻者，东魏为梁州。"

魏惠王建都大梁城。夏王朝的国都老丘在大梁东北 20 公里处，郑国所建的启封城在大梁的西南 25 公里处。三座古城在 50 公里的范围之内，呈三角鼎立的形势。

大梁城址是后代在开封修建城市的基础和底盘。历史上的唐代汴州城、宋王朝都城东京开封府城、金朝的汴京城、明清民国时期的河南省府，以及今开封市皆是在大梁城址的基础上修筑的，所以经考古发掘，今开封市出现了"城下城""城摞城"的奇特景观。①

第四节　魏国都城大梁

自公元前 364 年，梁惠王迁都大梁始，至公元前 225 年魏国灭亡止，魏国经过了梁惠王、梁襄王、梁昭王、梁安釐王、梁景愍王、梁王假等 6 世国王，经历 140 余年的岁月。在这座古城，魏国走上鼎盛时期。梁惠王曾雄心勃勃，"乘夏车，称夏王，一朝为天子；天下皆从"，故从古文献记载来看，大梁城是按天子规制建成的。

一、魏都大梁城建的天子规制

大梁城作为魏国最鼎盛时期的都城，其规模肯定是非常宏伟的。由于开封处于黄河中下游地区，当滚滚黄河奔腾向东方流向大海时，从上游黄土高原挟带的大量泥沙来到下游时，大量沉积；又加上历朝历代黄河的泛滥，使这里成为黄泛区。经过几千年的淤积，大梁城已经被淤埋在十几米，甚至几十米的

---

① 刘春迎：《揭秘开封城下城》，北京：科学出版社，2010 年，3 页。

地下，使我们无法发掘勘察，而见其原貌。

根据《周礼》所记载的天子城建的规制，天子之城是十二个城门。《周礼·冬官·考工记下》云："匠人营国方九里，旁三门，天子十二门，通十二子。"也就是说，天子之城方九里，即4.5公里，那么城中有20.25（方九里）平方公里的面积。

刘顺安先生考证，大梁城的位置在今开封城偏西北一带，面积稍大于今城。大梁城的范围以跨今开封市内外西北地区，从地图上可绘出东西宽约5.8公里，再根据旧传相国寺为魏公子无忌宅在大梁城内及汴河在相国寺南推测，大梁城之南墙在今相国寺以南的东西一线，大梁的西门又称高门。参考高门的位置，那么大梁的北墙当与南墙平行，画与南墙平行的线，那么今开封城墙外约4华里一线为大梁城之北墙，测得大梁城南北长约6.4公里。[①] 如此算来，大梁城的面积约为37平方公里还多，比天子之城还大。

笔者认为，刘顺安先生所计算当是大梁城的占地面积，或者以今地域推算古地域，必有误差，那么大梁城面积当与《周礼》所记载的"匠人营国方九里"相差无几，大梁城是按天子之城的规制修筑的。

《史记·穰侯列传》记载：须贾说"魏氏悉其百县胜甲以上戍大梁，臣以为不下三十万，以三十万之众守梁七仞之城，臣以为汤武复生不易攻也"。

关于"仞"，我国古代史籍的解释各有不同：《说文》云："仞，伸臂一寻八尺，从人刃声。"《淮南子·天文训》："人修八尺寻自倍，故八尺而为寻。"《集解》引《小尔雅》曰："四尺谓之仞，倍仞谓之寻。"根据以上解释，当以八尺为一仞

大梁城高为"七仞之城"，其高当为五丈六尺，合今制17米。17米高的城墙当然是相当得巍峨高大。

（明）冯复京《六家诗名物疏》卷三引东汉许慎《五经异义》云："天子城千雉，高七雉；公侯百雉，高五雉；子男五十雉，高三雉；天子之城高九仞，公侯七仞，伯五仞，子男三仞。"

而《史记·穰侯列传》须贾所说的"梁七仞之城"，是一种谦虚的说辞。是时，魏国已经承认自己是秦国的藩属国，当然不敢把大梁城当作王城在秦国面前炫耀，只能把大梁城说成诸侯城的规格。

然而大梁城所开十二道城门，是天子之城规制。战国时期的大梁城就是

---

① 刘顺安：《战国魏都大梁城》，北京：光明日报出版社，2006年，22、24页。

十二个城门，如（唐）李吉甫《元和郡县志·河南道·汴州·陈留雄》云："夷门，《史记》大梁城有十二门。东门，隐士侯嬴年七十，家贫为夷门监者。魏公子无忌厚遗之，不肯受遗。"

（宋）赵与旹《宾退录》卷九："侯嬴为夷门监者，按大梁城十二门，东曰夷门。则夷门者，大梁之一门耳。"

由于时代久远，又加上秦始皇焚书，许多古籍被焚，大梁城的十二个城门的名字已经不能一一考证了，但根据《史记·信陵君列传》的记载，信陵君所夷门监者侯嬴，说明大梁有夷门。后代有人把夷门比作豫州河南，当然不确。

大梁有高门，当是梁惠王所建。（明）李濂《汴京遗迹志》卷七《河渠三·蔡河》附京畿沟洫暨堤闸渡口潭泊："高门堤在固子门外西北，西连落藜堤；因在梁惠王古城高门之北，故名。"

《周礼·冬官·考工记下》记载：天子之城"旁三门，天子十二门，通十二子"，也就是说，天子之城当有十二个城门，四边城墙各有三门。

大梁城的面积、大梁城的十二道城门，以及城墙之高皆可能是王城，即天子之城的规制

魏国刚迁到大梁时，秦国在国力上还不能与魏国相比；商鞅为了达到孤立梁惠王的目的，劝梁惠王"先行王服"。"魏王说于卫鞅之言也，故身广公宫，制丹衣柱，建九斿，从七星之旗，此天子之位也；而魏王处之。"魏惠王"乘夏车，称夏王，一朝为天子，天下皆从"。这些都说明梁惠王有"先行王服"之心，那么梁惠王在修筑大梁城时，把大梁城的面积、大梁城的十二道城门，以及城墙之高皆可能是按王城即天子之城的规制修建，这完全是可能的。

在大梁城中还筑有灵台，灵台又称惠王台，据说有两处：一处在今河南开封；《河南通志·古迹上》云："灵台在府城南二十里，战国魏侯罃所筑；一名梁惠王台。"一处在今河北大名县。《畿辅通志·古迹·正定府》记载："在大名县北十里名胜志魏惠王所筑。"笔者认为，梁惠王建都在大梁，今河南省开封市，故惠王台在开封的可能性更大些。

天子之台才称为灵台。《洪范五行传》曰："天子曰灵台，诸侯曰时台。"《春秋纬》曰："天子灵台，诸侯观台。"《礼含文嘉》曰："天子灵台，以考观天人之际法，阴阳之会也。"惠王台又称灵台。梁惠王筑灵台，表现出梁惠王确实是按天子之规制修建大梁城的。

二、大梁的宫苑楼台

如前所述，梁惠王是按天子之制建筑大梁城的。梁惠王修建了许多豪华的宫殿、台阁，这些宫殿有的是建在大梁城中；有园囿供梁王打猎游玩，建在大梁城的周围地区，但大梁城内有许多豪华宫殿、台阁等，包括园囿皆是大梁城的组成部分。战国时期，有些台阁称为"台"。

丹宫，（明）董说《七国考》卷四《魏宫室》天下记载有"丹宫"。董说认为"丹宫"是梁襄王之丹宫，与赵成侯之檀台、丽华冠于一时。董说曰："余按《国策》魏惠王'广公宫，制丹衣柱'；疑丹宫之名从此起也。然《国策》乃惠王，沈休文作襄王，或别丹宫耳。"沈休文，就是南朝沈约。丹宫已经不可考了，沈约大约还见过关于梁的丹宫、"丽华冠于一时"的壮观。

公宫，是魏王所居的宫殿，有正殿、偏殿之分。《战国策·齐五》云：魏王"身广公宫，制丹衣柱，建九斿，从七星之旗，此天子之位也；而魏王处之"。可见梁惠王所见到的宫殿也是按天子之制修建，当然是很奢华的。（汉）刘向《说苑·反质》云："魏文侯御廪灾，文侯素服辟正殿五日；群臣皆素服而吊。"这个记载说明，文侯时期的宫殿已经有正殿、偏殿之分，那么梁惠王所处的宫殿，是"广公宫，制丹衣柱，建九斿"之后的宫殿，当更豪华。

范台、兰台，《战国策·魏二》云："梁王觞诸侯于范台，酒酣请鲁君奉觞。鲁君兴，避席择言曰：……主君之尊，仪狄之酒也，主君之味，易牙之味也，左白台而右闾须，南威之美也；前夹林、而后兰台，强台之乐也。有一于此，足以亡国。梁王称善。"

范台、兰台，乃当时魏国的宫苑；夹林，也是魏国的园林。而"左白台而右闾须"，当是美女之意。

京台，《战国策·楚四》云："更羸与魏王处京台之下，仰见飞鸟。"

晖台，《战国策·东周》云："夫梁之君臣欲得九鼎，谋之晖台之下、少海之上，其日久矣。"宋鲍彪注："（晖台）台名曰晖，故孟子称梁有台池之乐。"晖台，当在大梁城内。

灵台，如前所述，灵台又称惠王台，一说在今河南开封。《河南通志·古迹上》云："灵台在府城南二十里，战国魏侯䓨所筑；一名梁惠王台。"另一说在今河北大名县，《畿辅通志·古迹·正定府》记载："在大名县北十里名胜志魏惠王所筑。"

中天台，中天之台，言高及天半之台也。（汉）刘向《新序》卷六《刺奢》云："魏襄王将欲为中天台。许绾负锸而入曰：'闻大王将为中天之台，愿加一力。'王曰：'子何力有加？'绾曰：'虽无力，能商台。'王曰：'若何？'曰：'臣闻天与地相去万五千里，今王因而半之，当起七千五百里之台。高既如是，其址须方八千里，尽王之地不足以为台址。'……魏王默然无以应，乃罢起台。"魏国的中天台是否筑起来了，后来没记载；是时楚国也曾筑天中台。

拜郊台，（明）董说《七国考》卷四《魏宫室》云："拜郊台在府城南十里，其东又有东拜郊台，并宋时筑。"《畿辅通志·关隘·正定府》"大名府"条下云"台头堡，在府城南门外。《方舆纪要》其地有高台，相传为魏惠王拜郊台。"魏惠王当在今大名府台头堡。

这个拜郊台，笔者认为当在魏国国都大梁城外。

丽谯，是一很华丽的战楼之名。《庄子·徐无鬼》记载徐无鬼见魏武侯曰："无盛鹤列于丽谯之间。"注："鹤列，陈兵也；丽谯，高楼也；亦作丽嶕，谓华丽而嶕峣，战楼名也。"这个记载说明，魏武侯的战楼也可能是阅兵楼，是非常华丽的。

吹台，"吹台在县南五里，《陈留风俗传》县有仓颉、师旷城。其城有列仙吹台，梁孝王亦增筑焉。朱梁开平二年改繁台为讲武台，此即吹台也。其后有繁氏居其侧，里人乃以姓呼之"。这个吹台，就是当今开封市的古吹台，也称为禹王台。

魏国的一些园囿、垂都（当是魏国的别都）不在大梁城中，但是梁惠王及其以后梁王所建，是大梁园囿宫殿的有机组成部分。

文台、垂都，《史记·魏世家》云："今秦七攻魏五入囿中，边城尽拔，文台堕，垂都焚。"《索隐》云："文台，台名。《列士传》曰：隐陵君施酒文台也；垂，地名，有朝曰都，并魏台邑名。"《正义》引《括地志》云："文台在曹州宛句县西北六十五里也。"文台，当然是魏国的宫苑，在曹州宛句县西北六十五里；而垂都，也是魏国台邑的名字。这些当都在魏国的园囿之内。

梁囿，是魏国种植园林、放养畜禽，供梁王打猎游乐的园囿。《战国策·西周》云："周君之魏求救。魏王以上党之急辞之，周君反见梁囿而乐之也。"高诱注："梁，魏惠王之都也；畜禽曰苑，园有林池，曰囿也。"《索隐》曰："囿，即圃田；郑薮，属魏。"

温囿，魏国在温地的园囿。《战国策·西周》云："魏王因使孟卯致温囿於周君，而许之戍也。"

还有一些台当是魏文侯、魏武侯时所筑,不在大梁城中,在这里我们一并记述。

文侯台,亦称为魏台,在魏县界,相传为魏文侯筑,古谓之文侯台。

武侯台,传说有两处:一处在今陕西魏县,如《水经注·淇水》云:"白沟自县北径戏阳城东,世谓之义阳聚……白沟又北迳高城亭东,洹水从西南来注之;又北迳问亭东,即魏界也。魏县故城,应劭曰'魏武侯之别都也,城内有武侯台'。"另一处在河北大名府境;《畿辅通志·古迹·正定府》记载:"魏武侯台在府城南十里,相传魏武侯所筑。"(明)董说《七国考》卷四《魏宫室》亦云:"武侯台在今直隶大名府南一十里,旧有坛曰武侯坛;相传谓魏武侯坛也。"(按:笔者认为,山西魏县是魏国发祥之处,文侯亦在此处,故武侯台在今山西魏县境内的可能性更大些。)

三、魏惠王召集逢池之会、驱十二诸侯朝孟津

魏国在魏文侯时期是国力最强大的诸侯国。魏文侯在位50年,武侯在位26年,为魏国奠定了较好的基础。魏惠王承祖父之业,于此时走上鼎盛时期。是时,西边的秦,东边的齐,南边的韩、楚,皆受魏之攻击。魏惠王之目的是统一三晋,做霸主,继承齐桓、晋文的霸业。

魏惠王时期,魏国以霸主身份,对诸侯国发号施令。(宋)吕祖谦《大事记解题》卷三:"宋伐赵,围一城。"解题曰:"梁惠王伐邯郸,征师于宋。宋请于赵曰:'敝邑不从,则恐危社稷,请受边城,徐其攻而留其日以待下,吏之有城而已。'赵许之。宋人因遂举兵入赵境,而围一城焉。"这段话是说,魏国号令宋国伐赵,而宋不得不伐;但是宋国本身又不如赵国强大,于是只好与赵国商量,希望赵国让出一个边城,先让宋国攻打,但是只佯攻而已。

公元前354年,赵国进行扩张。因为卫国是赵之邻国,赵国对其一直虎视眈眈,于是出兵占领了卫国的刚平之邑。然而卫国臣服于魏,是魏的臣属国。次年,魏号令诸侯以伐赵国,攻破邯郸,并连续占领两年。《战国策·秦四》云:"昔者赵氏亦尝强矣。曰赵强何若?举左案齐,举右案魏,厌案万乘之国,二国,千乘之宋也;筑刚平,卫无东野,刍牧薪采莫敢窥东门。当是时,卫危于累卵。天下之士相从谋曰:'吾将还其委质而朝于邯郸之君乎?'于是天下有称伐邯郸者,莫不夕令朝行。魏伐邯郸,因退为逢泽之遇,乘夏车,称夏

王，一朝为天子；天下皆从。"高诱注："刚平，卫地；赵筑之以为邑，故卫无东野，故卫人刍牧不敢出于东门。"（宋）鲍彪注："逢泽，开封东北有逢池，或曰宋之逢泽。"

魏国在对赵、韩的战争中，基本都取得胜利。《战国策·魏三》云："初时惠王伐赵，战乎三梁，十万之军拔邯郸。"（宋）鲍彪注："春秋秦取梁，汉夏阳也；河内有梁，周小邑也；陈留、浚仪、大梁为三，皆魏地。"吴师道补正："梁，即南梁；又说见《齐策》秦十二年攻赵，房庄贾；魏惠王十八年，拔赵邯郸。"

《史记·魏世家》云：魏"围赵邯郸，十八年拔邯郸。十六年与秦孝公会社平，侵宋黄池，宋复取之"。

《史记·赵世家》云：赵成侯"二十一年，魏围我邯郸。二十二年，魏惠王拔我邯郸"。

魏惠王二十六年（公元前344年），魏国在攻拔了赵国的邯郸之后，就召集逢泽之会，让诸侯各国都在逢泽开会，当然魏国是盟主。这很像春秋时期齐桓公、晋文公召集的盟会。逢泽盟会其实是春秋会盟的继续。魏惠王"乘夏车，称夏王，一朝为天子，天下皆从"，是非常风光的。

逢泽，又曰逢泽，在今开封尉氏境内。逢泽会盟在历史上有很大的影响，我国史籍上有很多记载：

（唐）李吉甫《元和郡县志》卷八《河南道·汴州三·开封县》曰："蓬泽在县东北十四里，今号蓬池；左氏所谓逢泽也。"

（宋）罗泌《路史·国名纪》云："逄，伯爵，伯陵之国；黄帝所封，夏有逄蒙。《穆天子传》逄公其后也，地今开封蓬池，逢泽。"注曰："县东北十四里，《九域志》逄陂忌泽；《汲冢纪年》梁惠王发逢忌之薮以赐民者，字当音龐；秦孝公使公子少官会诸侯于逢泽。"

（宋）乐史《太平寰宇记》卷一《河南道一·开封府一》："蓬池在县北五里，按《述征记》曰：大梁西南九十里，尉氏有蓬池。阮籍诗云：'徘徊蓬池上，回首望大梁'即此是也。"

《文选》卷二十三阮籍《咏怀诗十七首》："徘徊蓬池上，还顾望大梁。"（唐）李善注引《汉书·地理志》曰："河南开封县东北有蓬池，或曰即宋蓬泽也；又陈留郡有浚仪县，故大梁也。"

《史记·秦本纪》曰：秦孝公十八年（即魏惠王二十六年），"秦使公子少官率师会诸侯逢泽，朝天子。"《史记·赵世家》载："肃侯四年，朝天子。"

这些记载说明，魏惠王在逢泽召集的盟会，鲁恭侯、宋桓侯、卫成侯、郑（韩）厘侯、秦公子少官、赵肃侯、曹、陈、许等十二国诸侯，在魏惠王率领之下，皆参加了朝见天子的礼拜。魏惠王以霸主身份打着"朝天子""尊王"的招牌召集诸侯盟会，基本上是效仿春秋时期齐桓、晋文等"尊王攘夷"的诸侯霸主，逢泽大会是魏国霸业发展的顶点。

在这种情况下，魏国遭到很多诸侯国的疑忌，成为诸国算计进攻的目标。《战国策·齐五》记载：

> 昔者魏王拥土千里，带甲三十六万；恃其强而拔邯郸，西围定阳；又从十二诸侯朝天子；以西谋秦。秦王恐之，寝不安席，食不甘味，令于境内尽牒，中为战具，竟为守备，为死士置将以待魏氏。卫鞅谋于秦王曰："夫魏氏其功大而令行于天下，有十二诸侯而朝天子。其与必众，故以一秦而敌大魏恐不如。王何不使臣见魏王，则臣请必北魏矣。"秦王许诺。

> 卫鞅见魏王曰："大王之功大矣，令行于天下矣。今大王之所从十二诸侯，非宋卫也；则邹、鲁、陈、蔡，此固大王之所以鞭棰使也；不足以王天下。大王不若北取燕，东伐齐，则赵必从矣。西取秦，南伐楚，则韩必从矣。大王有伐齐楚心，而从天下之志，则王业见矣。大王不如先行王服，然后图齐楚。"

> 魏王说于卫鞅之言也，故身广公宫，制丹衣柱，建九斿，从七星之旗，此天子之位也；而魏王处之。

商鞅为魏惠王建议，让其"身广公宫，制丹衣柱，建九斿，从七星之旗"，这些都是"天子之位"才能享用的器具。商鞅之目的是为了使魏惠王骄奢其心，成为诸侯各国攻击的目标。魏惠王对商鞅的话非常高兴，一切照办，正中商鞅之计。魏惠王落进了商鞅的计谋暗算之中。

尽管魏惠王被胜利冲昏了头脑，但这个时期魏国进入战国的鼎盛时期。

四、大梁的战略地位

战国时期，大梁的地理位置日渐重要，诸侯四通、万邦通衢，是历代兵家必争之地。"琪树明霞五凤楼，夷门自古帝王州。"经过梁惠王的整治与修建，更显示出一派帝王之气。但就是这样一个风水宝地,在历史上曾蒙受许多不白之冤。战国时期张仪为了让魏国与秦连横,而游说恐吓魏王曰:

> 魏地方不至千里,卒不过三十万人;境四平,诸侯四通,条达辐辏;无有名山大川之阻,从郑至梁不过百里,从陈至梁二百余里,马驰人趋,不待倦而至梁;南与楚境、西与韩境、北与赵境、东与齐境,卒戍四方守亭障者参列,粟粮漕庾不下十万,魏之境势,故战场也。①

自此之后,大梁是亡国之都的声音逐渐响亮;又加上宋朝建都开封 127 年后亡国。大梁是四战之地,兵家必争,"境四平",无山川之险阻,似乎开封是亡国之都的论调已成为定论。

(清)阎若璩《四书释地》《又续卷下》"都大梁"条下云:

> 苏子(指苏秦)曰:"周之失计未有如东迁之甚者也。"
> 余亦曰:"魏之失计未有如都大梁之甚者也。去河山之险而就平衍四达之地,弃文侯、武侯两代之霸迹,而为新造之邦。当是时,使鲁聘孟子必为王,定不迁之计,有如后世所谓天子守边者,君诚守于边,则一国之人心系于此,一国之甲兵财赋聚于此;秦虽强,乌能以一口气而吞安邑哉。惟安邑既去后四十五年,遂献安邑于秦;未几而秦兵至大梁矣;又未几而秦伐我围大梁矣。蒍贾曰:我能往,寇亦能往者。不信然乎?盖始也不过偷旦夕之安,卒不振以底于亡我,故于魏号为梁之日,即谓毕万之后已灭,不待征诸河水,灌王假降之日矣。"②

还有人说:

> 魏惠王迁都大梁,西失关河之固,东就黄泛而无险可凭之地,自此地削国弱,以至招来灭顶之祸……魏定都安邑,利用关河天险和山西高原有利的地理形势,极大地促进了魏国的兴旺和繁荣。迁都大梁,不仅没有加强对东方诸侯的控制,而且也没能更好地保护国都安全,反而加速了魏的衰亡。③

---

① 《战国策·魏一》,上海:上海古籍出版社,1985 年,792 页。
② (清)阎若璩:《四书释地》,《又续》又续三"都大梁",清皇清经解本,76 页。
③ 陈国生、罗文:《试论地理环境在魏国兴衰中的作用》,《山西大学学报》1993 年第 2 期,84、86 页。

笔者认为，造成一个国家灭亡的原因是多方面的，最重要的是这个国家的政治制度所决定的。《战国策·魏一》与《史记》都曾记载：魏武侯与诸大夫浮于西河，看到河山之险要，认为这就是霸王之业的基础。吴起不以为然，他举出三苗之居有彭蠡、洞庭之水，有文山、衡山之险，但是为政不善，而被大禹所灭；夏桀之国最后定都在伊洛地区，四周皆为险要的关隘，但是为政不善，汤灭之；殷纣之国在安阳，前带河后被山，地势险要，然而为政不善，武王灭之。吴起曰："河山之险，信不足保也，是伯王之业不从此也。……且君亲从臣而胜降城，城非不高也，人民非不众也，然而可得并者，政恶故也。从是观之，地形险阻奚足以霸王矣？！"①

魏国的史实也是这样，魏文侯时期，用李悝进行变法改革，废除世卿世禄制度，魏国首先富强，成为战国时期最早的霸主；用吴起守西河，秦人不敢东向；用乐毅击中山，建立中山郡；用西门豹治邺，开凿十二渠以灌溉，使河内成为膏腴之壤……而至魏武侯、梁惠王时期，逼走了吴起，失去了河西之地；迫害了孙膑，使魏国失去了霸主国的地位；冷落了商鞅，使魏国成为秦国的臣属……这些都是魏国可用的能臣良将，但是由于在魏国没有生存的环境，逃亡他国，成为魏国的严重威胁，并成为使魏国一步步走向衰亡的重要力量。因此魏国的衰弱，直至最后的灭亡绝不是迁都到平原而造成的，而是其政治制度的衰败造成的，如吴起所说："由此观之，在德不在险，若君不修德，舟中之人尽为敌国也。"②

至于后来北宋王朝的灭国，北宋守内虚外、右文轻武的祖宗成法，北宋末年政权的腐败，皆是其灭亡的直接原因。

如果说，魏国、北宋的灭亡，是由于无险可守造成的，那么东周王朝都雒邑、秦王朝都咸阳，西汉、隋唐王朝都长安，东汉、西晋、北魏王朝都洛阳，元明清王朝都北京，这些地方都是山河拱卫、关隘环绕，而这些王朝最后的灭亡是因为什么呢？答案是肯定的，是政治制度的腐败造成的，险要的关隘是无法抗拒的。

---

① 《战国策·魏一》，上海古籍出版社，1985年，782页。
② 《史记·吴起列传》，北京：中华书局，1982年，2167页。

第五章 魏国由盛转衰

梁惠王时期,魏国达到鼎盛,但是客观规律是盛极而衰。魏国自魏武侯以来一改魏文侯任人唯贤与布衣卿相之国策,使许多国之栋梁与能臣武将逃出魏国,如吴起、商鞅、孙膑等,当他们逃往敌国后,成为魏国的严重威胁。而梁惠王的狂妄与偏颇,不仅逼走了商鞅,而且魏国与三晋的关系愈加恶化,使韩、赵在受到魏国威胁时,不得不求救于齐、楚等国。公元前352年,魏、齐的桂陵之战,公元前340年魏、齐的马陵之战,公元前339年秦、魏的河西之战成为魏国由盛转衰的重要转折性的战役,从此魏国永远失去了大国的地位。

第一节 魏国人才的流失

魏国人才流失的现象,自魏武侯时期就已经显现出来,如当时吴起离开魏国奔楚。这个问题到了魏惠王时期更加严重,是时,商鞅离魏西入秦,孙膑在魏国受到严重的迫害逃亡齐国。魏文侯时期朝中人才济济的现象不见了。《论衡·效力》云:"六国之时,贤才之臣,入楚楚重,出齐齐轻,为赵赵完,畔魏魏伤。"这些贤能之士到了其他诸侯国,为他国出谋划策,对魏国构成严重威胁。人才的流失,是魏国由盛转衰的重要原因之一。

一、商鞅离魏西入秦

商鞅,是卫国的庶公子,名鞅,姓公孙氏,其先祖为姬姓;其名字当为卫鞅，因其到秦国后受封于商洛之地，故又称为商鞅。商鞅少好刑名之学，是一个非常有为的军事家、政治家和思想家。

《史记·商君列传》记载：

> 商君者，卫之诸庶孽公子也，名鞅，姓公孙氏，其祖本姬姓也。鞅少好刑名之学，事魏相公叔痤为中庶子。公叔痤知其贤，未及进；会痤病，魏惠王亲往问病曰："公叔病有如不可讳，将奈社稷何？"
>
> 公叔曰："痤之中庶子公孙鞅，年虽少，有奇才，愿王举国而听之。"王嘿然，王且去。
>
> 痤屏人言曰："王即不听用鞅，必杀之，无令出境。"王许诺而去。
>
> 公叔痤召鞅谢曰："今者王问可以为相者？我言，若王色不许我。我方先君后臣，因谓王即弗用鞅，当杀之。王许我。汝可疾去矣，且见禽。"
>
> 鞅曰："彼王不能用君之言任臣，又安能用君之言杀臣乎？"卒不去。
>
> 惠王既去，而谓左右曰："公叔病甚，悲乎，欲令寡人以国听公孙鞅也，岂不悖哉？"
>
> 公叔既死，公孙鞅闻秦孝公下令国中求贤者，将修缪公之业，东复侵地，乃遂西入秦，因孝公宠臣景监以求见孝公。

从以上记载可知，商鞅在魏相公叔痤处为中庶子。《索隐》云：中庶子，"官名也，魏已置之，非自秦也。《周礼·夏官》谓之诸子；《礼记·文王世子》谓之庶子，掌公族也"。中庶子只是一个管理公族族谱的小官职。

魏相公叔痤就是陷害吴起、把吴起赶走，以后打了胜仗又假惺惺地把功劳安在吴起身上，从而捞取更大的赏赐的魏相公叔痤。

对于商鞅，"公叔痤知其贤，未及进"。公叔痤对商鞅的能力是完全了解的，但是却"未及进"；一直等到他有病，眼看行将就木时，即"会痤病"，才向魏惠王说"痤之中庶子公孙鞅，年虽少，有奇才，愿王举国而听之"。说明公叔痤对公孙鞅的能力有充分的认识，但是既然有可以让魏惠王"举国而听之"的人才，公叔痤有病之前为什么不向魏惠王举荐呢？

公叔痤深知自己是魏国的相，在魏国是一人之下、万人之上的地位。而公孙鞅的能力一点也不亚于吴起，公叔痤用了一个人不知、鬼不觉的阴谋将吴起赶走,从而使魏国没有了贤能之士,他的魏相也做得稳定巩固。在春秋战国"高岸为谷、深谷为陵"的形势下,假使公叔痤把公孙鞅举荐出去,很有可能对他的魏相之位产生威胁,公叔痤怎么会容忍自己的门下中庶子高居于自己之上呢?所以当他感到自己将要死去时,才向魏惠王举荐了公孙鞅;并对魏惠王说"王即不听用鞅,必杀之,无令出境"。公叔痤的话说明他对公孙鞅的能力有深刻的了解,公叔痤是有识人之明的,他知道公孙鞅无论到哪个诸侯国都会让那个国家迅速强盛,而对魏国形成巨大的威胁。

而对魏惠王来说,从来都没有听说过公孙鞅的名字和事情,却让他"举国而听之",是有困难的。魏惠王没有任用公孙鞅,也没有杀他,说明魏惠王并不了解公孙鞅。不重用公孙鞅,表面上看是魏惠王的责任,但是在此之前公叔痤为什么不举荐公孙鞅呢?他极有可能把公孙鞅的治国思路和才智都作为自己的思路博得魏惠王的青睐和恩赐了。

公叔痤死后,公孙鞅听说秦孝公下令国中求贤,"将修缪公之业,东复侵地,乃遂西入秦"①。

公孙鞅入秦,辅助秦孝公变法,富国强兵,使秦国迅速强盛起来。《史记·鲁仲连邹阳列传》云:"秦用商鞅之法,东弱韩、魏,兵强天下。"《史记·李斯列传》云:"孝文用商鞅之法,移风易俗,民以殷盛,国以富强,百姓乐用,诸侯亲服,获楚魏之师,举地千里,至今治强。"商鞅在秦国的变法,打破了魏国强盛的局面,使天下格局发生了巨大的变化,为秦国的统一打下了良好的基础。

二、孙膑在魏国被陷害后偷渡齐国

孙膑,出生在阿、鄄之间,即今山东省的阳谷县阿城镇、鄄城县一带,孙膑是孙武之后世子孙。司马迁在《史记·孙子列传》中认为孙膑是孙武的后世子孙。孙膑的兵学思想曾被整理成书。《史记·孙子列传》云:"孙膑以此显于天下,世传其兵法。"《汉书·艺文志》亦载有齐孙膑兵法八十九篇。然而其他史籍却不见孙膑兵法的记载。后世曾有人怀疑是否有孙膑其人,甚至认为孙膑和孙武实为一人。1972年山东临沂银雀山汉墓同时出土《孙子兵法》和《孙膑兵法》,孙膑其书、其人才以清晰的面目出现在世人面前。孙膑是战国初

---

① 司马迁:《史记》卷六十八《商君列传》,北京:中华书局,1982年,2228页。

年的大政治家和军事家，他在孙武兵学理论的基础上又有发展。

魏惠王时期，孙膑与庞涓是同窗好友，一起学习兵法。学成之后，庞涓首先到魏国，被魏惠王任命为将军。但是庞涓知道自己的能力与学识比不上孙膑，就以让孙膑也到魏国共同干一番事业为由，把孙膑骗到魏国。孙膑到魏国后，庞涓找借口用极刑把他"断其两足而黥之"，"欲隐勿见"，欲使孙膑永远不能在社会上出现。

《史记·孙子吴起列传》记载：孙膑"生阿鄄之间，膑亦孙武之后世子孙也。孙膑尝与庞涓俱学兵法，庞涓既事魏得为惠王将军，而自以为能不及孙膑，乃阴使召孙膑。膑至，庞涓恐其贤于己，疾之则以法刑，断其两足而黥之，欲隐勿见。齐使者如梁，孙膑以刑徒阴见说齐使。齐使以为奇，窃载与之齐"。

（宋）司马光《资治通鉴·周纪二》亦云："初孙膑与庞涓俱学兵法。"胡三省音注："《姓谱》周文王子康叔封于卫，至武公子惠孙曾耳为卫上卿，因氏焉。后有孙武、孙膑，俱善兵。赵明诚《金石录》有汉安平相《孙根碑》云：先出自有殷之裔子，武王定周封比干墓，胤裔分析定曰孙焉。《姓谱》又曰：庞姓，毕公高之后，支庶封于庞，因氏焉。刖，刑也，去膝盖骨。郑玄曰：周改膑作刖，刖，断足也。《书传》云：决关梁，踰城郭，而略盗者，其刑膑；孙膑，盖以刖足，故呼为膑。"

从以上记载来看，魏国将军庞涓因嫉妒军事家孙膑的才能而残害孙膑，"以法刑断其两足而黥之"，使孙膑成为残疾。

孙膑原是齐国人。他在魏国受到残害后，有人说他佯装疯狂，当然这也没有根据，但是可以想象孙膑处境的险恶。有一次，齐国的使者出使魏国。孙膑知道这个消息后，以刑徒的身份偷偷见齐使者，并向使者诉说了他在魏国受迫害的情况和自己的抱负。齐国使者认为孙膑是一个难得的人才，于是在离开魏国时就把孙膑藏在车厢里，带出魏国，来到齐国。

在齐国，孙膑成为齐国大将田忌的门客。《史记·孙子列传》记载：有一次，齐国诸公子赛马，孙膑见这些马相差不远，有上、中、下三等。孙膑对田忌说："君弟重射，臣能令君胜。""今以君之下驷与彼上驷，取君上驷与彼中驷，取君中驷与彼下驷。"经过三轮比赛，田忌的马输一次，胜两次，从而得到齐王千金的赏赐。虽然赛马是一件小事，但却表现了孙膑的军事才能和战略眼光。

田忌认为孙膑是一军事奇才，就把孙膑推荐给齐威王。是时，齐威王正欲富国强兵，思贤若渴，问孙膑以兵法之事。孙膑卓越的军事才能、明晰的战略眼光以及对战争的精辟见解，使齐威王大喜，遂以孙膑为齐之军师。

以后，孙膑为齐国攻伐魏，在桂陵之战与马陵之战中，使魏国大伤元气，从此魏国独霸中原的气势走向衰落。

第二节　齐国变法与发展

战国齐威王时期，任用邹忌实行改革，任用贤能，使齐国政治修明，人人思进。特别是在魏国受到庞涓迫害的军事家孙膑逃到齐国之后，指挥齐国军队在桂陵之战与马陵之战中大获全胜，使魏国惨败，齐国进入鼎盛期，魏国由盛而衰。

一、齐国变法

《史记·田敬仲完世家》记载："齐威王元年，三晋因齐丧来伐我灵丘。三年，三晋灭晋后而分其地；六年，鲁伐我入阳关，晋伐我至博陵；七年，卫伐我取薛陵；九年，赵伐我取甄。威王初即位以来不治，委政卿大夫。九年之间诸侯并伐，国人不治。"即齐威王元年（公元前356年），三晋乘齐有桓公午丧事之机攻伐齐国灵丘。公元前351年，鲁国亦乘机攻伐齐国，攻取了阳关。公元前350年，晋（指魏国）伐齐，攻至博陵（约在今山东泰安县一带）；次年，卫国伐齐，攻取薛城（今山东阳谷县东北）。公元前348年，赵国伐齐，攻取了齐国的甄邑（今河南濮阳一带）。齐威王即位以后，九年之中不理政事，诸侯交相伐齐，齐国内部政治混乱。

齐国面临危亡之时，齐威王乃罢长夜之饮，振奋图强，整顿吏治，以治齐国。

《战国策·齐策一》记载：邹忌长得很美，但不如城北的徐公美。然而，邹忌之妻、邹忌之妾、邹忌之客异口同声地说邹忌比徐公美。可是次日等徐公来，邹忌"孰视之，自以为不如。窥镜而自视，又弗如远甚。暮寝而思之曰：'吾妻之美我者，私我也。妾之美我者，畏我也。客之美我者，欲有求于我也。'"于是入朝见威王曰："臣诚知不如徐公美。臣之妻私臣，臣之妾畏臣，臣之客欲有求于臣，皆以美于徐公。今齐地方千里，百二十城，宫妇左右莫不私王，朝廷之臣莫不畏王，四境之内莫不有求于王。由此观之，王之蔽甚矣。"

齐威王接受邹忌的建议，广开言路，让国中所有的人进谏，指出时弊，以求革新。威王下令："群臣吏民能面刺寡人之过者，受上赏；上书谏寡人者，受中赏；能谤于市朝，闻寡人之耳者，受下赏。""令初下，群臣进谏，门庭若市。数月之后，时时而间进。期年之后，虽欲言，无可进者。"①齐国经过一番整顿，政治修明，人人思进，很快成为战国时期的一等强国。

《史记·田敬仲完世家》云："威王召即墨大夫而语之曰：自子之居即墨也，毁言日至，然吾使人视即墨，田野辟，民人给，官无留事，东方以宁，是子不事吾左右以求誉也；封之万家。召阿大夫语曰：自子之守阿，誉言日闻，然使使视阿，田野不辟，民贫苦，昔日赵攻甄，子弗能救；卫取薛陵，子弗知；是子以币厚吾左右以求誉也。是日烹阿大夫及左右尝誉者，皆并烹之。"《正义》："莱州胶水县南六十里，即墨故城是也。"

齐威王召来了全国的72个县令；对即墨大夫进行褒奖，赏封邑万家；烹了阿大夫以及左右受赂而妄誉阿大夫的近臣，于是齐国大治。

齐威王"遂起兵西击赵、卫，败魏于浊泽；而围惠王。惠王请献观以和解。赵人归我长城，于是齐国震惧，人人不敢饰非，务尽其诚，齐国大治。诸侯闻之，莫敢致兵于齐二十余年"②。

《史记·田敬仲完世家》记载，齐威王特别重视人才，把檀子、盼子、黔夫、种首等边境大将视为国宝，表现了齐威王重视贤才的思想和励精图治的有为精神。

齐国在桓公午与齐威王时期，"泗上十二诸侯皆来朝"，在泗水流域的诸侯小国中建立起霸权统治，泗上小国皆要到齐朝贡。公元前355年，燕、赵、韩、魏之君皆因齐国的强大，而到齐国朝见齐威王。田齐诸侯国承姜齐国家雄厚的经济基础和强盛的国力，战国时期在山东半岛上崛起。

二、桂陵之战

魏齐争霸战争实际上在魏惠王逢泽之会以前就开始了。公元前354年，赵

---

① 《战国策·齐策一》，上海：上海古籍出版社，1985年，326页。
② 司马迁：《史记·田敬仲完世家》，北京：中华书局，1982年。

国为了扩张,又侵略了卫国。但卫国又是魏的属国,赵国侵卫之举,引起了魏国的气愤。次年,魏号令诸侯以伐赵国,并派大将庞涓率兵一举攻破赵国的国都邯郸,并占领邯郸。

赵国在国都被占领的情况下向齐国求救。齐国认为,魏国的强大会对齐国构成威胁。魏惠王十八年(公元前352年),齐威王以田忌为将、孙膑为军师发兵救赵。孙膑是军事家孙武的后代,对兵法有极深的研究;而且孙膑在魏国曾受到庞涓的残酷迫害,被取下了膝盖骨,已经瘫痪;因此孙膑坐在辎车中,以为计谋。

田忌欲引兵直攻赵国邯郸,以救赵。孙膑认为不可,如果直捣邯郸,与魏厮杀,胜负难以预料,即使打败了魏国,齐国也会有很大损失。孙膑说:"夫解杂乱纷纠者不控卷,救斗者不搏撠,批亢捣虚,形格势禁,则自为解耳。今梁赵相攻,轻兵锐卒必竭于外,老弱罢于内。君不若引兵疾走大梁,据其街路,冲其方虚,彼必释赵而自救。是我一举解赵之围而收弊于魏也。"《索隐》云:"解杂乱纷纠者,当善以手解之,不可控卷而击之。卷,即拳也。搏谓救斗者,当善撝解之,无以手助相搏撠,则其怒益炽矣。按撠,谓以手持撠,刺人也。批者,相排批也;言敌人相亢拒也;捣者,击也,冲也;虚者,空也;按谓前人相亢,必须批之,彼兵若虚则冲捣之;欲令击梁之虚也。此当是旧语,故孙子以言之也。若批其相亢,击捣彼虚,则是事形相格,而其势自禁止,则彼自为解兵也。"①

从以上孙膑所用的军事谋略来看,是非常符合战争规律的,即要避开敌人的实处,攻击敌人的虚弱之处;避实击虚,也是符合孙子兵法的。

田忌接受了孙膑的军事策略,率兵撤开赵国而攻魏。在邯郸的魏将庞涓听到魏国被围攻的消息,魏军虽然占领邯郸,但却不得不紧急收兵保卫魏国,急收兵返魏以御齐兵。魏、齐两国军队在桂陵(今河南长垣县西南)相遇。魏军从邯郸至桂陵已行军几百里,长途跋涉使魏国士兵疲惫不堪。齐国军队则早已到此,以逸待劳,守株待兔。两国交兵,齐一举打败魏军,重创魏国。

桂陵之战后,魏国力量被大大削弱。孙膑创造了军事史上"围魏救赵"的光辉战例。"围魏救赵"成为后代战争中著名的战略和战术。

---

① 司马迁:《史记·孙子列传》,北京:中华书局,1982年。

三、马陵之战

魏国虽然在桂陵之役中被齐打败,但仍有一定实力,于是魏惠王召集逢泽之会,韩国竟然没有参加,这是魏国所不能容忍的。《战国策·韩策三》云:"魏王为九里之盟,且复天子。房喜谓韩王曰:'勿听之也,大国恶有天子,而小国利之。王与大国勿听,魏安能与小国立之。'""九里",鲍彪注曰:"九重(当作里),谓王城,欲城之,先盟其众。"缪文远先生《战国策考辩》认为"魏王为九里之盟",与魏王的"逢泽之会"当为同一事件,在周显王二十六年,即公元前 344 年,由于韩不参加会盟,魏惠王在逢泽会后大举攻韩。《水经·渠水注》引《纪年》:"穰苴率师及郑孔夜战于梁赫,郑师败逋。"韩国战败以后向齐求救。"南梁之难,韩氏请救于齐。"①

魏惠王三十年(公元前 340 年),齐威王命田忌、田婴为将,孙膑为师,率军像上次一样直攻大梁,攻魏救韩。这次庞涓是有准备的,魏惠王派将军庞涓和太子申率领 10 万大军迎战。庞涓马上回师救魏。庞涓素来骄傲自大。"魏将庞涓闻之去韩而归。齐军既已过而西矣。孙子谓田忌曰:'彼三晋之兵,素悍勇而轻齐。齐号为怯,善战者因其势而利导之。'"②孙膑利用庞涓这一弱点,采取"减灶"之策略,令齐军佯作逃遁。《史记·孙子吴起列传》云:孙膑令"使齐军入魏地为十万灶,明日为五万灶,又明日为三万灶。庞涓行三日,大喜曰:'我固知齐军怯,入吾地三日,士卒亡者过半矣。'乃弃其步军,与其轻锐,倍日并行逐之"。孙膑计算了庞涓行军的速度,估计晚上当至马陵。

马陵在今何处?(唐)张守节《史记·孙子列传·正义》引虞喜志林云:"马陵在濮州鄄城县东北六十里,有陵涧谷深峻可以置伏;按庞涓败即此也。徐说:马陵在魏州元城县东南一里,庞涓败非此地也。《田完世家》云:宣王二年,魏伐赵,赵与韩亲,共击魏。赵不利,战于南梁,韩请救于齐。齐使田忌、田婴将,孙子为师救韩赵以击魏。大破之马陵。按南梁在汝州,又此传云太子为上将军,过外黄;又《孙膑传》云:魏与赵攻韩,韩告急齐。齐使田忌将而径直走大梁。魏将庞涓闻之,去韩而归,齐军已过而西矣。按孙子减灶,退军三日,行至马陵,遂杀庞涓,虏太子申,大破魏军,当如虞喜之说,从汴

---

① 《战国策·齐策一》。
② 司马迁:《史记·孙子列传》,北京:中华书局,1982 年。

州外黄退至濮州六十里是也。然赵韩共击魏，战困于南梁，韩急请救于齐。齐师走大梁，败魏马陵，岂合更渡河北至魏州元城哉？徐说定非也。"张守节认为，"马陵在濮州鄄城县东北六十里"，而不在"魏州元城县东南"。

马陵道狭而旁多阻隘，在这里，孙膑布置善射者万弩，夹道而埋伏兵卒弩机。孙膑把一棵大树的皮刮掉，在上面写字云："庞涓死于此树之下！"孙膑与那些埋伏的射手约好："暮见火举而俱发。"庞涓果然至夜到达被刮皮的大树下，见到树上有字，乃用火把照看树上的字。齐军见火万弩俱发，魏军大乱相失。庞涓自知智穷兵败，乃自刭曰："遂成竖子之名！"齐军乘胜，大破魏军，俘虏魏太子申以归。"孙膑以此名显天下，世传其兵法。"①

此战后，魏国元气大伤，丧失了自魏文侯以来的霸主地位。魏国独霸中原的局面一去不复返了。而齐国通过桂陵之战和马陵之战，以大国的姿态登上战国的政治舞台。

第三节　商鞅变法与秦国的崛起

魏国自武侯时期，已经放弃了魏文侯的任贤使能的国策，使大批贤能之士或逃或奔，离开魏国。魏惠王时期，政治家商鞅离开魏国，西入秦国。在秦国，商鞅帮助秦孝公进行变法，从而使秦国空前强大，改变了自春秋时期秦国对晋国、战国以后秦国对魏国的被动局面。秦国夺取了河西之地，打通了向东部中原的道路，从西方崛起了。

一、商鞅变法

公元前361年，秦孝公即位。秦孝公是一个有作为的国君，即位后就下令国中求贤，以修秦穆公之业。令曰："宾客群臣有能出奇计强秦者，吾且尊官，与之分土。"②这时在魏国受冷落的公孙鞅来到秦国。孝公用商鞅以定变法之令，实行政治经济以及军事的全面改革。

---

① 司马迁：《史记·孙子列传》，北京：中华书局，1982年。
② 司马迁：《史记·秦本纪》，北京：中华书局，1982年，202页。

《史记·秦本纪》云：秦孝公三年（公元前359年），"卫鞅说孝公变法修刑，内务耕稼，外劝战死之赏罚。孝公善之。甘龙、杜挚等，弗然相与争之，卒用鞅法，百姓苦之；居三年，百姓便之，乃拜鞅为左庶长"。商鞅变法的内容主要有以下几点。

（1）颁布法律，实行连坐政策。五家编为一伍，十家编为一什；一家有罪，而九家举发，若不举发，则十家连坐，皆有罪。

（2）奖励军功，废除世袭制。制定二十等军功爵位，按军功大小授爵位和俸禄，以明尊卑、爵秩和等级。"有功者显荣，无功者虽富无所芬华。"[①] 宗室没有军功，削去宗室属籍。

（3）奖励耕织，实行重农抑商政策。秦民如努力于本业，勤于耕织，致粟帛多者，可免除其本身的徭役；如从事商业而取利者，或怠惰以致贫困之人，官府收为奴婢。

（4）发展小农经济。令民有二男以上者皆分家，如不分家，则让其出两倍的赋税。

（5）为田开阡陌封疆，使赋税平。就是决开田中的阡陌封疆，扩大土地使用面积，废除古老的村社井田制。《汉书·食货志》曰："及秦孝公用商君，坏井田，开阡陌。"

（6）在秦国普遍推行县制，全国共设31个县；设置县令、丞等官吏；加强国君集权。

（7）统一度量衡，"平斗桶，权衡丈尺"[②]。桶，《集解》引郑玄曰："音勇，今之斛也。"

（8）"令民父子兄弟同室内息者为禁"[③]，建立文明的社会风尚。

（9）迁都咸阳，建造宫室，为秦国的东进及后来的统一战争做准备。

商君之法，"行之十年，秦民大悦，道不拾遗，山无盗贼，家给人足。民勇于公战，怯于私斗，乡邑大治"[④]，秦国力大盛。

---

① 司马迁：《史记·商君列传》，北京：中华书局，1982年，2230页。
② 司马迁：《史记·商君列传》，北京：中华书局，1982年，2232页。
③ 司马迁：《史记·商君列传》，北京：中华书局，1982年，2232页。
④ 司马迁：《史记·商君列传》，北京：中华书局，1982年，2231页。

二、卫鞅诈虏魏公子卬，魏丧河西地七百余里

马陵之战的第二年，卫鞅已从魏国到秦国。这时他看准了时机，认为马陵之战中魏国的大将庞涓已死，魏太子被俘虏，魏军被全歼，正是秦国伐魏的大好机会。孝公认为卫鞅的话很有道理，于是派卫鞅将而伐魏。魏国则派使公子卬为将而击秦军。当秦魏两军对垒之时，即两军阵前，卫鞅派使者送给魏将公子卬一封书信曰："吾始与公子驩，今俱为两国将，不忍相攻，可与公子面相见盟，乐饮而罢兵，以安秦、魏。"

魏公子卬是一个非常愚蠢的人，在两军阵前对敌人的话信以为真，前去秦军与卫鞅会盟饮酒。卫鞅则埋伏甲士袭击并俘虏魏公子卬。魏军没有了主将，当然是一盘散沙，秦军不费吹灰之力，大破魏军。

《史记·魏世家》云：魏惠王三十一年，"秦、赵齐共伐我。秦将商君诈我将军公子卬，而袭夺其军，破之。秦用商君，东地至河，而齐、赵数破我"。

《史记·秦本纪》云：秦孝公二十二年（公元前340年），"卫鞅击魏，虏魏公子卬。封鞅为列侯，号商君。二十四年与晋战鴈门，虏其将魏错"。鴈门，即雁门，在今山西代县境。

《竹书纪年》卷下云：魏惠王二十七年（公元前343年）五月，"齐田盼及宋人伐我东鄙，围平阳；九月，秦卫鞅伐我西鄙，十月邯郸伐我北鄙。王攻卫鞅，我师败绩"。

也就是说，齐、秦、赵皆乘机从魏之东鄙、西鄙、北鄙攻魏，特别是秦国卫鞅以欺骗的手段俘虏公子卬，袭夺其军，大破之。魏惠王大怒攻卫鞅，魏师败绩。

《史记·商君列传》云："魏（梁）惠王兵数破于齐、秦，国内空，日以削，恐。乃使使割河西之地，献于秦以和。……梁惠王曰：'寡人恨不用公叔痤之言也。'卫鞅既破魏，还；秦封之于商十五邑，号为商君。"

《孟子·梁惠王上》梁惠王曰："晋国天下莫强焉，叟之所知也。及寡人之身，东败于齐，长子死焉；西丧地于秦七百里；南辱于楚，寡人耻之，愿比死者壹洒之。"

从这段文字记载来看，魏国东面受到齐国的猛烈打击，马陵之战中大将庞涓和太子死焉。西面受到秦国商鞅的欺诈，失去了河西之地七百里；南面败于楚。魏国极盛而衰，失去了战国时期的大国地位。

三、魏国是秦攻伐的首要目标

先秦时期，中原是文明的中心、中华民族的腹地，是诸侯各国发展和进攻所向。

秦强盛之后，首先进攻东邻魏国。秦、魏之间的斗争是两国根本利益冲突调和所致。秦初为西周王室养马并捍卫边境的部族，不是诸侯国，不列于诸侯。西周覆灭，秦襄公、文公与犬戎斗争，收复西周故地。但西周故地已经残破，生产受到严重破坏。周平王东迁雒邑，这样就使西周故地丧失了原来的重要地位。东方中原地区，因周王室的东迁，各国交往频繁，成为当时政治、经济、文化的中心。秦部族在收复西周故地之后，周平王赐秦以岐、丰之地曰："戎无道，侵夺我岐、丰之地，秦能攻逐戎，即有其地。"[1]周天子承认秦为诸侯。但是经济文化大中心已经随着周王室的东迁尔转向东方，因此秦国尽管已经列为诸侯，"襄公于是始国，与诸侯通使聘享之礼"[2]；仍然是"不与中国诸侯之会盟，夷狄遇之"[3]。

秦迫切需要向东方发展。秦文公四年（公元前762年），得卜居汧渭之会（今陕西眉县东北15里之故眉城）；秦宁公二年（公元前714年），秦徙都平阳（今陕西岐山县阳平乡有平阳居，即秦宁公徙都处）。秦德公元年（公元前677年），秦徙于雍（今陕西凤翔县）；秦献公二十二年（公元前363年）徙于栎阳（今陕西临潼北50里）；秦孝公徙咸阳（今陕西咸阳市东），直至秦亡。从秦的五次迁都可以看出，秦一直试图东进。自秦建国起，其目的就是向东方扩展，秦国灭梁、灭芮；结晋，三置晋君（晋惠公、晋怀公、晋文公），希望通过左右晋国而向东推进，但由于晋国的强大，特别是晋文公以后，晋国成为北方华夏国的霸主；崤之战后，"秦晋之好"变成"秦晋世仇"，强大的晋国隔断了秦与东方的联系，秦国的东进受阻。

三家分晋，强大的魏国又进一步攻取秦国最肥沃险要的河西地，使秦处于更不利的地位。秦孝公说："诸侯卑秦，丑莫大焉。"

魏武侯时期，守卫河西的大将吴起被逼走，奔楚；马陵之战后，魏国大败。于是商鞅认为这是一个大好时机。《史记·商君列传》记载卫鞅对孝公曰："秦之与魏，譬若人之有腹心疾。非魏并秦，秦即并魏。何者？魏居岭阨之西，

---

[1] 司马迁：《史记·秦本纪》，北京：中华书局，1982年，179页。
[2] 司马迁：《史记·秦本纪》，北京：中华书局，1982年，179页。
[3] 司马迁：《史记·秦本纪》，北京：中华书局，1982年，202页。

都安邑，与秦界河，而独擅山东之利。利则西侵秦，病则东收地。今以君之贤圣，国赖以盛，而魏往年大破于齐，诸侯畔之。可因此时伐魏。魏不支，秦必东徙。东徙，秦据河山之固，东乡以制诸侯，此帝王之业也。"《索隐》云："盖安邑之东山岭险阨之地，即今蒲州之中条，已东连汾晋之崄嶝是也。"[①]秦、魏之间的斗争，水火不能相容。魏国是秦国攻伐吞并的首要目标。

当魏国全力与东方的齐、赵等国斗争的时候，日益强盛的秦国当然不会放弃侵袭魏国的机会。商鞅将兵以伐魏，诈骗魏公子卬，大破魏军，得到河西之地，秦国开始向东方发展。

四、秦国攻占安邑、迁都咸阳

秦在攻取魏国河西地的同时，攻陷了魏的河西重镇少梁（今陕西韩城县），又渡河攻陷魏旧都安邑，严重地打击了魏的西部地区。《史记·秦本纪》云："（秦孝公）七年与魏惠王会杜平，八年与魏战元里，有功。十年卫鞅为大良造，将兵围魏安邑，降之。十二年，作为咸阳，筑冀阙，秦徙都之。"《正义》云："（杜平）在同州澄城县界也；祁城在同州澄城县界。"

《正义》又引《括地志》云："安邑故城，在绛州夏县东北十五里，本夏之都。咸阳故城，亦名渭城，在雍州咸阳县东十五里、京城北四十五里，即秦公徙都之者，今咸阳县，古之杜邮，白起死处。"

秦国商鞅与魏战于元里（今陕西澄城县境）有功，任命为大良造；于是商鞅将兵围魏国的旧都安邑，安邑被迫投降；秦国从而占领了安邑。

如前所述，《史记·秦本纪》一文中有"（秦孝公）十年卫鞅为大良造，将兵围魏安邑，十二年，秦作为咸阳，筑冀阙，秦徙都之"。这句话的意思是，秦国在攻克了魏国旧都安邑之后，为了向东方发展，迁都咸阳；在咸阳"筑冀阙"。

冀阙，《正义》引刘伯庄云："冀，犹记事阙；即象魏也。"

笔者认为，晋南古代称为"冀州"、"唐"、河东，我国最古老的女娲补天的故事就发生在古冀州，传说女娲补天而止冀州之淫水。古史传说中的炎帝神农氏、蚩尤、共工氏、后土、尧、舜、禹、先周，皆发祥于冀州，尧、舜、禹古帝王的建都皆在河东。兴秦时期，河东，指的仅是晋南；唐代，河东地区升

[①] 司马迁：《史记·商君列传》，北京：中华书局，1982年，2232页。

为河东道，包括几乎今山西全省，大河东的观念形成。

（宋）苏轼在《书传·夏书》说："尧都平阳、舜都蒲坂、禹都安邑，皆在冀州。"平阳，今临汾；蒲坂，今永济；安邑，今夏县；晋南被司马迁称为"天下之中"。公元前86年，今河北省在西汉昭帝时期，即西汉后期，才开始称为"冀州"。

先秦时期的冀州，就是指的晋南。魏国旧都安邑就是冀州之中心地区，可称之为"晋"；商鞅所筑的"冀阙"，当是模仿魏国旧都安邑宫廷之前的古阙而作。秦都咸阳建筑冀阙，是以冀州之名，仿魏古阙之制；因这是魏国宫廷之前的装饰，故又称为"象魏"或者"天阙"，是我国古代皇宫前面的象征性的建筑和标志。

五、商鞅之死

商鞅为秦国诈俘了公子卬，攻取了魏国故都安邑。秦孝公二十四年（公元前338年），秦"与晋战鴈门，虏其将魏错"。鴈门，即雁门，今山西省代县境。这里原属魏国的河西地区，而此时也被秦国攻战了。

正待秦国节节胜利之际，公元前338年，秦孝公死去，秦孝公之子惠文君即位。在惠文君为太子时，违反了商鞅之法。商鞅之法甚严厉，但是"鞅之初为秦施法，法不行。太子犯禁。鞅曰：'法之不行，自于贵戚；君必欲行法，先于太子。太子不可黥，黥其傅师。'于是法大用，秦人治"①。按说商鞅的做法是对的，"王子犯法，与庶民同罪"，但是在我国封建专制极盛的时代是行不通的。

商鞅变法不仅曾给太子极大的羞辱，而且也得罪了公室的许多既得利益者，"宗室多怨"；太子之师公子虔之徒告商君谋反。商鞅从秦国逃跑到魏国，但是魏国怨恨商鞅，不予收留。《史记·商君列传》云：商鞅"去之魏，魏人怨其欺公子卬而破魏师，弗受。商君欲之他国，魏人曰：'商君，秦之贼。秦强而贼入魏弗归，不可。'遂内秦。商君既复入秦、走商邑，与其徒属发邑兵北出击郑。秦发兵攻商君杀之于郑黾池。秦惠王车裂商君以徇，曰：'莫如商鞅反者。'遂灭商君之家"。商鞅衰邑兵所攻之政，在今陕西华县，郑桓公友始封之地。

---

① 司马迁：《史记·秦本纪》，北京：中华书局，1982年，205页。

商鞅虽死，但商君之法未败。商鞅变法已经深入秦国，故秦国未受到什么影响。

第四节　魏国衰落原因试析

梁惠王连连败于齐、秦、楚等强国，但导致魏国衰落的原因何在呢？有人认为，魏国迁都大梁，因大梁"境四平，诸侯四通，条达辐辏，无有名山大川之阻。从郑至梁不过百里，从陈至梁二百余里，马驰人趋不待倦而至梁。南与楚境，西与韩境，北与赵境，东与齐境，卒戍四方，守亭障者参列，粟粮漕庾不下十万；魏之境势，故战场也；魏南与楚而不与齐，则齐攻其东；东与齐而不与赵；则赵攻其北；不合于韩则韩攻其西，不亲于楚则楚攻其南，此所谓四分五裂之道也"①。战国中期，魏国迁都以后由盛转衰，战国末年终于为秦国所灭……到了北宋初年，宋太祖赵匡胤本想定都洛阳，后在大臣们的反对之下，定都大梁，宋徽宗、宋钦宗时期，北宋王朝灭亡。于是大梁处于平原，"境四平，诸侯四通，条达辐辏，无有名山大川之阻"，成为公认的观点。

笔者认为，战国时期魏国的灭亡、北宋王朝的灭亡，绝不是因为大梁无关塞险恶的地理环境造成的。造成魏国由盛而衰（这里我们对北宋王朝灭亡的原因暂不赘述）的原因主要有三：人才的流失、同盟国关系的破坏、梁惠王的张扬与狂妄。

一、人才的流失

《韩非子·外储说右上》云："魏公叔痤疾，惠王往问之曰：'公叔之疾嗟疾甚矣，将奈社稷何？'公叔对曰：'臣之御庶子鞅，愿王以国听之也。为不能听，勿使出境。'王不应出，而谓左右曰：'岂不悲哉，以公叔之贤而今谓寡人必以国听鞅，悖也。'夫公叔死，公孙鞅西游秦。秦孝公听之。秦果用强，魏果用弱，非公叔痤之悖也，魏王则悖也。夫悖者之患，固以不悖为悖。"韩非子认为，魏国不用商鞅是其被动挨打的原因。

---

① 《战国策·魏第一》，上海：上海古籍出版社，1985年，792页。

首先分析一下梁惠王时期魏国四面的敌人。是时，秦国派商鞅为将，从西面攻击魏国，夺得了魏国的河西地七百里。商鞅就是原来在魏国为公叔痤门客的卫鞅。公叔痤很早就知道卫鞅是一个难得的人才，但是一直没有向魏惠王推荐，直到行将就木之时才向魏王推荐。魏惠王不用卫鞅也是可以理解的，因为他从来不知道这个能人卫鞅。而公叔痤直至临终之前才推荐，其原因可能是没有"来得及"，另外也可能是害怕卫鞅的能力如果表现出来，那么就可能位在自己之上。魏国不用卫鞅，而秦国用之，使魏国西丧地于秦者七百里。韩非子认为商鞅"秦果用强，魏果用弱，非公叔痤之悖也，魏王则悖也。夫悖者之患，固以不悖为悖"；其实公叔痤与魏惠王皆悖。在秦国，秦孝公任用商鞅进行变法，使秦国迅速富强，为秦国的统一大业打下了基础。商鞅为秦国围魏都安邑，迫使魏"割西河之地献于秦以和"，放走卫鞅乃是魏国摒弃人才政策造成的重大损失。

笔者认为，事实上商鞅并不想离开魏国。当公叔痤对魏惠王说：如果不能重用公孙鞅，则"必杀之"之后，又"召鞅谢曰：'今者王问可以为相者，我言若；王色不许我。我方先君后臣，因谓王即弗用鞅，当杀之！王许我，汝可疾去矣，且见禽。'鞅曰：'彼王不能用君之言任臣，又安能用君之言杀臣乎？'卒不去"①。

公孙鞅为什么在公叔痤告诉他说："如果不能用公孙鞅，就把他杀了"的话之后，"卒不去"呢？因为他对魏惠王还抱有幻想。魏国是战国初年最强大的诸侯国，像公孙鞅这样的人才如果能在一个强大的诸侯国中施展才能，应该说魏国的统一是有望的。公孙鞅一直到公叔病死后，魏惠王谓左右曰："公叔病甚悲乎，欲令寡人以国听公孙鞅也，岂不悖哉？""公孙鞅闻秦孝公下令国中求贤者，将修缪公之业，东复侵地，乃遂西入秦。"②

以商鞅之敏感，他本来是知道魏惠王不会任用他的，但还是等待魏惠王的最后决定，他是在认识到报负在魏国不可能得到实现时，不得已才离开魏国的。

魏国东面的敌国是齐国。齐国任用孙膑在桂陵之战和马陵之战中大胜，创造了"围魏救赵""减灶诱敌"的辉煌战例。而孙膑也是因在魏国受到极其残酷的迫害才逃到齐国的。为什么孙膑在魏国受迫害，而在齐国受到重用呢？这当是一个值得思索的问题。

---

① 司马迁：《史记》卷六十八《商君列传》，北京：中华书局，1982年，2227页。
② 司马迁：《史记》卷六十八《商君列传》，北京：中华书局，1982年，2228页。

梁惠王时期，魏国"南辱于楚"，即魏国被楚国打败。是时，吴起在魏国受到迫害，逃亡楚国。吴起走后，魏国西河的防守受到严重的挑战。如前所述，《韩非子·外储说右上》云：

> 吴起治西河之外，王错谮之于魏武侯。武侯使人召之。吴起至于岸门，止车而望西河，泣数行而下。其仆谓吴起曰："窃观公之意，视释天下若释躧，今去西河而泣何也？"
>
> 吴起抿泣而应之曰："子不识，君知我而使我，毕能西河，可以王。今君听谗人之议，而不知我。西河之为秦取不久矣，魏从此削矣。"
>
> 吴起果去魏入楚，有间，西河毕入秦。秦日益大，此吴起之所先见而泣也。

吴起在离开西河时，为他的报负没有实现而泪流满面。吴起走后，魏国之西河很快被秦人夺去，秦国日益强大，魏国日削。

吴起到楚国后，楚悼王任用其为令尹，进行变法。吴起变法使楚国的国力迅速强盛，"楚人救赵而伐魏，战于州西，西出梁门，军舍林中，马饮于大河；赵得是藉也，亦袭魏之河北，烧棘蒲，坠黄城，故刚平之残也，中牟之堕也，黄城之坠也，棘蒲之烧也，此皆非赵魏之欲也"；魏国在与楚人的战争中败绩。而这次战争则是从魏国逃走的吴起所指挥。

《史记·田敬仲完世家》记载：齐威王曾与梁惠王一起在郊外田猎。

> 梁惠王问曰："王亦有宝乎？"
>
> 齐威王曰："无有。"
>
> 梁惠王曰："若寡人国小也，尚有径寸之珠照车前后各十二乘者十枚，奈何以万乘之国而无宝乎？"
>
> 齐威王回答说："寡人之所以为宝与王异。吾臣有檀子者，使守南城，则楚人不敢为寇东取，泗上十二诸侯皆来朝。吾臣有盼子者，使守高唐，则赵不敢东渔于河。吾吏有黔夫者，使守徐州，则燕人祭北门，赵人祭西门，徙而从者七千余家。吾臣有种首者，使备盗贼，则道不拾遗。将以照千里，岂特十二乘哉。"《集解》引贾逵曰："齐之北门西门也。言燕、赵之人畏见侵伐，故祭以求福。"
>
> 梁惠王惭，不怿而去。

齐威王眼中的"宝"是那些贤能的、能使敌国畏惧的将帅。齐威王认为这些将帅、贤能之士才是光照千里的珠宝。而梁惠王的眼中人才不是宝，他所认为的宝则是"照车前后"的"径寸之珠"。

魏国经历了两代不明国君，人才大量流失，最后落到了被动挨打的地步。由以上事例可知，是时对魏国威胁最严重、杀伤力最大的敌人皆是从魏国逃走或出走的能人贤士。这些或在魏国被迫害或者不受重用的人，逃亡敌国后，对魏国形成极大的威胁。魏国摒弃人才的政策，当是魏国衰落的重要原因。

二、四面敌国

魏文侯时期，韩赵与魏国关系非常亲密。《战国策·魏一》记载：韩赵两国互相攻难，都请求魏文侯出兵帮助自己；但魏文侯皆对他们说"寡人与赵（韩）兄弟，不敢从"。后来当他们知道魏文侯对韩、赵双方皆是这样说时，皆朝魏，表示感谢。魏文侯对韩、赵两国的不和，持一种高高在上的劝解态度，使两国对魏国产生一种敬意，从而使魏国具有了三晋领袖的地位。战国初年，由于三晋皆是从晋国的母体中分化出来，很多时候，是在魏国的领导下联合对外、互相救援的。

但是在魏武侯，特别是从梁惠王时期开始，对赵、韩两国是一种恃强凌弱的态度。《史记·魏世家》云：梁惠王二年，"魏败韩于马陵，败赵于怀"。魏惠王十七年，魏"围赵邯郸，十八年拔邯郸。赵请救于齐，齐使田忌、孙膑救赵，败魏桂陵"。《史记·田敬仲完世家》云："秦孝公二年，魏伐赵，赵与韩亲，共击魏。赵不利，战于南梁。……韩因恃齐，五战不胜，而东委国于齐。齐因起兵，使田忌、田婴将，孙子为帅，救韩赵以击魏，大败之马陵；杀其将庞涓，虏魏太子申。其后三晋之王皆因田婴朝齐王于博望，盟而去。"《正义》引《括地志》云："博望故城在邓州向城县东南四十五里。"《索隐》引《晋太康地记》曰："战国谓梁为南梁者，别之于大梁、少梁也，古蛮子邑也。"《史记·魏世家》云：魏惠王三十一年，"秦赵齐共伐我"。

魏国攻赵，赵人求救于楚，楚国北伐魏，"袭魏之河北，烧棘蒲、坠黄城"，重创魏国。

魏国之所以遭到齐、楚的进攻，皆是因为魏国攻伐赵、韩，甚至攻拔赵国的国都邯郸两年，赵国不得已才向齐国求救；齐国在桂陵大败魏国；魏国又攻伐韩、赵，韩、赵又向齐国求救，齐国败魏于马陵，使魏国元气大伤；秦国又乘机东伐，攻占魏国的河西之地七百里，魏国从而失去了大国地位。魏国的四面受敌的原因，是因为三晋联盟的破坏，齐、秦乘其弊，攻打魏国，从而导致魏国衰落。

（宋）苏辙《古史·魏世家》云："武侯稍已侵暴邻国，至孙惠王藉父祖之业，结怨韩赵，齐乘其弊，杀庞涓，虏太子申，秦人因之，遂取西河地；魏由此衰，不然以全魏之力据山河之利，秦岂能动之哉。"

苏辙认为，魏国自魏武侯至梁惠王，一直是持其强侵暴邻国，结怨韩、赵，使齐、秦乘机攻魏，夺取河西地，魏国由此衰落。

《史记·吴起列传》吴起曰：国家的安危，"在德不在险，昔三苗氏，左洞庭，右彭蠡德，义不修，禹灭之。夏桀之居，左河济，右泰华，伊阙在其南，羊肠在其北；修政不仁，汤放之。殷纣之国，左孟门，右太行，常山在其北，大河经其南，修政不德，武王杀之。由此观之，在德不在险，若君不修德，舟中之人尽为敌国也"。魏国的衰落和四面受敌绝不是大梁的地理环境造成的。

三、梁惠王的狂妄与张扬

战国前期，诸侯各国力量不相上下，如果某个诸侯国一旦得到很大的利益，或者做得很过分的话，以强临天下诸侯，马上就会招致诸侯各国的反对。例如，赵国当时占领了卫国，在卫国筑刚平之邑，使卫国无东野，卫国的刍牧薪采莫敢窥东门。"当是时卫危于累卵，天下之士相从谋曰：吾将还其委质而朝于邯郸之君乎？于是天下有称伐邯郸者，莫不夕令朝行。"（汉）高诱注："刚平，卫地；赵筑之以为邑，故卫无东野，故卫人刍牧不敢出于东门。"①

魏国举兵攻邯郸，占领邯郸之后，成为当时最强大的诸侯国。秦孝公对魏国的强大十分胆怯，于是商鞅对秦孝公谋曰："臣请必北魏矣。"②北，败也；即商鞅向秦孝公打包票说："我这次一定让魏国失败。"

《战国策·齐五》记载商鞅到魏国游说梁惠王曰：

　　大王之功大矣，令行于天下矣。今大王之所从十二诸侯，非宋卫也；则邹、鲁、陈、蔡，此固大王之所以鞭棰使也，不足以王天

---

① 《战国策·秦四》，上海：上海古籍出版社，1985年，259页
② 《战国策·齐五》，上海：上海古籍出版社，1985年，442页

下。大王不若北取燕，东伐齐，则赵必从矣。西取秦，南伐楚，则韩必从矣。大王有伐齐楚心，而从天下之志，则王业见矣。大王不如先行王服，然后图齐、楚。

《战国策·齐五》记载：

> 魏王说于卫鞅之言也，故身广公宫，制丹衣柱，建九斿，从七星之旗，此天子之位也；而魏王处之。于是齐、楚怒，诸侯奔齐。齐人伐魏，杀其太子覆其十万之军。魏王大恐，跣行按兵于国，而东次于齐，然后天下乃舍之。当是时秦王垂拱受西河之外，而不以德魏王。故曰：卫鞅之始与秦王计也，谋约不下席，言于尊俎之间，谋成于堂上，而魏将以禽于齐矣；冲橹未施，而西河之外入于秦矣。此臣之所谓比之堂上，禽将户内，拔城于尊俎之间，折冲席上者也。①

梁惠王不知道商鞅是在引诱他，犯诸侯国君之大忌。魏王身处天子之位，广公宫，制丹衣柱，建九斿，从七星之旗，引起了诸侯国的忌恨。《战国策·秦四》："魏伐邯郸因退为逢泽之遇，乘夏车，称夏王，一朝为天子；天下皆从。齐太公闻之，举兵伐魏，壤地两分，国家大危。"②这是梁惠王四面敌国、招致失败的一个重要原因。

第五节　梁惠王"折节下士"

经过魏齐的桂陵之战、马陵之战，秦魏的河西之战，魏国迅速衰落。梁惠王作为一个雄心勃勃的国君，备感难过和痛苦，十分沮丧。梁惠王希望能有能人贤士以共国。《史记·魏世家》云："惠王数败于军旅，卑礼厚币以招贤者；邹衍、淳于髡、孟轲，皆至梁。梁惠王曰：'寡人不佞，兵三折于外，太子虏，上将死，国以空虚，以羞先君宗庙社稷；寡人甚丑之。'"③这些人都替

---

① 《战国策·齐五》，上海古籍出版社，1985年，442页。
② 《战国策·秦四》，上海古籍出版社，1985年，259页。
③ 司马迁：《史记·魏世家》，北京：中华书局，1982年，1847页。

梁惠王出谋献策，使梁惠王从阴影中走出。最后还是惠施为他出主意，使梁惠王"去尊""尊齐王"，让梁惠王转而尊齐，与齐威王在"徐州相王"，但这已经不是一个大国之风了，只是一个保护自己的措施罢了。

一、孟子与梁惠王

如前所述，梁惠王的诚恳感动了很多人，他们来到魏国，如当时的大思想家和政治家邹衍、淳于髡、孟轲，皆至梁。梁惠王也曾向这些能人贤士寻求救国之策，但是他们的回答都不能令梁惠王满意。

《孟子·梁惠王》有梁惠王与孟子的对话：

梁惠王曰："寡人之于国也，尽心焉耳矣。河内凶，则移其民于河东，移其粟于河内；河东凶，亦然。察邻国之政无如寡人之用心者；邻国之民不加少，寡人之民不加多，何也？"

孟子对曰："王好战，请以战喻。填然鼓之，兵刃既接弃甲曳兵而走，或百步而后止，或五十步而后止；以五十步笑百步，则何如？"

曰："不可，直不百步耳，是亦走也。"

曰："王如知此，则无望民之多于邻国也。不违农时，谷不可胜食也；数罟不入洿池，鱼鳖不可胜食也；斧斤以时入山林，材木不可胜用也；谷与鱼鳖不可胜食，材木不可胜用，是使民养生丧死无憾也。养生丧死无憾，王道之始也。五亩之宅，树之以桑，五十者可以衣帛矣。鸡豚狗彘之畜，无失其时，七十者可以食肉矣。百亩之田，勿夺其时，数口之家可以无饥矣。谨庠序之教，申之以孝悌之义，颁白者不负戴于道路矣。七十者衣帛食肉，黎民不饥不寒，然而不王者，未之有也。狗彘食人食而不知检，涂有饿莩而不知发，人死，则曰：非我也，岁也。是何异于刺人而杀之，曰：'非我也，兵也。'王无罪岁，斯天下之民至焉。"[①]

梁惠王认为自己还是很勤劳国事的，但是为什么魏国的民众也不增多？当时的诸侯国君都希望自己的国家地大物博、人口众多，这样才是强国

[①] 杨伯峻：《孟子译注·梁惠王章句下》，北京：中华书局，1984年，5页。

的形象。孟子认为，您魏惠王太爱战争了，人误地一时，地误人一季，这是谁都懂得道理，但是您却不懂。误农时，无收成；野有饿殍，路有冻死骨，怎么能望天下的百姓到您这里呢？

梁惠王又向孟子谈到魏国在战争中的惨败。孟子认为，如施仁政于民，就可以"仁者无敌"。《孟子·梁惠王》记载：

> 梁惠王曰："晋国天下莫强焉，叟之所知也。及寡人之身，东败于齐，长子死焉；西丧地于秦七百里，南辱于楚，寡人耻之；愿比死者一洒之，如之何则可？"
>
> 孟子对曰："地方百里而可以王。王如施仁政于民，省刑罚，薄税敛，深耕易耨；壮者以暇日修其孝悌忠信，入以事其父兄，出以事其长上，可使制梃以挞秦楚之坚甲利兵矣。彼夺其民时，使不得耕耨以养其父母，父母冻饿，兄弟妻子离散，彼陷溺其民。王往而征之，夫谁与王敌故？曰'仁者无敌，王请勿疑'。"①

孟子提出让梁惠王实施仁政，就可使"制梃以挞秦楚之坚甲利兵矣"，这是一个较为长远的措施。当时的国君都想马上富国强兵，没有耐心实现孟子的仁政。孟子"游事齐宣王，宣王不能用；适梁，梁惠王不果所言；则见以为迂远而阔于事情。当是之时，秦用商君，富国强兵；楚、魏用吴起，战胜弱敌；齐威王、宣王用孙子、田忌之徒，而诸侯东面朝齐。天下方务于合纵连横，以攻伐为贤，而孟轲乃述唐虞三代之德，是以所如者不合，退而与万章之徒，序诗书，述仲尼之意；作孟子七篇"②。梁惠王不能接受孟子的王道政治。

二、梁惠王欲禅让国于惠施

在梁惠王最困难的时候，曾经想把国禅让于其相惠施，但是惠施没有像燕国的子之一样接受禅让。

惠子，宋国人，当是一个非常穷困的士人。(清)李锴《尚史·魏诸臣传·惠施》引《符子》云："惠子家穷饿，数日不举火乃；见梁王。王曰：'夏麦方熟，请以割，子可乎？'惠子曰：'施方来遇群川之水长，有一人溺流而

---

① 杨伯峻：《孟子译注·梁惠王章句上》，北京：中华书局，1984年，10页。
② 司马迁：《史记·孟子荀卿列传》，北京：中华书局，1982年，2343页。

下,呼施救之。施应曰:吾不善游,方将为子告急于东越之王,简其善游者以救子,可乎?''溺人曰:'我得一瓢之力则活矣,子方告急于东越之王,简其善游者以救我,是不如求我于重渊之下鱼龙之腹矣。'"由此可见惠子是一个非常穷困的士人。

《说苑·杂言》曰:"梁相死,惠子欲之梁,渡水而遽坠水中。船人曰:'子欲何之而遽也。'曰:'梁无相,吾欲往相之。'船人曰:'子居船楫之间而困,无我则死矣。子何能相梁乎?'惠子曰:'子居船楫之间,则吾不如子;至于安国家全社稷,子比我,蒙蒙如未视之狗耳。'"

魏国的相不是世袭的。贤能之士无论来自何处,出身如何,只要能"安国家全社稷",皆可能出任魏国的相,掌魏国之政。

《庄子·秋水》记载,惠子在梁国为相。有人告诉惠子说,庄子已到梁国,欲代替你为相。惠子在国中搜寻三日三夜。这个故事或许有虚构的成分,不尽真实,但惠子热衷政治,跻身于政治舞台,这种情况大约不会误传。

惠施在魏做相时,曾为魏惠王制定法律。《吕氏春秋·淫辞》云:"惠子为魏惠王为法。为法已成,以示诸民人,民人皆善之。献之惠王,惠王善之。以示翟翦。翟翦曰:'善也。'惠王曰:'可行邪?'翟翦曰:'不可。'惠王曰:'善而不可行,何故?'翟翦对曰:'今举大木者,前乎舆謣,后亦应之,此其于举大木者善矣,岂无郑卫之音哉,然不若此其宜也,夫国亦木之大者也。'"《吕氏春秋》把惠子之论列在《淫辞》之中,其意是说惠子之法虽然适合"举大木者"的吆喝之声,但还有"郑卫之音"的"淫声",以此说明惠子之法不能尽善,不能适用于魏国之上层,虽然受到下层人之欢迎。"郑卫之音"在先秦时期被认为是"亡国之音"的"淫声"。翟翦竟以此否定惠施制定的法律,有对惠子攻击之嫌。但这段记载说明惠子之法的人民性。

惠施在魏国受到魏惠王的特殊礼遇。《吕氏春秋·不屈》记载魏惠王曾欲以魏国禅让给惠施,并效仿齐桓公封管仲为仲父一样,封惠子为仲父。当然惠施没接受魏惠王之传国。

《吕氏春秋》卷十八《审应览第六·不屈》记载:

> 魏惠王谓惠子曰:"上世之有国,必贤者也,今寡人实不若先生,愿得传国。"惠子辞。
>
> 王又固请曰:"寡人莫有之国于此者也,而传之贤者,民之贪争之心止矣。欲先生之以此听寡人也。"

惠子曰："若王之言，则施不可而听矣。王固万乘之主也，以国与人犹尚可。今施，布衣也，可以有万乘之国而辞之，此其止贪争之心愈甚也。"

惠王谓惠子曰："古之有国者，必贤者也，夫受而贤者，舜也；是欲惠子之为舜也。夫辞而贤者，许由也，是惠子欲为许由也；传而贤者，尧也，是惠王欲为尧也；尧、舜、许由之作，非独传舜而由辞也，他行称此。今无其他，而欲为尧、舜、许由。故惠王布冠而拘于鄾，齐威王几弗受。惠子易衣变冠乘舆而走，几不出乎魏境，凡自行不可以幸为，必诚。"（汉）高诱注："传授谢不受之听从；鄾，邑名也；自拘于鄾，将服于齐也。威王，田和之孙，孟子所见宣王之父；几危，危不受魏惠王也；言几不免难于魏境内也。言惠王幸享传国之名，惠子幸享以不受之名，以为必诚也。"

战国时期，诸侯国中涌动着一股禅让的思潮，如燕王哙就曾把国让给了燕相子之，使"子之南面行王事，而哙老不听政，顾为臣，国事皆决于子之"①，子之执政三年，燕国贵族皆不服。燕太子平失去了继承王位的机会，更是愤怒。燕国发生内乱，延续数月，死者数万人。齐宣王"令章子将五都之兵，以因北地之众以伐燕，士卒不战，城门不闭，燕王哙死。齐大胜燕，子之亡。二年，燕人立公子平，是为燕昭王"②。燕太子在齐国的帮助下，赶走子之，即位为燕昭王。

惠施在梁惠王的眼中是有能力，且非常贤能之士。梁惠王曾经想把魏国禅让给惠施，说明梁惠王对惠施是非常信任的。

惠施在管理国家方面也有自己的看法，他说："今之城者，或者操大筑乎城上，或负畚而赴乎城下，或操表掇以善睎望。若施者，其操表掇者也。使工女化而为丝，不能治丝；使大匠化而为木，不能为木；使圣人化而为农夫，不能治农夫。施而治农夫者也。"③惠子把自己比作"治农夫者""操表掇者"，惠子认为自己本身不是孟子所说的"劳力者"，而应是"劳心者"，是治人者。惠子的这段理论，表现了其社会分工思想，也反映了惠子把自己高踞于民众之上的心理。

惠施一直是儒家反对的人物。《吕氏春秋·不屈》记载：孟子的弟子匡章

---

① 司马迁：《史记·燕召公世家》，北京：中华书局，1982年。
② 《战国策·燕策一》，上海古籍出版社，1985年，792页。
③ 陈奇猷：《吕氏春秋校释·不屈》，北京：中华书局，1982年，1197页。

把惠施比作"蝗螟",说:"蝗螟,农夫得而杀之,奚故?为其害稼也。今公行,多者数百乘,步者数百人;少者数十乘,步者数十人。此无耕而食者,其害稼亦甚矣。"(汉)高诱注:"蝗,虫也;食心曰螟,食叶曰螣。今兖州谓蝗为螣,谕王与惠子擅相禅,受害于义者也。"①

《吕氏春秋·不屈》篇把魏国衰弱的责任归于惠施,当是不公平的。因为自魏武侯至梁惠王,处理事情皆非常武断,在任用官员方面采取任人唯亲的策略,虽然不是主观的,但是客观上都采取了打击排斥贤能之士的政策,使吴起、商鞅、孙膑等优秀的政治家、军事家逃亡他国,成为魏国的最大威胁,这是魏国的国策造成的。

第六节 魏齐"徐州相王"

公元前334年,魏惠王在马陵战败之后,不得已前往齐国朝齐王,并尊齐王为"王"。在此之前,"王"在华夏诸侯国中是一个非常神圣的称号,只有周天子才能称王。虽然楚、巴、蜀、吴、越等诸侯国已经称王,但是华夏各国视之为夷狄。而魏国国君尊齐王为王,齐王不敢独自称王,也尊魏王为王,这就是历史上有名"徐州相王"。以后秦、韩、燕、赵、中山、宋,相继称王,从根本上否定了周天子的权威。

但是与齐威王在徐州相王者,史书记载不同。司马迁《史记》记载是梁襄王,梁惠王是追尊为王;但是《今本竹书纪年》记载是梁惠王"徐州相王"。笔者认为,《今本竹书纪年》是较《史记》为早的史籍;另外,根据《孟子·梁惠王》的记载,认为"徐州相王"当是梁惠王。梁惠王在"徐州相王"之后,称王改元,重新纪年;太史公误以为梁惠王已薨,从而把"徐州相王"者,误以为是梁襄王。

一、诸侯国称王的背景

战国中期以后,随着"战国七雄"的发展强大,周王室的地位更加衰弱,

---

① 陈奇猷:《吕氏春秋校释·不屈》,北京:中华书局,1982年,1196页。

沦为一个微不足道的小朝廷。魏、齐徐州相王之后，各国相继开始了称王运动。紧接着，秦国称王，韩国称王；以后魏国为了拉拢诸侯国，魏与韩、赵、燕、中山，五国相王。战国时期，诸侯国的称王是对周天子权威的彻底否定，而魏国拉拢诸侯各国称王，也是联合诸侯国抵抗秦、齐的措施，这是战国最初期的合纵连横活动。

周王室自春秋时期就已经衰微；战国时期，周王室进一步衰落。

《史记·周本纪》云："考王十五年崩，子威烈王午立。考王封其弟于河南，是为桓公，以续周公之官职。桓公卒，子威公代立。威公卒，子惠公代立，乃封其少子于巩，以奉王号东周惠公。"《正义》引"《帝王世纪》云：'考哲王封弟揭于河南，续周公之官，是为西周桓公。'按：自敬王迁都成周，号东周也。桓公都王城，号西周桓公"。《正义》又引郭缘生《述征记》："巩县，周地，巩伯邑。《史记》周显王二年，西周惠公封少子班于巩，以奉王室为东周惠公也；子武公为秦所灭。"

也就是说，本来东周王室已经不绝如线，但是周考王又把自己的弟弟封"于河南，是为桓公"；而至桓公的孙子惠公时，又把"其少子于巩，以奉王号东周惠公"。周王室真是越来越小了，已经沦为一个微不足道的小王国了。

除周王室之外，是时，在战国的政治舞台上还活跃着7个较强的诸侯国，史称"战国七雄"，即秦、楚、魏、齐、韩、赵、燕等；另外还有一些较小的诸侯国家，如宋、越、鲁、郑、卫等，战国时期，鲁为楚灭，郑为韩灭，卫属魏，以后宋为齐灭等。诸侯小国相继为战国七雄所吞并。

梁惠王马陵战败之后，梁惠王三十六年（公元前334年），尊齐王为王，这是梁惠王在"军旅屡败"情况下的无奈之举。但齐威王不敢独自称王，于是相互称王，即徐州相王，当然是魏国占了一个便宜。这件事情标志着魏、齐已经不把周天子的权威放在眼里，事实上周天子也没有什么地位了。魏、齐在徐州相王，公然挑战了周天子的权威，已经与周天子平起平坐了。

齐国已经打赢了桂陵之战与马陵之战，又被尊称为王。《史记·田敬仲完世家》云："于是，齐最强于诸侯，自称为王，以令天下。"齐开始以一个大国的身份活跃在战国的舞台上。

秦国之国力日益强大，惠文君在公元前325年称王，即秦惠王，或称秦惠文王并于次年改元。

楚国是自春秋时期就已经称王的诸侯国，尽管当时华夏诸国并不承认楚王,《左传》中很多地方称之为楚子,但是楚国自称的是王号。

二、魏、齐"徐州相王"

惠施曾经为梁惠王出过很多主意,帮助梁惠王渡过难关,如让梁惠王变服折节前去朝见齐国国君,并尊齐国君为王,即"王齐王"。惠施认为,只有这样才能使老百姓较少地受到战争的伤害,当然这也是在牺牲大国尊严和立场的基础上的无奈之举。

《战国策·魏二》云:

> 齐魏战于马陵。齐大胜魏,杀太子申,覆十万之军。魏王召惠施而告之曰:
>
> "夫齐,寡人之仇也,怨之,至死不忘。国虽小,吾常欲悉起兵而攻之,何如?"
>
> 对曰:"不可,臣闻之王者得度而霸者知计,今王所以告臣者,疏于度而远于计。王固先属怨于赵,而后与齐战。今战不胜,国无守战之备,王又欲悉起而攻齐,此非臣之所谓也。王若欲报齐乎,则不如因变服折节而朝齐,楚王必怒矣。王游人而合其斗,则楚必伐齐,以休楚而伐罢齐,则必为楚禽矣;是王以楚毁齐也。"
>
> 魏王曰:"善"。乃使人报于齐,愿臣畜而朝,田婴许诺。
>
> 张丑曰:"不可,战不胜魏而得朝礼,与魏和而下楚,此可以大胜也。今战胜魏覆十万之军,而禽太子申,臣万乘之魏,而卑秦、楚,此其暴于戾定矣。且楚王之为人也,好用兵而甚务名,终为齐患者必楚也。"
>
> 田婴不听,遂内魏王而与之并朝齐侯再三,赵氏丑之。楚王怒,自将而伐齐,赵应之,大败齐于徐州。

惠施主张"去尊",也就是让统治者(主要指国君)弃尊位;主张"爱民",希望以各种方式制止战争,让百姓少受伤亡。

《吕氏春秋·爱类》记载:

> 匡章谓惠子曰:"公之学去尊,今又王齐王,何其到也?"

>惠子曰:"今有人于此,欲必击其爱子之头,石可以代之。"
>
>匡章曰:"公取之代乎,其不与?"
>
>惠子曰:"施取代之。子头所重也,石所轻也。击其所轻以免其所重,岂不可哉?"
>
>匡章曰:"齐王之所以用兵而不休,攻击人而不止者,其故何也?"
>
>惠子曰:"大者可以王,其次可以霸也。今可以王齐王而寿黔首之命,免民之死,是以石代爱子头也。何为不为?民寒则欲火,暑则欲冰,燥则欲湿,湿则欲燥。寒暑燥湿相反,其于利民一也。利民岂一道哉?当其时而已矣。"

这里所指的"王齐王",是公元前334年,魏惠王与齐威王在徐州相会,魏惠王尊齐威王为王,齐亦尊魏惠王为王。齐威王以国君称王,是战国时期的一件大事。在此之前,只有周天子才能称王,虽然有几个诸侯国君,如楚、吴、越、巴、蜀称王,但中原诸侯将其视为蛮夷。而齐、魏国君称王,打破了周天子独尊的局面。匡章认为,惠子主张"去尊",但"王齐王",正是提高了齐王的尊位。而惠子认为,齐王连年征战,就是为了称王称霸;但齐王征战的结果,使大批百姓死于非命。而如今"王齐王",使齐王称王称霸的野心得到满足,齐王就不再通过战争去求尊位,这就保证了百姓的安全,避重就轻,可"寿黔首之命,免民之死"。惠子认为,为了百姓少受战争之苦,可以"王齐王",这与"去尊"并不矛盾。

惠子所说,表现了他的民本思想,但实际上"王齐王",与"去尊"毕竟是矛盾的。在当时的历史环境中,是不能取消国君的尊位的。惠子以"尊齐王"来换得战争的缓解,也表现了其灵活性。在惠子的眼中,人民具有重要的地位。

惠施反对战争,主张和平。《韩非子·内储说上》云:"张仪欲以秦、韩与魏之势伐齐、荆,而惠施欲以齐、荆偃兵。"当魏王与群臣听信了张仪的意见,欲伐齐、荆时,惠施仍然做努力,希望制止战争。战国时期,张仪作为一个投机钻营者四处活动,挑起战争,从中谋利。惠施与张仪的辩论和论争是以一个反对战争的政治家身份出现的。惠子说:"泛爱万物,天地一体也。"[①] 这是惠施对天地人间的认识和态度。

---

① (清)王先谦:《庄子集解·天下》,引自《诸子集成》,北京:中华书局,1983年,223页。

自此，魏国向齐国屈膝，到齐国朝见齐威王。《战国策·齐策一》："齐因起兵击魏，大败之马陵，魏破韩弱，韩魏之君因田婴北面而朝田侯。"

公元前334年，魏惠王听从了惠施与犀首的谏议到徐州（今山东滕县）朝见齐威王，并尊齐威王为王。齐威王虽亦有"绍统高祖黄帝"的打算，但还不敢独自称王，于是也尊魏为王，这就是有名的"徐州相王"。

魏、齐徐州相王确实是战国史上的一件大事。在此之前，南方的楚国、长江上游的巴蜀、长江下游的吴越之君皆已经称王，但是中原华夏皆不承认其王号，认为他们是蛮夷之邦。如楚武王称王时曾说"王不加位，我自封耳！"《左传》一书中常把楚王称为"楚子"，认为楚国君是子爵，即地位最低的一个爵位。而现在魏国和齐国，皆是周王室所策命认可的诸侯国竟然自称为王，这是对周天子地位和权力的公然挑战。魏、齐这两个诸侯国在国力方面比周王室强大得多，他们的称王是向世人宣称，他们要否定周天子天下共主的至尊地位。

春秋战国之际，周王室日益衰落。战国初年，梁惠王曾率诸侯朝天子；魏齐马陵战后，齐威王认为此时可以称霸于诸侯了。《战国策·赵策三》曰："昔齐威王尝为仁义矣，率天下诸侯而朝周，周贫且微，诸侯莫朝，而齐独朝之。"说明齐威王欲代替魏国而称霸。但此时已不能与春秋时代相比了，各诸侯国相继强大。这个时期的霸主国，既不能接受他国的贡纳，也不能强迫别国去朝拜周王室，已完全失去春秋时代霸主的意义。周天子也逐渐沦落到微不足道的地位，所以齐威王在朝周天子后很快称王，放弃了当霸主的想法。

战国时期，诸侯称王，彻底打破了周天子天下主公的权威地位。

三、"徐州相王"者与魏惠王改元

"徐州相王"者，是魏惠王还是魏襄王？史书记载有不同的说法。

《古本竹书纪年》卷下云："魏惠成王三十六年改元，称一年。王与诸侯会于徐州。……慎靓王二年，魏惠成王薨。"《古本竹书纪年》认为，是梁惠王与齐威王"徐州相王"。称王之后，梁惠王认为自己从诸侯国君的身份转变为天子，因此在纪年上应该改元。

司马迁《史记·魏世家》云：梁惠王三十六年，"复与齐王会甄。是岁，惠王卒，子襄王立。襄王元年，与诸侯会徐州相王也，追尊父惠王为王。"《索隐》引《纪年》云:"惠成王三十六年改元称一年,未卒也。"《史记·魏世家》认为,是梁襄王与齐威王"徐州相王",这一年是"襄王元年,与诸侯会徐州相王也,追尊父惠王为王"。

首先,根据史籍的先后,《竹书纪年》当比西汉司马迁《史记·魏世家》为早。

《晋书·束皙列传》记载:"初,太康二年,汲郡人不准盗发魏襄王墓、或言安釐王冢,得竹书数十车。其《纪年》十三篇,记夏以来至周幽王为犬戎所灭,以事接之三家分,仍述魏事至安釐王之二十年,盖魏国之史书,大略与春秋皆多相应。……武帝以其书付秘书,校缀次第寻考指归,而以今文写之。(束)皙在著作得观竹书,随疑分释,皆有义证,迁尚书郎。"

《纪年》十三篇,此书后来多散佚,后代学者将散佚在各史籍中的轶文进行汇集,于是出现辑本《竹书纪年》,称为《古本竹书纪年》。这部书虽然不是原来的面目,但是大部分可以说是真实的。南宋以后又出现《今本竹书纪年》也是从古籍辑出来的。应该说,这两种《竹书纪年》版本都是有很大的史料价值的。

《竹书纪年》记载的很多内容与司马迁《史记》记载有舛。《竹书纪年》是盗发魏襄王墓或言安釐王冢而得,当然其时代更早。但是中间有一个散佚的过程。今我们再以战国时期的《孟子·梁惠王》旁证之。

《孟子·梁惠王》中记述孟子与梁惠王的谈话。此文开篇曰:"孟子见梁惠王,王曰'叟不远千里而来,亦将有以利吾国乎?'孟子对曰:'王何必曰利,亦有仁义而已矣。'"

上文为时人所记,孟子言谈中多称王;应该说,梁惠王在世时已经称王。笔者认为,《竹书纪年》的记载较为正确,梁惠王在位时期已经称王;应该是梁惠王与齐威王在"徐州相王"之后。

梁惠王与齐威王在"徐州相王"之后,认为自己已经改变了身份,成为与周天子平起平坐的王了,因此改元。根据《竹书纪年》的记载,魏惠王三十六年(公元前334年)王与诸侯会于徐州,相王,改元。自此年始,梁惠王的纪年开始称为"后元"。

太史公司马迁大约曾见过一些被秦始皇烧得残缺不全的书籍,把梁惠王的纪年改元之事认为是梁惠王已经离世,而史籍上又有许多关于梁惠王的记载,因此在《史记·魏世家》就认为此年梁惠王已经死去,梁襄王与齐威王在"徐州相王",后又"追尊父惠王为王"。其实这个时期,尚没有追尊之说。

《史记·魏世家》云:"十六年襄王卒,子哀王立。张仪复归秦。"

《集解》引荀勖曰:"和峤云:《纪年》起自黄帝终于魏之今王。今王者,魏惠成王子。案:太史公书惠成王,但言惠王,惠王子曰襄王;襄王子曰哀王。惠王三十六年卒,襄王立十六年卒,并惠、襄为五十二年。今案《古文》惠成王立三十六年,改元称一年;改元后十七年卒。太史公书为误,分惠成之世,以为二王之年数也。《世本》惠王生襄王,而无哀王;然则今王者,魏襄王也。"

西晋和峤为中书令、荀勖秘书监,皆参加过《纪年》的整理,应该说他们的看法是对的。

《索隐》引《系本》:"襄王生昭王,而无哀王,盖脱一代耳。孔衍叙《魏语》亦有哀王。而《纪年》说惠成王三十六年,又称后元一十七年卒,此文分惠王之历以为二王之年。又有哀王凡二十三年,纪事甚明,盖无足疑然。则是《纪年》之作失哀王之代,故分襄王之年为惠王后元,即以襄之年包哀王之代耳。"

按:《索隐》认为"《纪年》之作失哀王之代",其实《纪年》无误,因为《纪年》只"终于魏之今王",即魏襄王,根本没有到"哀王之代",当然就无所谓"失哀王之代"了。

孔衍叙《魏语》有哀王一代。孔衍,晋朝武帝时期人,当时见到司马迁《史记》之后,才写的魏哀王一代,故不足取。魏哀王一代,当为魏襄王一代的史迹。

(明)董说《七国考》卷六《魏群礼》云:"《竹书纪年》魏惠王三十六年改元称一年,王与诸侯会于徐州;其后十七年卒。谓今王者,襄王也。今《史记》惠王三十六年卒,襄王立十六年卒,并惠襄为五十二年。《史记》误分惠成王之世为二王之年数也。其曰襄王元年,与诸侯会徐州相王,然后追尊父惠侯为惠王者,即惠王改元一年,会诸侯于徐州也。追王之说,《史记》误。《索隐》曰《世本》襄王生昭王而无哀王,盖脱一代耳。"

(清)顾炎武《日知录》卷七云:"《史记·魏世家》惠王三十六年卒,子襄王立。襄王元年,与诸侯会徐州相王也;追尊父惠王为王。而《孟子》书其对惠王无不称之为王者,则非追尊之辞明矣。司马子长亦知其不通,而改之曰君,然孟子之书出于当时,不容误也。杜预《左传》集解后序言:哀王于《史记》,襄王之子,惠王之孙也。惠王三十六年卒,而襄王立;立十六年卒,而哀王立。古书《纪年》篇惠王三十六年改元，从一年始至十六年而称惠成王卒，即惠王也。疑《史记》误分惠成之世，以为后王年也。哀王二十三年乃卒，故特不称谥，谓之今王。今按惠王即位三十六年称王改元，又十六年卒；而子襄王立，即《纪年》所谓今王，无哀王也。襄、哀字相近，《史记》分为二人，误耳。《秦本纪》秦惠文王十四年，更为元年，此称王改元，之证又与魏惠王同时。"

从以上论述可知，与齐威王"徐州相王"者，当是梁惠王无疑。梁惠王称王之后，改元；这之后梁惠王的纪年称为"后元"；改元之后又经过16年，梁惠王才死去。

如果说"《史记》误分惠成王之世为二王之年数"，"《世本》惠王生襄王，而无哀王；然则今王者，魏襄王也"。梁惠王改元后不应该算在魏襄王的纪年之内。

那么《史记》所记魏襄王的史实当为梁惠王改元后之事。魏哀王的史实当为魏襄王的史实；魏昭王一代以及以后的史实不变。

四、各国相继称王

1. 秦惠王称王改元

《史记·秦本纪》云："惠文君元年，楚、韩、赵、蜀人来朝。二年，天子贺。三年，王冠。四年，天子致文武胙齐、魏为王。……十三年四月戊午，魏君为王，韩亦为王。"《正义》："魏襄王、韩宣惠王也。"

面对"齐、魏为王"的形势，国力日益强大的秦国，在公元前325年称王，是为秦惠王。

《史记·秦本纪》云：惠文君"十四年更为元年"。秦国称王后，也像魏惠王一样改元。

（明）董说《七国考》卷六《秦群礼》"改元"条下云："更元，《史记》秦惠文王十四年更为元年，又十四年而卒；先是魏惠王三十六年改称元年，后十一年而秦惠王复改元。"按周文王改元矣。《尚书》运期授注云：周文王以戊午蔀二十九年受命。受命之月已是季秋，至明年乃改元。《书》序云：惟十有二年，武王伐殷。注云：本文王受命而数之，是年入戊午蔀四十岁矣，以历考之，入戊午蔀二十九年；岁在戊午，其年殷九月二十五日得甲子，明年乃改元。则元年,岁在己未,是得赤雀之命后年改元之验也。《武成》《正义》云:文王断虞芮之讼,诸侯归之,改称元年。王应麟曰:诸侯自于其国各称元年,是已之所称,容或中年得改。

2. 五国称王是合纵连横的最初形式

是时,魏国虽然已经称王,但是魏在与齐国的桂陵之战、马陵之战中大败;在与秦国的河西之战中,被商鞅欺骗,失去了河西之地七百里;在与南方的楚国战争中又失败,如《孟子·梁惠王》曰:"及寡人之身,东败于齐,长子死焉;西丧地于秦七百里,南辱于楚。寡人耻之。"因此梁惠王虽然改元称王,其实心里很虚。梁惠王认为,必须与其他诸侯国联合,才有可能应付他在诸侯国中的尴尬局面,摆脱其困境。

惠文王十三年(公元前325年),秦惠文君称王。同年,魏惠王为了拉拢韩国,与韩在巫沙相会,尊韩威侯为韩宣惠王。

《史记·韩世家》云:"宣惠王立。"《索隐》引《纪年》云:"威侯七年与邯郸围襄陵,五月梁惠王会威侯于巫沙;十月郑宣王朝梁。不见威侯之卒,下败韩,举在威侯八年,而此系家,即以为宣惠王之年。"学界一般认为"郑宣王",就是"韩宣惠王";"梁惠王会威侯于巫沙"就是尊韩威侯为王的盟会。

魏惠王虽然与韩国交好,但力量还较单薄,于是又采纳了犀首广泛争取与国的建议,于公元前323年,约韩、燕、赵、中山五国相互尊称为王。犀首,魏国人,一说犀首是官名。

《战国策·中山策》曰:"犀首立五王,而中山后持。"(汉)高诱注:"立五国,使称王,齐、赵、魏、燕、中山也。持,中山小,故后立之。"

五国相王,引起了齐国的强烈不满。齐国以反对中山称王而要求与赵、魏共同讨伐中山。

《战国策·中山策》又载:"齐谓赵、魏曰:寡人羞与中山并为王,愿与大国伐之,以废其王。"齐臣张丑论五国称王说:"同欲者相憎,同忧者相亲。今五国相与王也,负海(齐)不与焉,此其欲皆在为王,而忧皆在负海。……燕赵果俱辅中山,而使其王事遂定。"在诸国的努力之下,中山称王。

《史记·赵世家》云:赵武灵王八年(公元前318年),"韩击秦不胜,而去,五国相王。赵独否曰:'无其实,敢处其名乎?'令国人谓己曰君"。

（宋）苏辙《古史》卷二十《赵世家》亦云："齐宣王九年，魏襄王元年，会于徐州，始相王。后十一年，秦惠文王始称王。明年韩宣惠王、燕易王始称王，至此五年赵犹不称王，然卒不见赵称王之年，岂自惠文始而追谥武灵王。"

（清）汪越《读史记十表》卷三《六国表第三》："诸侯僭称王自楚外，齐威王二十六年首称王，魏襄王元年，与诸侯会徐州以相王，秦惠文王十三年称王，韩宣惠十年称王，燕易王十年称王，宋君偃十一年亦称王，中山亦称王；惟赵武灵王八年，五国相王；赵独否曰：'无其实，敢处其名乎？'令国人称君，寻亦称王，未纪其年。"

五国相王，指的是魏、韩、赵、中、燕等国。"五国相王"实际是魏国霸业失败以后，与弱小的国家联合抵抗强齐的措施，是一种合众弱以御一强的政策，是合纵政治形势的开始，尽管合纵连横名词出现较晚。①

---

① 徐中舒、何孝达：《战国初期魏齐的争霸及列国间合纵连横的开始》，《徐中舒历史论文选辑》，中华书局，1998年。

第六章　魏国专制王权的形成与职官制度

战国时期，魏国已经形成了专制主义的王权。魏国国君虽然从旧晋手中夺得了政权，但是旧晋政权被权臣所夺的惨烈事件，在新建立的诸侯国君那里留下了长长的暗影。如何杜绝权臣，不让自己的政权失去，成为魏国国君考虑的重要问题。魏文侯时期，魏国就任用李悝进行改革，废除了世袭世禄制度，大大地削弱了世袭大族的特权，加强了国君的专制权力。

为了加强国君的专制权力，魏国设立了严密的职官制度。《左传·襄公十五年》曰："官人，国之急也。能官人，则民无觊心。"职官制度是任何一个国家政权机构建设最关心的问题。魏国的地方官员有严格的上计制度，国君每年对地方官员进行考察，不合格者收其印玺。国君对封君、将军的权力严格限制，废除其世袭的封邑与特权。战国时期，魏国的职官制度已经成熟，专制王权已经形成。

第一节　魏国的专制王权与官制

战国时期，魏国国君接受三家分晋的惨痛教训，为了使自己的政权不再为权臣所夺，设立了保护魏王的宪令。魏国《大府之宪》曰："子弑父，臣弑君，有常不赦。"在此情况下，魏国的太子、相、封君皆无太多的权力。魏国君王把权力完全集中在自己手中，并用印玺表明自己的权力是独自掌握的，魏国的专制王权已经形成。

一、魏国专制王权的形成

战国以后，夺取了政权的魏国贵族，非常清楚旧晋时期的魏氏家族是怎样通过一代又一代的军功、事功，逐渐发展壮大，最后夺取晋国政权，建立魏国的。魏氏贵族接受旧晋姬姓贵族的惨痛教训，通过李悝变法，废除世卿世禄制度，以防世袭贵族的发展壮大所形成的尾大不掉之弊，对政权机构的体制进行了调整。李悝变法之后，废除世袭大族的特权，国君紧紧地掌握国家政权，加强对各级官吏的控制，从而加强国君的权力和专制；另外就是把国家的重要权力交给王室亲信，对贤能之士限制使用，包括对魏氏贵族之中的贤能者亦是如此。

国君是魏国的最高统治者，他的意志就是魏国最高的法律。战国时期，魏国的前两代国君称为"侯"，即魏文侯、魏武侯，即侯爵之意；其实魏文侯、魏武侯称侯，应该说他们相对原晋国的国君"公"，还要低一个等级，这也表示三家分晋后的自谦吧。魏国自第三代国君梁惠王之后，国君开始称王。王，在魏国具有最高地位和权力。

战国时期的魏国共经过六代国君：魏文侯—魏武侯—梁惠王—魏襄王—魏昭王—魏安釐王—魏王假。

战国时期，国军的专制权力已经形成，国君在魏国的权力是至高无上的。魏国有《大府之宪》，这是保护魏王的法令。

《战国策·魏四》记载："安陵君曰：吾先君成侯受诏襄王，以守此地也；手受《大府之宪》，宪之上篇曰：子弑父，臣弑君，有常不赦。国虽大赦，降城亡子不得与焉。"（宋）鲍彪注："大府谓魏受诏襄子、而受魏之宪，则此两属明矣。宪，法令也。"

（明）董说《七国考》卷十二《魏刑法》云："《大府之宪》《国策》安陵君曰：吾先君成侯受诏襄王以守此地也，手受《大府之宪》，宪之上篇曰：子弑父，臣弑君，有常刑。国虽大赦，降城亡守不得与焉。按此是李悝以前魏国相仍之法。"

在魏国有"子弑父，臣弑君"者，有常刑不赦。（明）董说认为，这个《大府之宪》当是"李悝以前魏国相仍之法"。《大府之宪》是李悝《法经》的"相仍之法"，最少是李悝《法经》的延续，当是有道理的。李悝的《法经》就是保护王的法律。

春秋时期"弑君"现象层出不穷，如卫国州吁弑卫桓公、宋国华父督弑宋殇公、晋国赵穿弑晋灵公……，而且这些弑君者，没有受到任何惩罚。春秋时期的国君不受任何新刑法的保护。

战国时期确实很少或者根本没有"臣弑君"者。李悝的《法经》，以及《大府之宪》就是保护王的宪令和法律。对"臣弑君"者，"有常不赦"；魏王已经拥有了专制权力。

军队是诸侯国的柱石，各诸侯国君对军权严格控制。

兵符是我国古代调兵遣将的凭证。战国时期，魏王亲自掌握兵符，牢牢控制军队，如《史记信·陵君列传》云："兵符常在王卧内。"魏国将军对军队的使用调动必须通过魏王，军权牢牢控制在魏王手中。

（明）董说《七国考》卷十二《魏刑法》云："盗符者诛，籍其家；盗玺者诛、议国法令者诛，籍其家及其妻氏。"也就是说，盗兵符者，诛杀并剿灭其家；盗国君印玺者、议国法令者，诛杀并剿灭其家。这当然也是保护魏国专制权力的法令。

战国时期，魏国的专制王权已经形成。

二、魏国太子的地位

魏文侯、魏武侯时期，为了突出国君的权力，甚至不立太子，如当乐羊攻克中山国之后，文侯派太子击前去镇守中山国。太子击是魏文侯的长子。（宋）吕祖谦《大事记解题》卷一云："文侯爱少子挚，使太子击守中山。赵仓唐傅之，居三年往来之使不通。仓唐使于文侯，以诗讽之。文侯乃出少子挚封之中山，而复太子击及文侯子。"在这里，宋代吕祖谦是以宋代人的思想意识来解读魏文侯派子击前去镇守中山国事件的，其实魏文侯根本没有立太子。在《史记·魏世家》及先秦史料中从未见过称击为太子的，皆称为子击，这就说明击还不是太子。

魏文侯喜爱少子挚，舍不得把少子挚派往中山国，就把击派去镇守中山。击虽然尚未立为太子，但由于是长子，在传统观念中是很有优先权的。在中国古代，太子奉冢祀，是不能出外镇守的。击害怕失去承继大统的权力，而在中山国不安心，派其傅赵仓唐出使于魏，作诗讽刺魏文侯，魏文侯才改封少子挚于中山。《说苑·奉使》载：魏文侯封子击于中山国，三年没有使者与书信往来，子击乃遣仓唐为使者到国都安邑去问候父亲魏文侯，因文候嗜晨凫、好北犬，于是让仓唐继北犬、奉晨凫献于文侯。仓唐告诉文侯，太子最爱读《诗经·黍离》曰："彼黍离离，彼稷之苗。行迈靡靡，中心摇摇，知我者谓我心忧，不知我者谓我何求。悠悠苍天，此何人哉。"文侯大喜，置酒而称曰："夫远贤而近所爱，非社稷之长策也。"乃出少子挚封中山，而复子击。魏文侯召回子击，改派少子挚驻守中山；其实这已经表明，击将被立为太子。

魏国战争，多以太子为将；这是魏国与其他诸侯国的不同之处。我国自春秋时期，太子是不领兵外出打仗的，如《左传·闵公二年》云："晋侯使大子申生伐东山皋落氏。里克谏曰：'大子奉冢祀，社稷之粢盛，以朝夕视君膳者也；故曰冢子。君行则守，有守则从；从曰抚军，守曰监国，古之制也。夫帅师专行，谋誓军旅，君与国政之所图也，非大子之事也。师在制命而已，禀命则不威，专命则不孝，故君之嗣适不可以帅师。君失其官，帅师不威，将焉用之？！'"

但是魏国的太子多是要做将军带兵打仗。《史记·魏世家》云：魏文侯"六年城少梁，十三年使子击围繁庞，出其民"。击，就是魏文侯的长子。

如前所述，魏武侯也没有立太子。魏武侯元年，封次子公子缓，而不见封长子䓨。公子缓虽然很早就得封，但是也没有封为太子。当魏武侯执政26年死去，子䓨与公中缓争立。

《史记·魏世家》云："惠王元年初，武侯卒也。子䓨与公中缓争为太子。"根据中国长子即位的传统，子䓨很早就做准备，拉拢了魏大夫王错，"挟上党，固半国也"。于是子䓨在王错的支持下即位为魏惠王，并在范台宴请魏国大夫。

公中缓于是跑到赵国请求支援。魏惠王䓨的支持者魏大夫王错出奔韩求救。韩国懿侯乘机与赵国成侯合军并兵以伐魏，在韩、赵的进攻下，魏惠王䓨大败。后因韩、赵两国意见不相统一，才罢兵，魏惠王得以存在。也由此可以看出魏国不仅不立太子，太子在魏国君的生前并没有什么权力。

韩、赵罢兵之后，魏惠王解除了威胁。之后魏惠王迁都大梁，又称梁惠王。梁惠王时期，因文侯、武侯两朝的教训，立了太子；但是魏国的太子也不是像周王朝或者旧晋一样"大子奉冢祀""君行则守，有守则从"，而是也要出外率军打仗的。

《史记·六国年表》云：惠王九年，"与秦战少梁，虏我太子申"。

《史记·魏世家》云："齐宣王用孙子计，救赵击魏。魏遂大兴师，使庞涓将，而令太子申为上将军。"《史记·六国年表》亦记载这件事：惠王三十年，"齐虏我太子申，杀将军庞涓"。

魏国的太子不仅为将军外出打仗，而且还要出外镇守一方，如当乐羊攻克了中山国之后，魏文侯派遣子击为中山君前去镇守中山。

战国时期，各诸侯国的太子似乎都没有什么权力，如《史记·商君列传》记载：秦国商鞅变法时，"太子犯法。卫鞅曰：'法之不行，自上犯之；将法太子，太子嗣君也，不可施刑；刑其傅公子虔，黥其师公孙贾。'明日秦人皆趋令"。从这里可以看出，太子并没有什么权力对抗商鞅。直至太子即位为秦惠王之后，才开始报复商鞅。"秦惠王车裂商君以徇，曰莫如商鞅反者，遂灭商君之家。"①

魏国也是如此，魏文侯十七年（公元前429年），"子击逢文侯之师田子方于朝歌，引车避下谒。田子方不为礼，子击因问曰：'富贵者骄人乎？且贫贱者骄人乎？'子方曰：'亦贫贱者骄人耳。夫诸侯而骄人则失其国，大夫而骄人则失其家，贫贱者行不合言不用则去之，楚越若脱躧然，奈何其同之哉。'子击不怿而去"②。这里虽然表现出作为知识分子的田子方的傲骨，但是子击见田子方"引车避下谒"，而"田子方不为礼"，也表现出田子方对子击的轻慢，是由于子击地位不高造成的。

三、魏国的相

相，是魏王之下的最高官职，在魏国是一人之下万人之上。

1. 魏文侯之相

自魏文侯建立魏国始，魏国的第一任相是魏成子。《史记·魏世家》云：魏文侯要设置丞相，魏成子与翟璜孰可？李克（悝）云："君问而置相，非成则璜，二子何如？克对曰：君不察故也。居视其所亲，富视其所与，达视其所举，穷视其所不为，贫视其所不取，五者足以定之矣。何待克哉？是以知魏成子之为相也。"

《史记·魏世家》云：当李克对文侯说了几个条件之后，文侯曰："先生就舍，寡人之相定矣。"

---

① 司马迁：《史记·商君列传》，北京：中华书局，1982年，2237。
② 司马迁：《史记·魏世家》，北京：中华书局，1982年，1838页。

魏文侯时期，魏国的第二任相当是翟璜。

《吕氏春秋·慎大》云："魏文侯见段干木立倦而不敢息，反见翟璜踞于堂而与之言，翟璜不说。文侯曰：段干木官之则不肯，禄之则不受。今女欲官则相位，欲禄则上卿，既受吾实，又责吾礼，无乃难乎。故贤主之畜人也，不肯受实者，其礼之礼士莫高乎节欲，欲节则令行矣。文侯可谓好礼士矣，好礼士故南胜荆于连堤，东胜齐于长城，虏齐侯献诸天子。天子赏文侯以上卿。"

李悝也可能做过魏文侯的相。

《汉书·艺文志》记载："李克七篇"颜师古注："子夏弟子，为魏文侯相。"从唐代颜师古注《汉书·艺文志》始，认为李克（悝）曾做过魏文侯的相。以后宋明清学者从其说，当是又发现有新的材料。

（唐）杜佑《通典》卷十二《食货十二》："魏文侯相李悝曰：籴甚贵伤人。"

（宋）马端临《文献通考》卷八《钱币考一·历代钱币之制》："如魏文侯相李悝言，一夫治田百亩，亩收粟一石。"

（清）陈厚耀《春秋战国异辞·魏》："魏文侯相李悝曰：籴甚贵伤人，甚贱伤农。"

（清）李锴《尚史·孔子弟子传》："李克，子夏弟子，为魏文侯相。"

文信君，魏文侯的相。文信君当是魏公室子弟。（宋）欧阳修《新唐书·宰相世系表》云："魏文侯相文信君，三子鲋、腾、树。腾字子襄，汉孝惠博士，长沙太傅；生忠，字子贞，博士；忠二子……"

2. 魏武侯之相

田文，魏武侯的第一任相。《史记·吴起列传》云："魏置相，相田文。……主少国疑，大臣未附，百姓不信；方是之时"，乃相田文。

公叔，魏武侯的第二任相。《史记·吴起列传》云："田文既死，公叔为相，尚魏公主而害吴起。"公叔之仆为之谋曰："君因谓武侯曰：'试延以公主，起有留心则必受之，无留心则必辞矣；以此卜之。'君因召吴起。而与归，即令公主怒而轻君。吴起见公主之贱君也，则必辞。于是吴起见公主之贱魏相，果辞魏武侯。武侯疑之，而弗信也。"魏武侯的第二任相就是自知才不如吴起，而设法将吴起赶出魏国的公叔。

3. 梁惠王之相

公叔痤，魏惠王的相，疑是魏武侯的相公叔在武侯死后继续为魏惠王之相。《史记·商君列传》云：商鞅"少好刑名之学，事魏相公叔痤为中庶子"。

公叔痤知商鞅很是贤能，等到临终之前才向魏王推荐，以致魏王不相信，使得商鞅西入秦，成为魏国的严重威胁。

惠施，梁惠王之相。《庄子·秋水》云："惠子相梁。庄子往见之，或谓惠子曰：'庄子来，欲代子相。'于是惠子恐，搜于国中三日三夜。"这个故事当然只是一个寓言，有虚构的成分，但是惠子在梁惠王时期为相当是属实的。

张仪，亦曾为魏国之相。《史记·魏世家》云：魏襄王"十三年，张仪相魏"。本书"徐州相王"一节中，曾提到《竹书纪年》记载梁惠王三十六年（公元前334年）改元，称为后元一年。而司马迁误以为梁惠王已经死去，因此梁惠王三十六年之后，认为已经是梁襄王的纪年了。根据《竹书纪年》的记载，梁惠王并没有死，而是在十六年之后才死。那么《史记·魏世家》梁襄王十三年"张仪相魏"，当是梁惠王后元的十三年，所以"张仪相魏"，仍然是梁惠王的相。

如果说"魏襄王十三年"，当为"梁惠王后元十三年"，那么魏襄王之子魏哀王的纪年，当是魏襄王。魏哀王当是一个不存在的王。

犀首，相魏，并佩五国相印，当是在梁惠王之时。《史记·犀首列传》云："魏王相张仪，犀首弗利；故令人谓韩公叔曰：'张仪已合秦魏矣，其言曰：魏攻南阳，秦攻三川。魏王所以贵张子者，欲得韩地也。且韩之南阳已举矣，子何不少委焉以为衍功，则秦魏之交可错矣。然则魏必图秦而弃仪，收韩而相衍。公叔以为便，因委之。犀首以为功，果相魏，张仪去。"

《战国策·魏一》亦记载此事，云："犀首遂主天下之事，复相魏。"

4. 魏襄王之相

信安君，魏襄王的相。《战国策·魏二》记载："秦召魏相信安君，信安君不欲往。"

田需，魏襄王有相名田需。《战国策·魏二》云：

> 苏代为田需说魏王曰："臣请问文之为魏、孰与其为齐也？"
>
> 王曰："不如其为齐也。"
>
> "衍之为魏，孰与其为韩也？"
>
> 王曰："不如其为韩也。"
>
> 而苏代曰："衍将右韩而左魏，文将右齐而左魏；二人者，将用王之国举事于世，中道而不可，王且无所闻之矣。王之国虽渗，乐而从之可也。王不如舍需于侧，以稽二人者之所为。二人者曰：

'需，非吾人也。吾举事而不利于魏，需必挫我于王。二人者必不敢有外心矣。二人者之所为之利于魏、与不利于魏，王厝需于侧以稽之。臣以为身利而便于事。"

王曰："善。"果厝需于侧为助也。

《史记·魏世家》云：魏襄王九年（原为魏哀王九年，公元前310年），"魏相田需死"。

《战国策·魏二》又云："田需贵于魏王。"又云："昭鱼谓苏代曰：'田需死，吾恐张仪、薛公、犀首之有一人相魏者。'"

上段记载说明田需死，魏国有可能让张仪、薛公、犀首之中的一人为魏相。

魏太子，魏襄王时期，田需死后，太子为相。《史记·魏世家》云："魏相田需死，楚害张仪、犀首、薛公。楚相昭鱼谓苏代曰：'田需死，吾恐张仪、犀首、薛公有一人相魏者也。'代曰：'然相者欲谁，而君便之。'昭鱼曰：'吾欲太子之自相也。'……（苏代）遂北见梁王以此告之，太子果相魏。"《索隐》："薛公，田文也。""昭鱼，昭奚恤也。"

此太子当是魏昭王。

5. 魏昭王之相

孟尝君田文，魏昭王的相。《史记·孟尝君列传》云："孟尝君恐，乃如魏。魏昭王以为相，西合于秦赵与燕，共伐破齐。齐闵王亡在莒，遂死焉。齐襄王立，而孟尝君中立于诸侯无所属。齐襄王新立，畏孟尝君与连和，复亲薛公。文卒，谥为孟尝君。"

《史记·魏世家》与《战国策·魏二》亦有记载，孟尝君田文在魏国为相，当在魏昭王时期。

6. 魏安釐王之相

范痤，是魏安釐王之相。《战国策·赵四》记载虞卿请赵王曰：

> 夫魏为从主而违者，范痤也。今王能以百里之地若万户之都请杀范痤于魏，范痤死，则从事可移于赵。

赵王乃使人以百里之地请杀范痤于魏。魏王许，诸使司徒执杀范痤。范痤说："臣窃以为与其以死人市，不若以生人市使。"

又遗其后相信陵君书曰：

> 夫赵魏，敌战之国也。赵王以咫尺之书来，而魏王轻为之杀无罪之座。座虽不肖，故魏之免相望也。尝以魏之故得罪于赵。今能守魏者莫如君矣。王听赵杀座，之后强秦袭赵，之欲倍赵之割，则君将何以止之，此君之累也。

信陵君马上言于王，释放了范座。

《史记·魏世家》亦有此记载，范痤"故魏之免相也"。"范座"为"范痤"。范痤当是魏安釐王之相。

魏自文侯立国、经武侯、惠王、襄王、昭王、安釐王各朝所任用的相没有系统的记载，散见于典籍之中，今整理于下。

表 6-1 魏国置相表

姓名	魏国国君	引文	出处
魏成子	魏文侯相	"是以知魏成子之为相也"	《史记·魏世家》
翟璜	魏文侯相	魏文侯对翟璜曰："今女欲官则相位"	《吕氏春秋·慎大》
李悝	魏文侯相	"子夏弟子，为魏文侯相"	《汉书·艺文志》颜师古注
文信君	魏文侯相	"魏文侯相文信君"	《新唐书·宰相世系表》
田文	魏武侯相	"魏置相，相田文"	《史记·吴起列传》
公叔	魏武侯相	"田文既死，公叔为相"	《史记·吴起列传》
公叔痤（与魏武侯公叔当为一人）	梁惠王相	商鞅"事魏相公叔痤"	《史记·商君列传》
惠施	梁惠王相	"惠子相梁"	《庄子·秋水》
张仪	梁惠王相	梁惠王后元十三年"张仪相魏"	《史记·魏世家》
犀首	梁惠王相	"犀首遂主天下之事，复相魏"	《战国策·魏一》
信安君	梁襄王相	"秦召魏相信安君"	《战国策·魏二》
田需	梁襄王相	魏襄王九年（公元前 310 年），"魏相田需死"	《史记·魏世家》
魏太子	梁襄王相	"太子果相魏"	《史记·魏世家》
孟尝君田文	梁昭王相	孟尝君，"魏昭王以为相"	《史记·孟尝君列传》
范痤	魏安釐王相	范座（范痤）"故魏之免相也"	《战国策·赵四》《史记·魏世家》
信陵君	魏安釐王相	范座"又遗其后相信陵君书曰"	《战国策·赵四》
魏齐	魏安釐王相	"魏相，魏之诸公子曰魏齐"	《史记·范雎列传》

信陵君，《战国策·赵四》云：范座"又遗其后相信陵君书曰"，说明信陵君是继范座之后的相。

《史记·魏世家》云：魏安釐王三十年（公元前247年），"无忌归魏率五国兵攻秦，败之河内，走蒙骜。魏太子增质于秦，秦怒欲囚魏太子增。或为增谓秦王曰：'公孙喜固谓魏相曰：请以魏疾击秦'"。《索隐》："《战国策》作苏秦为公子增谓秦王。""（魏相）作公孙衍。"此魏相不知为谁，可能是犀首公孙衍。

魏齐，魏安釐王之相有魏齐。《史记·范雎列传》云："魏相，魏之诸公子曰魏齐。"

四、魏国的官制

任官制度是国家政权机构中的重要内容，历代统治者都非常重视。官制的健全和发展是治理国家的基本条件。《左传·襄公十五年》云："官人，国之急也，能官人，则民无觊心。"魏国是从旧晋母胎中新兴的诸侯国，其官制既与晋国有一定的关系，又有很大的区别。

关于魏国的官职，史书没有系统的记载，散见于各史籍之中。

师，《史记·魏世家》云："子击逢文侯之师田子方于朝歌，引车避，下谒。"又云："卜子夏、田子方、段干木，此三人者，君皆师之。"（宋）司马光《资治通鉴》卷一《周纪一》云："魏文侯以卜子夏、田子方为师。"虞、夏、商、周皆有师、保，是教习天子、国君的古官名。

傅，《史记·魏世家》翟璜曰："君之子无傅，臣进屈侯鲋。"傅，是教习太子之官。

司徒，《战国策·魏三》芒卯谓秦王曰："王能使臣为魏之司徒，则臣能使魏献之于秦。"这句话的完整意思是，如果能让我做魏国的司徒官，我能使魏国献长平、王屋、洛林之地于秦国。按《左传·桓公三年》云："晋以僖侯废司徒。"杜预注："僖侯名司徒，废为中军。"晋因晋僖侯名司徒，因此废司徒之官为中军。但是魏有司徒，魏国不同于三晋之官名。

犀首，《史记·秦本纪》云："犀首为大良造。"（南朝宋）裴骃《集解》："犀首，官名，姓公孙，名衍。"《索隐》："官名，若虎牙之类；姓公孙，名衍，魏人也。"《孟子·滕文公上》汉赵岐注："公孙衍，魏人也，号为犀首，常佩五国相印为从长。"（唐）陆德明《经典释文》卷二十八云："犀首，魏官名也。司马云：若今虎牙将军，公孙衍为此官。元嘉本作齿首。"

将军，魏有将军王敖，见刘向孟子注。

上将军，《国策》迎孟尝君为上将军。《魏世家》令太子申为上将军，《信陵君传》魏王以上将军印授公子。

客将军，《战国策·赵三》云："秦围赵之邯郸，魏安釐王使将军晋鄙救赵，畏秦止于荡阳不进。魏王使客将军辛垣衍间入邯郸。"应劭曰：魏有客将军官。

五乘将军，《韩非子·外储说左下》："秦、韩攻魏，昭卯西说而秦、韩罢；齐、荆攻魏，昭卯东说而齐、荆罢；魏襄王养之以五乘将军。卯曰：伯夷以将军葬于首阳之下，而天下曰：夫以伯夷之贤，与其称仁而以将军葬，是手足不掩也。"（明）董说《七国考》卷一云："按将军，周末官；此言伯夷以将军葬，无考。注：五乘将军，谓养之以五乘为将军也。余谓注非也，当是五乘之将军，古者兵车一乘，甲士三人，步卒七十二人；五乘凡三百七十五人。"

公乘，（汉）刘向《说苑·善说》："魏文侯与大夫饮酒，使公乘不仁为觞政，曰：'饮不嚼者，浮以大白。'文侯饮而不尽嚼。公乘不仁举白浮君，君视而不应。侍者曰：'不仁退，君已醉矣。'公乘不仁曰：'《周书》曰：前车覆，后车戒；盖言其危。为人臣者不易，为君亦不易。今君已设令，令不行可乎？'君曰：'善。'举白而饮。"公乘，当为官名。

大夫，《战国策·魏一》云："魏武侯与诸大夫浮于西河。"

上大夫，《尹文子·大道上》云："魏王赐献玉者千金，长食上大夫之禄。"

中大夫，《史记·范雎列传》云："范雎者，魏人也，字叔；游说诸侯，欲事魏王，家贫无以自资，乃先事魏中大夫须贾。须贾为魏昭王使于齐。"魏人范雎从中大夫须贾使于齐。

国大夫，《韩非子·内储说上·七术》："吴起为魏武侯西河之守，……乃下令大夫曰：明日且攻亭有能先登者，仕之国大夫，赐之上田宅。"

五大夫，《战国策·魏四》信陵君使人谓安陵君曰："君其遣缩高，吾将仕之以五大夫，使为持节尉。"

关内侯，《战国策·魏一》记载窦屡谓魏王曰："王不若与窦屡关内侯。"

上卿，《新序·杂事第一》魏文侯"复召翟璜入拜为上卿"。

持节尉，"信陵君使人谓安陵君曰：'君其遣缩高，吾将仕之以五大夫，使为持节尉。'"持节尉，（宋）鲍彪注："尉之持节者。"

御史，《战国策·韩三》记载："安邑之御史死，其次恐不得也。输人为之谓安邑令曰：公孙綦为人请御史于王，王曰'彼固有次，吾难败之，因遽置之。'"（宋）鲍彪注："输，安邑里名。补令闻王言，故立其次。《大事记》《前汉百官表》监御史，秦官，掌监郡。此策云，云六国已遣御史监郡矣，非独秦也。"

守，《史记·魏世家》翟璜曰："西河之守，臣之所进也。"

令，《史记·滑稽列传》："魏文侯时，西门豹为邺令。"

乐人，《汉书·艺文志》云："六国之君魏文侯最为好古，孝文时得其乐人窦公。"颜师古注引桓谭《新论》云："窦公年百八十岁，两目皆盲。文帝奇之，问曰：'何因至此？'对曰：'臣年十三失明，父母哀其不及众技，教鼓琴，臣导引，无所服饵。'"

虞人，《战国策·魏一》云："（魏）文侯与虞人期猎。"虞人，按《周礼》掌山泽之官。

舍人，《说苑·奉使》："魏文侯封太子击于中山三年，使不往来，舍人赵仓唐进称曰。"

御庶子，《战国策·魏一》记载："魏公叔痤病，惠王往问之曰：'公叔病即不可讳，将奈社稷何？'公叔痤对曰：'痤有御庶子公孙鞅，愿王以国事听之也，为弗能听，勿使出竟。"《史记·商君列传》作中庶子，云："商君者，卫之诸庶孽公子也，名鞅，姓公孙氏，其祖本姬姓也。鞅少好刑名之学，事魏相公叔痤为中庶子。"此公族官，别于国官及太子官；或以为御庶子，公叔痤之家臣。

博士，《汉书·贾山传》："贾山，颍川人也；祖父袪故魏王时博士弟子也。"贾山颍川人也，师古曰："六国时魏也。"

主书，《吕氏春秋·乐成》："魏攻中山，乐羊将已得中山还，反报文侯；有贵功之色。文侯知之，命主书曰：'群臣宾客所献书者，操以进之。'主书举两箧以进，令将军视之书，尽难攻中山之事也。"

五、印玺制度

战国时期，魏国已经有了印玺。有人认为，印章产生于新石器时期，在陶器上刻画的家族符号或者印记，就是印章的起源。《后汉书·祭祀志》云：

"三皇无文，结绳以治。自五帝始有书契，至于三王，俗化雕文，诈伪渐兴，始有印玺，以检奸萌。然而未有金玉银铜之器也。"印记、印玺，是私有制的产物。私有制产生之后，出现了抢夺、盗窃、欺骗，把别人的物品占为己有的现象，于是印记就应运而生了。印玺，是时代进一步发展的产物，标志着一种政治、军事和财务权力。

《战国策·魏二》云："魏而欲丞相之玺，以魏之强而持三万乘之国辅之，魏必安矣。"这些记载都说明魏国之相是有印玺的。

《战国策·魏三》云："华军之战，魏不胜秦。明年将使段干崇割地而讲。孙臣谓魏王曰：'魏不以败之上割，可谓善用不胜矣；而秦不以胜之上割，可谓不能用胜矣。今处期年乃欲割，是群臣之私而王不知也。夫欲玺者，段干子也，王因使之割地；欲地者，秦也，而王因使之受玺。夫欲玺者制地，而欲地者制玺，其势必无魏矣。且夫奸臣固皆欲以地事秦，以地事秦譬犹抱薪而救火也。薪不尽则火不止。今王之地有尽而秦之求无穷，是薪火之说也。"

这段话的意思是说，华军之战，魏国失败。但是失败时并没有提起割地的事，第二年魏国却让段干崇到秦国割地讲和。孙臣谓魏王说：魏国与秦作战，失败时不要求割地，一年后才提出割地，是魏之群臣有奸心。段干崇欲得相玺，秦国欲得地。段干崇与秦国勾结，段干崇得玺，秦国得地，魏国将会受到极大的损害。

魏国的各级官员当皆有印玺，包括各个地方官员，如郡守、郡令等。《韩非子·外储说左下》记载："西门豹为邺令，清克洁悫，秋毫之端无私利也；而甚简左右。左右因相与比周而恶之。居期年上计，君收其玺。"魏国如果有人反映官员政绩糟糕，国君就会收其印玺。

魏国的上将军亦有印玺。《史记·信陵君列传》云："魏王见公子相与泣，而以上将军印授公子，公子遂将。"

魏国军队的调动必须有兵符，如我国民众皆耳熟能详的信陵君窃符救赵之事。是时，秦国攻赵，赵国难以抵抗，向魏国求救使者相望于道。但是魏王害怕秦国而不敢出兵相救。信陵君欲救赵国，但是拿不到兵符，不能调动军队。大梁夷门监侯嬴为之谋曰："嬴闻晋鄙之兵符，常在王卧内。而如姬最幸，出入王卧内，力能窃之。嬴闻如姬父为人所杀，如姬资之三年，自王以下，欲求报其父仇莫能得。如姬为公子泣，公子使客斩其仇头，敬进如姬。如姬之欲为公子死，无所辞，顾未有路耳。公子诚一开口请如姬，如姬必许诺；则得虎符，夺晋鄙军，北救赵，而西却秦，此五霸之伐也。公子从其计，请如姬。如姬果盗晋鄙兵符与公子……公子遂行至邺，矫魏王令代晋鄙。晋鄙合符，疑之，举手视公子曰：'今吾拥十万之众屯于境上，国之重任。今单车来代之，何如哉？'欲无听。朱亥袖四十斤铁椎，椎杀晋鄙。公子遂将晋鄙军。"①这段记载说明，魏国的兵符只有魏王一人掌握，密放在卧室中，是一般人不能见到的，包括像信陵君这样的魏国权贵人物。

战国时期，在魏国无论是政权、军权都掌握在魏王一人手中，而且都有印玺、兵符为凭证。魏国的专制政权趋于严谨和正规。

先秦时期，各级官员的印皆可以称为玺。秦国统一后，只有皇帝的印才能称为"玺"，其他的印只能称为"印"。

六、上计制度

先秦自齐桓公、管仲时期，就有了政府官员上计的制度，这是管仲变法的重要内容；以开我国政府官员上计制度的先河。

战国时期，魏国有了较为完善的上计制度。西门豹为邺令廉己奉公，"秋毫之端无私利也"；西门豹从不贿赂文侯身边的宠臣，因此在年终上计时，遭到文侯左右宠臣的攻击。

《韩非子·外储说左下》："西门豹为邺令，清克洁悫，秋毫之端无私利也；而甚简左右。左右因相与比周而恶之。居期年上计，君收其玺。豹自请曰：'臣昔者不知所以治邺，今臣得矣，愿请玺复以治邺，不当请伏斧锧之罪。'文侯不忍而复与之。豹因重敛百姓，急事左右。期年上计，文侯迎而拜之。豹对曰：'往年臣为君治邺，而君夺臣玺；今臣为左右治邺，而君拜臣。臣不能治矣。'遂纳玺而去。文侯不受曰：'寡人曩不知子，今知矣。愿子勉为寡人治之。'遂不受。"

这段话的意思是，西门豹不贿赂文侯左右宠臣，上计时，左右宠臣攻击西门豹，魏文侯认为西门豹治邺不善，欲收其印玺。次年，西门豹贿赂文侯左右宠臣，得到魏文侯的肯定，西门豹遂"纳玺而去"，魏文侯谢罪。这件事情说明西门豹的耿直与正派。

（汉）刘向《新序·杂事》云："魏文侯出游，见路人反裘而负刍。文侯曰：'胡为反裘而负刍？'对曰：'臣爱其毛。'文侯曰：'若不知其里尽而毛无

---

① 司马迁：《史记·信陵君列传》，北京：中华书局，1982年。

所恃邪?'明年东阳上计,钱布十倍。大夫毕贺。文侯曰:'此非所以贺我也,譬无异夫路人反裘而负刍也。将爱其毛,不知其里尽毛无所恃也。今吾田地不加广,士民不加众,而钱十倍;必取之士大夫也。吾闻之:下不安者,上不可居也,此非所以贺我也。'"

《淮南鸿烈解·人间训》云:"解扁为东封,上计而入三倍。"解扁,是魏国在东部的一个地方长官,到国都上计,收入比过去多了三倍。

战国时期,魏国已经有了完善的上计制度。每年地方各县的官员,如邺县、东阳、东封等都要到魏国国君处上计把一年来的政绩、情况、收支、土地、人民的增长、战争和防御等向国君汇报。国君根据官员治理的政绩、情况确定下一年的委派和任命;如果政绩好,继续委派或任以更重、更高的官职;如果政绩不好,土地不开垦、人民冻饿流离,就会免去其官职。

第二节　魏国的军制

战国时期,魏国的兵种已经齐全。不仅如此,魏国士卒有特制的服饰,选举任命将帅的标准有明确严格的军法军令,为了保证军队调动的严密纪律,魏国有兵符才能调动军队。

一、魏国的军制

魏国的兵种有步军、战车、骑兵。

步军,《史记·孙子吴起列传》云:"庞涓行三日大喜曰:我固知齐军怯,入吾地三日士卒亡者过半矣;乃弃其步军,与其轻锐,倍日并行逐之。"步军,当是步兵,即步行的大部队。轻锐,当是轻捷快速的先头部队。

武士,又称为武卒。《史记·苏秦列传》《集解》引《汉书·刑法志》曰:"魏士武卒,衣三属之甲,操十二石之弩,负矢五十,置戈其上,冠胄带剑,赢三日之粮,日中而趋百里,中试则复其户,利其田宅。"

骑,魏国亦有骑兵。《战国策·魏一》苏秦说魏王曰:"魏天下之强国也,大王天下之贤主也……今窃闻大王之卒武士二十余万,苍头二十万,奋击二十万，厮徒十万，车六百乘，骑五千匹。"（《史记·苏秦列传》亦有记载）。"苍头"，《索隐》云："谓以青巾裹头，以异于众。"

奋击，顾名思义，当是愤然前击者，与后代的敢死队相似。

厮徒，《索隐》："厮音斯，谓厮养之卒，厮养马之贱者，今起之为卒。"《正义》："厮音斯，谓炊烹供养杂役。"

革车，就是战车。《吴子·吴起初见文侯》云："革车，掩户缦轮笼毂，观之于目则不丽，乘之于田则不轻。"《孟子·尽心上》云："武王之伐殷也，革车三百。"（汉）赵岐注："革车，兵车也。"（明）唐顺之《武编前集》卷六《车》："以民车之箱增为重厢，高四尺四寸，用革挽之。吴起所谓革车，掩户挽轮笼毂是也。臣以为可用于平川之地，临阵以折奔冲，下营以为寨脚。"

这种革车，就是用高四尺四寸的革蒙起来的战车。用革蒙起来的战车似一个小房子，或者一个堡垒。战车里的战士可以用箭或者其他武器攻击车外的敌人，但外面的敌人却难以攻击车里的人。这样的战车适于"临阵以折奔冲，下营以为寨脚"。

车兵，战车中的将士当然就是车兵。

《周礼·春官·宗伯下》："凡师共革车，各以其萃。"（汉）郑玄注："五戎者，共其一以为王优尊者所乘也，而萃各从其元焉。"

《周礼·春官·宗伯下》又云："车仆，掌戎路之萃，广车之萃，阙车之萃，苹车之萃，轻车之萃。"（汉）郑玄注："萃，犹副也。此五者皆兵车，所谓五戎也。戎路，王在军所乘也；广车，横陈之车也；阙车，所用补阙之车也；苹，犹屏也，所用对敌自蔽隐之车也；轻车，所用驰敌致师之车也。"

从《史记·苏秦列传》《战国策·魏一》的记载来看，魏国不仅有骑兵、车兵，在步军中还有武士、苍头、奋击、厮徒等兵种。

二、魏国武卒的服饰与器械装备

吴起在魏国推武卒制，《荀子·议兵篇》云："魏氏之武卒，以度取之，衣三属之甲，操十二石之弩，负服矢五十个，置戈其上；冠胄带剑，赢三日之粮，日中而趋百里，中试则复其户，利其田宅。"

从这段话可以看出魏国武卒的武装和器械。魏国的步卒，按身材高低而挑选。其穿戴为"三属之甲"。关于"三属之甲"，各家解释却各不相同：

服虔释曰:"作大甲三属,竟人身也。"这里所说的"大甲三属,竟人身也"。竟,周遍之意,即全身穿上甲胄。

苏林释曰:"兜鍪也、盆领也。髀襌也。"苏林认为,就是武卒头上所戴的兜鍪,即帽盔;盆领,武卒两肩边上的领子,其用途应该说可以用肩扛武器之类的器械的。髀襌,则是套裤之类的服装。

如淳释曰:"上身一、髀襌一、胫缴一,凡三属也;属,联也。"如淳所说的"三属之甲"当是上身之甲胄、下身之套腿、缠绕在小腿上的胫缴。

但是根据《周礼·冬官·考工记》的注释,这些解释似乎都不是太准确。

《周礼·冬官·考工记》云:"函人为甲,犀甲七属,兕甲六属,合甲五属。犀甲寿百年,兕甲寿二百年,合甲寿三百年。凡为甲,必先为容,然后制革,权其上旅与其下旅,而重若一以其长为之围,凡甲锻不挚则不坚,已敝则桡。"

(宋)易祓《周官总义》卷二十八云:"函,包也,容也,有卫物之义;故制甲以卫人亦曰函。孟子云:函人惟恐伤人,盖其为甲取其坚而已。犀甲、兕甲,指其物;合甲,言其工削革而合之,其甲尤坚于犀、兕。属,谓上旅、下旅,札续之数;以其联属有次叙,故曰属。所谓旅者,札叶也;甲薄者札短,欲其坚也;厚者札长,坚而无事乎。短也,故犀甲七属,而寿百年;兕甲六属,而寿二百年;合甲五属,而寿三百年。凡为甲,必先为容者。人身有长短、大小之不齐,必先因服者之身以为之容,使其身安于甲;然后制革权其上旅,与其下旅;而重若一者,上旅谓腰以上,下旅谓腰以下,权以知其轻重,使上下等而若一,则无偏重之患。以其长为之围者,欲长短广狭之相称,所谓先为容而后制革者,如此然革以鍛治为善,挚之为言至也;鍛不至于熟则不坚而易坏,太熟而过则已敝而易曲。此又言制之,不可苟也。"

从以上宋代易祓的解释来看,古人所穿的甲衣,其实就是犀甲、兕甲、合甲,做成能够容于自己身体的函,在战争中能够保护自己。所谓"属",就是用犀甲、兕甲、合甲的片相联属。(宋)郑锷曰:"属,连缀之义;上旅、下旅以札相续,其名曰属,取其连属也……皮坚则札长,皮不坚则札短。犀皮甲不甚坚,故七属;兕皮甲稍坚,盖其札长,故以六属相续而成也。至于取兽之皮,去其里而取其表,以二皮之表相合为甲,则其坚也极矣。其皮坚则札长,故五属而成可也。犀皮可以延百年之久,兕皮可以延二百年之久,合皮可以延三百年之久,皮愈坚者寿愈远也。然古之合甲者亦罕闻,惟犀、兕为常。故左氏载华元弃甲之事曰:'犀兕尚多,弃甲则那!'荀子言'楚之人鲛革犀兕以为甲'。"

（宋）王观国《学林》卷二《春秋古经·属》云："属，读如灌注之注，谓上旅、下旅，札续之数也。观国案：字书无以属音，注者当音属为联属之属，盖七属、六属、五属者，缀札联属之数也。"

"属"，读音"注"，就是用犀甲、兕甲、合甲的片相联属，连成一个横排，叫作"一属"，三个横排的犀甲、兕甲、合甲的片相联属称为三属，五个称为五属，六个称为六属，七个称为七属。这些联成横排的甲片，即"属"，再把上旅、下旅相联属。由此可见，《荀子·议兵篇》云："魏氏之武卒，……衣三属之甲"，就是魏氏之武卒，穿着把上衣、髀裈、胫缴相联属的"三属之甲"。

春秋时期的甲胄多用犀甲、兕甲、合甲制成，当然亦有用铜片制成的"铜甲"，但那基本上是贵族所使用。战国以后，多是用很薄的铁片制成，即"铁甲"或"铁衣"。

魏氏之武卒，还要"操十二石之弩，负服矢五十个，置戈其上；冠胄带剑，赢三日之粮"。

"操十二石之弩"，《资治通鉴》卷六（宋）胡三省音注引沈括曰："钧，石之．石，五权之名。石重百二十斤，后人以一斛为一石，自汉时已如此，于定国。饮酒一石，不乱是也；挽强弓弩，古人以钧石率之；今人乃以秔米一斛之重为一石，凡石以九十二斤半为法，乃汉秤三百四十一斤也。今之武卒，蹶弩有及九石者，计其力乃古二十五石，比魏之武卒当二人有余。弓有挽三石者，乃古之二十四钧，比颜高之弓当五人有余。此皆近世教习所致，武备之盛，前古未有其比。按括之论详矣，然用之则误国丧师，不知合变是赵括之谈兵也。"

"负矢五十个，置戈其上"，即武卒背负 50 个矢，把戈置于身之上，即背戈也。

"冠胄带剑"，即胄，兜鍪也；冠胄带剑者，着兜鍪而又带剑也；赢谓担负也，即背负甲胄、头盔、带剑和三日之粮。这就是魏氏武卒的装备。

魏国的武卒是由考选而得，那些报名武卒者，按照标准必须穿戴三属之甲，再操十二石之弩机，负服矢五十个，置戈、剑其上，背上三日之粮，一日之中能走百里之地，就算合乎要求而中试，称为武卒。吴起时期，魏武卒是由精选而得，非常剽悍，有非常强盛的作战能力，使魏国的军事力量空前强大。

三、魏国立将与军法

自吴起开始,魏有立大将之制。《吴子·吴初见文侯》记载:"文侯身自布席,夫人捧觞,醮吴起于庙,立为大将。"魏国是否还立其他人为将,史书无载,此不赘述。

魏国之将,有严格的要求,如达不到要求,则有十分严厉的军法处置。

吴起为将,对自己有严格的要求。他认为作为主将必须取得民之信任,然后才动员百姓参加战争。《吴子·图国》云:"是以有道之主将,用其民先和而后造大事,不敢信其私谋,必告于祖庙,启于元龟,参之天时;吉乃后举。民知君之爱其命,惜其死若此之至而与之,临难则士以进死为荣,退生为辱矣。"

什么是"道"呢?吴起说:"夫道者,所以反本复始;义者,所以行事立功;谋者,所以违害就利;要者,所以保业守成。若行不合道,举不合义,而处大居贵,患必及之。是以圣人绥之以道,理之以义,动之以礼,抚之以仁;此四德者,修之则兴,废之则衰。"[①]

《吴子·治兵》吴起说:"其善将者,如坐漏船之中,伏烧屋之下,使智者不及谋,勇者不及怒,受敌可也。故曰用兵之害,犹豫最大;三军之灾,生于狐疑。"[②]

《吴子·论将》云:"故将之所慎者五:一曰理、二曰备、三曰果、四曰戒、五曰约。理者,治众如治寡;备者,出门如见敌;果者,临敌不怀生;戒者,虽克如始战;约者,法令省而不烦,受命而不辞家,敌破而后言返,将之礼也。故师出之日,有死之荣,无生之辱。"

吴起不仅对自己严格要求,而且还制定了严厉的纪律,以处置不守军纪的士卒。

《通典·兵二》记载了吴起教战法:"短者持矛戟,长者持弓弩,强者持旌旗,勇者持金鼓,弱者给厮养,智者为谋士。乡里相比,什伍相保;一鼓整兵,二鼓习陈,三鼓趋食,四鼓严办,五鼓就行;闻鼓声合,然后举旗。"

《吴子·应变》记载:"凡战之法,昼以旌旗幡麾为节,夜以金鼓笳笛为节;麾左而左,麾右而右;鼓之则进,金之则止;一吹而行,再吹而聚,不从

---

① 《吴子·图国》卷上,续古逸丛书景宋刻武经七书本,1页。
② 《吴子·治兵》卷上,续古欲丛书景宋刻武经七书本,4页。

令者诛。"

"按《汉志》吴起四十八篇，又《尉缭子》引吴起与秦战，未合，一夫不胜其勇，前获两首而还，吴起立斩之。军吏谏曰：'此材士也，不可斩！'起曰：'材士则是也，非吾令也，斩之！'《史记》云吴起之为将，与士卒最下者同衣食，卧不设席，行不骑乘，亲赢粮与士卒分劳。"

梁惠王时期，魏国对将帅有非常严厉的军法。

（明）董说《七国考》引《未学篇》记载"魏惠王军法"云："将自千人以上，有战而北，守而降，离地逃众。命曰'国贼'。身戮家残，去其籍，发其坟墓，暴其尸于市；男女公于官。自百人以上有战而北，守而降；命曰'军贼'。身死家灭，男女公于官。五人为伍，伍干令犯禁者，揭之免于辠；知而弗揭，全伍有诛。十人为什，什干令犯禁者，揭之免于罪；知而弗揭，全什有诛。五十人为属，属干令犯禁者，知弗揭，全属有诛。百人为闾，闾干令犯禁者，知弗揭，全闾有诛。自什以上至左右将于令犯禁者，揭之免，勿揭皆与同罪。什长得诛十人，伯长得诛什长，千人得诛伯人之长，万人之将得诛千人之将，左右将军得诛万人之将，大将无不得诛。虎符非有王命出户外者诛，将兵而还者诛，是北类也；虽太子勿赦，余按尉缭子同，岂尉缭所定耶？按《魏世家》云：将兵而还与北同，与此相合乃魏法也。"

以上魏惠王的军法之规定是非常严酷的，如果说率领千人、百人以上的将领战败逃跑、投降者，称为国贼、军贼，身死家灭，家中男女充为官奴。五人为伍、十人为什、五十人为属、百人为闾，如果伍、什、属、闾中有人干令犯禁者，揭发则免于罪，知道又不揭发，全伍、全什、全属、全闾皆有诛。军中有虎符，如果不是有王命，将虎符拿出户外者诛，将兵而还者诛，按逃跑对待；虽太子勿赦。

梁惠王的这些军令、军法是从《尉缭子》中的《重刑令》《伍制令》脱出来的，但是这不是只有《尉缭子》独有的，这是魏国之军法。

第三节　魏国的封君

魏国的封君一般是魏王之子弟、臣服于魏国的小国之君、魏王的宠爱之人，甚至还有女人被封君者。战国时期，魏国的封君在政治、军事上都没有太多的权力。由于魏国对贤能之士及封君都进行严格控制,很多贤能之士逃亡他国,对魏国构成严重威胁。

一、魏国的封君

春秋时期,周王室及其诸侯国皆实行采邑制度。世袭的采邑主拥有大片的采邑及采邑上的政治、军事、经济等一切权力,对国君只有跟随征战的义务。晋国的贵族皆有很大的采邑。《国语·晋语八》云:"夫郤昭子,其富半公室,其家半三军。"《左传·昭公五年》记载,晋国"韩赋七邑,皆成县也。羊舌四族,皆强家也。晋人若丧韩起、杨(羊舌)肸,五卿八大夫辅韩须、杨石,因其十家九县,长毂九百,其余四十县,遗守四千,奋起武怒,以报其大耻"。韩须,杨石分别为韩起、羊舌肸之子。韩、杨两家之兵就可以向一国报复,其实力是非常大的。春秋末年,晋国的军队征讨、对外的会盟,皆由晋国韩、赵、魏三家专权,大片辖地皆为韩、赵、魏三家瓜分。韩、赵、魏三家"灭晋后而三分其地。(晋)静公迁为家人,晋绝不祀"①。当采邑主权力达到威胁压倒国君的时候,就会对国君取而代之,如三家分晋、田氏代齐等。

战国时期新建立的诸侯国,如韩、赵、魏、齐等诸侯国为了杜绝权臣的出现,废除了世袭的采邑制度,采取封邑制,进而对封君权力进行限制。

战国时期魏国的封君主要有以下几位。

中山君,(汉)韩婴《韩诗外传》卷八:"文侯大悦曰:欲知其子视其母,欲知其君视其所使。中山君不贤,恶能得贤。遂废太子,诉召中山君以为嗣。"这里所说的中山君就是魏文侯的长子击。在乐羊攻下中山之后,击被封为中山君,镇守中山。击后派遣仓唐为使者到国都安邑去问候父亲魏文侯,让仓唐继北犬、奉晨凫献于文侯;并告诉文侯,太子整天读书,最爱读《诗经·黍离》。文侯大喜,置酒而称曰:"夫远贤而近所爱,非社稷之长策也。"魏文侯召回子击,改派少子挚驻守中山。子击与少子挚当为前后两任中山君。

文信君,(宋)欧阳修《新唐书·宰相世系表》云:"魏文侯相文信君三子:鲋、腾、树。腾字子襄,汉孝惠博士,长沙太傅;生忠,字子贞,博士;忠二子……"文信君,虽然不见于较早期的史书,但是欧阳修在修《新唐书·宰相世系表》时,用了很多前人所未用的材料,这些史料当是来自汉晋时

---

① 司马迁:《史记·晋世家》,北京:中华书局,1982年,1687页。

期的族谱，也是很有价值的。

山阳君，《战国策·楚一》记载：江尹"为梁山阳君请封于楚"。《战国策·赵一》亦云："秦、韩围梁。燕、赵救之，谓山阳君曰：秦战而胜三国，秦必过周韩而有梁；三国而胜秦，三国之力虽不足以攻秦，足以拔郑；计者不如构三国攻秦。"当时魏国有山阳君。

信安君，《战国策·魏二》记载："秦召魏相信安君，信安君不欲往。……夫魏王之爱习魏信也，甚矣；其智能而任用之也，厚矣。"信安君，何许人，史书无考。从《战国策·魏二》的记载可以看出，信安君就是魏信，是魏国之相，也是魏王爱习之人，此人当是一个很有智慧能力之人。1976年6月，陕西武功县浮沱村一座秦人墓葬里出土了一件有铭战国铜鼎。

其盖铭："䛊安君云（私）官，庿（容）半，耿（视）事敂，冶瘠。"
"十二年，曼二益（镒）六釿。""下官，庿半。"
器铭曰："䛊安君谕（私）官，庿（容）半耿（视）事司马敂，冶王石。"
"十二年，曼九益（镒）""下官，庿半。"

李学勤先生认为，"䛊"，战国文字常见，当读为"信"。河北平山出土的中山王方壶"忠信"就写作"忠䛊"。《战国策·魏策》"秦召魏相信安君"章记载有信安君，系魏国封君，故此鼎是魏器。① 此言甚是。

安陵君，《战国策·魏四》记载："魏攻管而不下，安陵人缩高其子为管守。信陵君使人谓安陵君曰：'君其遣缩高，吾将仕之以五大夫，使为持节尉。'安陵君曰：'安陵，小国也，不能必使其民，使者自往请使，道使者至缩高之所复信陵君之命。'……安陵君曰：'吾先君成侯受诏襄王，以守此地也；手受《大府之宪》'。"

从以上记载来看，安陵君是一个臣服于魏国的小国之君，都邑在安陵。

信陵君，《史记·信陵君列传》云："魏公子无忌者，魏昭王少子而魏安釐王异母弟也。昭王薨，安釐王即位封公子为信陵君。"

宁陵君，《史记·陈涉世家》记载："（周）市军散还至魏地，欲立魏后，故宁陵君咎为魏王。时咎在陈王所不得之魏。魏地已定，欲相与立周市为魏王。周市不肯，使者五反，陈王乃立宁陵君咎为魏王。"《集解》引应劭曰："魏诸公子名咎，欲立六国后以树党。"《索隐》引晋灼云："宁陵，今在梁国。按今梁国有宁陵县，是字转异尔。"《正义》引《括地志》云："宋州宁陵县城，

---

① 李学勤：《论新发现的魏信安君鼎》，《中原文物》1981年第12期，37页。

古宁陵城也。"《汉书·魏豹传》亦云:"魏豹,故魏诸公子也。其兄魏咎,故魏时封为宁陵君,秦灭魏为庶人。陈胜之王也,咎往从之……陈王乃遣立咎为魏王。"师古曰:"六国时魏也,文颖曰:魏大梁也。"宁陵君咎是战国末年魏国的封君。

宜信君,《战国纵横家书》二六《见田僟于梁南》章记载有魏国将领田僟"请使宜信君载先生见……"①,田僟是魏将,他所请的宜信君当是魏国的封君。

龙阳君,《战国策·魏四》记载:魏王与龙阳君共船而钓,龙阳君钓得十余鱼而涕下。

王曰:"有所不安乎如是何?不相告也。"对曰:"臣无敢不安也。"

王曰:"然则何为涕出?"

对曰:"臣为王之所得鱼也。"

王曰:"何谓也?"

对曰:"臣之始得鱼也。臣甚喜,后得又益大。今臣直欲弃臣前之所得矣。今以臣凶恶而得为王拂枕席,今臣爵至人君,走人于庭,辟人于途。四海之内美人亦甚多矣。……于是布令于四境之内曰:'有敢言美人者,族!'"

由此可见,龙阳君是一女子,是魏王之美人,被封君者。

济阳君,魏国的济阳君是一个非常狡诈的人。《韩非子·内储说下·六微》云:"魏王臣二人不善济阳君。济阳君因伪令人矫王命而谋攻己。王使人问济阳君曰:'谁与恨?'对曰:'无敢与恨,虽然尝与二人不善,不足以至于此。'王问左右,左右曰:'固然。'王因诛二人者。"

虎□丘君:琉璃阁墓地是战国时期魏国的墓地,其中M 80出土的戈有铭文"虎□丘君",说明墓主人是一个魏国的封君"虎□丘君"。②

平安君,1978年河南省泌阳县官庄发掘4座战国时期的墓葬。其中M3出土有平安君鼎。原发掘简报认为,该墓属于秦墓。但是墓中的平安君鼎属于"卫器"还是"魏器",引起学界很激烈的争论。平安君鼎共四段铭文:

盖铭:"廿八年,坪安邦斨(司)客朝,四分肖(齋),一益(镒)七鈠半鈠(斤)之考"。

又:"卅三年,单父上官孝喜侯升坪安君府(是)也。"

腹铭:"廿八年,坪安邦斨(司)客朝,四分肖(齋),六益(镒)半鈠之考。"

---

① 马王堆汉墓帛书:《战国纵横家书》二六,北京:文物出版社,1976年,118页。
② 郭宝钧:《山彪镇与琉璃阁》,北京:科学出版社,73页。

又:"卅三年,单父上官孝喜侯升平安君庥(是)也。"①

《战国纵横家书》二六:"令梁中都尉□□大将,其有亲戚父母妻子,皆令从梁王保之东地单父,善为守备。"②战国后期,单父已经属于魏国之东地,平安君当是魏国的封君。单父上官孝喜侯当时属于平安君辖下的一个庖宰。平安君的经历曲折坎坷,时而属魏,时而属秦,故出现了不同的纪年。③笔者认为有一定的道理。

(明)董说《七国考》卷一《魏职官》将平都君列为魏国封君,其根据是《战国策·魏四》记载:"长平之役,平都君说魏王曰:'王胡不为从?'"这里"平都君说魏王"之平都君不见得就是魏国的封君。据笔者考证,平都君是赵国惠文王的相田单,被封为平都君。《战国策·赵三》云:"赵惠文王三十年相平都君田单。"(宋)鲍彪在《战国策·魏四》"长平之役,平都君说魏王曰"之"平都君"条下注:"田单。"鲍彪所注甚是。这里的平都君是赵国封君田单,而不是魏国封君。

由以上记载可知,魏国的封君主要有三:首先受封之君是魏国王室的公子,即魏王的"诸公子",如中山君、宁陵君、信陵君等;其次为原来的小国国君、后成为魏国的臣属国,如安陵君等;魏王的"爱习"之人,如信安君等;最后被魏王宠爱的女子也可能有受封君的,如龙阳君等。

二、魏王对封君的控制

春秋时期,采邑主皆有自己的采邑,在采邑上拥有一切政治、经济、军事大权。采邑主是世袭的,采邑居民是采邑主的臣民,对国君没有责任和义务。采邑主对采邑居民有生杀之权。采邑主拥有采邑上的一切赋税收入,可以组织自己的家兵私卒。

晋国统治者惨痛的、血的教训给新兴的魏国统治者留下了深深的阴影。魏国国君紧紧地抓住兵权,废除了封君在封邑上组织军队的权力,把军权牢牢地掌握在自己手中,不让任何人染指。

信陵君是魏国一个很重要、地位相当高的封君,然而其却无任何兵力。公元前257年,秦国围赵都邯郸,赵求救于魏,魏不敢发兵。信陵君的姐姐是

---

① 驻马店地区文管会、泌阳县文教局:《河南泌阳秦墓》,《文物》1980年第9期,17页。
② 马王堆汉墓帛书:《战国纵横家书》二六,北京:文物出版社,1976年,115页。
③ 何驽:《泌阳平安君夫妇墓所出器物纪年及国别的再考证》,《中原文物》1992年第2期,60页。

赵国平原君的夫人，平原君向信陵君求救。信陵君数请于魏王，但魏王终不许。信陵君"及宾客辩士说王万端。魏王畏秦，终不听公子。公子自度终不能得之于王，计不独生而令赵亡，乃请宾客，约车骑百余乘，欲以客往赴秦军，与赵俱死"①。可以看出，信陵君虽有封邑，却无任何私徒家兵，当他要去与秦作战，与赵俱死之时，跟随他的只是宾客。后来大梁夷门监侯嬴为之出谋划策，信陵君利用曾经帮助过的魏王宠夫人如姬盗魏王兵符，拿到了兵权，锥杀了晋将军晋鄙，才带兵前去救赵。

信陵君不拥有封邑的军事权力，更不拥有魏国的军权。

魏公子信陵君礼贤下士，急人之难，在诸侯国中有很高的威信。他曾将军打败秦军，救邯郸之围。当秦军攻伐魏国时，"公子使使遍告诸侯。诸侯闻公子将，各遣将将兵救魏。公子率五国之兵破秦军于河外，走蒙骜，遂乘胜逐秦军至函谷关，抑秦兵，秦兵不敢出。当是时，公子威震天下"②。如果魏国重用信陵君，肯定有助于稳定魏国形势，以抗秦军，使秦不敢谋魏。但信陵君遭到魏安釐王的猜忌，魏王夺去了信陵君的兵权。信陵君从此不理政事，沉溺于酒色而死。信陵君的死，在战国后期魏、秦的兼并斗争中，对魏国来说是一个不可弥补的损失。魏王对信陵君采取的是限制的措施。

魏国对封君的控制其实也是对贤能之士的控制。

战国初年，诸侯各国都开始任用贤能，然而诸侯国君又接受春秋时期军功贵族势力膨胀而取代国君的教训，对贤能之士进行一定的限制。

如前所述，魏国初年曾招贤纳士，任用了大批的布衣卿相；魏武侯以后，魏国开始排挤贤能之士。例如，吴起曾创武卒制，善于用兵，为魏守西河，使秦人不敢东向，吴起这样一个出色的政治家、军事家在魏被陷害，被迫逃往楚国。魏惠王时，优秀的政治家商鞅离开魏，到秦国去；出色的军事家孙膑在魏国被害逃到齐国；魏昭王时，又一著名政治家范雎奔秦。这些贤能之士逃往敌国，为敌国所重用，并成为魏国的强大威胁，如孙膑奔齐，大败魏军于马陵，使魏国失去了霸业，从此衰落。而商鞅相秦，夺魏之西河，为秦国的帝业打下了良好的基础。

---

① 《史记·魏公子列传》，北京：中华书局，1982年，2379页。
② 《史记·魏公子列传》，北京：中华书局，1982年，2384页。

第四节　魏国的郡县制

春秋时期，晋国已经有了郡县的形式，这个时期晋国主要的地方机构县不仅设在边境，也设在内地；当时晋国的县大郡小。战国以后，魏国虽然是晋国的主要继承者，但是魏国的县制规模大大缩小，县设在郡之下。魏国的郡设在边境，郡下设县，主要是对付敌国的行政军事机构。魏国类似现代意义的郡县制度形成了。

一、春秋时期旧晋的郡县制度

春秋时期，旧晋最初有县制。当时晋国县的长官称为"令"。《吕氏春秋·孟春纪·去私》云："晋平公问于祁黄羊曰：'南阳无令，其谁可而为之？'祁黄羊对曰：'解狐可。'"高诱注曰："南阳，晋山阳，河北之邑；今河内温、阳樊州之属，皆是也。令，君也，而能为治。"而《吕氏春秋·去私》所说的是祁奚（祁黄羊）请老，举解狐以代己，说明南阳令不是世袭的，而是国君掌控下的县。

春秋后期，晋国的县长官亦称为"大夫"。《左传·昭公二十八年》云："魏献子为政，分祁氏之田以为七县，分羊舌氏之田以为三县。司马弥牟为邬大夫，贾辛为祁大夫，司马乌为平陵大夫，魏戊为梗阳大夫，知徐吾为涂水大夫，韩固为马首大夫，孟丙为盂大夫，乐霄为铜鞮大夫，赵朝为平阳大夫，僚安为杨氏大夫。"邬，邬县，古地名；春秋晋地，在今山西省介休县。祁，祁县，古称"昭馀"，今山西省晋中市。平陵、梗阳，在今山西省晋阳县南。涂水，今山西榆次县；马首、盂，山西省阳泉市；铜鞮，上党铜鞮县；平阳，今山西平阳县；杨氏，今山西杨氏县。

春秋后期，由于晋国大族日益强大，形成了尾大不掉的局面，故晋县的长官都把自己负责的地盘当成私有辖地。《左传·昭公二十八年》魏献子为政是所分的"大夫"就属于这种情况。那些被封为县大夫的人，皆不是晋侯所封，而是晋执政魏献子所封。所以当这些人受封后，"皆受县而后见于魏子"。魏献子分封了自己的儿子魏戊以后，又做贼心虚地说："吾与戊也县，人其以我为党乎？"

春秋时期，诸侯各国都设立了县，但是春秋末年，晋国出现了国君与大族、大族与大族之间的权力斗争。县就成为县大夫私人占领的地盘，如《左传·昭公五年》云："韩赋七邑，皆成县也；羊舌四族，皆强家也。晋人若丧韩起、杨肸，五卿八大夫辅韩须、杨石，因其十家九县，长毂九百，其余四十县，遗守四千；奋其武怒，以报其大耻。伯华谋之，中行伯、魏舒帅之，其蔑不济矣。"杜预注："成县，赋百乘也。"这段话的意思是韩氏、杨氏两家拥有40多个县。每个县有百乘之军队，40多个县就有4000多乘兵力，其力量就能够打败楚国，说明晋国大族力量的强大。由于晋国大族力量太强大，故以后发生了"三家分晋"的恶性事件。

这些都引起战国时期诸侯国国君的严重警惕。战国以后，魏国开始注意削弱县邑的力量、缩小县邑的规模、改变县邑的性质。

春秋后期，晋国已经有了明确的郡县制度。《左传·哀公二年》云："克敌者上大夫受县，下大夫受郡。"这段话很明显地说，如果打了胜仗，上大夫受"县"比下大夫所受的"郡"大。是时，虽然晋国已经有了郡、县的地方机构，但是郡是设在县之下的。

《逸周书·作雒篇》云："西土为方千里，分以百县。县有四郡，郡有鄙。大县城方王城三之一，小县立城方王城九之一，都鄙不过百室，以便野事。"（唐）陆德明《音义》："千里百县，县方百里；县有四郡，郡方五十里。"

《逸周书·作雒篇》所载当是西周时期的情况，那个时期的县还不是春秋之后县的含义，但是在晋国郡在县下是很明显的。

二、魏国的郡及其机构形式

春秋时期晋国的县比郡大，郡在县之下。但是战国以后，魏国虽然是以晋国的继承者的身份自居，但是魏国的郡比县大，郡在县之上。产生这种变化的原因当是与战国时期的国君专制有密切的关系。

战国以后，县的规模大大缩小。但是随着战国时期战争的频繁、战争规模的日益扩大，县作为一级地方行政机构和军事机构已不能满足战争的需要，没有力量应付敌国的进攻，于是在县之上设郡的形式开始出现。《史记·秦本纪》云："魏纳上郡十五县。"《正义》："今鄜、绥等州也；魏前纳阴晋，次纳同、丹二州；今纳上郡而尽河西滨洛之地矣。"

战国以后，现代意义的郡县制度在魏国形成了，而且逐渐地郡成为县之上的地方行政机构。笔者认为，郡之所以能够成为县之上的机构，其原因是郡最初是具有军事意义的地区机构；魏国郡的长官称为"守"，其实就是带领军队防守之意。

战国时期，魏国的郡主要有以下几个。

1. 中山郡

《史记·魏世家》："十七年伐中山，使子击守之，赵仓唐傅之。"笔者认为，当乐毅伐灭中山之后，在中山设郡，使子击守之。中山为新攻灭之地，设"守"，这是魏文侯时期的所用之策。子击当时中山郡之守。

2. 西河郡

在黄河之西，魏国的西长城之东，陕西华阴以北，是魏国与秦国交界的地区，属于魏国的边界。《韩非子》卷九《内储说上·七术第三十》云："吴起为魏武侯西河之守。"《韩非子·外储说右上》云："吴起治西河之外。"说明魏国有西河郡，吴起曾为西河之守令。

3. 上郡

主要在西河郡之北，与北部少数民族接界，亦属于魏国的边界地区。《史记·匈奴列传》云："魏有河西上郡，以与戎界边。"《韩非子·内储说上·七术》："李悝为魏文侯上地之守。"李悝以奖励的方式，使每个百姓都练习射箭，在与秦国打仗时，大败秦国。这个记载说明魏国有上地郡，李悝就是上地郡的郡守。

4. 大宋郡

《史记·楚世家》云：楚人有隐士，好以弱弓微缴加归雁之上者对楚襄王云："王朝张弓而射魏之大梁之南，加其右臂而径属之于韩，则中国之路绝而上蔡之郡坏矣；还射圉之东，解魏左肘，而外击定陶，则魏之东外弃，而大宋、方与二郡者举矣。魏断二臂颠越矣，膺击郯国，大梁可得而有也。"《索隐》："城在汴州雍丘县东，言王朝张弓射魏大梁汴州之南，即加大梁之右臂连韩、郯,则河北中国之路向东南断绝,则韩上蔡之郡自破坏矣;复远射雍兵围城之东便解散,魏左肘宋州,而外击曹、定陶及魏东之外解弃,则宋方与两郡并举。"

5. 方与郡

见"4"条。

6. 上蔡郡

见"4"条。

按:(唐)司马贞《索隐》认为,楚隐士对楚襄王所说的"王朝张弓而射魏之大梁之南,加其右臂而径属之于韩,则中国之路绝而上蔡之郡坏矣",是指"韩上蔡之郡自破坏"。笔者认为,既然楚隐士对楚襄王说:"王朝张弓而射魏之大梁之南","则中国之路绝而上蔡之郡坏",后面又说"魏断二臂颠越矣",这里所说的"上蔡之郡"应该是魏国"上蔡之郡",而不是韩国之上蔡郡。而且战国时期,古籍记载扑朔迷离,《史记·苏秦列传》记载苏秦说魏襄王曰:"大王之地,南有鸿沟、陈、汝南、许·鄢、昆阳、召陵、舞阳、新都、新郪,东有淮、颍、煮枣、无胥,西有长城之界,北有河外、卷、衍、酸枣。"汝南,在上蔡之南;而许、鄢、昆阳、召陵、舞阳在上蔡之北;那么上蔡在汝南与许、鄢之间,当然属于魏国的辖地版图。上蔡郡当是魏国的郡。

战国时期,魏国的郡一般设在边境,如前所述的中山郡、西河郡、上地郡、大宋郡、方与郡、上蔡郡等。

第五节 魏国的长城

战国时期,频繁激烈的战争使每个诸侯国都非常重视防御措施。远古时期,部落的人们曾用城堡来保护自己的居处和财产。随着国家境土的扩大,城堡无法保护国家所辖的广大范围,于是国家统治者开始利用国家境域中天然的险塞、修筑长城、布置哨所、设置烽火台等形式来防御敌国的进攻。长城是拥有财产者或弱者防止强者入侵、保护自己而又阻止敌人的防御措施。战国时期,我国境内的各个诸侯国大多修建了长城。诸侯各国用长城来保护本国的财产和利益,保护本国不受其他诸侯国的侵犯和骚扰。

（清）顾炎武《日知录》卷三十一《长城》云："春秋之世，田有封洫，故随地可以设关。而阡陌之间，一纵一横，亦非戎车之利也。观国佐之对，晋人则可知矣。至于战国，井田始废，而车变为骑，于是寇钞易，而防守难。不得已而有长城之筑。"春秋时期楚国的方城当为最早的长城。当齐桓公帅诸侯国军队南下责楚时，楚国屈完说："楚国方城以为城，汉水以为池，虽众无所用之。"① 楚国的方城被视为我国最早的长城。

魏国的长城，因为魏国是三家分晋之后的诸侯国，而且战国初年魏国非常强盛，展现着一种扩张的姿态，所以魏国的长城是战国梁惠王以后修筑的。由于魏国的国土呈狭长的、不规则形状，魏国的长城共分两部分——西长城和南长城。

一、魏国的西长城

战国梁惠王时期，魏国的国势与国力迅速滑坡，由强势的进攻转为被动挨打的局面。梁惠王时期，商鞅到秦国，帮助秦孝公变法，使秦国在西方崛起。在与魏国的河西之战中，商鞅使用欺骗手段把魏国将军公子卬骗到秦国军帐，俘获了公子卬，大败魏军，使魏国丧河西之地七百里。从此以后，魏国在与秦国的战争中节节败退，魏国为了防备秦国的入侵，不得已修筑长城。魏国修筑的这条长城就是西长城，所谓西长城就是在魏国的西部或者说在河西，其主要作用就是为了备秦。

关于魏国修筑西长城的记载，先秦时期的史料主要有三条。

《竹书纪年》卷下云：梁惠王十一年（公元前359年）："龙贾帅师筑长城于西边。"梁惠王十一年已经迁都大梁，又派龙贾到西部去修筑长城。这里所修筑的长城已经处于魏国的西部边陲，距离魏国国都较远。

《史记·秦本纪》云："魏与秦接界，魏筑长城，自郑滨洛，以北有上郡。"《正义》："魏西界与秦相接，南自华州、郑县，西北过渭水、滨洛水东岸向北有上郡、鄜州之地，皆筑长城，以界秦境。"

《史记·秦本纪》所说，魏国长城就是龙贾所修筑的长城，其起止地点是"自郑滨洛，以北有上郡"，即从郑（今陕西华县）起，在洛水之滨，至北部上郡止。

---

① 杨伯峻：《春秋左传注·僖公四年》，北京：中华书局，1981年，293页。

《史记·魏世家》又云：魏惠王十九年（公元前351年），"诸侯围我襄陵，筑长城塞固阳"。《正义》引《括地志》云："梱杨县，汉旧县也，在银州银城县界。按：魏筑长城，自郑滨洛，北达银州至胜州，固阳县为塞也。固阳有连山，东至黄河，西南至夏、会等州。"襄陵，今山西临汾东南35里；固阳，今内蒙古的固阳县，汉代亦称为梱杨；唐银州故城在今陕西神木县境；胜州在今内蒙古的托克托县。夏州，今陕西省靖边县；会州，今甘肃靖远县。

1946年，张筱衡"应杨虎城将军之约，同游韩城，途中仔细考场了合阳县和韩城县境内之魏长城"，"提出魏之固阳，即今之合阳"说。

上面我们记述了《史记·魏世家》关于"筑长城、塞固阳"，关于固阳的记载；在《史记·魏世家》又记载：魏"西攻秦至郑而还，筑雒阴、合阳"。《正义》："合阳，合水之北。《括地志》云：'合阳故城在同州河西县南三里，雒阴在同州西也。'"

笔者认为，在同一本书、同一篇文章《史记·魏世家》中，又是同一个人唐代张守节作的注，皆引的是《括地志》：固阳，认为是"梱杨县，汉旧县也，在银州银城县界"；而合阳，认为是"合阳故城在同州河西县南三里"。固阳、合阳，这应该是两个地方。张筱衡只考察了陕西合阳的长城，恐怕还不能得出"魏之固阳，即今之合阳"的结论。

晋、唐、宋等朝代，魏国长城遗址保存较现在还多一些。

《通典·州郡三》同州下云："河西……有长城，魏惠王所筑以备秦。"唐代河西县，即宋夏阳县，战国时期的少梁。

《太平寰宇记》卷二十八《同州》"夏阳县"下说："长城，魏惠王所筑以备秦。"今合阳县东南40里有夏阳，当是宋代夏阳故地。

有些学者认为，魏国的长城最多到上郡，根本不会到内蒙古那么远，如张维华先生《中国长城建制考》云："秦孝公元年（公元前361年）魏之所筑长城，仅至上郡，惠成王十九年（公元前351年）所筑则北达固阳，即汉之梱阳县境，于今为包头之北地。自《正义》如此解释，而后世言魏长城者率不敢违离其说，余考《魏世家》所举固阳，不当与汉之梱阳县视为一地，盖其时魏之势力尚未扩展至此。上郡而北，尽为他族所盘踞，魏人何得于此立塞？"

笔者认为，前代所见到的史料或者遗迹，后代已经消失。魏文侯时期，吴起在西河、李悝在上郡，其势力非常强大；而且上郡之北，尽被少数民族所占据。魏国的长城北达固阳也完全有可能。

魏国的西长城从郑（今陕西华县），经华阴、阴晋，跨过渭水，再经过朝邑、大荔、滨洛水，再经过澄城、合阳、少梁（秦夺取少梁后，改为夏阳）、韩城。《水经注·渭水》云："渭水又东，沙渠水注之；水出南山北流，西北入长城。城自华山北达于河。"魏国的西长城一直到黄河岸边，呈弧状。这条长城经过历代修筑，到达雕阴（今陕西富县），亦有可能达内蒙古境内的固阳县。

魏国的西长城，其前身可能是秦国长城。史念海先生认为："党川村以北至洛河岸旁的长城村段魏长城，本来就是秦长城。魏长城是在秦长城的基础上加以改修利用的，所以秦长城后来就成了魏长城。"[1]此言甚是。战国初年，吴起为魏守西河，使秦人不敢东向。一般是怕敌国入侵的国家才会修筑长城，所以秦国首先修筑长城，以后这条长城又被魏国所利用是非常符合实际情况的。

二、魏国西长城的重镇

在魏国西长城沿线的重要城镇应该都是魏国的军事重镇，如郑、华阴、阴晋、澄城、合阳、少梁、韩城、固阳等（图6-1）。

郑（今陕西华县），这里是魏国西长城的起点，是郑国的始封地，紧邻秦国，是一个很重要的军事城堡。

1959年在陕西华阴岳镇东发现一座古城。城中发现的都是战国遗物，如筒瓦、板瓦、半瓦当等，该城址大约建于战国初年，可能是战国时期魏国的阴晋城。阴晋城建筑在秦魏边界，是魏国的一个军事城堡；这座古城又距离魏国长城不远，与魏国的长城有关系。[2]华阴县至今有魏长城夯筑的残存遗址，是一长10米、宽19.9米、高20米的城墙遗址。华阴县河湾子村段，是古代交通要道，也是魏、秦两国争夺交战之处，这一段长城的城墙修筑得宽厚高大，并且有墩台和烽火台。[3]华阴西关堡、洪崖村魏长城夯土墙内出土瓦片、筒瓦、板瓦等共计200余片，均已残缺。[4]

---

[1] 史念海：《河山集》第二集《秦国"堑洛"的长城》，北京：生活·读书·新知三联书店，1981年，36页。
[2] 黄河水库考古工作队陕西分队：《陕西华阴岳镇战国古城勘查记》，《考古》1959年第11期，604、605页。
[3] 陈孟东、刘合心：《魏国西长城调查》，《人文杂志》1983年第6期，95页。
[4] 中国社会科学院考古研究所陕西工作队李遇春：《陕西华阴、大荔魏长城勘查记》，《考古》1980年第6期，484页。

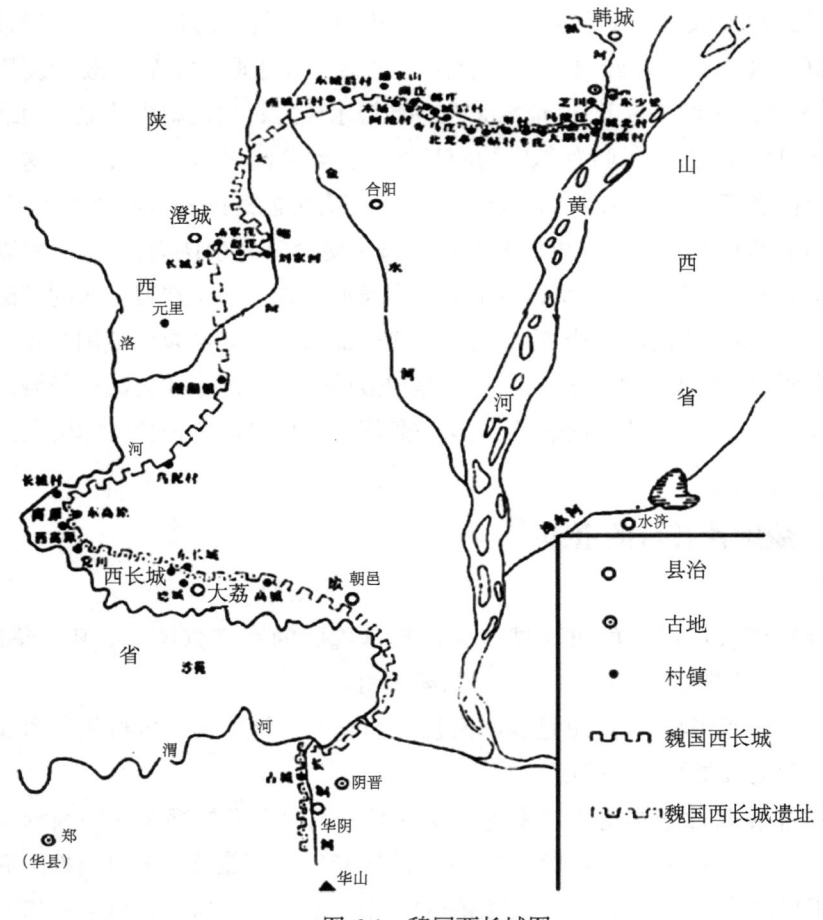

图 6-1 魏国西长城图

（引自《中国长城遗址报告集》第 35 页）

  临晋，在今陕西大荔县境，为关中平原东部重镇。秦厉公十六年（公元前 461 年）"堑河旁，以兵二万伐大荔，取其王城"[①]。《集解》引徐广曰："今之临晋也。临晋有王城魏国西长城调查。"《正义》引《括地志》云："同州东三十里、朝邑县东三十步，故王城。大荔近王城邑。"秦伐大荔，设临晋县。临晋，在今大荔县境，商周时期，大荔为古芮国及同国所在地，春秋时少数民族沿洛河进入此地建立大荔戎国。最早属于晋国辖地，后为秦国所取。堑河，就是在洛水旁边的防御阵地。临晋后被魏国吴起夺取，是武器装备齐全的军事城堡。大荔境内的魏长城大部分保留在地面上，现在保存在地面的计有 12

[①] 司马迁：《史记·秦本纪》，北京：中华书局，1982 年。

处；其中保存最长的为长城村至东高恒西北一段长城，计长 2100 米，墙的宽度 16.25 米，高 2.2～11.4 米。这段长城保存比较完整，南北略呈直线。①

元里，处在洛水的北岸，战国时期是秦、魏交界处，是魏国进攻的桥头堡，也是防御的重镇。秦、魏两国常争战于此，在今陕西澄城县南。《史记·魏世家》记载文侯十六年（公元前 430 年），"伐秦，筑临晋、元里"，即此。

澄城，亦是魏国建在长城上的重镇。澄城县与黄龙县交界处的长城呈不规则方形城堡遗址，东西宽 400 米，南北长 200 米。城东南角有一条东西走向的夯筑长城，长约 350 米，高 0～4 米，下宽 4 米，上宽 15 米，夯层厚 0.1～0.12 米，圆窝夯，夯径 0.12 米，夯层内含新石器时代、商周时期的陶片。

汾阴，在今山西省万荣县境内，因在汾水之南而名，是魏国在河西所筑的军事重镇。周威烈王十七年、魏文侯三十七年（公元前 409 年），《竹书纪年》卷下记载："魏文侯伐秦至郑，还筑汾阴、合阳。"

合阳，今山西省合阳县境内，是魏文侯时期吴起所建立的军事重镇。

少梁（今陕西韩城县），是黄河的古渡口，是战国秦魏边境争夺最激烈的地方。魏文侯六年（公元前 419 年），"魏城少梁"；魏文侯八年（公元前 417 年），魏"复城少梁"。少梁也是秦魏边境最重要的重镇。"这段长城不仅宽厚高大，有墩台和烽火台，而且还有边城，即是在城外一百米左右处又修一道宽六至七米、高三至八米的小城墙，作为第一道防线，如果边城失守，即可退守到内城。内城有墩台，呈正方形，边长四十五米，两个墩台之间相距二百米。""韩城县阿池村西长城遗址南约二十米的地方，发现深三米、直径一米的大灰坑三处，房屋遗址五处，并有石锤、铜矛、铜戈、铜戟和数十件铠甲片出土。"②（图 6-2）

《史记·魏世家》云：魏惠王时期"筑长城塞固阳"，所谓"塞固阳"，就是以固阳为塞。塞，为可据守的险要之处。《吕氏春秋·有始》云："山有九塞。"高诱注："险阻曰塞。"固阳认为是今内蒙古的固阳县，那么固阳县亦是一处军事重镇。

---

① 中国社会科学院考古研究所陕西工作队李遇春：《陕西华阴、大荔魏长城勘查记》，《考古》1980 年第 6 期，481 页。
② 陈孟东、刘合心：《魏国西长城调查》，《人文杂志》1983 年第 6 期，95 页。

图 6-2 韩城县魏长城遗址

(张勇、高增岳:《韩城有我国最早的三座长城》,《城乡建设》2001 年第 11 期,55 页)

三、魏国的南长城

当梁惠王迁都大梁之后,在大梁以西、黄河以南又修筑了一道南长城。魏国的南长城,顾名思义在魏国之西南。这条长城从卷(今河南原阳西)开始,经阳武(今原阳县东南)一直到密(今河南密县东北)。由于这条长城从魏国的西北一直到魏国的西南,主要部分位于魏国西南部,故称"魏国南长城";又由于这条长城从卷开始向南修筑,故又称为卷长城(图 6-3)。

(魏)郦道元《水经注》卷七《济水》:"济水又东南流入阳武县,历长城,东南流蒗荡渠出焉。济水又东北流南济也,迳阳武县故城南,……济渎又东迳阳武县故城北,又东绝长城。按《竹书纪年》梁惠成王十二年,龙贾率师筑长城于西边,自亥谷以南,郑所城矣。《竹书纪年》云是梁惠成王十五年筑也。《郡国志》曰长城自'卷径阳武到密'者是矣。"

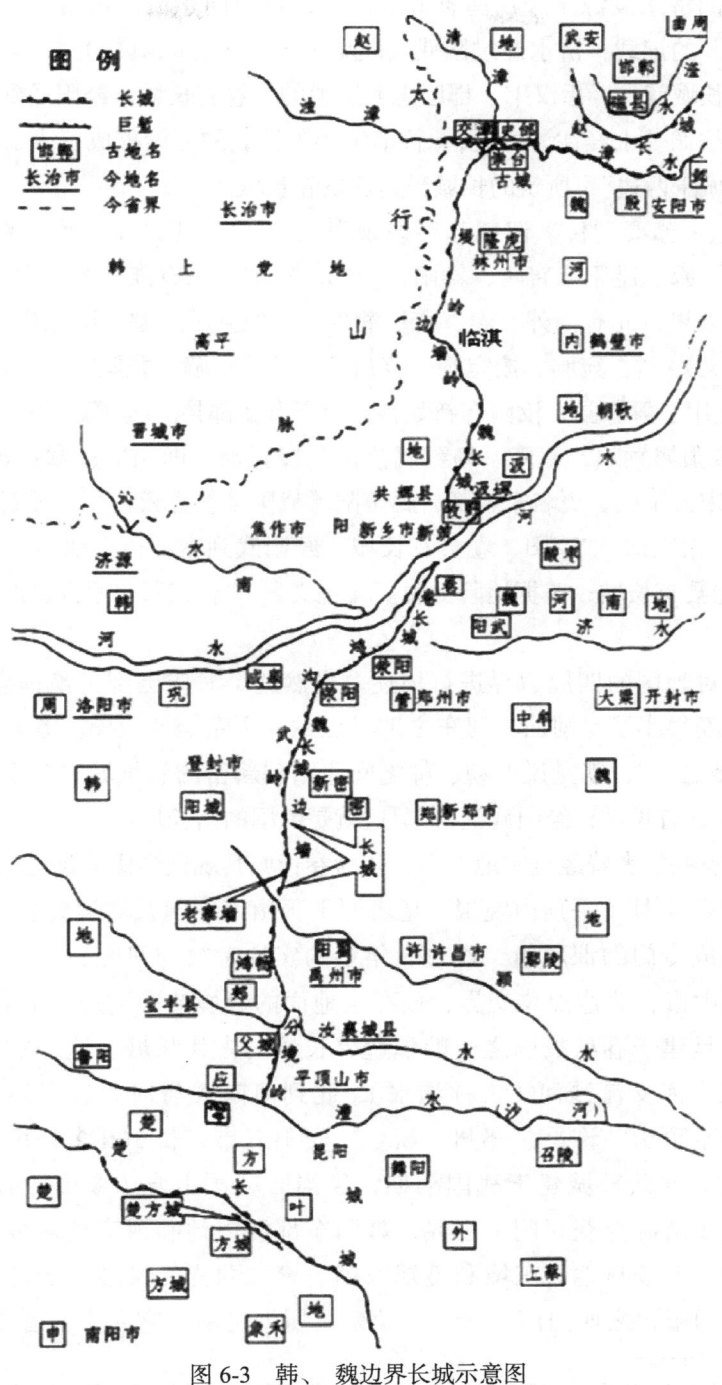

图 6-3　韩、魏边界长城示意图

(李典芳:《河南省战国魏韩边界长城遗迹的实地考察》,《中原文物》2007 年第 5 期,23 页)

古代的济水发源于今河南省的济源市，自西向东流。根据《水经注》卷七《济水》的记载，济水经过阳武县故城（今河南省原阳县）①，又东经过长城。这条长城就是《后汉书·郡国志》所说的"卷有长城，经阳武到密"的长城。如果按照《水经注》之说，《竹书纪年》记载的"梁惠成王十二年，龙贾率师筑长城于西边"，所筑的长城当是这条卷长城。

《史记·苏秦列传》记载苏秦说魏襄王曰："大王之地，南有鸿沟、陈、汝南、许、郾、昆阳、召陵、舞阳、新都、新郪，东有淮、颍、煮枣、无胥，西有长城之界，北有河外、卷、衍、酸枣。"煮枣，《集解》引徐广曰："在宛句。"《正义》："在宛朐。按宛朐，曹州县也。"《集解》裴骃案《地理志》云："颍川有昆阳、舞阳县，汝南有新郪县，南阳有新都县。"《索隐》引《地理志》："昆阳、舞阳属颍川，召陵、新郪属汝南。按新郪，即栖邱；章帝建初四年，徙封殷后宋公于此，更名宋新都，属南阳。《战国策》直云新郪，无新都二字。"《集解》引徐广曰："荥阳、卷县有长城，经阳武到密；衍，地名。"《索隐》："荥阳、卷县有长城，盖据地险为说。"《正义》："卷在郑州原武县北七里，酸枣在滑州。"

苏秦对魏国的四周边界进行描述。当然这个时候已到了魏国襄王时期，其辖地已经很小了。河西、河东之地早已纳入了秦国的版图。苏秦所说的魏"西有长城之界"，就是说的魏、韩之间原阳到新密的卷长城，即徐广所说的"荥阳、卷县有长城，经阳武到密"。这就是魏国的南长城。

但是有些学者曾经过实地考察，认为卷长城其规模当比史籍记载的更大。2003年1月《平顶山晚报》记者同平顶山市中国长城学会会员潘民中、杨晓宇组成专门的课题组，经过3年多的实地考察与研究，基本上证实了南起平顶山市，北达豫冀交界，残存于地面的分境岭等遗迹，应有2400多年历史，是建于春秋战国之交韩魏边界长城的古代长城。这一古代建筑遗存，南起淮河支流沙河（古称滍水），北到河南省与河北省交界的漳河之滨，地跨平顶山、许昌、郑州、新乡、安阳五市，长300多公里，是韩魏边界长城。这条长城建于战国初期，经当时韩国上党（今山西省东南部）和南阳地（济源至获嘉间）东界，魏国东部河内地和河南地西境，过韩城皋、负黍（今登封地）东境和魏郑荥阳、密之西界，又经韩国郏邑、父城东边与郑国阳翟之西向南，止于叶地楚国所据之境。它介于分晋之初的韩、

---

① 《宋史·地理志·地理一》记载："熙宁五年，废州以管城新郑隶开封府，省荥阳、荥泽县为镇入管城，原武县为镇入阳武。"原武、阳武原为两个县，经过历史上的分合废置，1919年与原武县合并，名原阳。

魏两国之间，年代当在公元前453～前408年。①

顾炎武曾说从阳武到密的长城，是"韩之长城"；最初笔者也表示赞同；经过对文献的进一步研究，笔者认为，这段从阳武到密的长城当是魏国的长城。

笔者曾亲到河南省新密县进行实地考察，在密县的东北，仍然横亘着这条魏国的古长城，并拍下这张照片（图6-4）。

图6-4　新密段魏国长城

四、魏国的北长城

魏国的长城，文献上记载有两条：一为魏国的西长城，这是魏国防御秦国的长城；再一条就是魏国的南长城，即文献上所说的魏国的"卷长城"。这道长城设在魏、韩边境，是防御韩国的长城。

申文、程要远二位先生在《新乡地区北部战国时期长城遗址考察》一文中认为，魏国还有一条北长城，建在魏、赵边境，是防御赵国的长城。这条长城任何古代文献都没有记载，但是在实际考察中横亘在魏赵边境的太行山支脉的山脊上却有一条长数百里的长城，研究者认为这是魏国的北长城。

今河南辉县市和卫辉市北部的太行山支脉的山脊上横陈着一列列用青石堆砌成的数百里石墙，这便是战国时期的长城遗址。今辉县市在当时称共城，

---

① 李典芳：《河南省战国魏韩边界长城遗迹的实地考察》，《中原文物》2007年第5期，23页。

卫辉市对应的是汲城，共和汲这两座城邑是魏国在黄河北岸的重要据点。这条长城在战国时期的魏国境内，当是为了阻止赵国而修筑的。

长城沿线除了以石砌墙体为主的工事之外，还有一些其他辅助设施。首先，几乎在所有墙体的内侧（西侧或南侧），都有明显的人工修凿的路或者掩体。山谷处没有这种人工掩体。附近还有开凿的枯井一口，井口直径1米多，深3米左右，井壁以石头垒砌，井下并不可能打出地下水，但却可以储存雨雪融化之水，故实际上应当是一个水窖。其工程量尤为浩大。且建筑群之上不远处即为长城遗址，怀疑此最早或是战国兵营设施亦未可知。

此段长城所有的人工修凿线路或者掩体都应在长城的内侧（南或西侧），那么相应的另一边就是长城的针对性防御方向，就可以明显地看到此段长城的防御方向是向北向东，整体保卫形势是将现在的辉县市作为一个防守保护的重点。共城城址及在辉县境内曾发现的大量战国高等级贵族墓葬共属一个体系，是战国时期魏国所营建的，长城的防御方向是针对北边的赵国。①

也有人认为这段长城就是"卷长城"的延伸部分，认为经卫辉市与辉县市交界的黄花洞山、米洞山、大池山，到卫辉、辉县、林州三市交界的秦王脑，再西北行，经辉县、林州交界直到林州市境的太行山主脉东麓。长城用该山所具的石灰岩块石干垒，残迹基宽2.6～2.7米，高1～2米，残存形状与分境岭和魏长城无二。有研究者把它称为魏长城②或赵南长城③。

李典芳、杨晓宇、潘民中等先生提出，"堤岭是一条位于太行山脉东麓，林州狭长盆地西沿，山前冲积扇上的南北城墙状建筑。用卵石和沙砾筑成，残高2米左右，局部3米，基宽5～6米，局部10米。遗迹南起林州市合涧镇合涧村，向北经王家、堤岭（自然村），经城郊乡的崔家庄、高家庄，姚村镇的西丰村，直到任村镇西，长近40公里。民间也有此为古代长城的传说。地方志称'秦赵分界堤'。已有学者进行考查研究，确定为战国长城。"他们从而提出，这条横亘在太行山脉东麓的长城当是韩魏边界延伸的部分，都是这条韩魏边界长城的一部分。④

笔者认为，这条长城可能就是"卷长城"的延伸部分。虽然《后汉

---

① 申文、程要远：《新乡地区北部战国时期长城遗址考察》，《丝绸之路》2011年第22期，30～32页。
② 景爱：《中国长城史》，上海：上海人民出版社，2006年，108页。
③ 河南省文物局：《河南文物名胜史迹》，郑州：中原农民出版社，1994年，399页。
④ 李典芳、杨晓宇、潘民中：《平顶山至豫冀交界的长城遗迹研究》，《许昌学院学报》2007年3期，85、86页。

书·郡国志》记载"卷有长城，经阳武到密"，但实际上这条长城可能更长，一直延伸到赵国边境，是魏国防御韩、赵二国的长城。那么魏国的北长城虽然是其南长城的延伸部分，但是这条长城已到魏、赵之边界，不能再说是韩魏长城，应该是魏赵长城，也可以说是魏国的北长城。

有以上记载可知，魏国共有三条长城。魏国的南长城，在魏、韩之边界。魏国的北长城在魏、赵之边界。

第七章　战国时期的合纵连横

战国中期以后，秦国经过商鞅变法，从西部崛起，并不断地向东部中原进逼；很快秦国成为关东六国的强大威胁。为了对付秦国的威逼，一些读书人，即所谓的"士"，如苏秦、犀首、陈轸等奔走于廊庙，策划于密室，希望关东六国联合起来，共同抗秦，这就是合纵之策。与此同时秦国也雇佣了一些读书人，如张仪拆散六国的合纵，各个击破，使关东各国各自向秦国屈服，这就是连横之策。

由于个各诸侯国的利益与处境各不相同，因此在制定本国的国策时，时纵时横，摇摆不定，这也给秦国以机会，使秦国在激烈的兼并战争中能够控制形势，始终处于优势地位。

第一节　合纵连横的形势

战国中期之后，秦国经过商鞅变法，国力迅速增强。魏国由于人才的大量流失，在与秦国的较量与战争中处于被动挨打的劣势，如雕阴之战，秦国夺取了魏国河西的全部土地及河东的部分地区，对魏国构成极大的威胁。秦国的强大，不仅对魏国，对韩、赵等山东（华山以东）六国都构成威胁。于是一些或倡合纵或倡连横的政治家出现了。合纵连横政治家的推波助澜，使战国形势变得更为复杂和严峻。

一、秦魏雕阴之战

商鞅被秦惠王处死之后，魏国阴晋（今陕西华阴）人公孙衍被任命为秦国大良造，这是秦国的第十六爵名也，后代没有见过这个爵名，或许已经有改动。公孙衍，又称犀首，是战国时期著名的纵横家。公孙衍率领秦军对魏国发动战争。此时的魏国根本不是秦国的对手，于是就献出阴晋以求和。秦国得到阴晋之后，秦惠王立刻把阴晋改名为"宁秦"，就是让秦国安宁之意。

面对秦国的步步紧逼，魏国采取相应的措施。魏国派"龙贾帅师筑长城于西边"[①]，《史记·秦本纪》云："楚、魏与秦接界，魏筑长城，自郑滨洛，以北有上郡。"《正义》："魏西界与秦相接，南自华州郑县西北，过渭水、滨洛水东岸向北，有上郡、鄜州之地，皆筑长城以界秦境。"这道长城将魏国的河西地全部包括在内，这次筑长城很明显是为了防御秦国的进攻。

龙贾带士卒修建雕阴城池，驻守在雕阴（今陕西富县）。

然而，魏国的国势日颓，江河日下，秦国加紧了对魏国的进攻。就在魏国献出阴晋的第二年，梁惠王改元五年（公元前330年），秦国进攻魏国的雕阴，发生雕阴之战。雕阴，在今陕北，属于魏国的河西地区。此地处于雕山之北，山上多有雕穴，故称雕阴。魏国在雕阴驻有四万五千兵卒，被秦国击败。

《今本竹书纪年》卷下："三十八年，龙贾及秦师战于雕阴，我师败逋。"

《史记·魏世家》云："秦败我龙贾军四万五千于雕阴，围我焦、曲沃，予秦河西之地。"《正义》引《括地志》云："雕阴故县在鄜州洛交县北三十里，雕阴故城是也。故焦城在陕县东北百步，古虢城中东北隅，周同姓也。曲沃有城，在陕县西南三十二里；按今有曲沃店也。自华州北至同州并魏河北之地，尽入秦也。"

《史记·魏世家》记载，雕阴之战，秦国大败龙贾军四万五千，俘虏了龙贾；又围困了焦和曲沃。秦国兵分三路，从雕阴（今陕西富县）、焦（今河南陕县东北）、曲沃（山西曲沃县）进攻魏国。魏国被逼无奈，将河西之地"自华州北至同州并魏河北之地，尽入秦也"。至此，魏国完全失去了河西之地。

《史记·秦本纪》亦记载了这次战争：秦国"与魏战，虏其将龙贾，斩首八万。八年，魏纳河西地。九年，渡河取汾阴、皮氏，与魏王会应，围焦，降之。十年张仪相秦，魏纳上郡十五县"。《集解》骃按《地理志》云："二县属

[①] 方诗铭、王修龄：《古本竹书纪年》中之下《今本竹书纪年》，上海：上海古籍出版社，2005年，282页。

河东。"《正义》引《括地志》云:"汾阴故城,俗名殷汤城,在蒲州汾阴县北也;皮氏在绛州龙门县西一百八十步,即古皮氏城也。故应城,因应山为名,古之应国,在汝州鲁山县东三十里。《左传》云:'邗、晋、应、韩,武之穆也。'焦城在陕州城内东北百步,因焦水为名,周同姓所封。《左传》云:虞、虢、焦、滑、霍、阳、韩、魏,皆姬姓也。杜预云:八国皆为晋所灭。按武王克商封神农之后于焦,而后封姬姓也。今郦绥等州也。魏前纳阴晋,次纳同、丹二州,今纳上郡,而尽河西滨洛之地矣。"

雕阴之战,使魏国"纳上郡十五县",河西之地尽入于秦,而且河东地区的汾阴、皮氏也归于秦国。魏国元气尽丧。至此,秦终于打败魏国,扫清障碍,向东发展。

二、战国时期的纵横家

战国时期,一些读书人,即所谓的"士",属于下层贵族。他们大多家境贫寒,生活水平较低。他们中的佼佼者,不甘心自己的处境,发奋苦读,总结历史上丰富的政治斗争经验和失败教训。为了求得富贵,他们游说各国,为诸国君王制定政治、经济政策和军事外交政策,在兼并过程中起了很大的作用。《论衡·效力》云:"六国之时,贤才之臣,入楚楚重,出齐齐轻,为赵赵完,畔魏魏伤。"战国时期的纵横之士,对稳定或改变当时天下形势确实起了很重要的作用。

所谓纵横,《韩非子·五蠹》云:"纵者,合众强以攻一弱也;而衡者,事一强以攻众弱也。"是时,秦国在诸侯国中最强。合纵,就是在山东(华山以东)是六国联合,共同对付秦国。连横,就是说服东方六国中的一国与秦国结盟,臣事秦国,共同对付其他五国。

当时主张连横的政治家主要是张仪。张仪是魏国人,有人说是魏之余子,恐怕未必。他曾与苏秦俱事鬼谷先生,学习道术,是鬼谷先生的弟子。

连横政治家张仪到秦国,为秦国奔走呼号,大倡连横之说,拆散东方诸国联盟,游说各国事秦,声称这样才能免受秦国的威逼征伐,以求安宁。张仪是自商鞅以后,又一个对秦国的发展扩张起重要作用的人物。《史记·秦本纪》云:秦惠文王十年(公元前328年),"张仪相秦";秦惠文王后元二年(公元前323年),"张仪相魏";秦惠文王后元八年(公元前317年),"张仪复相秦";

秦惠文王后元十二年（公元前313年），"张仪相楚"。张仪曾做了三个诸侯国的相，其中同时做了秦国和魏国的相。

合纵，即号召山东六国联合，以抵抗秦国的蚕食和吞并。

合纵与连横的政治活动是并行的。魏人公孙衍，号犀首，乃是合纵的倡导者。公孙衍，本来是支持秦国的，并率秦国军队攻打魏国，逼魏国献出阴晋城。但是张仪来到秦国之后，更受到秦惠文王的青睐。而公孙衍与张仪关系不好，秦国以张仪为相之后，公孙衍离开秦国，来到魏国。"犀首入相秦，尝佩五国之相印为约长。"《索隐》："犀首后相五国，或纵或横，常为约长。"①

陈轸也是战国时期的合纵政治家，原来也臣事秦国，亦因张仪在秦国得宠而离开秦国，与公孙衍合作成为主张合纵的政治家。

战国时期的著名合纵政治家还有苏秦。苏秦，东周雒阳人，亦是鬼谷先生的弟子，曾游说秦国不成，而之赵、之燕、游韩、说魏、东游齐、南说楚，六国合纵。"苏秦为从约长，并相六国，北报赵王。乃行过雒阳，车骑辎重，诸侯各发使送之甚众，疑于王者。周显王闻之恐惧，除道使人郊劳。"②

纵横家们为了求得富贵，奔走于廊庙，策划于密室，摸爬滚打在战国时期的斗争漩涡之中，是推波助澜的弄潮儿，掀起一波又一波接天巨浪。《孟子·滕文公下》载："公孙衍、张仪岂不诚大丈夫哉？一怒而诸侯惧，安居而天下息。"

第二节　诸侯各国的时纵时横

当秦国强大起来之后，威胁着山东六国（华山以东）的安全。连横当然完全是秦国的立场，是在秦国强大的基础上，对山东六国进行威胁的产物。真正对山东六国有益的当然的合纵，其实诸侯各国也都认识到这一点，但是由于诸侯各国的联合是利益的结合，他们受到威胁的程度不同，对合纵支持的力度也不相同；而且又各怀鬼胎，希望自己少受损失，对方多受伤害，使合纵往往失败；但有时为了各自的利益又不得不合纵，在秦国的压力下又不得不连横，所以诸侯各国时纵时横，从而使数次的合纵不能成功。

---

① 司马迁：《史记·张仪列传》，北京：中华书局，1982年，2304页。
② 司马迁：《史记·苏秦列传》，北京：中华书局，1982年，2261～2262页。

一、魏称东藩

合纵、连横的轴心国是魏国，魏国都于大梁，地处各国之间，交通便利，是各国攻伐征战的必经之地。魏只有依靠与诸国合纵才能生存，而秦只有拉住魏国，建立连横，才能抽去合纵的核心而拆散合纵，所以魏国始终是合纵、连横的焦点。①

秦惠文王十年（公元前328年），魏人张仪来到秦国，受到秦惠文王的尊崇。张仪是为秦国主张连横的政治家，魏国是张仪关注拉拢连横的核心。《史记·张仪列传》记载："秦惠王十年，使公子华与张仪围蒲阳，降之。仪因言秦复与魏，而使公子繇质于魏。仪因说魏王曰：'秦王之遇魏甚厚，魏不可以无礼。'魏因入上郡少梁，谢秦惠王。惠王乃以张仪为相，更名少梁曰夏阳。"《正义》云："在隰州隰川县，蒲邑故城是也。"

张仪还是很动了一番心思，先围攻魏国的蒲阳，迫降蒲阳，然后再还给魏国，并让秦公子繇为人质于魏；再动员魏国把上郡的少梁割给秦国。少梁是秦魏之间的重镇，自魏文侯时就"城少梁"，加强对少梁的防卫，任用吴起守西河；是时，秦人不敢东向。如今在张仪的诱迫之下，秦国终于夺走了这个河西重镇少梁。张仪因此拿到了秦国丞相的尊位。

公元前325年，秦惠文君称王（是为秦惠王），并于公元前324年改元称元年。这时秦国的国力昌盛，有"并吞八荒"之心。

为了使魏臣事秦国、与秦国连横，张仪来到魏国；在秦国的支持下成为魏相，劝说魏国事秦。对张仪的游说，梁惠王不肯听，认为"秦岂能有爱于我哉？兵不来除道，何为以说客先之，是知其不可而诉我也。且我事秦，安得高枕无忧哉？"②秦惠王大怒，攻取了魏国的曲沃、平周。梁惠王死去，魏襄王即位，张仪又劝说魏襄王事秦。魏襄王也不听张仪，张仪暗中让秦国攻打魏国，并打败魏国；次年秦又攻打韩国，"败韩申差军，斩首八万，诸侯震恐"③。然后，张仪又去游说魏襄王说："魏地方不至千里，卒不过三十万人。境四平，诸侯四通，条达辐辏，无有名山大川之阻。……为大王计，莫如事秦，事秦则韩、楚必不敢动；无楚、韩之患，则大王高枕而卧，国必无忧矣。"

---

① 徐中舒、何孝达：《战国初期魏齐的争霸及列国间合纵连横的开始》，《徐中舒历史论文选辑》，北京：中华书局，1998年。
② （元）吴师道：《战国策校注·魏卷第七》，四部丛刊景方至正本，245页。
③ 司马迁：《史记·张仪列传》，北京：中华书局，1982年。

在秦国的狠狠打击之下，魏国不得已而事秦。魏国完全丧失战国初年的霸主之风，如梁惠王时期"身广公宫，制丹衣柱，建九斿，从七星之旗，此天子之位也；而魏王处之"①；转而对秦国"称东藩，筑帝宫，受冠带，祠春秋，效河外"②。真是此一时彼一时也。魏、秦连横之成，全靠张仪的阴谋与手段。魏国臣事秦国之后，张仪又为秦国立了一大功，复相秦。

张仪欲一摇而动天下，使各国仿效魏国与秦连横，臣事秦国。然而魏国的事秦却有不得已之处，形势稍有变化，魏国就会背秦。"三岁，而魏复背秦为纵，秦攻魏取曲沃。明年，魏复事秦。秦欲伐齐，齐楚纵亲，于是张仪往相楚。"并欺骗楚国怀王说："大王诚能听臣，闭关绝约于齐。臣请献商于之地六百里，使秦女得为大王箕帚之妾。"③张仪为了秦国，也可以说为了自己的富贵与尊崇，甚至拿出欺骗的手段（后面将述及，此处暂不赘述），真是辛苦之极。④

二、五国合纵攻秦

与张仪奔走连横的同时，公孙衍、陈轸等主张合纵的政治活动家也积极地策划于密室，奔走于廊庙，大倡合纵，以制张仪抗强秦。他们代表各国利益，纷纷登场，往来于六国之间，游说各国国君合力以抗秦。他们陈明观点，晓以利害，使这些国君知道只有联合抗秦，才能使自己的国家得以生存。合纵与连横，短兵相接，展开了激烈的斗争。

《战国策·魏策一》载：陈轸从秦国出使于齐，经过魏国，求见公孙衍。陈轸向公孙衍献策说，现在魏王派李从因事以车百乘出使于楚，你赶快去请示魏王，就说燕、赵之君与你有故旧之交，已多次派人来召你去，想必有急事，让魏王准许你出使燕、赵。这样各国国君见到魏王派李从出使楚国，你出使燕、赵，就会认为你合纵成功，就会响应你的。

果然，魏王同意公孙衍出使燕、赵以后，齐国马上来请公孙衍，把政事委托公孙衍处理。燕、赵之君闻此，也不甘落后，亦把国事托于公孙衍；楚怀王得知此事，曰："今燕、赵、齐皆以事因犀首（公孙衍），犀首必欲寡人，寡

---

① 《战国策·齐五》，上海：上海古籍出版社，1985年，442页。
② 《战国策·魏策一》，上海：上海古籍出版社，1985年，795页。
③ 司马迁：《史记·张仪列传》，北京：中华书局，1982年。
④ 李玉洁：《楚国史》，开封：河南大学出版社，2002年。

人欲之。""而以事因犀首。"

魏王看到四国把国事都托付给公孙衍，于是把魏国的国事也交给公孙衍。公孙衍遂主天下事。

公孙衍又设计将张仪驱逐出魏国。公孙衍拉拢韩国，令人告诉韩公叔曰：张仪相魏，是为了合秦、魏之兵，以攻打韩国。"公叔以为信，因为委之"①，也把韩国的政事委托公孙衍。张仪遭到各国反对。"张子仪以秦相魏，齐、楚怒而欲攻魏。"②魏惠王驱逐张仪，而起用公孙衍，是出于齐、楚、燕、赵、韩五国的主张。

在秦国日益发展强大、雄踞关中的时候，六国联合抗秦是当时形势的需要。在公孙衍的倡议下，六国合纵抗秦的形势形成了。

秦国逐渐发展强大后，对山东六国构成威胁。在公孙衍、陈轸等的奔走组织下，齐、楚、韩、赵、魏五国联合起来，以伐秦自保。公孙衍在合纵五国伐秦以前，曾告诉西戎之国的义渠君说："中国无事于秦，则秦且烧焫获君之国，中国如有事于秦，则秦且轻使重币而事君之国也。"③同时，又密使在秦的陈轸谓秦王曰："义渠君者，蛮夷之贤君，王不如赂之，以抚其心。"④秦王乃派使赠送义渠君文绣千匹，好女百人。义渠君与群臣相谋，认为正如公孙衍所说，于是起兵袭秦。此时秦正出重兵东方，与六国相抗，义渠君遂大败秦人于李帛（秦邑名）。

公元前318年，"五国伐秦"开始。由于楚国力量最强大，因此诸国推选了楚怀王为纵长，以伐秦国。

"五国伐秦"之役，实际奋力交战的只有韩、赵、魏三国。三晋地处中原，土地肥沃，人民之众，车马之多，日夜不休，是天下的枢纽和最繁华的地方，当然会引起秦的贪欲。秦在向外扩张的过程中，三晋是最直接的受害者。商鞅变法时，秦曾诱三晋之民耕于内，与三晋争夺人民。三晋在与秦交往的过程中，"秦、魏百相交，百相欺也"⑤，"韩、魏父子兄弟接踵而死于秦者累世矣，本国残，社稷坏，宗庙隳"⑥。韩、魏为秦的仇国，三晋是攻秦的中坚力量。

齐地处东隅，楚独占南国，当时都还不是秦国扩张的主要对象，也不愿

---

① 《战国策·魏策一》，上海：上海古籍出版社，1985年，808页。
② 《战国策·魏策一》，上海：上海古籍出版社，1985年，805页。
③ 《战国策·秦策二》，上海：上海古籍出版社，1985年，144页。
④ 《战国策·秦策二》，上海：上海古籍出版社，1985年，145页。
⑤ 《战国策·魏策四》，上海：上海古籍出版社，1985年，920页。
⑥ 《战国策·秦策四》，上海：上海古籍出版社，1985年，348页。

意去为三晋的利益消耗自己的有生力量。楚国甚至想叛魏，与秦讲和。杜赫说楚将昭阳曰："楚国东有越累，北无晋，而交未定于齐、秦，是楚孤也。"① 楚国才未同秦讲和，但齐、楚攻秦并不卖力。"五国攻秦"之役，由于与秦作战的只有韩、赵、魏三国，所以当三晋联军打到函谷关时，秦出击，三晋战秦不胜，退回。次年，秦庶长樗里疾与三晋联军战于修鱼（今河南原阳），秦大败三晋联军，消灭 8 万多人。

第一次五国合纵伐秦，由魏国发起。楚怀王虽为五国合纵伐秦的纵长，但在攻秦战役中并不卖力，合纵攻秦的五国心又不齐，各怀私心，五国伐秦之役以失败告终。

三、齐、楚与秦、魏、韩两大政治集团的形成

五国伐秦之役以后，秦国对韩、魏加紧进攻。公元前 313 年，秦在雕阴击败魏将龙贾的四万五千士卒，魏的河西地尽入于秦。次年，秦又攻取了魏之汾阴、皮氏和焦。魏的上郡（丹、赞延、绥等州北至固阳）尽入于秦。同年，秦又与韩发生了岸门（今河南许昌西北）之战，大败韩国，迫使韩国向秦屈服，并以韩太子仓为质于秦。次年，魏襄王只好与秦惠王在临晋相会。魏、韩在秦的威逼下，逐走了公孙衍。《史记·秦本纪》载：秦"败韩岸门，斩首万，其将犀首走"。公元前 308 年，秦将甘茂攻韩之宜阳（今河南省宜阳县），甘茂"出私金以益公赏，明日鼓之，宜阳拔"②。宜阳是秦通向韩国的交通要道。秦国攻取宜阳，打开了秦国通向周王室和韩国的通路。在这种情况下，魏韩被迫屈服于秦。张仪又回到魏国，又成为魏相，主张连横。这样，韩、魏在秦的威逼下，不得已成为秦的臣属国。韩、魏西事秦，"称东藩，受冠带，祠春秋"，成为秦的藩属国。③ 秦、韩、魏暂时结成了联盟。

在多次战役中，魏、韩都要跟随秦国出征。魏襄王六年（公元前 313 年），魏"与秦会临晋；七年攻齐，与秦伐燕；八年伐卫，拔列城二"④。

公元前 311 年，《史记·韩世家》记载：韩与秦共攻楚，"败楚将屈，斩首八万于丹阳"。公元前 300 年，"楚围雍氏，韩求救于秦"。《集解》引《纪年》

---

① 《战国策·楚策三》，上海：上海古籍出版，1985 年，546 页。
② 《战国策·秦策二》，上海：上海古籍出版，1985 年，154 页。
③ 司马迁：《史记·魏世家》，北京：中华书局，1982 年，1856 页。
④ 司马迁：《史记·魏世家》，北京：中华书局，1982 年，1850 页。

云:"楚景翠围雍氏。韩宣王卒,秦助韩共败楚屈丐。"公元前266年,"齐楚相约而攻魏,齐、楚之兵已合于魏郊……彼且割地而约纵"。秦害怕"失一东藩之魏而强二敌之齐、楚"①,因而发兵救魏。

"五国伐秦"之役中,齐、楚并未积极参战,在韩、魏被迫向秦靠拢时,齐、楚也相应地结成了联盟。

公元前313年,"齐助楚攻秦,取曲沃"②。

齐又进攻魏,败魏于观津,齐还联合宋军拔魏之煮枣(今山东东明南)。

在五国伐秦后的一个相当长的时期内,以齐、楚为一方,以秦、魏、韩为一方形成了两大军事集团。这两个军事集团都是极不稳定的,魏、韩是迫于秦的压力;韩国是秦的邻国,势力又弱,向秦靠拢是被迫的。魏国是秦国重点拉拢又打击的对象,是秦连横的主要目标。秦国为了威逼魏与秦连横,还派张仪做魏相,以左右魏国的政治。

齐楚的联合亦是暂时的,由于两国均离秦较远,不是秦首先进攻的对象。两国又有较强的势力,对秦国来说是一劲敌。但是两国的联盟也是极不稳定的。齐楚两国相距较远,又有着一定的利害冲突,一旦情势有变,这种联盟就会立即破裂。

四、张仪诈楚,散六国之纵

五国合纵伐秦失败之后,形成齐、楚与秦、魏、韩两大政治集团。是时,楚国地半天下,"纵成则楚王,横成则秦帝",楚国有能够与秦抗衡的力量。于是秦国的铁杆政治家张仪阴谋诈楚以削弱楚国。张仪对楚王说:"大王诚能听臣,闭关绝约于齐,臣请献商于之地六百里,使秦女得为大王箕帚之妾。秦楚娶妇嫁女,长为兄弟之国,此北弱齐而西益秦也。"楚怀王"于是遂闭关绝约于齐,使一将军随张仪。张仪至秦详失绥堕车,不朝三月。楚王闻之曰:'仪以寡人绝齐未甚邪?'乃使勇士至宋,借宋之符,北骂齐王。齐王大怒,折节而下秦。秦齐之交合,张仪乃朝,谓楚使者曰:'臣有奉邑六里,愿以献大王。'"③楚王闻此大怒,派屈丐为将,倾全国兵力以攻秦。"秦齐共攻楚,斩首八万,杀屈丐,遂取丹阳、汉中之地。楚又复益发兵而袭秦,至蓝田大战,楚

---

① 司马迁:《史记·魏世家》,北京:中华书局,1982年,1856页。
② 《战国策·秦策二》,上海:上海古籍出版社,1985年,153页。
③ 司马迁:《史记·张仪列传》,北京:中华书局,1982年,2288页。

大败；于是楚割两城以与秦平。"

此时，苏秦已被齐国车裂而死。"苏秦封武安君相燕，即阴与燕王谋伐破齐，而分其地；乃详有罪出走入齐。齐王因受而相之，居二年而觉。齐王大怒，车裂苏秦于市。"①

《史记·秦本纪》记载：秦惠王十一年（公元前 327 年），"樗里疾攻魏焦，降之；败韩岸门，斩首万；其将犀首走。"②

五国伐秦失败之后，合纵政治家逐渐销声匿迹，张仪乘机而出。此时楚王已经被打得闻风丧胆，张仪南说楚王，要楚王割地事秦。楚王乃许张仪，与秦结盟。张仪离开楚，遂之韩说韩王，韩王乃听张仪之计；张仪又东说齐愍王，齐王乃许张仪；张仪去西说赵王曰："今楚与秦为昆弟之国，而韩梁称为东藩之臣，齐献鱼盐之地，此断赵之右臂也。……（赵王）乃且愿变心易虑，割地谢前过，以事秦。"张仪游说了赵王，乃北之燕，说燕昭王事秦。燕王乃"请西面而事秦，献恒山之尾五城"③。

张仪四处游说诸侯国事秦，"惠王用张仪之计，拔三川之地，西并巴蜀，北收上郡，南取汉中，包九夷、制鄢郢，东据成皋之险，割膏腴之壤，遂散六国之从，使之西面事秦；功施到今"。《索隐》案："惠王时张仪为相，请伐韩下兵三川，以临二周。司马错请伐蜀，惠王从之，果灭蜀。仪死后，武王欲通车三川，令甘茂拔宜阳，今并。云张仪者，以仪为秦相，虽错灭蜀，甘茂通三川，皆归功于相。又三川是仪先请伐故也。"《正义》："惠王十年，魏纳上郡十五县。惠王十三年，攻楚汉中取地六百里。夷谓并巴蜀，收上郡，取汉中，伐义渠、丹犁是也。"④

秦惠王死后，秦武王立。秦武王为太子时对张仪就非常反感，即位之后，群臣多谗张仪曰："（张仪）无信，左右卖国以取容。秦必复用之，恐为天下笑。诸侯闻张仪有郤武王，皆畔横，复合纵。"⑤张仪恐被诛，乃对秦武王说，要到魏国，挑动魏国与齐国相战，秦国可乘机出兵，"伐韩，入三川，出兵函谷而毋伐，以临周，祭器必出，挟天子按图，籍此王业也"⑥。秦武王同意。张仪到魏国，一年后，死于魏。

---

① 司马迁：《史记·张仪列传》，北京：中华书局，1982 年，2292 页。
② 司马迁：《史记·秦本纪》，北京：中华书局，1982 年，207 页。
③ 司马迁：《史记·张仪列传》，北京：中华书局，1982 年，2297 页。
④ 司马迁：《史记·李斯列传》，北京：中华书局，1982 年，2542 页。
⑤ 司马迁：《史记·张仪列传》，北京：中华书局，1982 年，2297 页。
⑥ 司马迁：《史记·张仪列传》，北京：中华书局，1982 年，2299 页。

秦惠王时期，张仪为秦国可以说是计谋用尽，散五国之合纵，用各种不正当的手段，欺骗与武力相结合，使秦国得到了大片土地，为秦国立下了汗马功劳。

第三节　齐在战国时期的鼎盛与衰败

战国时期，齐国曾是一个非常强大的、可以与秦抗衡的诸侯国。齐国曾破燕国，西灭宋国，与秦国并称东西二帝。但是在战国激烈的战争中，齐国不能任用贤能之士，由强变弱，最后走向衰败。

一、齐国破燕

如前所述，战国时期，在诸侯国中曾涌动着一股禅让的思潮，这种思潮导致燕国发生了一场几乎亡国的悲剧。公元前 314 年，燕国发生"禅让"事件。燕王的相子之，与当时燕国的重臣鹿毛寿等为比党，子之很快控制了燕国之大权，"贵重主断"。他们利用燕国国君哙的年老进行游说，让燕王哙把国君之位禅让给子之。《史记·燕召公世家》鹿毛寿游说燕王哙说："不如以国让相子之。人谓尧贤者，以其让天下于许由。许由不受，有让天下之名则实不失天下。今王以国让于子之，子之必不敢受，是王与尧同行也。"燕王哙接受了鹿毛寿的建议，以国属子之，于是"子之南面行王事，而哙老不听政，顾为臣，国事皆决于子之"①。

燕王哙将大国君之位禅让给子之使燕太子平不仅失去了即位的权力，丢掉了即将成为国君的地位，自己的亲信又全部被清洗，因此对子之政权更为愤怒。太子平拉拢了燕将军市被，相与为谋，以攻子之。太子平与市被聚集一些燕国的大族以攻子之。市被很快失败，既而市被背叛太子平，又反过来攻太子平。太子平杀死了市被，率残部与子之继续斗争。燕国大乱，延续数日，死者数万人。

燕国内乱引起了诸侯各国的关注，每个诸侯国都想从中捞一把，特别是

---

① 司马迁：《史记·燕召公世家》，北京：中华书局，1982 年，1556 页。

燕的邻国齐、赵、中山等更是垂涎三尺，皆欲乘其乱，以谋其利。他们纷纷起兵，支持燕太子平，以攻子之。

1974～1975年在河北平山县中山王墓中出土的中山王䚄的方壶和鼎上的长篇铭文，记载了燕王禅让及各国攻伐燕国的情况。《中山王䚄鼎》载，中山国在攻燕战争中，也得到很多好处。中山国"开启封疆，方数百里，（列）城数十，破敌大郭"①。

齐与燕接境，从来没有放弃过图燕之谋。燕国内战，对于齐国来说乃是天赐良机。战国初年，齐宣王曾经攻取燕国十余城，后在苏秦的劝说下，又归还了燕国。齐宣王希望通过伐燕，得到燕国的土地。《战国策·燕策一》载：当燕国内乱初起时，齐国储谓齐宣王说："因而仆之，破燕必矣。"齐宣王派人对燕太子平说："寡人闻太子之义，将废私而立公，饬君臣之义，正父子之位。寡人之国小，不足先后，虽然，则唯太子所以令之。"孟轲当时也劝齐宣王出兵："今伐燕，比文武之时，不可失也。"②

齐宣王乘机伐燕，"令章子将五都之兵，以因北地之众以伐燕。士卒不战，城门不闭，燕王哙死。齐人大胜燕，子之亡。二年，燕人立公子平，是为燕昭王"③。燕国主要是依靠齐国的军事力量才平息了内乱。

《孟子·梁惠王下》孟子曰："齐人伐燕胜之。宣王问曰：'或谓寡人勿取，或谓寡人取之；以万乘之国伐万乘之国，五旬而举之，人力不至于此，不取必有天殃。取之何如？'"

齐国帮助燕太子平，击败子之，立太子平为国君，应该说是为太子平做了件好事，齐军在平燕内乱的幌子下，袭破燕都，在燕残暴劫掠。

齐则控制了整个燕国。此后，齐对外的所有战役，燕国都要跟随出征，燕完全沦为齐的臣属诸侯。燕国失去了在诸侯列国中的平等地位。

齐国在燕国获得了巨大的利益，虽然引起了诸侯各国的反对，但却不妨碍齐国走上鼎盛之世。

二、齐、魏、韩与楚国的泚水之战

泚水，亦称为泌水，源出河南省泌阳东白云山，也是今河南省唐河的旧

---

① 徐中舒：《殷周金文集录》，成都：四川人民出版社，1984年，386页。
② 《战国策·燕策一》，上海：上海古籍出版社，1985年，1061页。
③ 《战国策·燕策一》，上海：上海古籍出版社，1985年，1061页。

称。在这里，齐、魏、韩与楚国发生了一次对当时诸侯国形势影响很大的泚水之战。

楚国在蓝田之战、丹阳之战惨败之后，秦国把目标转向了中原，进逼韩、魏。更重要的是张仪死后，诸侯各国纷纷解除了与秦国连横的和约，重新合纵。是时，楚国已经被重创削弱，战国七雄中除秦国外，较强的只有齐国了。韩、魏于是转向与齐国联合。是时齐国正当齐宣王即位初期，任孟尝君为政，国力处在上升时期。

是时，齐国以孟尝君为相，在北方威服了燕国，欲向中原发展。孟尝君乘机拉拢韩、魏结成联盟。齐、韩、魏乘楚被重创之机，起兵伐楚。另外，齐国也想利用此机会，以报复楚国派勇士辱骂齐王之仇。公元前301年，齐将章子、韩将暴鸢、魏将公孙喜率三国军队进攻楚方城。楚将唐蔑带兵拒之。楚军与三国军队夹泚水相持，达6个月之久。三国联军因不知泚水之深浅，不敢轻易渡河，后向樵夫打听，才知"水浅深易知，荆人所盛守，尽其浅者也；所简守，皆其深者也"[1]。于是，齐将章子令军队养精蓄锐，夜间选精锐兵卒从楚人重兵防守之处偷袭渡水，大败楚军，杀楚将唐蔑。楚国伤亡千人之多，惨败。

《史记·孟尝君列传》云："君以齐为韩魏攻楚九年，取宛叶以北，以强韩魏。"《正义》："宛在邓州，叶在许州二县以北，旧属楚；共二国没以入韩魏。"这次齐、韩、魏三国攻楚，确实使汉魏得到很大的利益。公元前301年，秦乃与齐、韩、魏共攻楚，杀楚将唐昧，取楚重丘（今河南新野县东）夺取了楚国宛、叶以北的土地。

泚水之战与三国取楚重丘之战当时同一个战役，说法不同。

战国初年，楚威王与齐在徐州之战中打败齐国，楚国得到了淮北泗上之地，至此，齐国乘楚国危难之机，又夺回了楚国的淮北之地；另外，这次战役，攻伐了宛、叶之地予韩、魏，楚国失去了宛、叶以北，包括方城在内的土地。自春秋以来，楚国就"方城以为城，汉水以为池"，每当楚国有内乱时，"于是申息之北门不启"，《正义》曰："申息北接中国，有寇比从北来，故二邑北门不敢开也。"[2]方城是楚国对付北方的门户。清人顾栋高说："楚横行南服，由丹阳迁郢，取荆州以立根基。武王旋取罗、鄀，为鄢郢之地，定襄阳以为门户；至灭申，遂北向以抗衡中夏""天下之势尽在楚矣。"[3]如今楚国失去了宛、

---

[1] 陈奇猷：《吕氏春秋校释》卷二十五《处方》，上海学林出版社，1984年，1067页。
[2] 杨伯峻：《春秋左传注·文公十六年》，北京：中华书局，1981年，617页。
[3] 顾栋高：《春秋大事表》卷四《楚疆域论》，北京：中华书局，1993年，525页。

叶以北，等于失去了天下之大势。

泹水之战使齐国势力得到进一步发展，齐国北面臣服了燕国，向南得到了楚国的淮北之地，又得到了对韩、魏的号令权。齐宣王虽然没有达到他"辟土地，朝秦楚，莅中国而抚四夷"的霸王目的，但把齐国的历史推向了鼎盛之世。

三、第二次合纵伐秦，攻入函谷关，秦国求和

齐国欲重整在中原的霸业，最主要的障碍是秦国。齐国破燕，伐楚，联韩、魏，国势日增，认为自己已经有力量与秦国抗衡，于是齐国之相孟尝君攻伐楚国以后，转而攻秦。

秦武王死后，无子，诸弟争立；武王异母弟即位，是为秦昭王。秦昭王母，楚女，号芈八子，被尊为宣太后。是时，宣太后的同母异父弟魏冉势力最大。昭王年少，宣太后执政，秦国大权落入宣太后和魏冉手中。秦国王室不服，魏冉进行镇压。《史记·秦本纪》昭王二年，"庶长壮与大臣、诸侯、公子为逆，皆诛，及惠文后皆不得良死。悼武王后出归魏"。连秦武王的王后也被逼至魏。宣太后把魏冉封为穰侯，把同父弟芈戎封为华阳君，昭王的同母弟封为高陵君、泾阳君。大臣甘茂出奔魏。秦国"宣太后专制，穰侯擅权，泾阳君、高阳君太侈，富于王室"①。

公元前298年，齐孟尝君利用秦国政局的不稳和内乱，出动齐、韩、魏三国之军队，大规模地进攻秦国。齐、韩、魏三国攻秦，达三年之久，终于攻进了函谷关，迫使秦人求和。秦昭王十一年（公元前296年），《史记·秦本纪》记载："齐、韩、魏、赵、宋、中山，五国共攻秦，至盐氏而还。秦与韩、魏河北及封陵以和。"（唐）张守节《正义》云："盖中山此时属赵，故云五国也。"盐，《正义》引《括地志》云：盐，"盐故城一名司，盐城在蒲州安邑县。按掌盐池之官，因称氏"。封陵，《正义》引《年表》云："秦与魏封陵，与韩武遂以和。按：河外陕、虢、曲沃等地。封陵在古蒲坂县西南，河曲之中；武遂，平阳地也。"齐、韩、魏、赵、宋、中山，五国共攻秦，中山属于赵国，故只说是五国伐秦。此次伐秦，是齐国主持召集的，也可以说是盟主。

《史记·孟尝君列传》云："孟尝君至则以为齐相任政。孟尝君怨秦，将

---

① 司马迁：《史记·穰侯列传》，北京：中华书局，1982年，2329页。

以齐为韩魏攻楚,因与韩魏攻秦。"裴骃《集解》引《年表》曰:"韩、魏、齐共击秦军于函谷。"

《史记·魏世家》云:魏哀王"二十一年,与齐、韩共败秦军函谷。二十三年,秦复予我河外及封陵为和。"《史记·韩世家》云:韩襄王"十四年,与齐、魏共击秦,至函谷而军焉。十六年,秦与我河外及武遂。"《魏世家》《韩世家》皆说三国攻秦,齐、韩、魏三国是攻秦的主体,宋与中山只是辅助国。在五国军队的威逼下,秦国归还原来侵夺的韩、魏故地。

孟尝君率领齐、韩、魏三军,攻伐秦国,攻进函谷关,迫秦人归还韩魏故地,以求和,使秦人"闭关十五年,不敢窥兵于山东"[①]。齐拉拢韩、魏对秦、楚的攻伐,使韩、魏收回了大片领土;更重要的是打败了秦国这个当时诸侯各国最可怕的敌人,粉碎了秦国不可战胜的神话。

齐为了拉拢三晋,还曾帮助赵国灭中山。《史记·田敬仲完世家》云:"齐佐赵灭中山。"三晋完全被拉进齐国的政治系统中。齐国从而在三晋及诸侯国之中树立了威信,俨然是一个凌强扶弱的合纵霸主。

四、逼秦去帝号

五国合纵伐秦取得了胜利,引起了秦国的警惕。秦认为必须拆散齐与韩、魏的联盟,才能对秦国有利。公元前288年,秦拉拢齐国,相约称帝。是时,孟尝君已经被猜忌,离开齐国。秦昭王在宜阳称西帝,齐湣王在齐称东帝。这其实是秦国实行的新一轮的连横形式,是让关东最强大的齐国与其他诸侯国相脱离的花招。是时诸侯国君皆已称王,因此王号就不那么尊贵了。秦国就约齐国共同称帝。齐、秦称帝,在当时的形势下,确实是一件大事。各国的史书上基本都记载了这一历史事件。《史记·秦本纪》云:"十九年,王为西帝,齐为东帝,皆复去之。"《史记·田敬仲完世家》:"三十六年,王为东帝,秦昭王为西帝。"《史记·魏世家》:"八年,秦昭王为西帝,齐湣王为东帝。月余,皆复称王归帝。"《史记·穰侯列传》:"昭王十九年,秦称西帝,齐称东帝。月余,吕礼来而齐秦各复归帝为王。"由此可见,齐、秦称帝在当时引起了强烈的震动。

秦拉拢齐国称帝,其目的在于挑拨齐与三晋的关系,使秦齐达到暂时的

---

① 司马迁:《史记·范雎列传》,北京:中华书局,1982年,2408页。

联合。然后秦可以毫无顾忌地去进攻三晋，主要是进攻赵国。《战国纵横家书·韩晌献书于齐》十三章载："秦取梁（梁）之上党，干（韩）梁（梁）从，以功（攻）勺（赵）；秦取干（韩）之上地，齐取燕之阳地。三晋大破。而（攻楚）。秦取鄢、田云梦，齐取东国、下蔡。使纵亲之国，如带而已。齐、秦虽立百帝，孰能禁之。"齐、秦还准备"疏分赵壤，箸之盘竽，属之祝籍"①，以瓜分赵地。

这段记载是齐、韩、魏三国攻伐秦至函谷关，打败秦国以后，秦国派使者韩晌来游说拉拢齐国。其大意是，秦先占领梁（魏国）的上党，韩国、魏国就会被迫服从秦。然后秦、齐攻赵，秦取赵之上地，齐取赵的河东之地，那么，赵也会被迫服从秦、齐。秦再攻取韩的土地，齐取燕的阳地；秦、齐努力，大破三晋，然后再攻楚国。秦取楚之鄢、云梦，齐取楚之东国、下蔡。待韩、赵、魏、楚、燕五个合纵国皆被削弱，齐秦无论怎样称帝，天下诸侯国也没有能力干涉。秦、齐还准备瓜分赵国，并以文字记录备案。这是齐、秦称帝活动中的一个秘密文件。

秦国在齐国十分强盛、不敢窥兵于山东的情况下，以约齐共同称帝为诱饵，牺牲三晋和燕、楚的利益为条件，离间齐与韩、魏的关系，从而达到继续进攻中原的目的。

然而，主张合纵的政治家也在密谋策划。苏代作为燕昭王的亲信，奔走于齐、赵、魏之间，发动五国攻秦而不使齐攻燕，亲自到齐国去游说。《史记·田敬仲完世家》记载：苏代自燕来到齐国，见齐湣王于章华东门。章华东门，《正义》引《括地志》云："齐城章华之东有闾门、武鹿门也。"

齐湣王曰："嘻，善！子来，秦使魏冉致帝，子以为何如？"

对曰："王之问臣也，卒而患之所从来，微愿王受之而勿备称也。秦称之，天下安之。王乃称之无后也。且让争帝名，无伤也。秦称之天下恶之，王因勿称以收天下，此大资也。且天下立两帝，王以天下为尊齐乎？尊秦乎？"

王曰："尊秦。"

曰："释帝，天下爱齐乎？爱秦乎？"

王曰："爱齐，而憎秦。"

曰："两帝立，约伐赵孰与伐桀宋之利？"

王曰："伐桀宋利。"

---

① 马王堆汉墓帛书整理小组：《战国纵横家书》十三章《韩晌献书于齐》，北京：文物出版社，1976年，44页。

对曰:"夫约钧,然与秦为帝。而天下独尊秦而轻齐。释帝,则天下爱齐而憎秦。伐赵不如伐桀宋之利。故愿王明释帝以收天下,倍约宾秦,无争重,而王以其间举宋。夫有宋、卫之阳地危;有济西,赵之阿东国危,有淮北楚之东国危,有陶、平陆,梁门不开。释帝而贷之以伐桀宋之事,国重而名尊,燕楚所以形服,天下莫敢不听。此汤武之举也。敬秦以为名,而后使天下憎之,此所谓以卑为尊者也。愿王孰虑之。"《集解》云:"阳地,濮阳之地。"《正义》云:"按卫此时河南独有濮阳也。……阿,东阿也。尔时属赵。故云东国危。……淮北、徐、泗也。东国,谓下相、僮、取虑也。……陶,定陶,今曹州也。平陆,兖州县也,县在大梁东界。"于是齐愍王去帝号复为王,秦亦去帝位。

"伐赵不如伐宋之利","去帝号则天下爱齐而憎秦"①。这是当时诸侯各国的普遍看法,也是说客们对齐愍王游说之辞。

齐国的高士鲁仲连与魏国新垣衍为了帝秦问题有过激烈的辩论。鲁仲连说:秦国如果"肆然而为帝,过而为政于天下,则连有蹈东海而死耳,吾不忍为之民也"。辩论结果,新垣衍"不敢复言帝秦"②。

其实,齐、秦称帝的条件并不成熟。《史记·鲁仲连列传》记载,齐愍王称帝后,曾先到鲁国去炫耀,灭国之君夷维子为齐愍王执策(马鞭)而从。夷维子要求鲁国国君以诸侯接待天子之礼接待齐愍王,说:"彼,吾君者,天子也。天子巡狩,诸侯辟舍,纳筦籥,摄衽抱机,视膳于堂下;天子已食,乃退而听朝也。"结果,鲁人投钥匙于地,闭门不纳齐愍王。齐君只好离鲁到邹国去。在邹正逢邹国国君死,齐愍王将入市。夷维子又对邹国的遗孤(未即位之邹君)说:"天子吊,主人必将倍殡棺,设北面于南方,然后天子南面吊也。"邹国的群臣皆说:"必若此,吾将伏剑而死。"

由以上记载可见,齐、秦称帝的条件并不成熟。称帝之国,必须有绝对威服诸侯各国的强盛国力。当诸侯国不服从时,称帝国君要对其讨伐,甚至攻灭。这样诸侯各国才会承认其帝位,但当时齐、秦都不具备这种国力,只是较为强盛罢了。故鲁仲连说:"邹、鲁之臣,生则不得事养,死则不得赙襚,然且欲行天子之礼于邹、鲁,邹、鲁之臣不果纳。今秦、万乘之国也,梁亦万乘之国也。俱据万乘之国,各有称王之名,睹其一战而胜,欲从而帝之,是使三

---

① 《战国策·齐策四》,上海:上海古籍出版社,1985年,424页。
② 司马迁:《史记·鲁仲连列传》,北京:中华书局,1982年,2461页。

晋之大臣不如邹、鲁之仆妾也。"① 齐、秦与三晋诸国的国力强弱之比还没有达到"帝"与"王"之差别。

为了得到诸侯各国的支持，齐国自动去帝号。公元前288年，齐、赵会于阿（可能是东阿，齐地，今山东阳谷县东北）。齐、赵"约功（攻）秦去帝，虽费，毋（勿）齐、赵之患，除群臣之聭（耻）"②。齐、赵会盟，共同攻秦，强迫秦国废去帝号。

赵国的奉阳君李兑又出面约定齐、赵、燕、韩、魏五国合纵伐秦。五国军队兵临成皋，秦在众怒难犯的形势下亦被去帝号，把原来攻夺魏国的温（河南温县）、轵（河南济源县南）、高平（济源县西南后城），归还魏国；把夺取赵国的至分（山西代县境）、先俞（代县境）归还赵国。秦在五国合纵的打击下，暂时有所收敛。

齐、秦称帝没有成功，说明两国都没有绝对压倒诸国的力量，称帝的条件没有成熟。这次称帝，是秦欲统一诸侯国的试探性的举动。

五、宋国的灭亡

宋是殷商后裔微子的封国。春秋时期的宋襄公曾有称霸诸侯的雄心，然而在泓水之战中败于楚而死。进入战国以后，宋国一直是一个小国，不能与战国七雄相比。

《史记·宋微子世家》载："君偃立十一年，而自立为王。"钱穆先生在《先秦诸子系年考辨》卷三《宋偃称王为周显王四十一年非慎靓三年辨》一文中说："偃称王四十三年，合前十年，为在位五十三年也。偃之称王，去魏齐徐州相王已六年。而尚在秦、韩、燕、赵称王之先。故颇为当时所嫉视。今据《孟子》书《万章》问：'宋小国，将行王政，齐楚恶而伐之，则如何？'孟子以汤武之事告之，又观其臣如盈之，如不胜，议行什一，议去关市之征，进居州以辅王，其政当有可观。而《国策》记其射天笞地，《世家》书其淫于酒色，并皆谓之'桀宋'，与《孟子》万章之言迥别，盖出于一时忌嫉之口。"钱穆先生的考辨是很有见地的。

宋王偃时期，宋国是比较强大的。《史记·宋微子世家》记载，宋康王偃

---

① 司马迁：《史记·鲁仲连列传》，北京：中华书局，1982年，2463页。
② 马王堆汉墓帛书整理小组：《战国纵横家书》四章《苏秦自秦献书于燕王章》，北京：文物出版社，1976年，9页。

"自立为宋君。君偃十一年,自立为王。东败齐取五城,南败楚取地三百里,西败魏军,乃与齐魏为敌国。"《索隐》云:"《战国策》《吕氏春秋》皆以偃谥康王。"宋王偃东面打败齐国,攻取五城;南面打败楚国,获取土地三百里;向西打败魏军。宋于是与齐、楚、魏成为仇雠之国。宋康王偃还可以说是一个有为的国君。

宋君偃在打败诸国,取得一些胜利之后,根据《史记·宋微子世家》的记载,"盛血以韦囊,悬而射之,命曰'射天'。淫于酒、妇人。群臣谏者射之。于是诸侯皆曰'桀宋,宋其复为纣所为,不可不诛'。"但如前所述,钱穆先生认为诸侯骂宋王偃,是因嫉妒之心所至。然而,齐愍王去帝号的一个重要原因就是认为"伐赵不如伐宋之利"。公元前286年,齐愍王利用宋王偃腐朽虚弱之机,与魏、楚联合伐宋。宋本来就是一个小国,不堪一击,当大军到来之时,宋王偃仓皇出逃,死于温(今河南温县境)。

关于宋王偃的灭国,(宋)司马光《资治通鉴·周纪四》卷四这样记载:"宋有雀生于城之陬。史占之曰:'吉。小而生巨,必霸天下。'宋康王喜,起兵灭滕、伐薛、东败齐取五城,南败楚取地三百里,西败魏军,与齐、魏为敌国。乃愈自信其霸。欲霸之亟成,故射天笞地,斩社稷而焚灭之,以示威服鬼神,为长夜之饮于室中。室中人呼万岁,则堂上之人应之;堂下之人又应之,门外之人又应之;以至于国中无敢不呼万岁者。天下之人谓之'桀宋'。齐愍王起兵伐之,民散城不守,宋王奔魏,死于温。"由此可见,宋王偃的灭国,与其昏庸无知、迷信占卜有很大的关系。

宋王偃死后,宋国灭亡。《史记·宋微子世家》云:"王偃立四十七年,齐愍王与魏、楚伐宋,杀王偃,遂灭宋而三分其地。"然而,《史记·田敬仲完世家》记载:"于是齐遂伐宋,宋王出亡,死于温。齐南割楚之淮北,西侵三晋。"齐在灭宋以后,并没有与楚、魏三分宋地,而是又与楚、魏发生了战争。此时的楚、魏皆被削弱,不再是齐国的对手。齐国恃其强,完全吞并了宋国,又占据了楚国的淮北,侵伐三晋。

齐国虽然自动去帝号,但却终不能恢复称帝前与三晋的和谐关系。称帝,助长了齐国的野心。齐国此时的疆域,东从大海,西至宋地,南从淮泗,北至燕国,幅数千里,"带甲数十万,粟如丘山"①。齐、秦并驾齐驱,甚至超过秦国。《史记·田敬仲完世家》云:齐愍王灭宋以后,"欲以并周室,为天子。泗

---

① 《战国策·齐策一》,上海:上海古籍出版社,1985年,337页。

上诸侯、邹、鲁之君皆称臣,诸侯恐惧",齐国达到了它在战国史上的极盛时期。齐国的强盛也引起了秦与其他诸侯国的嫉妒与忧虑。

六、诸侯国合纵伐齐

战国中叶,齐曾乘机袭破燕国,把燕国作为附属国,遭到燕人的强烈反对。

燕昭王即位后,不能忍受齐对燕国的奴役和控制,怀着复仇心理,一面奉事齐国,一面卑身厚币以招贤者,等待着伐齐复仇的机会。各国贤士闻知燕昭王招纳贤士,以图富国强兵,争赴燕国。乐毅自魏往,邹衍自齐往,剧辛自赵往。燕昭王吊死问生,与百姓同甘共苦,深得燕人爱戴。燕昭王一方面招纳贤士,任用乐毅、剧辛等,一方面派出苏秦到齐国去做反间。由于苏秦的反间,燕国开始对齐国有反攻的态势。

自从齐国破燕、灭宋、割楚之淮北以后,其版图大大扩展,泗上诸侯、邹鲁之君皆恐惧称臣,大有吞并天下之势。当此之时,齐国的力量超过秦国,于是天下诸侯相谋合纵以伐齐国。苏秦利用这种形势去激怒、游说诸侯国共同伐齐。

燕国又团结赵国,游说魏、楚等,并根据各国的情况,以利益相结,拉拢诸侯国,"举天下而图之",于是诸侯各国相谋以攻齐。

燕国经过28年的准备,民殷国富,士卒勇战。五国伐齐之时,燕国复仇的机会到了,燕昭王派大将乐毅率燕兵参战。秦、赵、楚、燕、魏等,诸侯国合纵攻齐。

公元前284年,燕昭王任用乐毅为上将军。赵惠文王也把赵相国印授乐毅。伐齐之战中,诸侯各国皆听乐毅指挥。乐毅率赵、韩、楚、燕之兵以伐齐国。

齐国很快被击溃,五国之师败齐于济西。各国都达到了自己的目的:秦得定陶,魏占故宋,赵取济西,楚国也得到了淮北之故地。各国相继罢兵。乐毅遣返了诸国军队,率师长驱直入齐国都临淄,尽取齐国之重宝,焚烧齐之宫室宗庙。《战国策·燕策二》云燕国的"轻卒锐兵,长驱至国。齐王逃遁走莒,仅以身免。珠玉财宝,车甲珍器,尽收入燕。大吕陈于元英,故鼎反于历室,齐器设于宁召。蓟丘之植,植于汶皇。自五伯以来,功未有及先王者也。"元英、历室，燕宫殿名。半年之间，燕攻下齐国 70 多座城市，除聊、莒、即墨外，齐城皆属燕国。齐国遭到了毁灭性的打击。

齐湣王逃出临淄，首先逃到卫国。卫国国君认为齐湣王为大国之君，虽遇难，但还有可能复国，于是给齐湣王腾出宫室让其居住，恭敬称臣。但齐湣王却极不谦虚，卫国因此将其赶走。湣王又到邹、鲁之国，据说是因齐湣王有骄色，邹、鲁之君不纳；其实也可能是邹、鲁之君见齐湣王落难，而且又无复国的希望，才拒绝他避难的。齐湣王又逃到莒地。

在诸侯合纵伐齐的斗争中，持不同态度的是楚国。当时关东大国，只有齐可以与秦抗衡。楚将昭阳所说："五国以破齐，秦必南图楚。"① 当楚得到了淮北故地后，楚顷襄王派出军队支持齐国。

齐湣王在莒地，正遇上楚国派出援齐的将军淖齿。淖齿却并不保护齐湣王，而是数落齐湣王的罪责后，将湣王杀掉，遂与燕国共分齐之土地和宝器。

齐国有少年曰王孙贾，行年十五而侍奉湣王。王孙贾乃入市中曰："'淖齿乱齐国，杀湣王，欲与我诛者，袒右。'市人从者四百人，与之诛淖齿，刺而杀之。"② 淖齿杀湣王而占据莒地后，又被齐人杀死。齐人固守莒。

燕将乐毅一举攻下齐国 70 余城，乐毅把攻下的这些城邑和地区重新划定郡县以属燕国，齐国土地皆入燕国的版图，只有即墨和莒两座孤城还在齐人手中。即墨守将田单率即墨之民坚守，寻找反攻燕国的机会。

田单，是田齐王族的庶族分支，管理临淄市场的小官。乐毅攻破临淄，齐湣王出奔，田单也离开国都，逃至即墨，即墨守将死，田单成为即墨的守将。公元前 279 年，燕昭王死去，其子燕惠王即位。田单派人到燕国实行反间。燕惠王听信反间，深恐乐毅据齐谋反，于是任用骑劫为将以代替乐毅。乐毅也不敢再回燕国，逃往赵国。骑劫无德无才，根本无法应付严峻复杂的战争局面。

田单收城中千余条牛，把锋利的兵刃捆在牛角上，牛尾上束苇，苇上灌油；在城墙上开十个通道，然后点燃灌油的束苇，夜间把牛分别从十个通道放出。被点燃牛尾的牛，发狂似的冲向燕军，田单命五千壮士随其后。燕军惊慌失措逃走，田单率领齐军乘胜追击，直至齐之北境，把燕军全部赶出齐国。乐毅当年所攻下的齐国 70 多个城邑，皆又归齐国所有。

田单在齐国全部被占领的情况下，坚守孤城六年，以孤城之卒，复全齐

---

① 《战国策·楚策一》，上海：上海古籍出版社，1985 年，480 页。
② 《战国策·齐策六》，上海：上海古籍出版社，1985 年，450 页。

之境，为恢复齐国立下了旷世功勋。

齐复国后，田单奉齐愍王的太子法章即位，是为齐襄王。但是复国后的齐国已经元气丧尽，再也不能恢复战前的强盛了，也不可能是秦国的对手。

第四节 秦国伐楚

春秋战国时期，楚国是疆域最大的诸侯国。战国时期，"纵成则楚王，横成则秦帝"。楚国也是能够与秦国抗衡的重要诸侯国。但是楚怀王时期，听不进正确的谏议，最后失蓝田、汉中，楚怀王客死秦国；进而失掉江汉平原，迁都与郢陈（今河南省淮阳县），直至亡国。

一、秦得巴蜀

《战国策·楚策一》云："秦之所害于天下莫如楚，楚强则秦弱，楚弱则秦强，此其势不两立。"在削弱了三晋和齐国之后，秦国重点打击削弱的对象是楚国。秦国认为如果并巴蜀、收汉中，切断楚与西南地区的联系，是一个打击楚国的简捷的途径。

蜀地的内乱刚好给秦国以机会。《华阳国志·蜀志》卷三云："蜀王别封弟葭萌于汉中，号苴侯，命其邑曰葭萌焉。苴侯与巴王为好，巴与蜀为仇，故蜀王怒，伐苴侯。苴侯奔巴，求救于秦。秦惠王方欲谋楚，群臣议曰：'夫蜀，西僻之国，戎狄为邻，不如伐楚。'司马错、中尉田直黄曰：'蜀有桀、纣之乱，其国富饶，得其布帛金银，足给军用。水通于楚，有巴之劲卒，浮大船舶以东向楚，楚地可得。得蜀则得楚，楚亡则天下并矣。'"

秦惠王认为司马错、中尉田直黄的话很有道理，决定先征巴蜀，再伐楚。

秦惠王派张仪、司马错从石牛道（即今之褒斜道）伐蜀，一举而灭之。蜀自开明氏王蜀十二世而亡。秦又继而攻灭了巴和苴。"秦惠王封子通国为蜀侯，以陈壮为相，置巴郡；以张若为蜀国守。戎伯尚强，乃移秦民万家实之。三年，分巴、蜀，置汉中郡。六年，陈壮反，杀蜀侯通国。秦遣庶长甘茂、张仪、司马错复伐蜀，诛陈壮。七年封子恽为蜀侯。"①

秦惠王把自己的儿子通国封为蜀侯，以陈壮为相。但是陈壮却造反杀通国；秦惠王又派甘茂、张仪、司马错复伐蜀，杀陈壮；然后把自己另一个儿子恽封为蜀侯；又移秦民万家实巴蜀，加强蜀侯的力量；自此秦国完全控制了巴、蜀地区。秦惠王建城，即成都，城"周回十二里，高七丈；郫城周回七里，高六丈；临邛城周回六里，高五丈；造作下仓。上皆有屋，而置观楼、射兰。成都县本治赤里街，若徙置少城内（城）。营广府舍，置盐铁市官并长丞，修整里阓，市张列肆，与咸阳同制。其筑城取土，去城十里，因以养鱼，今万岁池是也"②。秦惠王已经有了统一的经营规划。

当秦国已经完全平定并控制了巴蜀之后，使巴蜀成为秦国巩固的根据地，于是秦国又开始发动对楚国的战争。

公元前314年，"司马错率巴、蜀众十万，大船舶万艘，米六百万斛，浮江伐楚，取商于之地为黔中郡"③。秦国终于得到了楚国的汉中郡与黔中郡。

二、楚国的疆场之败

战国后期，楚国受到接二连三的打击，秦国攻打楚国的丹阳之战、蓝田之战中，秦国大败楚军，斩楚国甲士八万，俘虏楚大将军屈匄、裨将军逢侯丑等70余人，遂攻取汉中之郡，使楚国"亡地汉中，兵锉蓝田"④。

但是秦国得到了汉中、蓝田并不满足，又欲要巫郡、黔中郡，于是秦惠王骗楚怀王至秦武关会盟；要挟楚怀王割地。"楚王怒曰：秦诈我，而又强要我以地，不复许秦。秦因留之。"⑤楚怀王不能接受，秦国因而扣留了他。

楚怀王时期，是楚由盛而衰的转折点。怀王信谗言，宠奸佞，不听忠谏，逐斥贤良。他昏庸无能，在与秦的斗争中，一再上当受骗，以至失巴、蜀，败蓝田、亡汉中，最后受欺武关，客死秦国。

楚国无王，国内不安。公元前298年，楚将昭雎赴齐接太子横。齐愍王与

---

① （晋）常璩：《华阳国志》卷三《蜀志》，成都：巴蜀书社，1984年，194页。
② （晋）常璩：《华阳国志》卷三《蜀志》，成都：巴蜀书社，1984年，196页。
③ （晋）常璩：《华阳国志》卷三《蜀志》，成都：巴蜀书社，1984年，194页。
④ 司马迁：《史记·楚世家》，北京：中华书局，1982年，1726页。
⑤ 司马迁：《史记·楚世家》，北京：中华书局，1982年，1728页。

其相乘机要胁楚国，如接太子，需割送楚的下东国（今淮北一带）于齐国。昭睢答应了齐国的条件，于是楚国以淮北之地割让给齐国换取楚太子横归国即位，迎回太子横，立为王，是为楚顷襄王。

秦国闻听楚国又立新王，大怒："秦要怀王不可得地，楚立王以应秦。秦昭王怒，发兵出武关攻楚，大败楚军，斩首五万，取析十五城而去。"①《集解》引徐广曰："《年表》云取十六城，既取析，又并取左右十五城也。骃案《地理志》弘农有析县。"《正义》引《括地志》云："邓州内乡县城，本楚析邑，一名丑。汉置析县，因析水为名也。"公元前209年，秦出兵伐楚，夺取楚国八城，又继而发兵出武关攻楚，大败楚军，斩首五万，取析（今河南桐柏山以北）十五城而去。秦国逼近了南阳盆地，这是一个直通楚郢都的要塞地区，楚国上下一片恐慌。

楚怀王乘机从秦国逃跑，逃至赵国，赵国不敢接纳；又逃至魏，而此时秦并赶上，抓回了楚怀王。怀王客死于秦国，楚国完全走向了下坡路。秦、楚绝交六年没有往来。

当时齐国还正处于强盛时期，五国伐齐尚未开始。秦国认为齐国是一个很强大的劲敌，如果攻打齐国必须先稳定楚国、韩、魏等（关于秦攻韩、魏，后面将详述），于是秦昭王又下战书威胁楚国说："楚倍秦，秦且率诸侯伐楚，争一旦之命。愿王之饬士卒，得一乐战。"②楚倾襄王对秦国是非常害怕的，于是又与秦国讲和，并且结为婚姻。秦国又拉上三晋、楚国联合攻齐，迫使齐国归还楚国的下东国，即今淮北一带。

三、白起拔郢

楚国与秦国的讲和是暂时的，其深仇大恨才是真的。公元前280年，秦将白起率军从武关出秦，进攻楚国。楚军很快败退，割上庸、汉北之地予秦，即把今房州、金州、均州一带及汉水北岸的土地割让给秦国。

但是秦军并没有停止脚步，而是乘胜进攻鄢城，直捣楚国的心脏。秦、楚双方在鄢城展开了激战。鄢城是楚都郢的门户，楚国在此防守较严。白起攻城不下，竟惨无人地道决西山长谷之水以灌鄢城。"水溃城东北角，百姓

---

① 司马迁：《史记·楚世家》，北京：中华书局，1982年，1729页。
② 司马迁：《史记·楚世家》，北京：中华书局，1982年，1729页。

随水流死于城东者数十万，城东皆臭。"① 后世把这一陂地称为"臭池"，把淹没鄢城的水渠称为"白起渠"，亦称"长渠"。鄢城一战，楚军损失数十万之多，主力受到重创。秦军攻取了楚国的鄢、邓二城，并大赦被楚囚禁的犯人。

《史记·楚世家》记载：楚倾襄王二十年（公元前279年），秦将白起拔楚西陵，楚倾襄王二十一年（公元前278年），秦将白起拔楚郢都，烧楚先王墓夷陵。《史记》《正义》引《括地志》云："西陵故城在黄州黄山西二里。峡州夷陵县也在荆州西应劭云夷山在西北。"《集解》引徐广曰："《年表》云：拔郢烧夷陵。"《索隐》云："夷陵，陵名，后为县，属南郡。"

公元前278年，白起攻取了楚郢都的外围安陆（今湖北云梦、安陆一带），并进攻楚郢都，楚国王室一片慌乱。白起目睹了楚国的情况并做了比较，说："是时楚王恃其国大，不恤其政，而群臣相妒以功，谄谀用事，良臣斥疏，百姓心离，城池不修，既无良臣，又无守备。故起所以得引兵深入，多倍城邑，发梁焚舟以专民，以掠于郊野，以足军食。当此之时，秦中士卒，以军中为家，将帅为父母，不约而亲，不谋而信，一心同功，死不旋踵。楚人自战其地，咸顾其家，各有散心，莫有斗志。是以能有功也。"②

以楚国的涣散之卒对抗秦国的"死不旋踵"之士，楚国的失败是必然的。白起很快攻破了楚郢都，放火烧了楚先王的坟墓夷陵，又东攻楚至竟陵。秦以郢都为中心，建立了一个新郡——南郡，楚国的郢都成为秦国的一个郡。

《史记·秦本纪》云：秦昭襄王三十四年（公元前273年），"秦与魏、韩上庸地为一郡。南阳免臣迁居之。三十五年，佐韩魏楚伐燕，初置南阳郡"。《正义》："今邓州也，前已属秦，秦置南阳郡在汉水之北。《释名》云：在中国之南旧名阳地，故以为名焉。张衡《南都赋》云：陪京之南，居汉之阳。"

秦国以汉水为界，汉水以南以郢都为中心建南郡，汉水以北，以申为中心建南阳郡。在此之前，先秦时期的南阳指的是今河南怀庆、焦作一带，因这里处于太行山之南、黄河以北，故称南阳；自秦国以汉水为界建南阳郡，怀庆、焦作一带不再叫南阳，而南阳代替申而成为一个地名开始出现在史书上。

这一次战争，楚国失去国都以及江汉流域的故地领土。楚国的上国之兵

---

① 王国维校袁英光，刘寅生标点：《水经注》卷二十八《沔水》，上海：上海人民出版社，1984年，908页。
② 《战国策·中山策》，上海：上海古籍出版社，1985年，1188页。

及保卫国都的王室主力被击溃，楚遭到沉重地致命打击。从此，楚国的盛世成为历史，楚国开始走上衰败灭亡的道路。

白起拔郢，楚顷襄王兵散，遂不复战。楚国贵族除一小部分通过水路退居江南长沙等地外，大部分贵族随楚顷襄王仓皇逃往陈城（今河南淮阳），迁都于陈，故陈城又称郢陈。

第八章　秦统一中国

秦昭王时期，政治家范雎向秦国献远交近攻之策，使秦国有了更明确的向三晋进攻的目标。秦在向外扩张的过程中，三晋是最直接的受害者。商鞅变法时，秦曾诱三晋之民耕于内，与三晋争夺人民。三晋在与秦交往的过程中，"秦、魏百相交，百相欺也"[①]，"韩、魏父子兄弟接踵而死于秦者累世矣，本国残，社稷坏，宗庙隳"[②]，但是魏国最高统治者却不接受失败的教训，仍然对贤能之士不信任，甚至打击迫害。

第一节　秦国对三晋的攻伐

战国后期，魏国政治家范雎在魏国受到迫害，来到秦国。是时，关东的魏国、楚国、齐国已经完全衰弱，不再是秦国的对手。范雎用政治家犀利的眼光看到这一点，在秦国游说秦昭王，献远交近攻之策，于是秦昭王加紧对三晋的攻城略地，特别是秦与韩魏的伊阙之战，秦将白起杀韩魏之卒 24 万；与赵国的长平之战，坑杀赵卒 40 万，攻取魏国城池 70 多座，魏国元气大伤，如大厦之将倾，只有等待灭亡的命运了。

---

① 《战国策·魏策四》，上海：上海古籍出版社，1985 年，920 页。
② 《战国策·秦策四》，上海：上海古籍出版社，1985 年，348 页。

一、秦国的远交近攻之策

魏国自魏武侯始就改变了任贤使能的用人制度,所用的相大部分是魏国的公子,并且对贤能之士采取了限制政策。

魏安釐王时期有贤能之士范雎。范雎,魏国人,字叔游,是一个非常善辩的贤能之士。本来范雎欲臣事魏安釐王,因为家贫,无以上通魏王,于是先臣事魏中大夫须贾。有一次,须贾为魏昭王使于齐,范雎跟随出行。在齐国停留数月,范雎未得到通报而见到齐王。但是齐襄王听说范雎很少贤能,乃使人赐范雎金十斤及牛酒;范雎辞谢不敢受,把齐襄王欲赏赐之事告诉须贾。须贾闻知大怒,认为范雎泄露了魏国的秘密,齐国才格外对范雎好,就让范雎只受牛酒、不受金。回到魏国,须贾把这件事告诉了魏相魏齐。魏齐亦是魏国的一个公子。魏齐大怒,使人笞击范雎,折胁折齿。范雎佯死,被卷以箦,放置厕中。宾客饮酒醉,则溺范雎身上,以僇辱之,以惩后;令无妄言者。

范雎说服了管理厕所的人把他当作死人扔到野外,才得以活命。范雎来到秦国,以张禄为名很快得到秦昭王的信任。

《史记·范雎列传》记载范雎曰:"(臣)闻秦之有太后、穰侯、华阳、高陵、泾阳,不闻其有王也。夫擅国之谓王,能利害之谓王,制杀生之威之谓王。今太后擅行不顾,穰侯出使不报,华阳、泾阳等击断无讳,高陵进退不请。四贵备而国不危者,未之有也。为此四贵者,下乃所谓无王也。然则权安得不倾,令安得从王出乎?臣闻善治国者乃内固其威,而外重其权。穰侯使者操王之重,决制于诸侯,剖符于天下,政适伐国,莫敢不听。战胜攻取,则利归于陶;国弊御于诸侯,战败则结怨于百姓,而祸归于社稷。诗曰:木实繁者披其枝,披其枝者伤其心,大其都者危其国,尊其臣者卑其主。"①

范雎以加强国君专制的思想游说秦昭王,秦昭王接受了范雎的建议,乃免穰侯之相国,令泾阳之属皆出关就封邑,穰侯出关至陶,卒于陶。秦昭王得以专政。

范雎又向秦昭王献远交近攻之策曰:"王不如远交而近攻,得寸则王之寸也,得尺亦王之尺也。今释此而远攻不亦缪乎?且昔者中山之国,地方五百里;赵独吞之,功成名立而利附焉,天下莫之能害也。今夫韩、魏,中国之处而天下之枢也。王其欲霸,必亲中国以为天下枢,以威楚赵;楚强则附赵,赵

---

① 司马迁:《史记·范雎列传》,北京:中华书局,1982 年,2411 页。

强则附楚;楚、赵皆附齐必惧矣。齐惧必卑辞重币以事秦,齐附而韩、魏因可房也。……秦韩之地形相错如绣。秦之有韩也,譬如木之有蠹也,人之有心腹之病也。天下无变则已,天下有变,其为秦患者孰大于韩乎?王不如收韩。"①

范雎认为,秦国不应该攻齐、楚,那些地方距离秦国太远,而攻韩、魏则"得寸则王之寸也,得尺亦王之尺也"。

远交近攻之策,对于秦国来说是非常切实必行的政策。战国前期,这个政策未必可行。因当时魏、齐、楚势力都相当强,进攻一个诸侯国,其他诸侯国害怕你的强大会破坏天下的平衡,可能会有统一天下的威胁,其他诸侯国会联合起来对这个进攻者进行打击。战国前期的桂陵之战、马陵之战皆是这样发生的。而如今到了战国后期,秦国相对山东(华山以东)六国拥有压到性的绝对优势,因此远交近攻之策非常适应战国后期秦国的形势,是非常适合秦国统一的政策。

秦昭王任范雎为相,实行其远交近攻的军事战略,进攻韩、魏。

二、使魏、韩丧失元气的伊阙之战

战国后期,秦国与韩、魏进行了一场,对韩、魏来说是命运攸关的大战——伊阙之战,使韩、魏加速灭亡。

梁昭王二年(公元前294年),秦昭王首先派将军向寿伐韩,攻取了韩的武始(今河北邯郸县西南);派左更白起攻新城(今河南伊川西南)。是时,在秦国的凌厉攻势之下,魏感到恐慌,于是派军队与韩一起守卫伊阙(今洛阳市南90里,即龙门)。梁昭王三年(公元前293年),秦将白起与韩、魏大战于伊阙,斩韩、魏士卒24万。韩、魏惨败。秦俘获了魏将公孙喜,并攻获魏国5座城池。

伊阙之战,是韩魏联合的失败,也是秦国以少胜多的战例。这次战争是秦国进攻韩国的一次战争,但是魏国已经看出自己的危险,于是出兵帮助韩国。但是韩魏之间又各怀鬼胎,都不肯打头阵,韩国希望魏国出力,魏国又欲韩国为先锋。二国相争,于是他们的力量就不会同心协力地使在一起。于是秦国将领白起就利用二国相争之便利,设疑兵,以待韩国军队;以秦之精锐之卒乘魏国不注意时猛攻魏军;于是秦国大胜。

---

① 司马迁:《史记·范雎列传》,北京:中华书局,1982年,2409页。

《战国策·中山》记载白起说:"伊阙之战,韩孤,顾魏不欲先用其众。魏恃韩之锐,欲推以为锋;二军争,便之力不同。是以臣得设疑兵以待韩阵,专军并锐触魏之不意。魏军既败,韩军自溃,乘胜逐北,以是之故能立功。皆计利形势自然之理,何神之有哉。"

伊阙之战,秦斩杀了20多万韩、魏的精壮之士,韩、魏遭到了沉重的打击。应侯范雎曾对白起说:"韩魏相率兴兵甚众,君所将之不能半之;而与战之于伊阙大破二国之军,流血漂卤,斩首二十四万。韩魏以故至今称东藩。"① 流血漂卤,言杀人多,而流血漂浮卤也。

《史记·魏世家》云:"(魏昭王)三年,佐韩攻秦,秦将白起败我军伊阙二十四万。六年,予秦河东方四百里。芒卯以诈重。七年,秦拔我城大小六十一。……九年,秦拔我新垣、曲阳之城。"新垣,曲阳,皆在今河南济源县一带。伊阙之战后,魏国把河东四百里割给秦。秦国初攻拔魏国的众多城池。从此,魏国开始"称东藩","以地事秦",对秦国实行割让土地以求苟安的政策。秦攻拔了魏国的怀、邢丘。继而"秦七攻魏,五入囿中,边城尽拔,文台堕,垂都焚,林木伐,麋鹿尽,而国以继围。又长驱梁北,东至陶、卫之郊,北至平监。所亡于秦者,山南山北,河外河内,大县数十,名都数百"②。魏国灭亡之势已成。

伊阙之战,韩国同样遭受惨重的打击。《史记·韩世家》云:"釐王三年,使公孙喜率周、魏攻秦。秦败我二十四万,虏喜伊阙。五年,秦拔我宛。六年,与秦武遂地二百里。"以后,秦攻战韩的城皋、荥阳、上党郡。韩国已沦入秦的掌握之中。

伊阙之战,韩、魏的有生力量消耗殆尽。在秦国的猛烈进攻之下,韩、魏毫无还手之力。大量城池被秦攻占,韩、魏只好割地求和以苟延残喘。

三、秦昭王时期对韩、魏的攻城略地

其实,早在范雎在秦国提出远交近攻政策之前,由于秦国距离韩、魏最近,对韩魏进攻、攻取土地也最多。范雎提出远交近攻之策后,秦国又更明确了进攻韩、魏的目标。《史记·秦本纪》比较清楚详细地记载了秦昭王至秦庄

---

① 《战国策·中山》,上海:上海古籍出版社,1985年,1188~1189页。
② 司马迁:《史记·魏世家》,北京:中华书局,1982年,1860页。

襄王时期秦对三晋的攻掠情况。

关于秦国昭王、庄襄王时期（只有四年）对韩、魏城池的攻掠情况，《史记·秦本纪》记载：

秦昭王十四年（公元前293年）："左更白起攻韩、魏于伊阙，斩首二十四万，虏公孙喜，拔五城。"这就是著名的斩韩魏兵卒24万的伊阙之战（后面将详述）。

秦昭王十五年（公元前292年）："大良造白起攻魏，取垣，复予之。"《正义》："垣，音袁，前秦取蒲阪，复以蒲阪与魏，魏以为垣。今又取魏垣，复与之。后秦以为蒲阪皮氏。"

秦昭王二十一年（公元前286年）："（王）错攻魏河内，魏献安邑。秦出其人募徙河东，赐爵，赦罪人迁之。泾阳君封宛。"

秦昭王二十四年（公元前283年）："秦取魏安城，至大梁，燕赵救之，秦军去。"《集解》引《地理志》云："汝南有安城县。"《正义》引《括地志》云："安城在豫州汝阳县东南十七里。"

秦昭王二十七年（公元前280年）："白起攻赵，取代光狼城。"《正义》引《括地志》云："光狼故城在泽州高平县西二十里。"

秦昭王三十一年（公元前276年）："白起伐魏，取两城。"

秦昭王三十二年（公元前275年）："相穰侯攻魏至大梁，破暴鸢，斩首四万，鸢走。魏入三县请和。"

秦昭王三十三年（公元前274年）："客卿胡伤攻魏卷、蔡阳、长社取之；击芒卯、华阳破之，斩首十五万，魏入南阳以和。"《正义》引《括地志》云："故卷城在郑州原武县西北，即衡雍也。蔡阳，今豫州上蔡水之阳，古城在豫州北七十里。长社故城在许州长社县西一里，皆魏邑也。故华城在郑州管城县南三十里。怀、获嘉县，即古之南阳。"

秦昭王三十四年（公元前273年）："三十四年，秦与魏、韩上庸地为一郡。"

秦昭王四十一年（公元前266年）夏："攻魏，取邢丘、怀。"《正义》引《括地志》云："平皋故城本邢丘邑。汉置平皋县在怀州，武德县东南二十里。故怀城，周之怀邑在怀州武陟县西十一里。"

秦昭王四十三年（公元前264年）："武安君白起攻韩，拔九城，斩首五万。"

秦昭王四十四年（公元前263年）："攻韩南郡，取之。"

秦昭王四十五年（公元前262年）："五大夫贲攻韩，取十城。"

秦昭王四十七年（公元前260年）："秦攻韩上党，上党降赵。秦因攻赵。赵发兵击秦，相距。秦使武安君白起击，大破赵于长平，四十余万尽杀之。"

秦昭王四十八年（公元前259年）："韩献垣雍。秦军分为三军，武安君归，王龁将伐赵，武安、皮牢拔之；司马梗北定太原，尽有韩上党。正月兵罢，复守上党。其十月五大夫陵攻赵邯郸。"

秦昭王四十九年（公元前258年）："正月，益发卒佐陵，陵战不善，免王龁，代将。其十月，将军张唐攻魏，为蔡尉捐弗守，还斩之。"

秦昭王五十年（公元前257年）："二月余攻晋军，斩首六千，晋楚流死河二万人；攻汾城，即从唐，拔宁新中；宁新中更名安阳，初作河桥。"

秦昭王五十一年（公元前256年）："将军摎攻韩取阳城、负黍，斩首四万。攻赵取二十余县，首虏九万。西周君背秦与诸侯约从，将天下锐兵出伊阙，攻秦；令秦毋得通阳城。于是秦使将军摎攻西周，西周君走来自归，顿首受罪，尽献其邑三十六城，口三万。秦王受献，归其君于周。"

秦昭王五十二年（公元前255年）："周民东，亡其器九鼎入秦。周初亡。"

秦昭王五十三年（公元前254年）："天下来宾，魏后。秦使摎伐魏，取吴城；韩王入朝，魏委国听令。"

秦庄襄王二年（公元前248年）："使蒙骜攻赵，定太原。"

秦庄襄王三年（公元前247年）："蒙骜攻魏高都、汲，拔之。攻赵榆次新城狼孟，取三十七城。四月日食。四年王龁攻上党，初置太原郡。魏将无忌率五国兵击秦。秦郤于河外，蒙骜败解而去。"

《史记·魏世家》虽然不像秦国那样带着夸张而详细的记载，但是也记载了从秦昭王到秦王政几十年之间的战争，以及秦国对魏国攻城略地的情况。《史记·魏世家》记载：

魏昭王三年（公元前293年）：魏"佐韩攻秦。秦将白起败我军伊阙二十四万"。

魏昭王六年（公元前290年）：魏"予秦河东地方四百里，芒卯以诈重"。

魏昭王七年（公元前289年）："秦拔我城大小六十一。"

魏昭王十三年（公元前283年）："秦拔我安城，兵到大梁，去。"《正义》引《括地志》云："安城故城，豫州汝阳县东南七十一里。"

魏安釐王元年（公元前276年）："秦拔我两城。"

魏安釐王二年（公元前275年）："又拔我三城，军大梁，下韩来救；予秦温以和。"温，今河南省温县境。

魏安釐王三年（公元前274年）："秦拔我四城，斩首四万。"

魏安釐王四年（公元前273年）："秦破我及韩赵杀十五万人，走。我将芒卯、魏将段干子请予秦南阳以和。"南阳，今河南省修武县。

魏安釐王九年（公元前268年）："秦拔我怀。"怀，今河南省武陟县西11里。

魏安釐王十一年（公元前266年）："秦拔我郪丘。"郪丘，今安徽太和县北。

战国中期以前，秦国对魏国的攻掠，只是为了夺取河西地，打通向中原的通道。而当远交近攻之策制定，明确了战争的方向后，秦国自昭王、庄襄王开始大规模地攻掠韩、魏。韩、魏失去了大片辖地，只剩下苟延残喘。

四、长平之战，赵国惨败

赵惠文王时（公元前298～前266年），任用乐毅为相，蔺相如为上卿，廉颇、赵奢为上将，君臣和睦。赵国在与北方草原部族的长期战争中，不仅士卒经过胡服骑射的训练，而且也锻炼出一批能打善战的将领。赵国可谓兵强马壮，有当时诸侯各国中最强大的军队。当魏国、楚国、齐国相继被削弱，大失元气之后，赵国成为秦国兼并过程中最强的敌手。赵国"尝抑强秦四十余年，而秦不能得所欲"[①]。公元前270年，赵在阏与（今山西和顺）大败秦军，大大挫伤了秦国的锋芒。秦国意识到，如果想取得兼并战争的胜利，必须击败赵国。

公元前262年，秦攻取了韩的野王（今河南沁阳），把韩的上党郡与韩国本土隔绝开来。韩国恐惧，割上党郡向秦求和。上党郡守冯亭不愿降秦，反把上党17县献于赵国。"韩氏上党守冯亭使者至曰：'韩不能守，上党入之于秦。其吏民皆安为赵，不欲为秦；有城市邑十七，愿再拜入之赵，听王所以赐吏民。'"[②]赵王大喜，乃令赵胜受地。赵王封冯亭以"三万户之都"。冯亭垂涕而谢曰："是吾处三不义也。为主守地而不能死而以与人，不义一也；主内之秦不顺主命，不义二也；卖主之地而食之，不义三也。辞封而入韩。谓韩王曰：

[①] 《战国策·赵三》，上海：上海古籍出版社，1985年，711页。
[②] 司马迁：《史记·赵世家》，北京：中华书局，1982年，1825页。

'赵闻韩不能守上党，今发兵已取之矣。'韩告秦曰：'赵起兵取上党。'秦王怒，令公孙起王齮以兵遇赵于长平。"①

秦国听说上党郡守不降秦而降赵，大怒，派白起、王齮进攻赵国。赵派廉颇迎敌。秦、赵双方在长平（今山西高平西北）展开了自战国以来的空前大战。廉颇是个很有才干的军事家。秦、赵在长平相持三年，秦军终不敢前进。

秦国乃使用反间计，散布"廉颇反矣"的谣言，赵孝成王中了秦国的反间计，撤回了廉颇，派只会纸上谈兵的赵括代替廉颇为将。

"赵括既代廉颇，悉更约束，易置军吏。秦将白起闻之，纵奇兵佯败走，而绝其粮道，分断其军为二，士卒离心。四十余日，军饿。赵括出锐卒自搏战，秦军射杀赵括。括军败，数十万之众遂降秦，秦悉坑之。赵前后所亡，凡四十五万。"②

赵括一反廉颇的军事布置，更换军吏，对秦军全面出击。秦将白起佯装败走，然后纵奇兵，绝粮道，两路夹击赵军，赵军被围，绝食40多天。赵军数次出击，均不能突出重围。赵括亲自作战，被射死。公元前260年，赵军45万士卒败降于秦。由于赵军曾经受过胡服骑射的训练，多为英勇善战之士，白起害怕赵卒复为赵国所用，于是灭绝人性地将45万赵卒坑杀活埋，于是秦定上党郡。

"秦军射杀赵括，括军败卒四十万人降武安君。武安君计曰：'前秦已拔上党，上党民不乐为秦而归赵。赵卒反复，非尽杀之，恐为乱。乃挟诈而尽坑杀之，遗其小者二百四十人归赵，前后斩首虏四十五万人，赵人大震。"③武安君，就是白起，秦国封白起为武安君。

《史记·赵世家》云："廉颇将军军长平。七年，廉颇免，而赵括代将。秦人围赵括，赵括以军降卒四十余万，皆坑之。王悔不听赵豹之计，故有长平之祸焉。"赵国遭到前所未有的惨败，其国力被大大削弱了。

---

① 《战国策·赵一》，北京：中华书局，1982年；上海：上海古籍出版社，1985年，619～620页。
② 司马迁：《史记·廉颇蔺相如列传》，北京：中华书局，1982年，2447页。
③ 司马迁：《史记·白起列传》，北京：中华书局，1982年，2335页。

第二节 魏国信陵君窃符救赵

长平之战，赵国受到重创，而秦国又向赵国索取六城。赵国不给，秦国就兵围赵国都邯郸。赵国向魏国求救，魏安釐王害怕秦国，派军队只出不战，持观望态度。魏公子信陵君窃符救赵，成为战国后期的一段战争佳话。后秦国又加紧攻魏，信陵君回国救魏，并帅五国军队攻秦，直至函谷关，打败秦人，并收回了部分失地。但是秦国用反间计，挑拨魏王与信陵君的关系，魏安釐王收回信陵君的兵权。信陵君沉溺于酒色而死，而魏国也迫近灭亡的命运。

一、秦国兵围邯郸、白起赐死

长平之战，秦国的损失也是惨重的，"虽破长平军，而秦卒死者过半，国内空"①。而秦王却不顾国内的实际情况，于公元前259年，又兵围赵都邯郸。长平之战，秦坑赵卒45万，赵人对秦国再也不存任何幻想。

是时，秦昭王令白起再次率军前去攻打赵国，兵围邯郸。武安君认为不可，对昭王说此时不是攻打赵国的机会。

白起认为"赵人之死者不得收，伤者不得疗，涕泣相哀，勠力同忧，耕田疾作以生其财。今王发军虽倍其前，臣料赵国守备亦以十倍矣。赵自长平以来，君臣忧惧，早朝晏退，卑辞重币，四面出嫁，结亲燕魏，连好齐楚，积虑并心，备秦为务。其国内实，其交外成，当今之时，赵未可伐也"②。

秦昭王乃派王陵将而伐赵，结果王陵战败失去了营校之部。秦昭王又令武安君白起出阵，白起称病不行。秦昭王乃使应侯范雎前去见白起。

白起曰："今秦破赵军于长平，不遂以时，乘其振惧而灭之，畏而释之。使得耕稼以益蓄积，养孤长幼以益其众，缮治兵甲以益其强，增城浚池以益其固，主折节以下其臣，臣推体以下死士。至于平原君之属，皆令妻妾补缝于

---
① 司马迁：《史记·白起列传》，北京：中华书局，1982年，2337页。
② 《战国策·中山策》，上海：上海古籍出版社，1985年，1186页。

行伍之间，臣人一心，上下同力，犹勾践困于会稽之时也。以今伐之，赵必固守，挑其军战必不肯出；围其国都，必不可克；攻其列城，必未可拔；掠其郊野，必无所得；兵出无功，诸侯生心，外救必至。臣见其害，未睹其利，又病未能行。"①

秦昭王一心攻赵，又派王龁代王陵为将，围邯郸八九个月，仍不能攻下邯郸。秦昭王强迫白起将兵出征，白起称自己病重；于是秦昭王免去白起的封君与将军之职，白起成为士卒，令白起出国都咸阳，迁之阴密（古康公国，今甘肃灵台县百里乡）。白起不得已起程，有人又说，白起走时，很不愉快。白起出咸阳西门十里至杜邮时，秦昭王派使者赐之剑，令自裁。白起引剑将自刭曰："我何罪于天而至此哉？！"良久曰："我固当死。长平之战，赵卒降者数十万人，我诈而尽坑之，是足以死。"遂自杀。②

白起对于秦国或许是无罪的，但是白起在与韩、魏的伊阙之战中杀死士卒 24 万，长平之战坑杀赵卒 45 万，虏三晋将，斩首 13 万；与赵将贾偃战，沉其卒 2 万人于河中；攻韩陉城，拔五城，斩首 5 万；白起攻楚国的鄢城，攻城不下，决西山长谷之水以灌鄢城。"昔白起攻楚，引西山长谷水，即是水也。旧堨去城百许里，水从城西灌城东入注为渊今熨斗陂是也。水溃城东北角，百姓随水流，死于城东者数十万。城东皆臭，因名其陂为臭池。"③

仅粗略统计，白起为将仅一人，死于他手下的便有 100 多万士卒，这些士卒或斩首或坑杀或沉入河中或决水淹死……杀人之多、手段之残忍皆是罕见的。孟子说："争地以战，杀人盈野；争城以战，杀人盈城；此所谓率土地而食人肉，罪不容于死。故善战者服上刑，连诸侯者次之，辟草莱、任土地者次之。"④白起虽然对秦的统一是有功的，但如孟子所说，这些战争的将领"罪不容于死"，白起自己也说："我固当死！"白起被秦王政赐死，也表明专制君主的冷酷。

二、信陵君救赵

当白起把 45 万赵卒坑杀之后，赵举国大震，对秦国完全失去了幻想。此

---

① 《战国策·中山》，上海：上海古籍出版社，1985 年，1187 页。
② 司马迁：《史记·白起列传》，北京：中华书局，1982 年，2337 页。
③ 《水经注·沔水》，上海：上海人民出版社，1984 年，908 页。
④ 《孟子·离娄上》，北京：中华书局，1984 年，175 页。

时，秦国又派使者向赵国索取6座城。赵国大夫虞卿曰："秦虽善攻不能取六城，赵虽不能守而不至失六城。秦倦而归，兵必罢。我以六城收天下以攻罢秦，是我失之于天下而取偿于秦也。"① 于是赵国拒绝秦国的要求，不给城池。秦昭王大怒，发兵围邯郸。

魏安釐王二十年（公元前257年），《史记·信陵君列传》云："秦昭王已破赵长平军，又进兵围邯郸。公子姊为赵惠文王弟平原君夫人，数遗魏王及公子书，请救于魏。魏王使将军晋鄙将十万众救赵。"

秦国兵围邯郸，对魏安釐王实行欺骗与威胁的方式，不使魏国前去救援。长平之战时，赵国将军廉颇作战经验丰富，坚守不出，使秦赵两军在长平相持一年多。秦国为了稳定魏国，使魏国不要参战助赵，于是先许魏国将来把垣雍割给魏国。魏安釐王非常高兴，其实这是秦对魏国的欺骗。《战国策·魏四》："长平之役，平都君说魏王曰：'王胡不为从？'魏王曰：'秦许吾以垣雍。'平都君曰：'臣以垣雍为空割也。'魏王曰：'何谓也？'平都君曰：'秦赵久相持于长平之下而无决，天下合于秦则无赵，合于赵则无秦；秦恐王之变也，故以垣雍饵王也。秦战胜赵，王敢责垣雍之割乎。'王曰：'不敢。''秦战不胜，赵王能令韩出垣雍之割乎？'王曰：'不能。'臣故曰：'垣雍空割也。'魏王曰：'善。'"

《史记·魏世家》云："安釐王元年，秦拔我两城；二年，又拔我三城，军大梁下，韩来救，予秦温以和；三年，秦拔我四城，斩首四万；四年，秦破我及韩赵，杀十五万……九年，秦拔我怀；十年，秦太子外质于魏死；十一年，秦拔我郪丘。"温，今河南省温县境。怀，今河南省武陟县西11里。郪丘，今安徽太和县北。

这个时期，魏国已经剩很少的辖地了。秦国每出兵就攻进魏国的苑囿。"秦七攻魏、五入囿中；边城尽拔，文台堕、垂都焚、林木伐、麋鹿尽，而国继以围；又长驱梁北，东至陶卫之郊，北至平监。所亡于秦者，山南、山北、河外、河内，大县数十，名都数百。"② 魏国此时非常害怕秦国。

但此时又发生了一个大事件。秦赵发生长平之战，秦将白起坑杀赵卒45万，又围攻赵国都城邯郸。秦国这次兵围邯郸，秦王又派使者告魏王曰："吾攻赵旦暮且下，而诸侯敢救者，已拔赵，必移兵先击之。"魏王恐，使人止晋鄙，留军壁邺，名为救赵，实持两端以观望。赵国向魏国求救，使者相望于

---

① 《战国策·赵三》，上海：上海古籍出版社，1985年，696页。
② 司马迁：《史记·魏世家》，北京：中华书局，1982年，2395页。

道,但是梁安釐王害怕秦国,不敢出兵救赵,只是派晋鄙将军驻扎在边境观望。

赵国派往魏国求救的使者冠盖相属于道。平原君是信陵君的姐姐,平原君写信给信陵君曰:"今邯郸旦暮降秦,而魏救不至,安在公子能急人之困也。且公子纵轻胜弃之降秦,独不怜公子姊邪?"① 信陵君非常着急,数请宾客辩士说服魏王万端,魏王畏秦而不肯听。信陵君准备带着自己的门客300余人赴赵国,与赵同死。当到大梁夷门时,信陵君与他先前所尊崇的夷门监侯生诀别。侯生为他出主意,信陵君以为然。信陵君曾为魏安釐王的宠妾如姬报父仇,是如姬的恩人。如姬可以出入魏王的卧室,盗得兵符,就可以救赵。

信陵君按侯生所计,果然盗得兵符,又带上力士朱亥。信陵君前往阵前与将军晋鄙合兵符,带兵前往救赵。晋鄙怀疑,力士朱亥锥杀晋鄙,信陵君领兵前去救赵。信陵君下令军中曰:"父子俱在军中,父归;兄弟俱在军中,兄归;独子无兄弟归养;得选兵八万人,进兵击秦军。秦军解去,遂救邯郸存赵……已却秦存赵,使将将其军归魏,而公子独与客留赵。"② 而大梁夷门监侯生,计算信陵君至晋鄙军、代晋鄙时,乃北向自刎,以报答公子。

在赵国邯郸被秦兵围困最紧张之时,赵国同样告急楚国。"春申君为楚相。四年,秦破赵之长平军四十余万。五年围邯郸。邯郸告急于楚。楚使春申君将兵往救之,秦兵亦去。"③ 秦将郑安平以2万人降赵,这是秦自阏与之战后的又一次大败。

《史记·魏世家》云:"秦围邯郸。信陵君无忌矫夺将军晋鄙兵以救赵,赵得全。无忌因留赵。"

信陵君解邯郸之围,赵王自郊迎。唐且谓信陵君曰:"臣闻之曰:人之憎我也,不可不知也;吾憎人也,不可得而知也;人之有德于我也,不可忘也;吾有德于人也,不可不忘也。今君杀晋鄙,救邯郸,破秦人,存赵国,此大德也。今赵王自郊迎,卒然见赵王。臣愿君之忘之也。"信陵君曰:"无忌谨受教。"④

当秦军攻伐邯郸之际,赵国人民进行了英勇的抵抗。与此同时,魏国信陵君无忌窃兵符以救赵国,楚国春申君黄歇也派将军景阳率大军救赵。在赵

---

① 司马迁:《史记·魏公子列传》,北京:中华书局,1982年,2379页。
② 司马迁:《史记·魏公子列传》,北京:中华书局,1982年,2381页。
③ 司马迁:《史记·春申君列传》,北京:中华书局,1982年,2395页。
④ 司马迁:《战国策·魏四》,上海:上海古籍出版社,1985年,912页。

军、魏军、楚军的夹击下，秦军大败。邯郸之役的胜利，使战国晚期的形势发生了很大变化。这次战役把各国又联系在一起，使秦国暂时放松了对东方的进攻，减轻了山东六国的压力。

三、信陵君第四次合纵伐秦

信陵君窃符救赵之后，一直居住在赵国，不敢回魏，害怕魏安釐王怪罪。秦国闻之信陵君在赵，于是日夜东伐攻魏国。魏安釐王心中害怕，于是派使者送信给公子信陵君，欲让信陵君回魏，以商议抗秦大事。信陵君怕魏王生气，不敢回魏，并说谁也不要去通报，通报者死。赵国的毛公、薛公二人往见公子说："公子所以重于赵，名闻诸侯者，徒以有魏也。今秦攻魏，魏急而公子不恤，使秦破大梁、而夷先王之宗庙，公子当何面目立天下乎？"二人的话语未完，信陵君脸色立变，马上让备车驾，回国救魏。"魏王见公子相与泣，而以上将军印授公子，公子遂将。"① 魏安釐王把将军印交给信陵君，信陵君遂为将。

魏安釐王三十年（公元前247年），信陵君窃符救赵，在当时的诸侯国中威信很高。信陵君将兵之后，立刻派使者遍告诸侯各国，希望诸侯各国能够合纵，共同伐秦。是时，赵国、楚国、韩国、燕国，再加上魏国等皆出兵，信陵君率五国之兵伐秦。信陵君在河外大破秦军，秦将蒙骜败走。信陵君乘胜追击直至函谷关，秦兵不敢出函谷关。是时，公子信陵君威震天下。当时有诸侯之客进兵法，公子皆名之，故世俗称《魏公子兵法》。

"故魏有公子无忌而削地复得。公子无忌，信陵君也。时魏地多为秦所并削，安釐王二十六年，秦昭王卒；三十年，信陵君率五国之兵，攻秦而败之，复得其地。"② 信陵君还为魏收服了许多被秦夺取的失地。

秦国见信陵君在诸侯国中有很高的威信，于是就采取惯用的手段，行反间计以诋毁信陵君。秦国"乃行金万斤于魏，求晋鄙客，令毁公子于魏王曰：'公子亡在外十年矣，今为魏将，诸侯将皆属。诸侯徒闻魏公子，不闻魏王。公子亦欲因此时定南面而王，诸侯畏公子之威，方欲共立之。'秦数使反间，伪贺公子得立为魏王。未也，魏王日闻其毁，不能不信，后果使人代公子将。

---

① 司马迁：《史记·魏公子列传》，北京：中华书局，1982年，912～913页。
② （汉）戴德：《大戴礼记》卷三四部，丛刊景明袁氏嘉趣堂本，16页。

公子自知再以毁废，乃谢病不朝，与宾客为长夜饮；饮醇酒，多近妇女，日夜为乐饮者四岁，竟病酒而卒。"①

当信陵君率五国军队伐秦时，魏太子增正在秦国为人质，于是秦国囚禁了魏太子增。《史记·魏世家》云："二十六年秦昭王卒。三十年无忌归魏，率五国兵攻秦，败之河内，走蒙骜。魏太子增质于秦，秦怒欲囚魏太子增。或为增谓秦王曰：'公孙喜固谓魏相曰：请以魏疾击秦，秦王怒必囚增。魏王又怒击秦，秦必伤。今王囚增，是喜之计中也。故不若贵增而合魏，以疑之于齐韩。'秦乃止增。三十一年秦王政初立，三十四年安釐王卒。太子增立，是为景湣王。"

信陵君死后，是岁，魏安釐王亦死去。信陵君死后葬在大梁城南扬州门外。

魏景湣王立后，秦国继续攻打魏国。

魏景湣王元年（公元前242年）："秦拔我二十城，以为秦东郡。"

魏景湣王二年（公元前241年）："秦拔我朝歌，卫徙野王。"卫国当时是属于魏国的属国，朝歌当然也属于魏国。卫从濮阳徙野王。野王，今河南省沁阳县。

魏景湣王三年（公元前240年）："秦拔我汲。"今河南省汲县。

魏景湣王五年（公元前238年）："秦拔我垣、蒲、阳衍。"《史记正义》引《括地志》云："故垣地，本魏王垣也，在绛州垣县西北二十里。蒲邑故城在隰州隰川县南四十五里，在蒲水之北故曰蒲阳。衍，地名，在郑州。"王垣，今山西垣曲县古城；蒲邑，今山西隰县西北。

魏景湣王十五年（公元前228年），景湣王卒。

至此，魏国已经是大厦之将倾，难以避免灭亡之命运了。

第三节　秦国越战越强

战国后期，关东六国在政治上的弊病暴露得越来越突出，在战争中处于弱势地位，国力被大大削弱。而秦国采取了适应形势发展的一些政策，因此在战争中越战越强。关东六国的被动使他们认识到必须联合起来，合纵抵御秦

---

① 司马迁：《史记·魏公子列传》，北京：中华书局，1982年，2384页。

国。公元前 241 年，山东各国又一次合纵，以楚考烈王为纵长，春申君负责。但是这个时期，山东六国的有生力量已被消耗殆尽，大批的精壮之士被秦国杀害，已经远非战国初年所比了，因此这次合纵伐秦的失败是必然的。

一、秦国在兼并战争中越战越强

在战国时期激烈的兼并战争中，山东六国皆被重创削弱，如魏国、楚国、齐国等，在这种情况下，各国政治制度本身的弊病愈加暴露，如嫡长子承继制虽然保证了政权的稳定，但把国家的命运系于嫡长子一人身上，无论他是贤、是愚、是明、是昏，都是国家的主宰；诸侯国限制贤能的政策，虽然杜绝了权臣的出现，但在与其他国家的竞争中，由于没有贤能之士的运筹和作用，往往处于劣势。而任人唯亲是衰弱国家的共同弊病。

在复杂多变、尔虞我诈的兼并战争中，诸侯国的这些政策和指导思想的弊病暴露无遗，成为失败的重要因素。

秦与山东诸国相比，情势大大不同。在兼并战争中，当六国日趋衰弱的情况下，秦国却越战越强。秦国在承继制度上"择勇猛者而立之"，其实就是择贤而立。这种国策保证了秦国政权始终掌握在比较有能力的人手中，故秦国历代国君都比较贤明。

秦国自春秋时期就开始采取任贤政策，如秦穆公任用百里奚、由余、蹇叔、丕豹、公孙友等。战国以后，各国贤能之士大批涌向秦国，如公孙鞅（即商鞅），卫国人；张仪、范雎来自魏；甘茂，下蔡人，来自楚；白起，郿（今陕西眉县）人，来自周；蔡泽来自燕；吕不韦来自周，李斯来自楚国上蔡。《史记·李斯列传》云："孝公用商鞅之法，移风易俗，民以殷盛，国以富强，百姓乐用，诸侯亲服，获楚、魏之师，举地千里，至今治强。惠王用张仪之计，拔三川之地，西并巴、蜀，北收上郡，南取汉中，包九夷，制鄢郢，东据成皋之险，割膏腴之壤，遂散六国之纵，使之西面事秦，功施到今。昭王得范雎，废穰侯，逐华阳，强公室，杜私门，蚕食诸侯，使秦成帝业。"这些来自其他诸侯国的贤能之士，或旧时不得志，或因在本国受到迫害，纷纷来到秦国，为秦所用。这些贤能之士政治眼光敏锐、思想敏锐，在秦与六国的战争中起到了巨大的作用。秦国君明臣贤，故在战争中始终处于优势，六国一个个地被削弱，而秦却越战越强。

二、第五次合纵伐秦的失败

秦、赵长平之战以后，秦已具有了压倒六国的优势，但由于连年战争不断，秦国亦损耗颇大。公元前247年，秦将蒙骜伐赵，攻取赵的榆次（今山西榆次）、新城（今山西朔县西南）、狼孟（今山西阳曲）等37城；秦又使王龁伐韩，攻取韩的上党郡，设置太原郡。秦攻魏，拔魏朝歌，卫徙野王，魏景湣王三年（公元前240年）："秦拔我汲，五年，秦拔我垣蒲、阳衍。"魏国屡败。

公元前246年，秦王政即位。"秦地已并巴、蜀、汉中，越宛有郢，置南郡矣；北收上郡以东，有河东、太原、上党郡；东至荥阳，灭二周，置三川郡。"① 名义上的周天子也不存在了，秦国的统一已经是大势所趋，势在必行。

山东各国也已清楚地看到，秦攻伐不已，自己迟早会被灭亡的。公元前241年，山东各国又相谋合纵，为了保护自己，再做一次努力。这次合纵以楚考烈王为纵长，春申君负责具体的指挥。

然而，此时山东诸国的情况已不能与战国前期相比了，秦在与诸国的战争中采取杀伤有生力量的措施，使诸侯各国元气丧失殆尽。公元前312年，秦与楚有丹阳之战。秦人败楚，斩楚甲士8万，俘虏大将屈等。公元前300年，秦复攻楚。楚军死者2万。公元前293年，秦与韩、魏伊阙大战，秦将白起斩韩魏士卒24万，并攻占61座城，魏割让河东地400里，韩割让武遂地200里。公元前274年，秦攻至魏国大梁城下，斩魏卒4万，攻占4城。公元前273年，秦攻三晋，斩首15万。公元前260年，秦赵长平之战，秦将白起为了消灭赵国的有生力量，使经过胡服骑射训练的赵卒不再为赵所用，坑杀赵降卒45万。在前后30余年的时间里，秦就大战被斩首山东壮年男子将近100万，如果连同小型战争计算在内，则100万之多，严重地摧毁了这些国家的有生力量。因此，这个时期诸侯列国的合纵伐秦，犹如群羊围攻猛虎，其失败是必然的。当诸侯兵至函谷关时，秦国出兵，山东各国也就不战而退，相继败走了。

楚自失去鄢郢、东保陈城，曾与秦国保持20多年的和平关系，其主要原因是秦若从南面攻楚，需越冥轭三关，今河南信阳市南有大隧、直辕、冥阨三关，古称义阳三关，亦称冥阨三关。险塞重重，得不偿失。从北面攻又需假道周室，越韩、魏，这是不可能的。因此，秦积极从事对付三晋的中原战争，暂且无暇顾及楚国。楚国在苟且偷生20多年。秦通过中原的战争，攻取了魏的

---

① 司马迁：《史记·秦始皇本纪》，北京：中华书局，1982年，223页。

酸枣（今河南延津西南）、燕（今延津东北）、桃人（今河南长垣西北）等 20 多城，又得到卫国故地及濮阳等地，设置东郡。公元前 237 年，秦又攻取了赵的上党与河间，魏国面临着灭亡的危险，遂将许、鄢陵割给秦国以求和。秦从南阳经许、鄢陵，直达郢陈的道路打通了。秦军北距楚都陈城仅 160 里地，郢陈暴露在秦军眼底之下。在这种不利的形势下，楚为了避开秦的威胁，在合纵伐秦失败以后，于公元前 241 年迁都寿春。

第四节　秦王政平息内部的斗争

当秦国正雄心勃勃进行兼并战争的时候，秦国内部出现了斗争，就是秦王政与嫪毐、吕不韦之间的斗争。秦王政是一个有雄才大略的国君，他很快肃清了嫪毐、吕不韦的势力，整顿了秦国的内部。而在这个时期，关东六国并没有利用这个有利时机，团结起来共同对付秦国，而是仍然处于相互争斗之中，进一步消耗自己的有生力量。当秦王政肃清内部之后，就进行了摧枯拉朽的统一全国的战争，从而统一了中国。

一、秦王政与吕不韦

公元前 246 年，秦王政即位，他就是统一中国的秦始皇。

秦王政的父亲庄襄王名为子楚，子楚是当时秦国太子安国君的儿子，在赵国为人质，安国君有 20 多个儿子，子楚是其一。战国后期，赵国与秦国战争频繁，如长平之战，秦将白起坑杀赵卒 45 万；公元前 257 年，秦国兵围邯郸之战，信陵君窃符救赵。秦数攻赵，使子楚这个秦国的人质在赵国的日子也不好过。

这时子楚遇到大商人吕不韦。吕不韦是阳翟大商人，非常精明，家累千金。吕不韦在邯郸见到秦国人质子楚之后，以商人的眼光马上意识到子楚身上有可利用的价值，"奇货可居"。

关于子楚的名字，《战国策》记载是"异人"，《史记》记载是"子楚"。关于吕不韦，《战国策》记载是"濮阳人"，《史记》记载是"阳翟人"。

《战国策·秦五》记载吕不韦见到子楚后，吕不韦归而谓父曰："耕田之利几倍？" 其父曰："十倍。"吕不韦曰："珠玉之赢几倍？" 其父曰："百倍。"吕不韦曰："立国家之主赢几倍？" 其父曰："无数。今力田疾作，不得暖衣余食；今建国立君，泽可以遗世，愿往事之。"①

于是吕不韦乃找到子楚，说愿意帮助他回到秦国即位。当时秦国的情况是，秦昭王已经年老，太子安国君将要即位。安国君如即位为秦王之后，其有20多个儿子，将会立谁为太子呢？秦国没有立嫡子为君的国策，原来是"择勇猛者而立之"，而随着权力的日益重要，王权专制的加强，虽然"择勇猛者而立之"之法仍然不变，但是国君的爱恶选择成为重要的依据。当时安国君最宠爱的是华阳夫人，但是华阳夫人无子，所以安国君之子皆在觊觎此太子之位。吕不韦对子楚分析了这些情况，提出愿意帮助他回国即位。

吕不韦拿出五百金，购买奇物玩好，送给华阳夫人，说这是公子子楚孝敬她的，并对华阳夫人说："今夫人事太子甚爱而无子，不以此时蚤自结于诸子中贤孝者，举立以为适而子之。夫在则尊重，夫百岁之后所子者为王，终不失势，此所谓一言而万世之利也。不以繁华时树本，即色衰爱弛后虽欲开一言尚可得乎？今子楚贤而自知中男也，次不得为嫡其母，又不得幸自附夫人。夫人诚以此时拔以为嫡，夫人则竟世有宠于秦矣。"②

华阳夫人认为吕不韦说得很对，于是利用安国君对她的宠爱，将来安国君如即位为秦王，立子楚为太子。"安国君许之，乃与夫人刻玉符，约以为嫡嗣。"③安国君与华阳夫人派人厚馈遗子楚，并请吕不韦傅之。子楚以此声名在诸侯之中益盛。

吕不韦有一歌姬，绝美而善舞，子楚悦之。吕不韦乃献赵姬与子楚。赵姬与子楚生子政，赵姬被立为夫人。以后安国君即位为秦孝文王，三日而崩；子楚即位为秦庄襄王，任吕不韦为相国，封为文信侯。庄襄王即位四年而崩，秦王政即位。

秦王政即位时才13岁，赵姬为太后，吕不韦继续为相，并以"仲父"的身份辅政；食河南洛阳十万，把持了秦国内外大权。吕不韦招致宾客游士，欲以并天下。

---

① 《战国策·秦五》，上海：上海古籍出版社，1985年，275页。
② 司马迁：《史记·吕不韦列传》，北京：中华书局，1982年，2507、2508页。
③ 司马迁：《史记·吕不韦列传》，北京：中华书局，1982年，2508页。

二、秦国控制与反控制的斗争

秦王政的母亲赵姬原来是吕不韦的宠妾,当庄襄王死后,太后与吕不韦仍然保持私通的关系。秦王政逐渐长大,吕不韦对秦王政有胆怯之意,于是向太后进荐了假太监嫪毐。嫪毐很快成为太后的男宠,于是恃宠跋扈。"嫪毐常从赏赐甚厚,事皆决于嫪毐。嫪毐家僮数千人,诸客求宦为嫪毐舍人千余人。"①《史记·秦本纪》亦记载:"嫪毐封为长信侯,予之山阳地,令毐居之。宫室、车马、衣服、苑囿、驰猎,恣毐。事无大小皆决于毐;又以河西大原郡更为毐国。"《正义》引《括地志》云:"山阳故城在怀州修武县西北、太行山东南。"嫪毐与太后还生有两个儿子,嫪毐扬言,秦王政死后,他的儿子当为秦王。

公元前238年,秦王政22岁,亲政,在雍蕲宫举行加冕礼。秦王政是一个有勇有谋、雄才大略、有胆识的国君。

有人告诉秦王政关于嫪毐的情况。嫪毐已经感到秦王政对他的威胁,于是发兵作乱。《史记·秦始皇本纪》记载:"长信侯毐作乱,而觉;矫王御玺及太后玺,以发县卒及卫卒、官骑、戎翟君公、舍人,将欲攻蕲年宫为乱。王知之,令相国、昌平君、昌文君发卒攻毐,战咸阳,斩首数百。皆拜爵,及宦者皆在战中亦拜爵一级。毐等败走。即令国中有生得毐,赐钱百万。杀之五十万,尽得毐等。卫尉、竭内史肆、佐弋竭,中大夫令齐等二十人皆枭首,车裂以徇,灭其宗。及其舍人,轻者为鬼薪,及夺爵。迁蜀四千余家,家房陵。"《正义》云:"秦始皇太后不谨幸郎嫪毐,始皇取毐四支车裂之;取两弟扑杀之,取太后迁之咸阳宫;下令曰:'以太后事谏者,戮而杀之,蒺藜其脊。'谏而死者二十七人。"②《集解》引《汉书·百官表》曰:"秦时少府有佐弋,汉武帝改为佽飞掌弋射者。中大夫令,秦官也。取薪给宗庙,为鬼薪也。"《正义》引《括地志》云:"蕲年宫在岐州城西故城内。咸阳故城亦名渭城,在雍州北五里,今咸阳县东十五里,秦孝公已下并都此城。始皇铸金人十二于咸

---

① 司马迁:《史记·吕不韦列传》,北京:中华书局,1982年,2511页。
② 司马迁:《史记·吕不韦列传》,北京:中华书局,1982年,227～229页。

阳，即此也。毐恐祸起，乃与党谋，矫太后玺发卒以反蕲年宫，发吏攻毐。毐败亡走，追斩之好畤遂灭其宗。而吕不韦由此绌矣。毐舍人罪重者已刑戮，轻者罚徒役三岁。秦王政派兵镇压，嫪毐的同党或枭首，或被车裂示众，或被灭宗，或被夺爵远迁，嫪毐被夷三族；嫪毐二子被杀。太后被迁至雍。人之告嫪毐，毐闻之。秦王验左右未发上之雍郊。"

（汉）刘向《说苑·正谏》茅焦谏秦王曰："陛下车裂假父，有嫉妒之心；囊扑两弟，有不慈之名；迁母萯阳宫，有不孝之行；从蒺藜于谏士，有桀纣之治。今天下闻之，尽瓦解无向秦者。臣窃恐秦亡，为陛下危之。"秦王政以为然，乃立茅焦为仲父，爵之上卿，自行迎太后萯阳宫，归于咸阳。太后大喜曰："抗枉令直使败更成，安秦之社稷，使妾母子复得相会者尽，茅君之力也。"

嫪毐原是吕不韦进献太后的太监，更重要的是，秦王政早就对吕不韦把持大权不满。嫪毐叛乱之事涉及吕不韦，吕不韦被流放于蜀。流放之前，吕不韦在河南（今洛阳市）饮酖而死。

秦王政与吕不韦、嫪毐的斗争是一种控制与反控制的斗争。秦王政肃清了内部的反对势力，把政权完全控制在自己手中，为秦国荡平宇内、并吞八荒扫清了道路。

第五节 秦国的统一

公元前221年，秦始皇统一中国，这是中国历史上的大事件。战国时期的七雄，至此全部被秦国所灭。关东六国为什么越来越弱，从战国的历史可以看出，人才的流失与排斥是关东六国失败的重要原因之一；人才的利用与重视是秦国胜利的重要原因之一。人才的利用不是胜败的唯一原因，但是重要的原因。

一、关东六国的倾轧与斗争

当秦国内部发生矛盾和内乱的时候，山东六国并没有乘强秦的暂时失利而休养生息，励精图强。各诸侯国并没有联合，而是相互攻伐，如公元前254年，魏灭卫国；次年，燕国攻赵，赵使廉颇、乐乘破燕师；公元前256年，楚国灭鲁。这些国家在冲突、斗争中互相削弱。战国时期是一个大鱼吃小鱼，小鱼吃虾米的时代，山东六国不接受教训，发奋图强，以应付秦国的兼并，而是又陷入互相争战之中。

楚顷王东徙于郢陈（今河南省淮阳县）之后，已经非常虚弱，但楚又向北灭鲁，《史记·鲁周公世家》云：楚考烈王十九年（公元前244年），"楚伐我取徐州"。楚考烈王二十四年（公元前239年）："楚考烈王伐灭鲁。顷公亡，迁于下邑为家人，鲁绝祀，顷公卒于柯。鲁起周公至顷公凡三十四世。太史公曰：'余闻孔子称曰：甚矣，鲁道之衰也。洙泗之间龂龂如也。'"《集解》引徐广曰："徐州在鲁东，今薛县。"《索隐》云："《说文》邾，邾之下邑，在鲁东。又《郡国志》曰：鲁国薛县，六国时曰徐州。又《纪年》云：梁惠王三十一年，下邳迁于薛，故名曰徐州；则徐与邾并音舒。春秋齐及鲁盟于柯。杜预云：柯，齐邑今济北东阿。"至此，周公在西周所建立的非常重要的、诗书礼乐之乡的鲁国灭亡于楚。

魏乘机囚杀卫国国君怀君。卫怀君三十一年（公元前255年），怀君"朝魏，魏囚杀怀君。魏更立嗣君弟，是为元君。元君为魏婿，故魏立之元君。十四年，秦拔魏东地，秦初置东郡；更徙卫野王县，而并濮阳为东郡。二十五年，元君卒。子君角立，君角九年，秦并天下，立为始皇帝。二十一年，二世废君角为庶人，卫绝祀"。《索隐》："魏都大梁濮阳、黎阳，并是魏之东地，故立郡名，东郡也。"①

长平之战之后，燕国认为赵国死伤严重不可能在短期内恢复，攻赵。赵又起用廉颇为将，破杀燕军，虏燕将军乐间、卿秦。

《史记·赵世家》："燕王令丞相栗腹约驩以五百金为赵王酒，还归，报燕王曰：'赵氏壮者，皆死长平；其孤未壮可伐也。'王召昌国君乐间而问之，对曰：'赵，四战之国也，其民习兵，伐之不可。'王曰：'吾以众伐寡，二而伐一，可乎？'对曰：'不可。'王曰：'吾即以五而伐一，可乎？'对曰：'不可。'燕王大怒，群臣皆以为可。燕卒起二军，车二千乘，栗腹将而攻鄗，卿秦将而攻代。廉颇为赵将，破杀栗腹，虏卿秦、乐间。

---

① 司马迁：《史记·卫康叔世家》，北京：中华书局，1982年，1604～1605页。

十六年廉颇围燕，以乐乘为武襄君。十七年，假相大将武襄君攻燕，围其国。十八年，延陵钧率师从相国信平君助魏攻燕，秦拔我榆次三十七城。十九年，赵与燕易土，以龙兑、汾门、临乐，与燕；燕以葛武、阳平、舒与赵。"

《史记·燕召公世家》亦记载了这次战争。"赵使廉颇将，击破栗腹于鄗，破卿秦、乐乘于代。乐间奔。赵廉颇逐之五百余里，围其国。燕人请和，赵人不许，必令将渠处和。燕相将渠以处和。赵听将渠解燕围。六年，秦灭东西周，置三川郡。七年，秦拔赵榆次三十七城，秦置太原郡。九年，秦王政初即位。十年，赵使廉颇将攻繁阳，拔之。赵孝成王卒，悼襄王立。使乐乘代廉颇。廉颇不听，攻乐乘，乐乘走；廉颇奔大梁。十二年，赵使李牧攻燕，拔武遂、方城。剧辛故居赵，与庞煖善，已而亡走燕。燕见赵数困于秦，而廉颇去；令庞煖将也，欲因赵弊攻之；问剧辛。辛曰：庞煖易与耳，燕使剧辛将击赵。赵使庞煖击之，取燕军二万，杀剧辛。秦拔魏二十城，置东郡。十九年，秦拔赵之邺九城。"

秦国灭赵、灭燕已经迫在眉睫，但是燕国、赵国还在互相攻伐不已，这给秦国的统一提供了机会和条件。

二、秦横扫六国如卷席

秦的统一战争始于灭韩。公元前230年，秦派内史腾进攻韩，俘虏了韩王安，尽收韩地。秦国得韩地而置颍川郡。

公元前229年，秦派大将王翦、杨端和率兵伐赵，这时赵国还有一定的军事力量，如李牧、司马尚均为名将，而且赵卒又经过胡服骑射的训练，故秦军攻赵不下。秦人乃使反间计，贿赂赵国宠臣郭开，诬李牧、司马尚将要反叛，赵王听信谗言，派赵葱、颜聚代替李牧、司马尚。李牧急赵国之所急，在大敌当前的情况下拒不交出兵权，赵王竟然让人杀掉李牧，废除司马尚。公元前228年，秦军攻赵，杀赵葱、败颜聚，俘虏了赵王迁，赵国灭亡。赵公子嘉率其族人数百奔代郡，自立为王。代王与燕联合以自守御秦。

公元前227年，秦军以不可抗拒之势席卷六国，燕国君臣一片惊慌。燕太子丹派出刺客荆轲前去刺杀秦王。荆轲带上秦国逃亡将军樊於期的人头（樊於期自刎,将首级献上,以助荆轲),还加上督亢(今河北涿县东南)的地图为礼,以秦午阳为辅,前去秦国,刺杀秦始皇,以行大计。结果,荆轲行刺未遂被杀,计划落空。

荆轲刺秦王的失败,更加速了燕国的灭亡。公元前226年,秦王大举攻燕。秦大将王翦破燕都蓟城(在今北京市一带)。燕王及太子丹率其余兵走保辽东。秦大将李信追之,燕王被迫杀太子丹以献秦。当时正值辽东大雨雪,秦军无法前进,于是退兵。

公元前227年,梁王假即位。王假是梁景湣王之子,魏国的末代国君,仅在位3年。是时,秦国的统一战争如风卷残云,席卷六国。在这种情况下,王假的即位就注定他是末代国君。公元前225年,秦大将王贲包围魏都大梁,掘开圃田泽水以灌大梁,三月后城坏,魏王假出降,魏国灭亡。"秦始皇帝二十二年,王贲伐魏引河灌大梁,灭魏。"①

秦在灭了三晋、燕以后,挥兵南向,进兵楚国。公元前225年,秦王政问大将李信曰:"吾欲攻取荆,于将军度用几何人而足?"李信曰:"不过用二十万人。"秦王又问王翦,王翦曰:"非六十万人不可。"②秦王政认为王翦年老力怯,于是令李信及蒙恬率20万军队伐楚。李信攻平舆(今河南省平舆县),蒙恬攻寝(今河南省固始县寝丘),楚军在淮北败走,但当李信与蒙恬在城父(今河南省郏县境)会师时,楚人摄其后,"三日三夜不顿舍,大破李信军,入两壁,杀七都尉"③,秦军大败。由此说明楚国还有一定的有生力量。

秦王政听到李信失败的消息,立即亲自去请王翦。王翦率大军60万南伐楚国,楚悉国中兵以拒秦。王翦到楚国后坚壁而守之,养精蓄锐,不肯出战,任楚军挑战,终不出。楚国只好引兵而东,王翦派兵追其后,大破楚军,攻取了陈城以南至平舆的地方,俘虏了楚王负刍,秦王也随即亲到郢陈以庆胜利。

楚将项燕立昌平君为楚王,反秦于淮南。秦又派王翦、蒙武攻楚,在淮南大破楚军,昌平君死,项燕自杀。秦国乘胜略定楚国城邑,平楚地以为郡县。公元前223年,秦灭楚国,设立九江郡、长沙郡。秦又以楚地为基地,南征百越之君。公元前222年,秦降服越,设立会稽郡。

---

① (宋)吕祖谦:《大事记》卷六,清文渊阁四库全书本,47页。
② 司马迁:《史记·王翦列传》,北京:中华书局,1982年,2339页。
③ 司马迁:《史记·王翦列传》,北京:中华书局,1982年,2339页。

公元前222年，秦又派王贲率大军进攻燕，俘虏燕王喜，燕亡。王贲回军途中，攻代，俘虏了代王嘉，赵国最后灭亡。

次年，秦兵挥军向南攻齐，俘齐王建，齐国灭亡。

公元前221年，秦始皇完成了统一大业。从秦灭韩起，共享10年时间，秦取得了统一战争的胜利，战国诸侯割据局面结束，一个新的中央专制主义的秦王朝出现在中国历史的舞台上。

第九章　魏国经济的发展

三家分晋时，魏国得到的是晋国的主体部分，中条山铜矿、河东盐池皆在魏国境内。战国初年，魏文侯采取任贤使能的国策，使大批贤能之士集中在魏国；因此魏国是战国初年最强盛、经济最发达的诸侯国。魏国的冶炼业、制盐业得到迅速发展，带动了农业的进步与发展。梁惠王迁都大梁之后，大梁地处中原，交通发达，得天独厚的地理优势刺激了魏国商业的发展与繁荣。

第一节　魏国的冶铜业与青铜工艺水平

魏国的中条山蕴藏丰富的铜矿，这对魏国来说是极好的矿冶资源。战国时期，生产技术进一步提高，魏国对中条山铜矿进行有效的开采，这使魏国冶铜业在当时的诸侯国中处于较高水平，并促进了魏国青铜工艺的发展，有极高的青铜工艺水平。

一、中条山丰富的铜矿

中条山在魏国境内，蕴藏丰富的铜矿。中条山铜矿自蚩尤以来就开始开采，至今仍然是我国重要的铜矿产地。

古史记载，蚩尤就是活动在这一带的部族领袖。蚩尤原是为少皞氏之后，活动在东夷地区，是九黎氏的部族首领。少皞氏曾与华夏民族有过激烈的冲突和战争，失败后迁徙到河东地区。

《国语·楚语下》云："及少皞之衰也，九黎乱德。"《吕氏春秋·荡兵》高诱注："蚩尤，少皞氏之末，九黎之君名也。"《战国策·秦一》高诱注："蚩尤，九黎氏之君。"九黎，有可能是由多个有亲缘关系的部族组成的部落，大约在黄帝至夏商之间存在的一个强大的诸侯国，蚩尤就是强大的九黎部族的领袖。

九黎部族在与华夏部族的斗争中失败之后，来到河东地区。《尚书·西伯戡黎》云："西伯既戡黎。"孔安国传曰：黎"近王圻之诸侯，在上党东北"。戡，杀也。从西伯戡黎之后，黎，就更加衰落，服从于权势者的统治；或有一部分九黎部族的"子孙为隶"。后世把最下等、最顺从的民众，称为黎民百姓。

黎人的一支当南迁到今海南岛一代为黎族。《风俗通》云："九黎之后，今岭南多此姓。"

留下的一支仍在晋南。《山西通志·氏族一》云："黎，黎侯，殷周时国，子孙以为氏。"殷商时期的黎国在"汉之上党郡壶关"，即今山西省的黎城县、壶关县、潞城市一带。殷商时期的黎国在"汉之上党郡壶关"，即今山西省的黎城县中条山的铜产量非常丰富。

蚩尤是最早使用兵器的部族首领，是最早用金属制造五兵器械的军事家。

《吕氏春秋·荡兵》云："蚩尤作兵，蚩尤非作兵也，利其械矣。未有蚩尤之时，民固剥林木以战矣，胜者为长。"

《事物纪原》卷九云："五兵兵者：戈、戟、矛、剑，之总名也。《太白阴经》曰：神农以石为兵，黄帝以玉为兵，蚩尤乃铄金为兵，割革为甲，始制五兵。《吕氏春秋》曰：蚩尤作五兵：戈、殳、戟、酋矛、夷矛也；《世本》蚩尤以金作兵器，然则兵，盖始于炎帝，而铸金为刃，即祠自蚩尤始矣。"

蚩尤所造兵器需要的金属铜在哪里呢？《管子·地数》云："葛卢之山发而出水，金从之。蚩尤受而制之以为剑、铠、矛、戟，是岁相兼者诸侯九。雍狐之山发而出水，金从之。蚩尤受而制之以为雍狐之戟、芮戈，是岁相兼者诸侯十二。故天下之君顿戟一怒，伏尸满野，此见戈之本也。""金"泛指金属，不限于黄金，而多是指"铜"。葛庐之山及雍狐之山具体所指无考。蚩尤活动的地区在今晋南一带，中条山丰富的铜产量为蚩尤提供了发明铜兵器的条件和可能。那么葛庐之山及雍狐之山当指的是今中条山。蚩尤因得到了葛卢之山的金属以为兵器，是最早用金属制造兵器的人。

《新唐书·食货志》云："天下炉九十九，绛州三十；扬、润、宣、鄂、蔚，皆十；益、郴皆五；洋州三，定州一。每炉岁铸钱三千三百缗，役丁匠三十，费铜二万一千二百斤，镴三千七百斤，锡五百斤。每千钱费钱七百五十,天下岁铸三十二万七千缗。"也就是说,绛州(今山西南部)的铜产量几乎占天下的三分之一。《新唐书·食货志》的记载说明至唐代中条山还蕴藏着丰富的铜矿。

二、中条山的古冶炼遗址

目前在晋南中条山发现大量的战国时期的古冶炼遗址,这些当是战国时期魏国的遗存。

考古工作者在侯马牛村古城南的东周铸铜遗址发掘出铜锭110块,共重191千克,最大铜锭重4千克,还出土陶范共3万余块。

中条山发现了丰富的铜矿遗址,胡家峪矿区的店头古铜矿、马蹄沟冶炼遗址以及铜矿峪矿冶遗址。

店头遗址位于胡家峪铜矿店头矿区,店头古铜矿老窿深入地下几十米,纵横交错,难以统计。古巷道内设有支护,支护木直径为20～25厘米,长达1.5～2米,皆已炭化朽蚀。古支护木样品经中国科学院考古研究所碳[14]实验室测定。年代距今2325年±85年(约公元前375年),为战国时期。店头古铜矿应为战国时期开采。

马蹄沟冶炼遗址位于一座高山顶上的巨大山洞内,山洞开口于山脊两侧,通风条件良好。洞内遗存有厚约30厘米的渣灰层,内杂有瓷片、陶片、瓦片及许多炉渣、石块等遗物。铜锅古矿冶遗址规模宏大,地表炉渣遗存漫山遍野,炉渣多呈黑红色玻璃态,多个渣样分析,渣含铜平均仅为0.55。在遗有炉渣的山体内,现代探矿平巷发现许多古代采矿巷道。古巷道皆从地面顺矿脉向下挖掘,靠坚硬围岩支撑,仅容一人弯腰通过。在巷道交接处,有拓宽平台,为提升矿石场所。古巷道向下,有连成一体之势。据地质队员讲,顺古巷道向下,是几个大采场,最大一个犹如礼堂,深不见底。①

马蹄沟冶炼遗址位于一个高山顶上的一个巨大的山洞内,山洞开口在山脊两侧,通风良好,洞内有30厘米厚的渣灰层等铜锅古铜矿遗址的炉渣漫山遍野,发现许多古代采矿巷道。

铜锅遗址位于铜矿峪铜矿铜锅矿区内。在遗址所处的长达1公里的山坡上,分布有大量炉渣,所见炉渣堆积厚可达0.5米。山坡上的冲积沟中遍布有

---

① 关东杰:《古代产铜盛地——中条山》,《金属世界》1995年第6期,24页。

雨水冲刷下的炉渣，几无其他遗物。通过遗址附近的公路上亦见有大量炉渣。所有炉渣堆积中仅可采集到少量陶片，尚未发现有炉址及炉壁等炼铜遗物。遗址山坡地表发现数处古矿洞，其中一洞口直径约为1米，深不可测，落石之音可持续数秒。

铜锅遗址的古矿洞已深入到原生带，开采的矿石为硫化矿石。因此，铜锅遗址使用的炼铜工艺应为"硫化矿—铜"。马蹄沟遗址附近的古矿洞已不存在。但从中条山铜矿的地质特点看，该遗址使用的矿石也应是硫化矿石。因此，马蹄沟遗址的炼铜工艺也应是"硫化矿—铜"。

中条山地区古代可能长期使用"硫化矿—铜"工艺来炼铜，而不是像长江中游地区那样长期使用"硫化矿—冰铜—铜"工艺来炼铜。

中条山地处晋南豫北，考古发掘已在此地区及其附近发现不少与早期炼铜技术有关的遗址遗物，如夏县东下冯发现的铜凿、铜链、铜器及面范等，铜制品经鉴定为既有红铜，也有青铜。侯马曾发现大规模东周铸铜遗址，出土陶范3万多块。①

这些表明，战国时期中条山已经是大型的铜矿区。战国时期，这里属于魏国的辖地，现在所见到的大多是战国时期的矿冶遗存，这些表现了魏国铜矿业的发达与进步。

三、魏的青铜艺术水平

河南省汲县山彪镇一号大墓随葬品90%是铜器，共1447件，其中有乐器、礼器、车马器、兵器、杂器等。在这些铜器中，仅两套编钟、一套5件的列鼎、两对壶、两个铜鉴、盘匜，就重260多千克。另外还有瓿、牺尊兽、牺尊盘、莲花柄、方座、铜勺、匕、方座、戈、矛、剑、戟、簇、等兵器17类，196件，铜斧、凿、削、锯、刻镂刀等攻木工具，车马器451件，拉钩、环钩、带钩、素镜、铲币、铜饰等735件。

这些铜器的重量加起来大约有300千克以上。虽然这座大墓是魏国贵族的墓葬，表现了贵族们的豪奢与贪婪，但是也表明了魏国冶铜业的发达。

山彪镇一号大墓随葬的铜器有很多非常精美。墓中随葬的编钟尚可以奏乐。墓中出土两对华盖壶，与新郑出土的莲鹤方壶格局略同，如华盖壶一，通

---

① 李延祥：《中条山古铜矿冶遗址初步考察研究》，《文物季刊》1993年第2期，65～67页。

高 60.45 厘米，口高 47.58 厘米，深 44.3 厘米，口径 14 厘米，圈足径 17.8 厘米，腹径 34.6 厘米，厚 0.25 厘米。容积 20 250 毫升，重 12 178 克。壶形圆，长颈鼓腹，低圈足，两耳兽面衔环。盖作莲花形，环周八瓣外侈，中口洞空，洞空处盖以圆形铜板，板心独立一鸟，猫耳、钩喙，昂首张翅做欲鸣将飞状。鸟首、鸟身、鸟翅皆翻转镂空，鸟的双爪铸在铜板上。板在华盖之中，可分可合，俨若鸟立华心，分则判然二物，并无碍于壶之倒置，制作极为精美（图9-1、图 9-2）。①

郭宝钧先生说："汲壶与郑壶两地同出，确有此种壶流行无疑。"这两对华盖壶乃新郑"壶风格之延续，意义正复相同"②。新郑莲鹤方壶是今河南省博物院的镇馆之宝，虽然汲县山彪镇一号大墓所出华盖壶较新郑莲鹤方壶小一些，但制作的精美程度一点也不亚于莲鹤方壶。

图 9-1 华盖壶

（见于郭宝钧，《山彪镇与琉璃阁》，肆拾图版）

---

① 郭宝钧：《山彪镇与琉璃阁》，北京：科学出版社，1959 年，14 ~ 15 页。
② 郭宝钧：《山彪镇与琉璃阁》，北京：科学出版社，1959 年，15 ~ 16 页。

图 9-2　壶华盖与立鸟

（见于郭宝钧,《山彪镇与琉璃阁》,肆拾图版）

山彪镇一号大墓还随葬有两个刻画有水陆攻战图像的铜鉴。铜鉴，类似水盆之类，有浴身、放冰降暑等作用。以后人们发现鉴里面盛上水，可以照见自己的影像；于是鉴又有了镜子的功能，故古人有"以铜为鉴，可以整衣冠"的说法。但是鉴最早的作用当是浴身，所以鉴一般做得很大。

这两个铜鉴上的水陆攻战图像，不仅表现出战国时期的战争场面，而且具有很高的艺术价值。这两个铜鉴上的水陆攻战图像略同，皆分为三层。每鉴图像上中下三层共 9 种 41 组、286 人。两鉴合计 572 人（图 9-3）。

铜鉴上的水陆攻战图像是一个战国时期大型战争的场面，如图像的最上层，郭宝钧先生认为是甲组，每组 10 人；最左一人右执戟、左执盾，腰佩剑，衣长及膝，首有帻。第二人左执弓，右抽矢，三矢插地；第三人搭弓发箭状；第四人左执戟、右拔剑，准备接敌；第五人与右方第五人已经交锋，右以折左之戟，左边人抓右边人的发。右第四人执戟杖剑，准备接敌，如左方第四；右第三人一手执戟、一手提抛掷物；右第二人一手执剑、一手提抛掷物；右第一人执短戟，或有执盾者；上层环周甲组图案共 7 组，补空白 3 人，共 73 人。双方衣着并不一样，左方戴的是帻，右方戴的似乎是帽。这是战争双方在战场上激烈搏斗的场景。

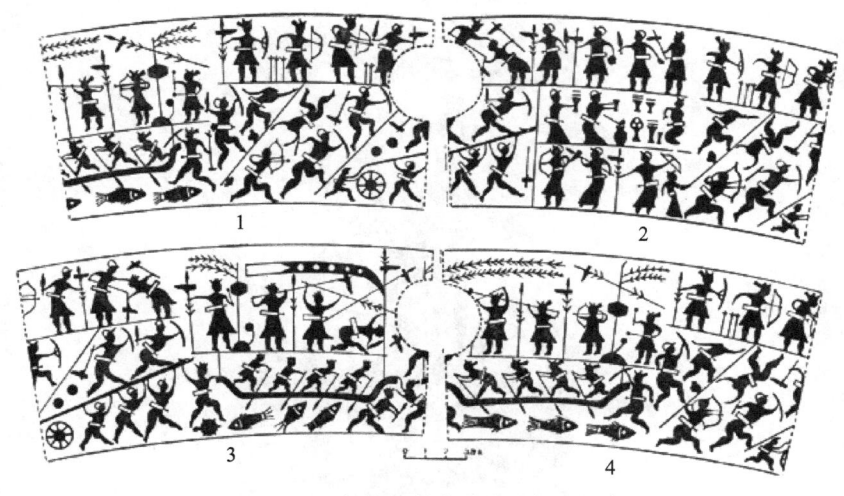

图 9-3　山彪镇一号大墓出土铜鉴图案

（中层图案：乙、丙、丁、戊、己、庚辛组）

摘自郭宝钧，《山彪镇与琉璃阁》，21 页：图十一铜鉴水陆攻战图

  丙组表现的是水战，每组 12 人。两方各有一舟，每舟上有 4 人摇桨，舟前一人持桨护舟，舟后一人推舟。舟下有鳖一条、鱼六条，象征有水……图中战士人人短装佩剑，或有帻巾；射者执左屈右，张弓搭矢；持戟者前握后运，两足稳插；仰攻者鼓腹挺身，迈步跃进；受伤者足上躯下，首级落地；荡桨者前屈后绕，倾身摇荡；架梯者双手擎举，大步跑进。①这幅水陆攻战图引起了世人的极大关注，是因为它脱离了商周以来呆板的、传统的画法，给人以生动的、活灵活现的感觉，表现了魏国极高的青铜艺术水平。

  1966 年，陕西省咸阳塔儿坡出土 20 多件战国青铜器。研究者认为："出土铜器并非一国一地一时所造，早的可达战国早期，晚的不得迟于秦代""而且有铭刻的铜器大都自三晋、东周传入。"其中有一件铜链梁钫，有学者认为是从魏国传入的。这件铜链梁钫高 39 厘米，口径 7 厘米，底径 10.5 厘米，最大腹径 16.5 厘米。此钫四面纹饰相同，口沿下饰两个相对而立的凤鸟，昂首挺胸、勾喙、圆目、羽冠稍上翘，垂尾三分微内卷；颈部为倒三角云纹；肩部两凤鸟相背而走，尾羽相连；下腹部两凤鸟相对欲卧半起；颈肩、肩腹之间各饰一周素面纹带。盖面等分四部分，均饰相同之凤鸟。圈足外侧为如意云纹。此钫以凤鸟为主要装饰图案，造型生动，同中存异，且采用平雕的手法，纹饰

---

① 郭宝钧：《山彪镇与琉璃阁》，北京：科学出版社，1959 年，18、19、23 页。

呈半凸起状,具有浅浮雕的艺术效果。整个画面布局严谨、比例和谐。此器保存完好,为不可多得的精品。"河南山彪镇战国时期魏墓出土的链梁壶其链梁几乎与咸阳塔儿坡出土的这件铜链梁钫基本相同……观其器形、纹饰、工艺等方面都不具有秦国青铜器的特点,而反映出明显的战国时期魏国青铜器的共性,应为魏器。"①

第二节 魏国的冶铁业

魏国是三晋最重要的诸侯国之一,拥有旧晋时期的中条山铜矿产资源、河内的铁矿产资源。战国时期,魏国在共城建有专门生产铁农具的冶铁遗址,目前在魏国各地皆发现有铁器,甚至有铁刑具,更多的是铁农具,这些都促进了魏国经济和农业的发展和进步。

一、魏国在古共城的铸铁遗址

魏国的铁矿分布相当广,但也相对集中,如安阳周围就是我国著名的钢铁产地。战国时期,安阳属于河内地区,是魏国的辖地。魏国在离此不远的辉县建有铸铁遗址,以冶炼附近的铁矿石。

河南省辉县,即古共城西北角城墙外约110米处发现一座战国铸铁遗址,清理烘范窑址一座。战国时期,这里属于魏国的辖地,故是魏国的炼铁遗址。遗址东西长150米,南北宽100米,面积约15 000平方米。该烘范窑址为半地穴式,窑底距地表深约3米。窑室:有东、西两个窑室,发掘编号东为A室,西为B室,东西两室并列,两个窑室大小相当,呈圆形筒状。东、西A、B两个窑室,各有一个进火口,两个进火口隔火膛相对。烘范窑由通道、共用火膛、两个窑室及进火口组成。A室保存较好,窑壁残高约2米,窑室直径约1.8米,窑底与火膛底等平。窑室底部为白灰层,厚约0.5米。陶范及铁器皆出于白灰层中。

通道呈长方形斜坡状,残长1.7米、宽1米。A室底部的白灰层中出土有

---

① 王亚庆:《咸阳塔儿坡出土的铜链梁钫国属初探》,《咸阳师范学院学报》2009年第1期,37~38页。

陶范、铁器、陶鼓风管、"公"字布币等，B室出土有陶范、铁器、板瓦、筒瓦等遗物（图9-4）。

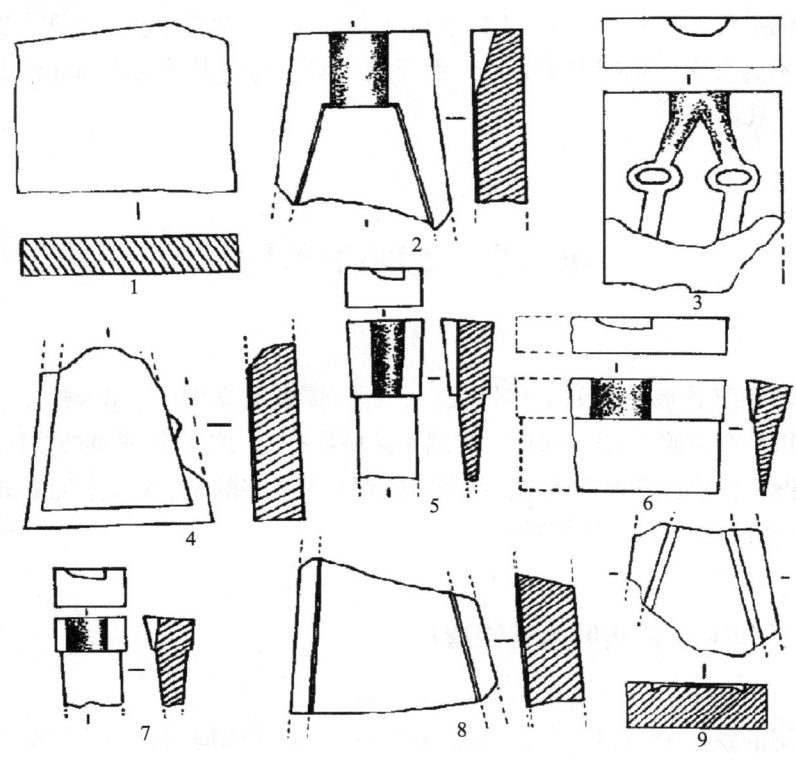

图9-4　共城铸铁遗址出土器物

1.砺石器　2.Ⅰ式梯形板状器范　3.双削刀范　4.Ⅱ式梯形板状器　5.Ⅰ式镢内范　6."T"形锄内范
7.Ⅱ式镢内范　8.Ⅱ式梯形板状器范　9.Ⅲ式梯形板状器范
（新乡市文管会、辉县市博物馆，《河南辉县市古共城战国铸铁遗址发掘简报》，
《华夏考古》1996年第1期，5页）

烘范窑址出土3件陶鼓风管，陶鼓风管出土于窑室底近进火口处，"公"字布币出土于白灰层上部，中为坍塌填土。陶铁镢范芯模1件、插范1件、锌范（斧范）1件、梯形板状器平面范11件、梯形板状器范8件、双削刀范1件、镢内范两式5件、"T"字形锄内范1件、陶支垫11件、筒瓦6件、板瓦4件、"公"字布币4枚。

该遗址发现的铁器主要有：铁板材1件、铁夹具2件、铁镢1件、梯形板状铁器30件、铁镰1件、"凹"字形小锄1件等。

从该遗址出土大量的陶范和铁器看，多为农具，其种类有锄、镢、镰、锸、锛等，其中梯形板状铁器占出土铁器的80%以上。梯形板状铁器，形状与今铁锹或者称为铁锨的掘土工具相似。30 件梯形板状铁器，皆为单盒范所铸，以其大小不同及边缘不同可分五式；其中Ⅰ式 1 件，呈梯形板状，中间穿有一孔，孔径 1.6 厘米，刃部微弧。长 15.6 厘米，上宽 4 厘米，下宽 12 厘米，厚约 0.2 厘米。Ⅳ式 11 件。标本 Y I A ∶ 4，中型，呈梯形板状，两边稍薄，刃部略弧。长 22.4 厘米，上宽 6 厘米，下宽 12 厘米，厚约 0.2 厘米。这些都是铁锹或铁锨的形状，当是掘土工具。另外，锄、镬、镰、锸、铧也是生产工具，并且遗址内发现了很多铸造生产工具的陶范，因此这是以铸造铁质农具为主的铸铁遗址（图 9-5）。①

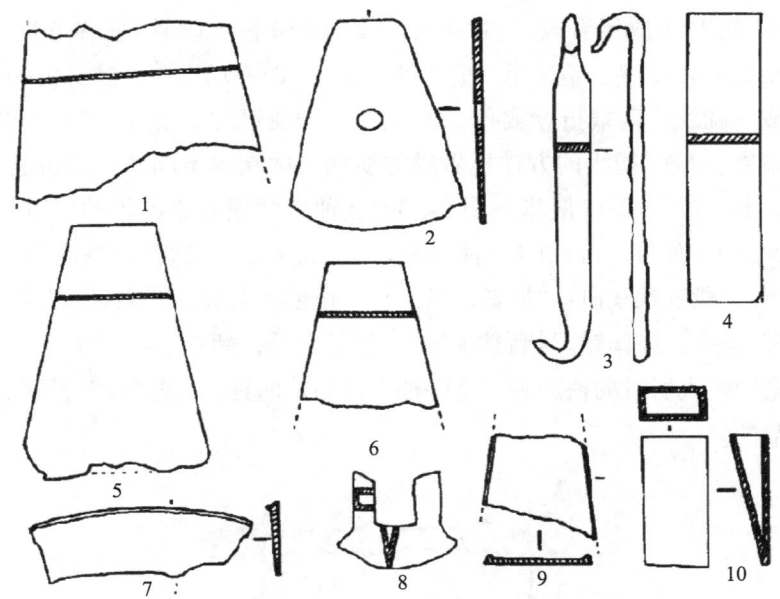

图 9-5　辉县市古共城战国铸铁遗址出土铁器

1. Ⅲ式梯形板状铁器　2. Ⅰ式梯形板状铁器　3. 铁夹具　4. 铁板材　5. Ⅳ式梯形板状铁器
6. Ⅴ式梯形板状铁器　7. 铁镰　8. 凹形锄　9. Ⅱ式梯形板状铁器　10. 铁镬

（新乡市文管会、辉县市博物馆，《河南辉县市古共城战国铸铁遗址发掘简报》，
《华夏考古》，1996 年第 1 期；6 页）

《史记·货殖列传》："宛孔氏之先，梁人也，用铁冶为业。"宛（今河南南阳市）孔氏之先，曾是梁人，以"铁冶为业"，说明在魏国就有从事铁矿冶炼的手工业者。

---

① 新乡市文管会、辉县市博物馆：《河南辉县市古共城战国铸铁遗址发掘简报》，《华夏考古》1996 年第 1 期，3～6 页。

二、魏国境内出现的铁器

战国时期，魏国已经普遍使用铁器，考古工作者在魏国境内发现许多铁器，以及铁制的农业生产工具。大批铁农具的出现，促进了魏国农业的发展。

侯马乔村附近发现一批战国殉人墓，其中二号墓是一大型的殉人墓。该墓有两个墓坑，外有一条围沟，内有18个殉人，其中二号墓的墓主人胸部有错银的铜带钩1件，脚部有错金的铁带钩1件。文中说殉葬的奴18是一老年男人，身下有小铁带钩1件。奴2（壮年男人）、奴16（青年女人）、奴3（青年女人）、奴10（成年男人），共4人，脖子上带有铁颈锁（图9-6）。这些铁颈锁出土时尚较完整，整体呈"凵"形，重0.48～0.7斤①，锁身由一指粗的铁棍弯成马蹄状，两端折卷成孔，长12.2～15.8厘米，宽12.7～13.7厘米，锁身前端穿一根一指粗的方铁棍做成的横档，两端向不同的方向折卷，使锁身固定，长17～20.05厘米（图9-6）。这种铁颈锁当是古代的"钳"刑。②钳，是束颈的铁圈，古代的一种刑具。《说文》云："钳，以铁有所劫束也，从金甘声。"段玉裁注曰："劫者，以力胁，止也；束者，缚也。"《广韵·盐韵》云："箝，锁头，亦作钳。"《晋律》曰："钳重二斤，翘长一尺五寸。"③侯马乔村二号墓中殉人所带的铁圈确实是一种古代的铁刑具。战国时期魏国的刑具还是很残酷的。

图9-6　铁颈锁

（《侯马战国奴隶殉葬墓的发掘》，《文物》1972年1期，65页）

---

① 1斤=500克。
② 山西省文物工作委员会写作组：《侯马战国奴隶殉葬墓的发掘》，《文物》1972年第1期，63、65、66页。
③ （宋）李昉等：《太平御览·刑法·部钳》，文渊阁四库全书本。

河南省辉县固围村发现3座大型墓葬，有人认为是魏国王陵。这几座墓葬虽被盗窃严重，仍发现很多铁器。固围村一号大墓共发现79件铁器，多为农具，分为两处。一处在墓室中，44件；另一处在南墓道住穴中，35件。其中有犁1，全体若"V"字形，前锐后阔，锐端起直棱，可以加强刺力，犁的截面为"V"形，即刺土一侧为刃，附木一侧，与现代犁的安装法相同；钁、斧、长方形的锄刃、铁削、刀、曲刃刀、铁铤铜镞等79件（图9-7）。

图9-7 固围村第一号出土的铁制生产工具

固围村二号大墓出土16件铁器，其中有钁头（或斧斤）、锄（或锹）、镰刀、刀、铁钉、钳形器等，其中铁口犁6件（3件较残），还出土2件长方形的铁口锄。

固围村5座大墓皆为贵族墓葬，所发现的铁器，除了铜簇铁茎86件外，还有93件铁器，其中铲、犁、锄、钁、斧、削等是穿掘圹穴的工具，也正是耕耨刈钁的农具。这些农具，当是在筑墓时散落在墓室、墓道中的铁器。[①]

辉县南关到小王庄的大道边发现27座战国墓葬，其中发现铁斧1件，侧

---

① 中国科学院考古研究所：《辉县发掘报告》，北京：科学出版社，1956年，108页。

视成等腰三角形，平视近长方形，中空，上口作长方形，口沿平；长9厘米，刃长4.8厘米，口长5.2厘米，宽2.1厘米。①

辉县赵固村战国墓出土错银的铁带钩1件。②

侯马北西庄东周遗址发现铁犁铧1件。③侯马牛村发现有一些铁铤铜镞。④侯马地区马村发现有一东周时期的陶窑，洞室墓发现铁针11件、铁锥1件。⑤在侯马乔村与凤城两村之间靠北古墓成群。其中M26是战国或战国晚期的墓葬，M26出土错金铁带钩2件，一件为琵琶形，系一张厚金叶镂出花纹，再用锡焊在钩面上；长及最宽处2厘米。另一件为铲形，制法与保存情况与上同。⑥

1957年考古工作者曾在河南省舞阳北舞渡古城址发现的铁器有铁镬、铁板斧、铁刀等，与铁器共出的有战国板瓦、筒瓦等；1956年冬考古工作者在城南2里处的魏庄曾发现铁器14件。⑦战国时期，河南省舞阳地区属于魏国辖境，如苏秦说魏王曰："大王之境，南有鸿沟、陈、汝、许、鄢、昆阳、邵陵、舞阳、新郪，东有淮、颍、沂、黄……"⑧由此可见，舞阳春秋时期属于楚国，但是战国时期属于魏国，故所出土的铁器当是魏国的铁农具。

魏国故地发现了铸铁遗址和大量的铁器，而且还拥有较为丰富的铁矿资源。魏国铁器的使用已经普遍，这大大地促进了魏国经济和农业的发展。

第三节　李悝对魏国农业的改革变法

战国初年，由于文侯采取任用贤能的政策，李悝在魏国变法改革，实行废井田、"尽地力之教"的措施，至今仍然是我国行之有效的劝农政策。魏国铁农具的普遍使用，大大提高了农民的耕作热情。李悝推行的"平籴法"，是

---

① 中国科学院考古研究所：《辉县发掘报告》，北京：科学出版社，1956年，45页。
② 中国科学院考古研究所：《辉县发掘报告》，北京：科学出版社，1956年，132页。
③ 山西省文管会侯马工作站：《侯马北西庄东周遗址的清理》，《文物》1959年第6期，43页。
④ 山西省文管会：《山西省文管会侯马工作站的总收获》，《考古》1959年第5期，227页。
⑤ 山西省文管会侯马工作站：《侯马东周时代烧陶窑址发掘纪要》，《文物》1959年第6期，44页。
⑥ 山西文管会、山西省考古工作队：《侯马东周殉人墓》，《文物》1960年第8期，18页。
⑦ 《考古通讯》1956年第2期，50页。
⑧ 《战国策·魏一》，上海：上海古籍出版社，1985年，787页。

中国历史上影响至今、垂范后世，惠民的粮食政策对我国影响深远。魏国实行着西周以来的"一夫百亩"的田制，在灾荒时期，实行移粟，把丰收地区的粮食调剂到灾荒地区。这种救荒措施至今也是重要的实施粮食调剂的政策。魏国治理了漳河、黄河等，在水利上取得了非常瞩目的成就。

一、废井田、开阡陌，始自李悝变法

李悝在经济方面也有很多的改革，如废井田，一般都认为是商鞅所为，其实最早提出废井田的是李悝。

（宋）高承《事物纪原》卷一《天地生植部一》："井田废，沟浍湮，水利所以作也；本起于魏李悝。《通典》曰：魏文侯使李悝作水利。"

（明）董说《七国考》卷二《魏食货》"李悝废沟洫"条中引《水利拾遗》云："李悝以沟洫为墟，自谓过于周公。"《水利拾遗》如今已经失传，但是明朝董说当还见过此书。

李悝作水利，废井田。关于井田，我国学界多有争端，那么井田到底是什么呢？

（宋）高承《事物纪原》卷一《天地生植部一》云："井田，《通典》曰：黄帝始经土设井，以塞争端，立步制亩，以防不足。使八家为井，井间四道，此井田之原也。其法肇于黄帝，成于大禹，备于周，坏于秦也。"

由此看来，所谓的井田，就是西周时期实行的土地分配制度。西周王室把土地按男丁分配给每家农户耕种，每个男丁要无偿地为王室耕种公田。这种公田，也称为藉田，是借民力耕种的田。这是一种借民力耕种的劳役地租形式。《孟子·滕文公上》云："方里而井，井九百亩，其中为公田。八家皆私百亩，同养公田，公事毕，然后敢治私事。"意思为，方一里为一井，每井九百亩，在中间的一百亩为公田，其他"八家皆私百亩"。这里所说的"八家皆私百亩"，即每家一百亩。这个百亩之田，是国家无偿分给每户人家的土地。周王室的土地，即公田，为八家共同耕种；农夫待公田上的农事做完后，才开始做私田上的农活。

《左传·襄公二十五年》载楚国土地共分九等，在衍沃肥美之地实行井田，称为"井衍沃"。另外，《周礼·小司徒》《考工记》《谷梁传》《韩诗外传》《汉书·食货志》《汉书·刑法志》都提到井田。

在西部黄土高原上的土地分配形式称为爰田。把田分为休耕的田、休耕二年后新耕的田、休耕三年后的田，进行轮换耕作，称为爰田制。农夫每年也要无偿为国家耕种公田。

《周礼·地官·遂人》云，遂人所掌的是六遂的田地。这是被征服的部族，即"野人"的居地。在这里，"遂人掌邦之野……辨其野之土，上地、中地、下地，以颁田里……上地，夫一廛（民屋），田百亩，莱五十亩，余夫亦如之；中地，夫一廛，田百亩，莱百亩，余夫亦如之；下地，夫一廛，田百亩，莱二百亩，余夫亦如之"。田是耕种之地，莱是休耕地，休耕的地就是耕而不种。

《公羊传·宣公十五年》注："司空谨别田之高下，善恶，分为三品；上田，一岁一耕；中田，二岁一耕；下田，三岁一耕；肥饶不得独乐，硗确不得独苦，故三年一换土易居，财均力平。"不仅三年一换土，还要易居，以达到财均力平的目的，不但土地轮换，连居处也不能长期定居。在一个家庭中，儿子大了就要离开父母同父亲一样享受份田，长子以外的余子也有份田。

《周礼·地官·大司徒》云，大司徒所掌的是六乡的田地，这是西周统治者本部族的居住地，"凡造都鄙，制其地域而封沟之，以其室数制之。不易之地家百亩，一易之地家二百亩，再易之地家三百亩"。这就是《汉书·食货志》所说的"自爰其处"的爰田制，"民受田，上田，夫百亩；中田，夫二百亩；下田，夫三百亩。岁耕种者为不易上田，休一岁者为一易中田，休二岁者为再易下田，三岁更耕之，自爰其处"。意思是：民受上田百亩者，就在这百亩田上分为三个相等的部分，自行轮休、换耕；民受中田、下田者，也就在二百亩、三百亩中，自行换耕。房屋、土地都不需要轮换。分得土地的人容易发展为土地私有者。

李悝废井田，就是废除土地分配制度，使土地成为私有。井田废除之后，土地变为各家私有，在各家私有的土地边，立上阡陌。各家农夫都要为国家缴纳田租，劳役地租从而演变成了实物地租。李悝认为他的功劳超过了周公。

李悝废除土地分配制度，使土地成为私有，这是社会发展的必然，对社会发展具有积极作用。虽然这个制度会使富者田连阡陌，贫者无立锥之地，但绝对会刺激社会成员劳动的热情，促进社会的发展和进步。商鞅变法就是在李悝变法的基础上进行的。

李悝变法在某些方面是有副作用的，如（宋）刘荀《明本释》卷中云："自井田废，而贫富不均。立法者未尝不欲抑富而或益助之，不知富者所以能兼并，由贫者不能自立也。"①

李悝变法也是得到后代肯定的，如南宋朱熹《朱子语类》卷八十六《礼三·周礼·总论》云："周家每年一推排，十六岁受田，六十者归田。其后想亦不能无弊。故蔡泽言：'商君决裂井田，废坏阡陌，以静百姓之业，而一其志。'"②

二、李悝"尽地力之教"，奖励耕战

李悝为魏文侯"尽地力之教"，《史记·孟子荀卿列传》云："魏有李悝尽地力之教。"《汉书·食货志第四》云："是时李悝为魏文侯作尽地力之教，以为地方百里，提封九万顷，除山泽邑居参分去一，为田六百万亩。治田勤谨，则亩益三升；不勤则损亦如之。地方百里之增减，辄为粟百八十万石矣。"臣瓒曰："当言三斗，谓治田勤则晦加三斗也。"颜师古曰："计数而言，字当为斗，瓒说是也。"

李悝"尽地力之教"的内容就是即求农夫努力耕作，争取在单位面积的农田上多打粮食。治田勤谨，在土地上深耕细作，每亩就会增加三升粮食；在地方百里的土地上就能增加粟百八十万石。勤谨与懒惰所得的效果是大不一样的。

（明）董说《七国考》卷二《魏食货》引桓子《新论》："魏三月上祀，《农官读法》法曰：'耒无十其羽，锄无泥其涂。春田如布平以直，夏田如鹜，秋田惕惕；如寇来，不可测。冬田吴越视，上上之田收下下，女则有罚；下下之田收上上，女则有赏。"上祀，就是每年三月上旬的"巳"日，称为"上巳"日。古人在这一天在河边斋戒沐浴，以祓除灾气、洗濯净身、除去积秽，祛灾祈福，谓之"祓禊"。魏晋时期把三月初三固定为上祀节。

《七国考·魏食货》所说的"上上之田收下下，女则有罚；下下之田收上上，女则有赏"，"女"，即"汝"，即"你"的意思。这是魏国奖励耕作的条款，如果你的上上之田，收成在下下之列，则有罚；如果下下之田，收成在上上之列，则有赏。这正合李悝的"尽地力之教"。

---

① （宋）刘荀：《明本释》卷中，清武英殿聚珍版丛书本，33页。
② （宋）黎靖德辑：《朱子语类》卷八十六《礼三·周礼·总论》，明成化九年陈炜刻本，1463页。

三、李悝作平籴法垂范后世

李悝在魏国实行的平籴法，是影响至今的惠民的粮食政策。

《汉书·食货志第四》记载了李悝平籴法的内容。李悝曰："籴甚贵伤民，甚贱伤农。民伤则离散，农伤则国贫。故甚贵与甚贱，其伤一也。善为国者，使民无伤而农益劝。今一夫挟五口，治田百亩，岁收亩一石，半为粟，百五十石，除十一之税十五石，余百三十五石。食，人月一石半，五人终岁为粟九十石，余有四十五石。石三十，为钱千三百五十，除社闾尝新、春秋之祠用钱三百，余千五十。衣，人率用钱三百，五人终岁用千五百，不足四百五十。不幸疾病死丧之费及上赋敛，又未与此。此农夫所以常困，有不劝耕之心，而令籴至于甚贵者也。是故善平籴者，必谨观岁有上、中、下孰，上孰其收自四，余四百石，中孰自三，余三百石，下孰自倍，余百石。小饥则收百石，中饥七十石，大饥三十石。故大孰则上籴三而舍一，中孰则籴二，下孰则籴一；使民适足，贾平则止。小饥则发小孰之所敛，中饥则发中孰之所敛，大饥则发大孰之所敛而粜之；故虽遇饥馑水旱，籴不贵而民不散，取有余以补不足也。行之魏国，国以富强。"韦昭曰："此民，谓士工商也。"东汉张晏注曰："平岁百亩收百五十石，今大孰四倍收六百石；计民食终岁长四百石，官籴三百石，此为籴三舍一也。（中孰）自三四百五十石也，终岁长三百石，官籴二百石，此为籴二而舍一也。（下孰）自倍收三百石，终岁长百石，官籴其五十石，云下孰籴一谓中分百石之一。平岁百亩之收，收百五十石，今小饥收百石，收三分之二也。（中饥）收二分之一，（大饥）收五分之一也。以此準之大小中饥之率也。"

李悝在这里算了一笔账，一个拥有 5 口之家的农夫，耕百亩之田。每年每亩地收成一石。其中有一半为粟，则收 50 石粟。除去什一之税 15 石，剩余 35 石。每人每月需要 1.5 石，5 人一年需 90 石，剩余 45 石。每石可以卖钱 1350，社闾尝新春秋之祠用钱 300，余 1050，穿衣每人需要钱 300，5 个人一年需钱 1500，少 450 不足也；不幸疾病死丧之费及上赋敛还没有加上。这是农民常困难，不愿意耕作的原因。

治国者应该善平籴。平籴，就是根据每年的年成分为上中下三熟。如果平常每年收 150 石，上熟收成 600 石，国家就可以收购 300 石，中熟国家收 200 石，下熟收 50 石。当收成不好，发生灾荒时，国家少收赋税，并再把原来在收成好时所收购的粮食卖出，小灾年则卖出小熟之所收购之粮，中灾年则发中熟年之所敛，大灾年则发大熟年之所敛而粜之。这样就会"虽遇饥馑水旱，粜不贵而民不散，取有余以补不足也"。这样也防止了富商大贾囤积居奇、趁火打劫、鱼肉百姓。他提出在丰收之年，国家政府应籴入粮食，在灾荒歉收之年，再以平价卖给人民，这样就能使市场稳定。李悝还提出"尽地力之教"，劝民努力生产，提高土地产量。李悝的这些措施"行之魏国，国以富强"。

（宋）李昉等《文苑英华》卷七百四十七《食货论·平准论》云："周之兴也得太公，齐之霸也得管仲，魏之富也得李悝，秦之强也得商鞅。"这些记载都说明李悝对魏国政治经济发展所起的重要作用。

李悝的平粜法，在历史上有重大的影响，耿寿昌之常平，刘晏之平准，包括我国历代所设常平仓，皆是在李悝平粜基础上制定的策略。平粜法是至今仍然产生作用的政策。

《汉书·食货志第四下》云："李悝之平粜，弘羊均输寿昌常平亦有从徕，顾古为之有数吏良而令行，故民赖其利，万国作乂。及孝武时，国用饶给，而民不益赋其次也。至于王莽制度失中，奸轨弄权，官民俱竭亡次矣。"师古曰："言所从来久矣；顾，思念；乂，治也。"

（梁）萧子显《南齐书》卷三十七《刘悛列传》记载："李悝曰：粜甚贵伤民，甚贱伤农；民伤则离散，农伤则国贫。甚贱与甚贵，其伤一也。三吴国之关閫，比岁被水潦而粜不贵，是天下钱少，非穀穰贱，此不可不察也。"

（宋）李焘《续资治通鉴长编》卷三百八十记载：哲宗元祐元年六月甲辰，右正言王觌言："臣闻粜甚贵伤人，甚贱伤农，古今之通患也。故李悝、耿寿昌为平粜、常平之法，以救其弊；不惟当时人以为便，而后世有赖焉。"

（宋）李焘《续资治通鉴长编》卷四百三十记载：哲宗元祐四年秋七月丙申，著作佐郎兼侍讲司马康言："昔魏李悝为平粜之法，国以富强。东汉永平初以后，水旱十年。和熹邓太后临朝，用征和故事，徙置饥民于丰熟诸郡，躬自减省以救灾厄，故天下复平。"

（明）杨士奇等《历代名臣奏议》卷二百六十六《理财》枢密副使司马光曰："且常平仓者，乃三代圣王之遗法，非独李悝、耿寿昌能为之也。谷贱不伤农，谷贵不伤民；民赖其食，而官收其利，法之善者无过于此。比来所以隳废者，由官吏不得人，非法之失也。"

（宋）王称《东都事略》卷八十七下《康公休列传》："昔魏李悝为平粜之法，国以富强。东汉永初以后，水旱十年，和熹临朝用征和故事，徙置饥民于丰熟诸郡，躬自减撤以救灾厄，故天下复平。"

（明）杨士奇等《历代名臣奏议》卷二百七十《理财》记载：高宗时，李光上奏曰："如管仲、李悝之平籴，耿寿昌之常平，刘晏之平准，皆能敛不及民而用度足，其经理财用必有术矣。"

（宋）罗浚《宝庆四明志》卷六《郡志六·叙赋下》"常平仓"条下云："淳化二年诏，置常平仓。岁熟增价籴，岁歉减价粜，用赈贫民。本李悝平籴之法，其后以收没官田、租入或卖屋、地、坊场、河渡以其钱籴入，或州县宽剩钱米入。凡老疾贫丐者，囹圄者、流徙者，率以是济之。本府素无桩积，朝廷间拨降度牒籴米，赈济随籴随支无定额。"

（宋）董煟《救荒活民书》卷上记载，董煟曰："李悝之平籴，寿昌之常平，其源盖祖于此。今之和籴者，务求小利以为功，殊忘敛散，所以为民之意。"

俞森《荒政丛书》卷八《常平仓考》："马端临曰：管仲之意兼主于富国，李悝之意专主于济民。"

（明）丘浚《大学衍义补》卷十六《治国平天下之要·固邦本·恤民之患》云："魏李悝平籴法，中饥则发中熟之所敛，大饥则发大熟之所敛而粜之，故虽遇饥馑，籴不贵而民不散。汉耿寿昌请令边郡筑仓，以谷贱时则增价而籴，以利农谷；贵时则减价而粜，以利民；名曰常平仓。"

（清）吕宫等《御定资政要览》卷二《厚生》云："李悝时，其敛散取之有节，而制之有方，使工不失务，农不失时，士不失养，官不失禄，是谓和德。"

从以上记载来看，李悝的平籴法在战国直至明清的历史上，特别是灾荒年间发挥了重大的作用，是我国平衡粮价、备荒的重大措施；在荒政史上也占据重要的地位。

李悝的这些措施和方法，"行之魏国，魏以富强"，使魏国很快成为战国初年的强国。

第四节 魏国的农业

一、魏国的田制

魏国实行的田制仍然是西周以来的"一夫百亩"的制度。

《汉书·沟洫志》记载："史起曰：魏氏之行田也以百亩，邺独二百亩，是田恶也。漳水在其旁，西门豹不知用是不智也，知而不兴是不仁也；仁智，豹未之尽，何足法也？"师古曰："赋田之法，一夫百亩也。"

魏国所实施的田制，如西周以来的"一夫百亩"，而在邺地为一夫二百亩，这是因为邺地的田恶，即土地硗薄、产量低造成的。史起认为，西门豹在邺地没有很好地利用水利灌溉，故田恶，一夫二百亩。

西周的田制主要有井田制和爰田制两种模式。

关于井田制，《孟子·滕文公上》云："方里而井，井九百亩，其中为公田。八家皆私百亩，同养公田，公事毕，然后敢治私事。"意思为，方一里为一井，每井九百亩，在中间的一百亩为公田，其他八家，每家一百亩。公田为八家共同耕种，待公田上的农事做完后，才开始做私田上的农活。另外，《周礼·小司徒》《考工记》《谷梁传》《韩诗外传》《汉书·食货志》《汉书·刑法志》都提到井田。

爰田制，就是《汉书·食货志》所说的"自爰其处"的爰田制："民受田，上田，夫百亩；中田，夫二百亩；下田，夫三百亩。岁耕种者为不易上田，休一岁者为一易中田，休二岁者为再易下田，三岁更耕之，自爰其处。"意思是：民受上田百亩者，就在这百亩田上分为三个相等的部分，自行轮休、换耕；民受中田、下田者，也就在二百亩、三百亩中，自行换耕。房屋、土地都不需要轮换。

其实战国以后很多诸侯国仍然实施着西周以来的"一夫百亩"的制度。这种土地制度尚没有完全发展成为土地私有制。

《汉书·食货志》云："是时李悝为魏文侯作尽地力之教，以为地方百里，提封九万顷；除山泽邑居参分去一，为田六百万亩。治田勤谨，则亩益三升；不勤则损亦如之。地方百里之增减，辄为粟百八十万石矣。"

（唐）杜佑《通典·食货二·田制下》在《汉书·食货志》又收集了一些材料云："必杂五种以备灾害，力耕数耘收获如寇盗之至；还庐树桑菜茹有畦，瓜瓠果蓏殖于疆场。"自注曰："谓促遽之甚恐为风雨损之；还，远也；木实曰果，草实曰蓏，茹，所食之；菜，畦区也。"

《汉书·食货志》与杜佑《通典·食货二·田制下》就是本书第二章中李悝变法的内容，让百姓勤恳耕作，增产增收之意，此不赘述。另外还要备灾害、备寇盗，在房屋周围种菜，在道路边上种植瓜瓠果蓏等。

什一之税，《汉书·食货志第四》云："一夫挟五口，治田百亩，岁收亩一石,半为粟;百五十石,除十一之税十五石,余百三十五石。"说明魏国的税赋实行的是什一之税。

地大税寡,魏国土地虽多,但是税却收不上来。当年吴起创立武卒制,凡考试为武卒者,皆免其税,而且可以多得田宅。后来武卒年纪渐老,而那些优惠条件却无法夺去,称为危国之兵。《荀子·议兵篇》云:"魏氏之武卒以度取之……中试则复其户,利其田宅,是数年而衰而未可夺也;改造则不易周也。是故地虽大,其税必寡,是危国之兵也。"(唐)杨倞注:"复其户不徭役也,利其田宅不征众也。此中试者,筋力数年而衰,亦未可递夺其优;递夺其优,复使皆怨也,改造更选择也;则又如前优,复既多则税寡,资用贫乏,故国危。"

二、魏国的救荒措施

战国时期,魏国已经颁布实施了有一些行之有效的救荒措施,有些措施如"平籴法",至今仍然在实施。

平籴法,是李悝最早提出来的、魏国行之最有效的经济政策,也是重要的救荒政策。即每当收成好的年头,米价肯定会便宜,那么政府就以高于市场的价格收购粮食;如果连年丰收,就每年收购,并卖掉陈粮,储存新粮。灾荒年间,米价腾涌,粮价就会很贵;政府就把丰收年间所收购的粮食以低于市场的价格卖出。这样既能够防止大商人的囤积居奇,也能有效地防止流民的出现,从而使国家稳定,百姓们"虽遇饥馑水旱,籴不贵而民不散"。

魏文侯已经认识到老百姓与国家财富是皮与毛的关系,因此对民力应该是爱惜的。

如前所举例,(汉)刘向《新序·杂事》记载:魏国的东阳上计,钱布比过去增长十倍,魏大夫毕贺。魏文侯曰:"今吾田地不加广,士民不加众,而钱十倍必取之士大夫也。吾闻之下不安者,上不可居也;此非所以贺我也。"

《淮南鸿烈解·人间训》云:"解扁为东封,上计而入三倍。有司请赏之。文侯曰:'吾土地非益广也,人民非益众也,入何以三倍?'对曰:'以冬伐木而积之,于春浮之河而鬻之。'文侯曰:'民春以力耕,暑以强耘,秋以收敛,冬间无事以伐林而积之,负轭而浮之河,是用民不得休息也。民以弊矣。虽有三倍之入,将焉用之?此有功而可罪也。贤主不苟得,忠臣不苟利,何以明之。"（汉）高诱注："解扁，魏臣治东封者。"

御廪，魏文侯时期，魏国有御廪，但是所藏的当是国君所需之物。（汉）刘向《说苑·反质》云："魏文侯御廪灾。文侯素服辟正殿五日，群臣皆素服而吊。公子成父独不吊。文侯复殿，公子成父趋而入贺曰：'甚大善矣，夫御廪之灾也。'文侯作色不悦曰：'夫御廪者，寡人宝之所藏也。今火灾，寡人素服辟正殿，群臣皆素服而吊；至于子大夫而不吊，今已复辟矣，犹入贺何为？'公子成父曰：'臣闻之天子藏于四海，之内诸侯藏于境内，大夫藏于其家，士庶人藏于箧椟；非其所藏者，不有天灾，必有人患。今幸无人患，乃有天灾，不亦善乎？！'文侯喟然叹曰：'善。'"

移粟，是魏国在灾荒时期的一种特殊调剂政策，即在全国范围内，将丰收地区的粮食调剂到灾荒地区。这种救荒措施至今仍是一种粮食调剂政策。《孟子·梁惠王章句上》云："梁惠王曰寡人之于国也，尽心焉耳矣。河内凶，则移其民于河东，移其粟于河内；河东凶亦然。"

《竹书纪年》卷下曰："王发逢忌之薮以赐民。"这也是一种临时的惠民之策。

赋鸠、赋口，（明）董说《七国考》"魏食货"条下有：赋鸠、赋口，《文选笺》引尸子注云："魏之于百姓也，日食不赋鸠，民疫不赋口。"赋，收取赋税之意。鸠，《尔雅·释诂下》云："鸠，聚也。"鸠，即聚集之意。赋口，（宋）陈仁子《文选补遗》云："虽户赋口，敛以赡其困乏，率户而赋，计口而敛，古之通义。"①

笔者认为，这段话的意思是，魏对待百姓，如果你的粮食只够你一日之食，那么官府就不再收取；如果有瘟疫发生，就不再"率户而赋，计口而敛"；表明魏国官府对百姓的"宽厚"之意。

至于（明）董说《七国考》"魏食货"条下又引的许慎《淮南注》："战国收民役赋不毕者，榜之于格上，不得下。故曰：'枕格而死也'。"可能与魏国的"赋鸠、赋口"，没有关系，只是董说的误解。

《农官读法》：《桓子·新论》"魏三月上祀《农官读法》，法曰：耒无十其羽，锄无泥其涂，春田如布平以直，夏田如鹜，秋田惕惕，如寇来不可测。冬田吴越，视上上之田收下下，女则有罚。下下之田收上上，女则有赏"。

《农官读法》是对努力勤谨治田、收成好的农民的一种奖励政策。

---

① （宋）陈仁子：《文选补遗》，清文渊阁四库全书本，315页。

第五节　魏国的水利

魏国的北部有一条漳水，在春夏雨水到来之际，河水暴涨，泛滥成灾。魏文侯派西门豹为邺令，前去治理漳河。西门豹到达邺城之后，发现当地的官吏与巫婆勾结，利用水灾，以河神伯妇的名义，搜刮钱财，残害民众的女儿。西门豹一举破除为河伯娶妇的陋习，为民除害，然后开凿漳河十二渠，引水以灌溉邺城之田，从此魏国的河内地区成为膏腴之壤，以富魏之河内。

一、西门豹废除"河伯娶妇"的恶俗

战国初年，魏文侯任用西门豹为邺令，大规模治理漳水。《史记·河渠书》《正义》引《括地志》云："漳水一名浊漳水，源出潞州长子县西力、黄山。《地理志》云：浊漳水出长子鹿谷山，东至邺入清漳。按力黄、鹿谷二山，北鹿也。邺，相州之县也。"漳水经常泛滥。

魏国的都城是安邑（今山西省夏县西北约7公里青龙河畔），处于漳河流域。漳河源出晋东南山地，有清漳河与浊漳河两源。清漳河流经石灰岩和石英岩区，泥沙较少，水较清。浊漳河流经山西黄土地区，水色浑浊。清漳河与浊漳河汇合在今河北省西南的合漳村，汇合后称为漳河，流经今太行山区，继续向东流经今河北省、河南省之间。战国时，漳河流域最著名的城市是邺城。

邺城为春秋齐桓公所筑。春秋时期，邺城之地属于卫国的辖地，但是卫国曾几乎被狄人灭国，卫的邻国邢也被狄人所灭。齐桓公"僖之元年迁邢于夷仪，二年封卫于楚丘；邢迁如归，卫国忘亡"[1]。齐桓公为了使诸夏诸侯国免受狄人的攻击，"筑蔡、鄢陵、培夏、灵父丘，以卫戎狄之地，所以禁暴于诸侯也；筑五鹿、中牟、邺、盖与社丘，以卫诸夏之地，所以示劝于中国也"[2]。邺城为齐桓公所筑，是为了保卫"诸夏之地"。

---

[1] 杨伯峻：《春秋左传注·闵公二年》，北京：中华书局，1982年，273页。
[2] 《诸子集成·管子·小匡》，北京：中华书局，1983年，128页。

春秋中期之后，晋国成为霸主之国；又由于晋文公流亡时期，卫文公对其不礼。晋文公回国即位之后，曾把卫国的部分领土进行瓜分，于是卫国的邺城成为晋国的辖地。三家分晋之后，邺城属于魏国，置邺县。邺县位于漳水流域。但是漳水"春夏水涨，至与岸平，阔可数里，号'小黄河'"①，连年泛滥，其程度与黄河一般。战国以后，魏国生产力和生产水平都大大提高，魏文侯委派西门豹治理漳水。魏文侯二十五年（公元前421年），西门豹被任用为邺令。②

《战国策·魏一》云："西门豹为邺令而辞乎魏文侯，文侯曰：'子往矣，必就子之功而成子之名。'西门豹曰：'敢问就功成名亦有术乎？'文侯曰：'有之矣。乡邑老者而先受坐之士，子入而问其贤良之士，而师事之。求其好掩人之美而扬人之丑者，而参验之。夫物多相类而非也。幽莠之幼也，似禾；骊牛之黄也，似虎；白骨疑象武夫，类玉；此皆似之而非者也。'"

《史记·滑稽列传》记载：西门豹到达邺，询问民间疾苦。

> 邺城长老皆曰："苦为河伯娶妇，以故贫。"
>
> 西门豹问其故，对曰："邺三老、廷掾，常岁赋敛百姓，收取其钱得数百万；用其二三十万为河伯娶妇；与祝巫共分其余钱持归。当其时，巫行视人家女好者，云是当为河伯妇，即娉取。洗沐之，为治新缯绮縠衣，闲居斋戒，为治斋宫。河上张缇绛帷，女居其中，为具牛酒饭食。行十余日，共粉饰之如嫁女床席，令女居其上，浮之河中，始浮行数十里乃没。其人家有好女者，恐大巫祝为河伯取之，以故多持女远逃亡，以故城中益空无人，又困贫，所从来久远矣。民人俗语曰：'即不为河伯娶妇，水来漂没，溺其人民。'"
>
> 西门豹曰："至为河伯娶妇时，愿三老、巫祝、父老送女河上，幸来告语之，吾亦往送女。"皆曰："诺。"

至河伯娶妇之之时，西门豹往会之河边。三老、官属、豪长者、里父老皆到；邺城人民往观看者两三千人。那个老巫，是一个老女子，已年七十，从弟子女十人，皆衣缯单衣，立老巫身后。

西门豹以新妇不漂亮，让邺三老、廷掾、祝巫去给河伯送信为由，把邺

---

① （元）迺贤：《河朔访古记》（卷中），清文渊阁聚珍版丛书本，15页。
② 司马迁：《史记·魏世家》，北京：中华书局，1982年，1839页。

城三老、廷掾、祝巫投入河中。廷掾与豪长者，皆叩头且破额血流地，色如死灰。邺吏民大惊恐，从此以后当地官吏再也不敢言为河伯娶妇，从而根除了为河伯娶妇的恶俗。

二、西门豹开凿漳河十二渠、以富魏之河内

西门豹破除了河伯娶妇的恶俗之后，开始大规模治理漳河。《史记·滑稽列传》记载：

"西门豹即发民凿十二渠，引河水灌民田，田皆溉。当其时，民治渠少烦苦，不欲也。豹曰：'民可以乐成，不可与虑始。今父老子弟虽患苦我，然百岁后期令父老子孙思我言。'至今皆得水利，民人以给足富。十二渠经绝驰道，到汉之立，而长吏以为十二渠，桥绝驰道，相比近，不可，欲合渠水且至驰道合三渠为一桥。邺民人父老不肯听长吏。以为西门君所为也，贤君之法式不可更也，长吏终听置之。故西门豹为邺令，名闻天下，泽流后世，无绝已时，几可谓非贤大夫哉。

传曰：'子产治郑民，不能欺；子贱治单父，民不忍欺；西门豹治邺，民不敢欺。'三子之才能，谁最贤哉？辩治者当能别之。"

《史记·河渠书》载："西门豹引漳水溉邺，以富魏之河内。"西门豹治理漳水，使邺地的盐碱地得到改良。"魏之行田百亩，邺独二百，西门豹灌以漳水，成为膏腴，则亩收一钟。"①

西门豹治邺，引漳水灌溉农田，是我国有文字记载的最早的古代大型引水灌溉渠系。据近人考证，当时粮食亩产可提高8倍以上。② 后人皆是在西门豹"凿十二渠"的基础上治理漳水。

如前所述，魏文侯时西门豹为邺令，邺城民以当地官吏为河伯娶妇、刻苦百姓而贫。西门豹废除了为河伯娶妇的恶俗，狠狠地惩治了作恶的官吏；西门豹曰："害不去，利不兴非国也。吾为魏兴利，凿渠十二。父老子弟虽烦苦，然百岁后期令父老子弟思吾言。"即发民凿十二渠，引河水灌民田，魏之河内

---

① 《百子全书·论衡·率性篇》，杭州：浙江人民出版社，1984年。
② 姚汉源：《西门豹引漳灌溉》，《科学研究论文集》第12辑，北京：水利电力出版社，1982年，73～85页.

由是得水利而富强。

漳渠，《史记·河渠书》曰："西门豹引漳水溉邺，以富魏之河内。"《一统志》亦云：河南彰德府有西门渠，云西门豹所凿引漳水以溉田。杜氏《通典》云，漳渠史起所凿，史记误，不知当据何说也。按左思《魏都赋》西门溉其前，史起灌其后，磴流十二。同原异口，畜为屯云，泄为行雨。漳渠之浸，明地利之重也。《括地志》云："漳水源出潞州长子县西力黄山。"

魏襄王时，又任用史起为邺令。史起在西门豹治邺的基础上，引漳水对河内地区进行灌溉，使邺地的土地上能够生长稻粱。《汉书·沟洫志》邺令史起曰："魏氏之行田也以田亩，邺独二百亩，是田恶也。漳水在其旁，西门豹不知用，是不智。知而不兴是不仁，仁智豹未之尽，何足法也。"于是以史起为邺令，遂引漳水溉邺，以富魏之河内。民歌之曰："邺有贤令兮为史公，决漳水兮灌邺旁，终古舄卤兮生稻粱。"水利兴修在邺取得重大成就。《正义》引《括地志》云："按横渠首接漳水，盖西门豹、史起所凿之渠也。"之后，史起为邺令，遂引漳水溉邺，以富魏之河内。左思《魏都赋》云：'西门溉其前，史起灌其后也。'

（魏）郦道元《水经注》卷十《漳水》云："昔魏文侯以西门豹为邺令也，引漳以溉邺，民赖其用。其后至魏襄王以史起为邺令，又堰漳水以灌邺田，咸成沃壤，百姓歌之。魏武王又堨漳水回流东注，号天井堰，二十里中作十二磴。磴相去三百步，令互相灌注，一源分为十二流，皆悬水门。陆氏《邺中记》云，水所溉之处名曰堰陵泽，故左思之赋魏都谓磴流十二同源异口者也。"

通过西门豹、史起的治理，改良了魏国河内的舄卤之地，使河内变成非常富庶的地区，从而有效地防止了水旱灾害。引漳水十二渠灌溉农田，确实是水利史上的创举，对后世影响极大。

三、魏国的水利及对黄河的治理

魏国是战国时期最先修缮水利的诸侯国。（宋）苏轼《杂策》云："方战国之用兵，国于河之壖者，三晋为多。"

北郛大沟，《竹书纪年》卷下云：梁惠王二十九年三月，"为大沟于北郛，以行圃田之水"。圃田之水是魏国溉田的重要水利资源。

战国时期，魏国也开始了对黄河的治理，大量修筑堤防。《汉书·沟洫志》

载:"盖堤坊之作,近起战国,雍防百川,各以自利。齐与赵、魏,以河为竟。赵、魏濒山,齐地卑下,作堤去河二十五里。河水东抵齐堤,则西泛赵、魏。赵、魏亦为堤,去河二十五里。虽非其正,水尚有所游荡,时至而去,则填淤肥美,民耕田之,或久无害,稍筑室宅,遂成聚落。大水时至漂没,则更起堤防以自救,稍去其城郭,排水泽而居之,湛弱自其宜也。……又内黄界中有泽,方数十里,环之有堤,往十余岁太守以赋民,民今起庐舍其中,此臣亲所见者也。东郡白马故大堤亦复数重,民皆居其间。从黎阳北尽魏界,故大堤去河远者数十里,内亦数重,此皆前世所排也。"

战国时期,位于黄河两岸的诸侯国都开始治理自己境内的黄河。黄河东岸的齐国与河西岸的赵、魏各筑堤距河25里。由于黄河中有大量的泥沙,只能在距河岸较远的地方修筑河堤,才能有效地适应黄河河床不稳、滚动的特点,这种堤防是科学的,是根据黄河的特点而修筑的。由于黄河水距堤较远,人们还可以在河滩种植庄稼。这说明战国时期人们已经了解黄河,并掌握了治理和利用黄河的科学方法。

历史上有白圭治水的传说。《韩非子》卷七《喻老第二十一》云:"白圭之行堤也,塞其穴;丈人之慎火也,涂其隙;是以白圭无水难,丈人无火患;此皆慎易以避难,敬细以远大者也。"

《孟子·告子章句下》云:"白圭曰丹,之治水也愈于禹。当诸侯之时有小水,白圭为治除之,因自谓过乎禹也。孟子曰:子过矣。禹之治水水之道也,是故禹以四海为壑;今吾子以邻国为壑,水逆行,谓之洚水。洚水者,洪水也;仁人之所恶也,吾子过矣。"(汉)赵岐注:"丹名,圭字也。"

白圭确实曾治理过洪水,但是白圭以为自己能比大禹之功,孟子认为是不可比拟的。大禹之治水以四海为壑,白圭以邻国为壑,是不仁。但是白圭时期,魏国无水难,白圭治水有功当是事实。

可能在战国中后期之后,也有一个名曰白圭者,亦有称为白珪。有人曾把白圭治水,当成白珪治水,从而认为这是两个白圭,如(清)阎若璩《四书释地续·河注海》:"白圭,周人。《史记·货殖传》白圭,周人也;当魏文侯时,李克务尽地力而白圭乐观时变云云,盖天下言治生者祖白圭,此一白圭也。圭其名,《孟子》白圭曰:吾欲二十而取一,又曰丹之治水也,愈于禹,此一白圭也。其名丹圭,则字尔,先后殊不同时。自赵氏傅会为一人,而集注林氏益以能薄饮食、忍嗜欲、居积致富,欲以其术施之国,且为岐设十层步障矣。余尝断之曰:此两人也。《韩非》书白圭,相魏。《邹阳》书白:圭战亡六城,为魏取中山;又白圭显于中山,中山人恶之魏文侯。文侯投以夜光之璧,魏拔中山在文侯十七年癸酉,下逮孟子乙酉至梁凡七十三年为国之将相者,尚能存于尔时乎?纵存于尔时,尚能为国筑堤防治水害乎?苟皆能之,孟子与之晤对其爵之尊、寿之高,当何如隆礼。而但曰子之吾子之云乎,我故断其为两人也。或曰魏文侯世多寿,《乐记》载子夏与文侯答问,为文侯二十五年事,时子夏年一百八岁。文侯最为好古,汉孝文得其乐人窦公献其书,乃周官之大司乐章也。窦公年当二百五六十,安知白圭不类,是余笑而不敢应云。"

但是笔者认为,既然孟子记载了白圭治水,孟子与梁惠王为同时人,去魏文侯20余年,白圭也曾处于梁惠王时期,孟子所记当是没有问题的。白圭确实在魏文侯时期为魏国造堤治水,使魏国没有"水难"。

战国时期到秦国去领导修筑都江堰著名的水利工程的李冰父子也是魏国人,说明魏国有较高的建筑水平和技术水平。

四、魏国的水资源环境与鸿沟的开凿

魏都大梁城位于黄河中下游地区,在黄河冲积的华北大平原上。《管子·乘马》云:"凡立国都,非于大山之下,必于广川之上;高毋近旱,而水用足;下毋近水,而沟防省;因天材就地利,故城郭不必中规矩,道路不必中准绳。"魏都大梁基本符合这一立国都的标准和条件。

大梁周围的水资源非常丰富。(宋)王应麟《诗地理考》卷一《总说》引《舆地广记》云:"开封县有浚沟,《诗》所谓浚郊,浚都也。祥符县北有浚水,故谓浚仪。有寒泉阪,《诗》'爰有寒泉,在浚之下。'"大梁周围河流水道纵横,水源丰富;气候温和、交通便利,是天然的建立国都的最佳选择地。(唐)李吉甫《元和郡县志·河南道·汴州·陈留雄》云:"蓬泽在县东北十四里,今号蓬池。左氏所谓逢泽也。""琵琶沟水西自中牟县界流入通济渠,隋炀帝欲幸江都,自大梁城西南凿渠引汴水,即莨荡渠也。""雍丘故城,今县城是也,春秋时杞国城也。杞为宋灭,城北临汴河。"大梁背靠黄河,周围有圃田泽、蓬泽、菏泽、荥泽、孟渚泽等;其河流主要有黄河、济水、颍水、睢水、淮水、高水、浚沟等湖泊沼泽密布,河流水道纵横是大梁的显著特点。

李濂《汴京遗迹志》卷六明《河渠二·汴河》云:"荥泽下分大河为阴沟,引注东南以通淮泗,至大梁浚仪县西北复分为二渠,一渠元经阳武县中牟

台下为官渡水,一渠始皇疏凿以灌魏郡为之鸿沟。莨荡渠自荥阳出五池口来注之,其鸿沟即出河之沟,亦曰莨荡渠。"

又云:"汴河在今县治南三十五步,即浚仪渠也;源出荥阳县大周山,合京、索、须、郑四水,东经京城内合蔡河,名莨荡渠,又名通济渠。"

(宋)乐史《太平寰宇记》卷一《河南道一·开封府一·开封县》:"蔡水在县南,本梁沟。始皇二十二年,王贲引水攻大梁是此。通济渠在县南二里。""信陵亭在城内临河,当相国寺前,即魏公子无忌胜槩之地。琵琶沟在县南十一里,西从中牟县界流入通济渠。"

大梁周围河网密布,魏惠王为了更好地利用水道河流,就修建运河,把这些河流连起来,使之便利通航与灌溉。《史记·河渠书》云:"荥阳下引河东南为鸿沟,以通宋、郑、陈、蔡、曹、卫,与济、汝、淮、泗会于楚;西方则通渠汉水、云梦之野,东方则通鸿沟。"《索隐》:"今官渡水也,盖为二流,一南经阳武为官渡水,一东经大梁城即河沟,今之汴河是也。"

(宋)郑樵《通志·地理略》云:"汴水一名鸿沟,一名官渡水,一名通济渠,一名蒗(莨)荡渠;或云蒗荡渠别汴首受河水,自汜水县东南过荥阳、陈留、睢陵、符离至泗州入淮。"

魏国开挖鸿沟,这是战国时期中原最大规模的水利工程。鸿沟沟通了济水、汝水、淮水、泗水,四大水系。这条运河从今河南省的荥阳北引济水东下,经过中牟圃田泽,在圃田泽分为两支,一支达黄河;另一支过大梁,在大梁分为四支水流。一支向东南经淮阳,注入颍水,与淮水相通;另一支向东经睢阳,与睢水相接,与沂水、泗水相连;还有一支向北与濮水相通,另一支经荷水直达泗水。①

古代没有火车、汽车,水运是最先进、效率最高的交通运输工具。鸿沟的开通,使大梁很快成为一个水利枢纽,成为一个人文荟萃的中心,"田舍庐庑之数,曾无所刍牧,人民之众,车马之多,日夜行不绝;輷輷殷殷,若有三军之众"。②

宋王朝建都东京开封,对开封水利交通的便利有非常明晰深刻的体会。(宋)程大昌《禹贡后论·河》说:"汴非古矣,而能使四渎舟楫交相灌注,利倍古昔,则其源委开塞,固所当讲也。汴之名其在后世以该郑、梁诸水而其受河首水名称差殊。自战国以至于今,其变迁最为不常。"《宋史·河渠志·河渠三》亦云:"江湖黔岭蜀汉之粟,可方舟而下;由是白沙趋东关,经庐寿浮颍

---

① 杨宽:《战国史》,上海:上海人民出版社,1998年,60页。
② 司马迁:《史记·苏秦列传》,北京:中华书局,1982年,2254页。

步蔡，历琵琶沟入汴河，不复经沂淮之险径于旧路二千里，功寡利博。"

汴河，当是战国时期魏国新开挖之河，对魏国的发展起着非常重要的作用。

第六节 魏国的古盐文化

三家分晋之时，晋国的解州盐池在魏国境内，成为晋国重要的盐业资源。在古人向文明进化的过程中，盐与水、粮食同等重要，是人们生命的必需品；所以古代部族选择居住地时，除了必须考虑水、草之外，居住地附近是否有盐，也是古代部族追逐和争夺的地方。在古人制盐的基础上，在长期的制盐过程中，魏人创造了一整套制盐工艺，使河东古盐在中国历史上焕发出辉煌，对人们的生活起着非常重要的作用。战国时期，还出现了一个以盐致富的大商人猗顿。

一、魏国境内的盐池溯源

盐，号称"五味之王"，是调味的主要成分；更重要的是盐为人体不可缺少的成分。人类学家任乃强说："人类有火，有石器，有食物之后，虽无追求食盐之意识，但在偶得咸水可饮，或岩盐可吮之处，必相与密集以依之，从而容易发展成为原始的群落，又从而形成氏族集团及民族文化。苟非有如此，或其他类此具有吸引力之条件，人各散漫生活，漂流不聚，则不能有突出先进之文化集团。是故，上古民族文化最先形成之地区，即必为自然产盐之地区，或给盐便利之地区。"[①]

美国学者A·H.恩斯明格先生等在《食物及营养百科全书——营养素》一书中说："食盐在人类历史上占有独特的地位，为了盐曾发生过战争，有些王朝因为得到了盐而得以建立，另一些王朝因为得不到盐而崩溃，甚至人类文化也是在产盐地周围发展起来的。"[②]

（日）宫崎市定《东洋朴素主义的民族和文明主义的社会》一书《盐与文

---
① 任乃强：《说盐》，《盐业史研究》1988年第1期，3页。
② （美）A·H.恩斯明格：《食物及营养百科全书——营养素》，北京：农业出版社，1989年，272页。

明》中说：

> 文明发生于财富聚集之处。在中国，最初财富集中的地方，即最古的文明发祥地，是在山西省南端、黄河弯曲处的三角地带。根据中国的古代传说，最古的王朝夏在此处君临统治，都于安邑。如更向上追溯，在夏王朝建立者禹王之前，有帝舜和帝尧。帝舜的都城在安邑的近旁蒲板，帝尧的都城稍远一些，在黄河支流汾水的上游平阳。那么，什么理由使天下的财富都聚集于这里呢？这恐怕是由于安邑附近的解州盐池有产盐之利的缘故。无论任何时代，盐都是人类最大的嗜好品，它不仅是人类的食料，而且对于牛马等畜类的饲养也是不可缺少的。本来，中国产盐之地，并不限于解州。例如四川省汲取含盐分多的地下水来制盐；沿海一带，当然可用海水煮盐；而内蒙古一带，也出产质量极优的池盐；但在这些地方，盐量过于丰富，因而不成财富。恰如空气和日光，任何人均能享受，因而无人对之付出代价一样。然而解州之盐，其附近没有能够和它竞争的产地。它周围的土地是肥沃的。在今天，黄河、长江下游的平原，成了干燥的良好耕地；但在古代，现在已过于干燥的山谷中的坡地，倒是最适于农耕和牧畜的。在这一带如有唯一的盐池，控制盐池的人便把盐独占起来；附近的农业、牧畜民族各以其生产来和盐交易，于是在这里谷物和畜产便聚起来，而中国最古的文明便萌芽了。①

正因为盐对人体的作用之大，盐池利益之重大，掌握了它就足以具有支配古代社会的能力，唐虞夏殷周的兴亡也只是执掌盐池之富的势力的更替。

盐在古代文明中占据非常重要的地位，产盐地是古代部族争夺的重要地区。山西运城的盐湖，古称"河东盐"或者"解州盐池"，是促使我国远古文明形成的重要因素。

"河东盐"，又名"鹽"。《说文》云："鹽，河东盐池，袤五十一里，广七里，周总百一十六里。字从盐，省古声，然则鹽是盐之名。鹽，虽是盐，唯此池之盐独名为鹽，余盐不名鹽也。"我国的盐，只有"河东盐"名"鹽"。

在新石器文化遗址中，在运城地区，著名的有运城市芮城县的坡头文化遗址、金胜庄文化遗址；运城市夏县的崔家河文化遗址、西阴文化遗址；运城

---

① 〔日〕宫崎市定：《东洋朴素主义的民族和文明主义的社会》，北京：商务印书馆，1962年，1页。

市绛县的周家庄文化遗址；运城市永济市的石庄文化遗址；运城市新绛县的光村文化遗址、西尉文化遗址；运城市万荣县的荆村文化遗址；运城市闻喜县的回坑文化遗址；还有临汾市的高堆文化遗址、金城堡文化遗址；临汾市襄汾县寺头文化遗址……这些新旧石器文化遗址分布在河东这块土地的四面八方，且密度很大，如果以运城盐池为中心，他们在50～200平方公里的一大片上地上，这是很不寻常的，足以说明远古先民曾经在这里休养生息，繁衍发展。

食盐与谷物、水一样都是生存所必需的。水与谷物在一般地理条件下都是存在的，只有盐是必须有盐资源才能提供。运城盐湖是当时最好的食盐资源。河东盐湖就成为部族的必争之地。

蚩尤原是活动在东夷地区的一个部族，为少皞氏之后，九黎氏的部族首领。少皞氏曾与华夏民族有过激烈的冲突和战争，失败后迁徙到河东地区。

《吕氏春秋·荡兵》高诱注："蚩尤，少皞氏之末，九黎之君名也。"《战国策·秦一》高诱注："蚩尤，九黎氏之君。"《史记·五帝本纪》《正义》引孔安国曰："九黎君，号蚩尤是也。"九黎之"九"即多的意思。九黎，有可能是由多个有亲缘关系的部族而组成的部落，大约存在于黄帝至夏商之间的一个强大的诸侯国，蚩尤就是强大的九黎部族的领袖。

殷商时期的黎国在"汉之上党郡壶关"，即今山西省的黎城县、壶关县、潞城市一带。

九黎部族在与华夏部族的斗争中失败之后，来到河东地区。《尚书·西伯戡黎》云："西伯既戡黎。"孔安国传曰：黎"近王圻之诸侯，在上党东北"，山西省境内留下许多有关蚩尤城的传说，如《太平寰宇记·河东道七·蒲州》云："解州解郡，今理解县；本蒲州解县；唐天授二年，析虞乡所置也。即夏桀鸣条之野，蚩尤之封域，有盐池之利。"《大清一统志·解州》云："蚩尤城在安邑县南十八里。见《寰宇记》县志蚩尤村在盐池东南二里许。"《山西通志·祠庙四》云："《黄帝经序》曰：黄帝杀蚩尤，其血化为卤，今之解池是也。又真定有蚩尤冢七所，每当祭蚩尤，其日白气贯天，则蚩尤之主盐池，盖数千年犹存耳。"蚩尤的活动多在山西南部，因那里当时是"帝都"所在，故有多处"蚩尤城"。蚩尤最后死的时候，"其血化为卤"，成为今山西解池。

有学者认为，黄帝与蚩尤之间的战争，是为了争夺河东盐池，那么，同样也可以类推，黄帝与炎帝之间的三次战争，也极有可能是为争夺河东盐池。蚩尤失败后，华夏部族占领了河东地区。

二、河东盐池的价值及晒盐工艺

河东盐池所产"河东盐"产量高、质量好,行销于大江南北甚至国外许多地方,被唐宋八大家之一的柳宗元誉为"晋之大宝也"。盐是一种特殊的商品,历朝历代都把它作为国家的重要财源和经济支柱。我国历代王朝实行盐铁专卖,打击私盐,是为了保证封建国家垄断这个重要的财政收入。

《货殖列传·史记正义》云:"河东盐池是畦盐。作畦若种韭一畦,天雨下池中,咸淡得均,即畎池中水上畦中,深一尺许,以日暴之五六日,则成盐;若白矾石,大小如双陆;及暮则呼为畦盐。或有花盐,缘黄河盐池有八九所;而盐州有乌池,犹出三色盐:有井盐、畦盐、花盐。其池中凿井深一二尺,去泥即到盐,掘取若至一丈则著,平石无盐矣,其色或白、或青黑,名曰井盐、畦盐,若河东者。花盐池中有下随而大小成盐,其下方微空,上头随雨下池中,其滴高起若塔子形处曰花盐,赤白即成盐焉。池中心有泉,井水淡,所作池人马尽汲此井,其盐四分入官一分入百姓也。池中又凿得盐块,阔一尺余,高二尺,白色光明洞彻,年贡之也。""年贡",即缴纳官府的年贡。《史记正义》是唐代张守节所作,他记载的当是唐代的食盐政策,但是张守节所记载的也反映了河东池盐在唐代对人民的生活中仍然起着重要的作用。

孔颖达疏:"盬字从盐,省古声。然则盬是盐之名盬,虽是盐,惟此池之盐独名为盬,余盐不名盬也。"《史记·货殖传》:"猗顿用盬盐起。"注曰:"盬盐,河东大盐是。河东池盐为盬盐,无疑盬盐者谓池内浇晒之盐,可直食用,不须治自成颗粒,故曰颗盐;而颗粒之大,异于散盐之小,故又曰大盐。且大如印累,小如珠剖,与形盐同。风其水而成,皓洁甘美,味胜饴盐。柳宗元称为国之大宝有以也。唐有盐池十八,而河东居其五。五池总曰两池,岁得盐万斛,以供京师。宋引池而成者曰颗盐,元立盐法有因自凝结而取者解池之颗盐也。今两池区为三场:曰中场、曰东场、曰西场,三场统在一池之内。池东西长而南北狭,池之滩有畦,畦分阡陌以为种治,池之中有河,河亘东西,以资浇晒。"①

运城《池神庙碑文》记载的晒盐法云:"暴以烈日,鼓以南风。"尧舜禹皆是河东地区的部族领袖,皆在河东地区当与河东的盐池有密切关系,如虞舜曾在盐池之畔的卧云岗上抚着五弦之琴以歌南风,他为后人留下了一首《南风

---
① 《山西通志》卷四十五《盬法》,文渊阁四库全书本。

歌》：

> 南风之薰兮，
> 可以解吾民之愠兮；
> 南风之时兮，
> 可以阜吾民之财兮。

古代，盐池中的盐是需要日晒或者南风才能晒干为盐。运城地区流传着"南风起，盐始生"的说法。这首《南风歌》是否帝舜所留下的，还可以再行探讨，但这首颂歌表现出来的是对当地盐的自豪，是显而易见的。

盐池南边的中条山上有个盐风洞，"仲夏有候风出，声隆隆然，俗称盐南风，盐花得此，一夕成盐"。盐南风又名"南风"，是"河东盐"的"助产士"。千百年来，这里的劳动人民在长期的生产实践中总结出的"五步法"产盐工艺，是中国也是全世界最早的产盐工艺，被英国科学家李约瑟称为"中国古代科技史上的活化石"。后来，人们又创造了"垦畦浇晒法"，大大提高了盐的产量和稳定性。

运城在春秋时称"盐邑"，战国时叫"盐氏"，汉代改称"司盐城""盐监城"，宋元时又被名为"凤凰城""运司城""运城"，世人称其为"盐务专城"。因盐运而设城，全国仅此一处。

宋应星《天工开物》作咸篇记载："山西解池，供晋、豫诸郡县。"山西解池在中华文明的发展中起着巨大的作用。

盐与人民的生活密切相关，是人们健康不可或缺的食用品。河东盐是我国古代部族追逐争夺的对象，也是后代朝廷严格控制的重要内容。西汉时期曾实行盐铁专卖，不准民间私盐买卖；于是后代有很多次的起义皆是私盐贩子所领导，如唐朝曾爆发过私盐贩黄巢起义，更说明食盐的重要性。

第七节　魏国的商业

战国时期，魏国商业迅速发展，一些大商人"赀拟王公，驰名天下"，如猗顿、白圭、大梁孔氏等，战国初年，经济发达，"圜钱"在魏国最早出现。"圜钱"便于携带，有利于市场发展。一些名都大市因交易而形成，"千丈之城，万家之邑"皆有"市"。魏国白圭"乐观时变"形成了自己的商业理论,从而成为中国古代的商业之祖。

一、魏国市场的繁荣与发展

战国时期,是我国商业发展的一个高峰。之后在漫长的中国封建社会中,统治者实行重农抑商政策,中国的商业很难发展。但是战国时期,人们已经认识到"仓廪实而知礼节,衣食足而知荣辱,礼生于有而废于无;故君子富好行其德,小人富以适其力;渊深而鱼生之,山深而兽往之,人富而仁义附焉。富者得势益彰,失势则客无所之,以而不乐,夷狄益甚。谚曰:'千金之子,不死于市。'此非空言也。故曰:'天下熙熙,皆为利来;天下攘攘,皆为利往。'夫千乘之王,万家之侯,百室之君,尚犹患贫;而况匹夫编户之民乎?""用贫求富农不如工,工不如商,刺绣文不如倚市门"[①]。

在这种形势下,春秋战国时期我国出现了经商致富的高潮,如当时的范蠡、子贡、白圭、猗顿、郭纵等,能"与王者埒富"。

是时,魏国处于中原地区,九州岛通衢,交通方便,是商业交易活动的中心。《史记·货殖列传》云:"温、轵西贾上党,北贾赵中山。"温,今河南省温县境;轵,今河南省济源市;二地皆在今河内,属于魏国辖地。

《盐铁论·通有第三》云:"魏之温、轵……富冠海内,皆为天下名都;非有助之耕其野,而田其地者也;居五诸侯之衢,跨街冲之路也。故物丰者,民衍宅;近市者家富;富在术数不在劳身,利在势居不在力耕也。"魏之温、轵之所以成为"富冠海内"的名都,是因为"跨街冲之路""近市""利在势居",说明当时的"市",对人们的生活起着非常重要的作用。

"市",古已有之,是一个民众交易的场所,人们在这里进行物物交换,各得其所。《易·系辞》云:"日中为市,致天下之民,聚天下之货,交易而退,各得其所。"

然而战国时期的"市",不再是物物交换,当是一种货币与物的购买形式。这个时期货币已经普遍使用在人们的生活中了(后面将详谈)。

《战国策·魏一》苏秦说魏王曰:魏国"庐田庑舍,曾无所刍牧牛马之地。人民之众,车马之多,日夜行不休已,无以异于三军之众"。这句话虽然

---

① 司马迁:《史记·货殖列传》,北京:中华书局,1982年,3256页。

有些夸张之辞，但魏国街市的繁荣可见一斑。魏国的国都大梁之市的"人民之众，车马之多"，当更是日夜不休，无异于三军之众。

《史记·信陵君列传》云：信陵君"从车骑虚左，自迎夷门侯生。侯生摄敝衣冠，直上载公子上坐不让，欲以观公子；公子执辔愈恭。侯生又谓公子曰：'臣有客在市屠中，愿枉车骑过之。'公子引车入市，侯生下见其客朱亥，俾倪故久立与其客语，微察公子；公子颜色愈和。当是时，魏将相宗室宾客满堂，待公子举酒。市人皆观公子执辔从骑"。

这段记载不仅说明魏国有"市"。这里的"市"，当是买卖各种货物的市场。本篇还提到"市屠"，当是专门经营屠宰的市场。

市场之上当然有"市人"。"市人"是买卖各种货物的主体。他们是很自由的，"市人皆观公子执辔从骑"。这些"市人"，当是魏国市场上自由围观的民众，属于"人民之众，车马之多"者。

《战国纵横家书》："梁（梁）之东地，尚方五百余里，而与梁（梁），千丈之城，万家之邑，大县十七，小县有市者卅有余。"①在梁国有"千丈之城，万家之邑"，小的县有"市"者30有余，那么大县、梁的国都大梁有"市"，就更是当然了。

二、魏国的大商人

战国初年，魏国的都城还在安邑。如前所说，河东盐池蕴藏着巨大的商业价值，成为有商业眼光人的关注目标，大盐商猗顿在河东以盐业致富，就成为"赀拟王公，驰名天下"的巨商。

《史记·货殖列传》云："猗顿用盬盐起。"《集解》引孔丛曰："猗顿，鲁之穷士也，耕则常饥，桑则常寒；闻朱公富往而问术焉。朱公告之曰：子欲速富，当畜五牸。于是乃适西河大畜牛羊于猗氏之南，十年之间其息不可计，赀拟王公，驰名天下，以兴富于猗氏。故曰猗顿。"现在山西省运城地区有临猗县，就是因猗顿而著名。

《集解》是南朝宋裴骃所作，裴骃所引的《孔丛子》相传是孔子的后人孔鲋所作，但很多人认为是后世的伪作。司马迁很明白地说，猗顿用盬盐起家致

---

① 马王堆汉墓帛书整理小组：《战国纵横家书》二六《见田儋于梁南章》，北京：文物出版社，1976年，115页。

富,但却被裴骃的《集解》说成是"适西河大畜牛羊"而致富。是时,政府已经实行盐业专卖,控制盐政,打击私盐,所以后世已经回避猗顿用盬盐致富的实际情况。

《元丰九域志》卷三宋王存等撰陕西路"猗氏,古郇国也;后以猗顿所居,因为猗氏"。

(宋)欧阳忞《舆地广记·河北东路》云:"次畿猗氏县,本令狐。《左传·僖二十四年》晋公子重耳济河围令狐是也。县南对泽即猗顿之故居。顿,鲁之穷士,闻朱公富往问术焉。朱公曰子欲速富,当畜五牸,于是乃适西河大畜牛羊。十年之间,其畜不可计赀,拟王公;故遂以猗氏名县。汉属河东郡,后汉、晋皆因之,西魏改曰梁泉,后周复故隋属河东郡,唐属河中府有郇城,周文王子所封,诗所谓'郇伯劳之'者也。"

(宋)罗泌《路史·国名纪六》:"河东猗氏县南二十有猗氏故城,鲁人因陶朱興富於猗氏因曰猗顿"

(宋)程公说《春秋分记·疆理书·晋地释名》:"令狐,河中府猗氏县本令狐,后以猗顿易今名。"今山西运城的临猗县,就是因猗顿而得名。

《史记·秦始皇本纪》云:陈涉"非有仲尼、墨翟之贤,陶朱、猗顿之富,蹑足行伍之间,而倔起什伯之中,率罢散之卒,将数百之众,而转攻秦。斩木为兵,揭竿为旗,天下云集响应,赢粮而景从,山东豪俊遂并起而亡秦族矣。"司马迁把猗顿与陶朱公范蠡相比,说明以盐业致富的猗顿在春秋战国之际的盛名。宋叶时《礼经会元·盐政》云:"鲁人有猗顿者,用盐起家致富,与王者埒。"

《史记·货殖列传》:"宛孔氏之先,梁人也,用铁冶为业。秦伐魏,迁孔氏南阳;大鼓铸,规陂池,连车骑,游诸侯,因通商贾之利。有游闲公子之赐与名,然其赢得过当,愈于纤啬,家致富数千金;故南阳行贾,尽法孔氏之雍容。"(唐)张守节《正义》云:"言孔氏连车骑,游于诸侯,以资给之;兼通商贾之利,乃得游闲公子交名。然其通计赢利过于所资给饷遗之,当犹有交游公子雍容而胜于悭悇也。"悭悇,即吝啬之意。宛(今河南南阳市)孔氏之先,曾经梁人,以"铁冶为业";说明在魏国就有从事"铁冶"的手工业者。魏国灭亡之后,秦迁豪强,孔氏被迁至南阳。在南阳孔氏仍然从事铁业,从而"致富数千金"。孔氏富贵之后,连车骑,交游诸侯,并且给这些诸侯以资助,兼做生意。看起来,孔氏很大方慷慨,乐于赐与,但是他所得到的比那些吝啬小气的人多得多,说明孔氏是一个很有冶铁经验和才能的人,但也说明孔氏是一个私商。

孔氏在秦灭魏国之前,就在魏国从事铁矿的冶炼,那么他所冶炼铸造的铁器需要卖出,这就表现出魏国市场的繁荣与发展。

三、魏国是最早使用圜钱的诸侯国

西周时期,贸易主要还是采取以物易物的形式,如裘卫以毛皮、堇章等与矩伯交换田地。直到战国初期,农学家许行所戴的帽子,所用的炊具、农具都还是"以粟易之"。春秋时期,生产力发展,社会经济日趋繁荣,商业也日益活跃,打破了西周以来"工商食官"的格局,出现了个体的手工业者和商人。战国时期,工商业进一步发展,是我国历史上最繁荣的时期,"农、工、商交易之路通,而龟贝、金钱、刀布之币兴焉"[①]。随着社会经济的迅速发展,商业贸易的繁荣,货币出现了,从而代替了西周以前物物交换的情况。

货币是商业发展到一定程度的表现,司马迁在《史记·货殖列传》中说:"农不出则乏其食,工不出则乏其事,商不出则三宝绝,虞不出则财匮少,财匮少而山泽不辟矣。此四者,民所衣食之原也。原大则饶,原小则鲜,上则富国,下则富家,贫富之道,莫之夺予。"司马迁认为,农工商虞皆是民所衣食、国家社会发展之源。

我国最早使用的铸币是铜币。春秋战国时期,流行的货币主要是铜币,另外还有金币、银币。春秋时期的钱币主要有四大体系:布币、刀币、圜钱、贝币等,皆是由青铜生产工具发展而来。布币,其形状像耒耜。春秋时期主要流行于晋国及战国时期的三晋等国。刀币,是从工具刀演变而来的,主要流通于齐、燕等国。蚁鼻钱,亦称为铜贝,形似背面磨平的贝壳,面有文字,多不可识,称鬼脸钱,是楚国的钱币。圜钱,有孔(方孔或圆孔),当是仿古代的纺轮发展而来的,首先在魏国流通,以后在诸侯各国流行。

晋国最早流行的是布币,布币形状似铲,又称铲布,"布"是"镈"的同声假借字,从青铜农具镈演变而来。

春秋至战国初期,中原地区,如周王室及晋、卫、郑、宋等国所用的钱币是布币。按形制与时间先后,分空首布、平首布两大类。空首布的上端有装柄的孔,即空首,故称为空首布;以后布首逐渐变得薄平,也不再是空首,发

---

① 司马迁:《史记·平准书》,北京:中华书局,1982 年,1442 页。

展成为平首布。魏国的布币主要有圆跨圆肩平首布、圆跨方肩平首布。战国时期，布币的形制发生了很大的变化，由大变小；大致可分为四类：尖足布、方足布、圆足布和杂形布。这些布的流通地区不同。尖足布一般在北方的赵国与魏国流通。尖足布上都有文字，以两个字为最多，常常都是地名，如甘丹、武安、晋阳等。

圜钱当起源于生产工具纺轮，或者认为是由玉璧、玉环演变而来。圜钱与其他形态的铸币相比，便于携带和流通，属于更为进步的钱币形制。

圜钱是魏国首先铸造出来的，由于中间有孔，体积小、携带方便，为各国所模仿。魏国圆形圆孔钱，魏国所铸的字有"共""垣""共屯赤金"等，而且以"垣"字钱币数量最多。"垣"是魏国的地名，是今陕西安邑附近的"王垣"，故学术界认为，圜钱当最早产生于魏国，逐渐被其他国采用。圜钱是战国时期最为进步的一种金属铸币形态。战国中期以后，各国的铸币都有圆形化的趋势。齐国和燕国以及秦国等晚期的圆形钱，采用了外圆内方的形制，有的还铸有钱郭。圜钱主要流行于三晋两周地区。

魏国货币中有一种叫"梁正尚金当寽"的布币，一寽十二铢，即重半两。魏都大梁（今开封），故魏布币称"梁正尚金当寽"，意思是梁地铸造的正规上等钱当一寽使用。另外还有"梁充釿五当寽十二"，则是充当五釿的钱当十二寽使用，即一釿当2.4寽使用。据中国历史博物馆钱币组的资料，一枚当寽布有轻有重，自7.8克、9克，或者13.4～15.6克。

布币是铜、铅、锡的合金，布币的"当寽"是指含铜量重一寽，而不是币身总重一寽。以后币的含铜量逐渐下降，成色降低，釿成为币名，而不再代表币材铜的重量标度。这种情况是魏国经济状况日趋衰弱造成的，和早期布币（空首布）分量较足者相比，变化很大。其他地方的布币，总重量含铜量都比早期布币相差一半还多。

魏国地处中原，交通发达、商业活跃，最先进的钱币形式出现在魏国，表明魏国是当时人文荟萃的中心。

战国以后，魏国继承晋国仍然通行布币，但是后来为了适应人们生活和市场的需要，魏国开始使用"圜钱"。战国时期"圜钱"的钱币形式首先产生并通行于政治经济制度较为先进的魏国。"圜钱"为战国时期的圆形铜质货币，又称"圜化"，简称"环钱"。

山西省出土了多批古代货币，1972 年 9 月太原发现有 600 余斤方孔圆钱；1973 年 5 月芮城县大王公社盖房取土时发现约千斤方孔圆钱，同年 8 月闻喜县东镇公社苍底大队在平整土地时发现泥质灰陶罐 1 件，内装 700 余枚圆形圆孔的"共"字币，同年 9 月，山阴县北周庄公社新岱岳大队修整土地时发现 600 余斤方孔圆钱。

闻喜县发现的"共"字币，背皆平坦无文，正面平，肉好无郭。文于穿六，唯有一件穿左，均为古文体。根据部分的实测，直径 44 厘米、45 厘米、46 厘米、46.5 毫米；穿径 8.9 毫米。重 14.8～18.5 克。

据现在所知，最早的圜钱是"垣"字钱和"共"字钱。垣字钱，在辉县固围村第一号墓上层扰土中出土过一枚。固围村一号墓的时代定为战国晚年，公元前 3 世纪。"垣"是魏国地名，"垣"字钱为魏国通行的货币之一。

这批"共"字币与"垣"字币的制式极为一致，所以应与"垣"字币一样，都是属于魏邑的魏币。从装"共"字币的陶罐形制来看，也是属于战国时期（或战国早期）的遗物。据此，我们初步认为"共"字币应属于战国晚期之铸币。① "共"字币属于战国，当然就是魏国的铸币。

战国初年，魏国是经济最发达的诸侯国，圜钱在魏国最早出现。它相对"布币""刀币"便于携带，满足了市场发展的需要，从而兴起了一个新的钱币体系"圜钱"。"圜钱"首先开始在魏国通行，以后在各诸侯国流行，如赵国、秦国，以后有齐国、燕国等。

圜钱有两大类：早期的圜钱多是圆形圆孔，穿孔较狭小；以后逐渐演变成圆形方孔，穿孔逐渐变大。圜钱的正面铸有铭文，反面则无任何文字。

战国圜钱的文字多为城名，除魏国的垣、共字圜钱外，其余的圆孔圜钱均在战国末一二十年内铸行，距离秦国统一六国改革币制的时间不会很长。

魏国铸币的铭文一般由地名、数字和"釿"字构成，有安邑釿、安邑一釿、安邑半釿、陕一釿、陕半釿、禾二釿、禾一釿、禾半釿、共半釿、言易（言阳）二釿、言易一釿、言半釿、阴晋半釿、阴晋一釿、甫反半釿、甫反一釿、高半釿、高安一釿、文安半釿、梁釿百当寽、梁新釿五十当寽、京（峭）一釿、垂二釿、卢氏半釿、鄂氏一釿、鄂氏半釿、桶釿、垣釿、夆垣一釿、

---

① 朱华：《近几年来山西省出土的一些古代货币》，《文物》1976 年第 10 期，88、89 页。

桼環(垣)一釿、共少半釿、侯釿等。从魏新布的铭文所示地名来看，有安邑、陕、禾、共、言阳、阴晋、甫反、高、高安、梁、垂、桼（漆）、垣、槅、侯等。

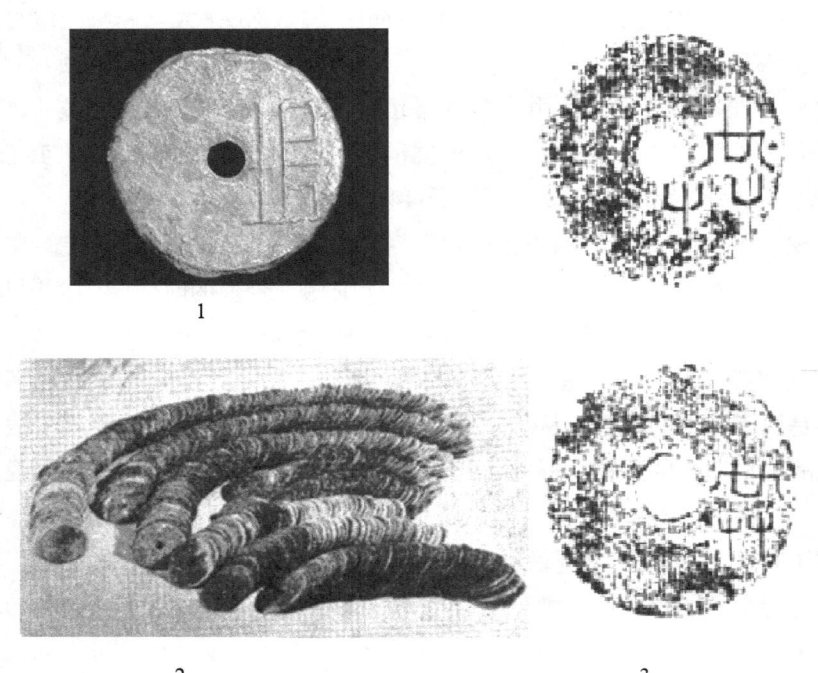

图 9-8　魏国的铸币魏国圆形圆孔"垣"字圜钱

(朱华，《近几年来山西省出土的一些古代货币》，《文物》，1976年10期，88、89页)

"魏铸币中的釿布，它不仅在币面上铸有地名，还铸有记重；如'梁二釿''梁一釿''梁半釿'等。梁二釿布一般在26～28克，一釿布在11～14克，半釿布在7克左右。泉界前辈张絅伯曾对此有专论：'制分三等，大者曰二釿，中者曰一釿，小者曰半釿。以一釿为单位，倍之为二釿，剖之为半釿。以二釿当一釿之二，以一釿当半釿之二，重量以次递加，正符子母相权之义。'"①

目前发现很多魏国铸币，非常丰富，发现时数量极多，如山西发现的千余斤、600多斤、700多枚的魏国圜钱，说明魏国的铜钱已经在市场上普遍流通，也说明魏国市场的繁荣。

---

① 袁林、光平畋松、阎福善：《陕西出土"半釿"币初探》，《中国钱币》1993年第2期，65页。

四、魏国佣工的出现

西周至春秋时期,看守城门者,一般是刑余之人。古代刑法残酷,如受劓刑(割掉鼻子)的人让他看守园囿之门或者守关;受刖刑(砍掉一只脚)、墨刑(脸上刺字)的人,让他看守城门;受宫刑(割掉睾丸)的人,让他看守后宫。

《周礼·天官·冢宰》:"阍人,掌守王宫之中门之禁。""阍人,王宫每门四人,囿游亦如之。"郑玄注:"阍人,司昏晨以启闭者;刑人墨者,使守门囿御苑也,游离宫也。"贾公彦疏:"阍人,司昏晨以启闭者,此释名阍人之意。昏时闭门,则此名阍人也;晨时启门,则《论语》谓之晨人也;皆以时事为名耳,……其劓者使守关,以其丑恶远之,不得约。彼即以十二门,皆使墨者也。《诗》云'昏椓靡共',《笺》云:'皆奄人,彼据后宫门,故使奄者也。'……游离宫者,囿是大苑,其门皆使阍人守之也。此离宫,即囿游之兽禁,故彼郑云谓'囿之离宫',小苑,观处也;或以为游,亦谓城郭中于宫外为之者也。"

刑余之人做守门者的情况,古籍中比比皆是,如《左传·庄公十九年》云:"初,鬻拳强谏楚子。楚子弗从,临之以兵,惧而从之。鬻拳曰:'吾惧君以兵,罪莫大焉,遂自刖也。楚人以为大阍,谓之大伯。"杜预注:"若今城门校尉官。"

鬻拳因为自刖,才做了大阍,城门守官。当然鬻拳是自刖,可谓"城门校尉官",如果是国君施刑,鬻拳就不会做城门校尉官,而只能做一个小吏。

战国时期,魏国已经出现了雇佣劳动者,即佣工,如《史记·信陵君列传》云:"魏有隐士曰侯嬴,年七十家贫,为大梁夷门监者。"侯嬴之所以为夷门监,是因为他的家贫,无以为生,而不是因为受刑才去做了大梁夷门之守,即看守夷门的小吏。但是春秋时期,看守城门者当是受刑被刖足者。

战国时期,各诸侯国都出现了佣工现象,如战国后期,齐国当时几乎被燕国所亡。燕国占领了齐国的全境,只剩两个孤城,即墨与莒仍未被攻下。齐国太子法章变姓名在莒太史敫家做佣工。《战国策·齐策六》云:"太子乃解衣免服逃太史之家,为溉园。"雇佣工的现象已经在社会上出现。

《史记·信陵君列传》云:"赵有处士毛公藏于博徒,薛公藏于卖浆家。"赵国亦有自由商贩卖浆者,而"藏于卖浆家"的薛公,就是雇佣工。《盐铁论·复古》云:"往者豪强大家得管山海之利,采铁石鼓铸、煮盐,一家聚众,或至千余人,大抵尽收放流人民也。远去乡里,弃坟墓,依倚大家,聚深山穷泽之中，成奸伪之业。"

商贾之家往往聚众千人为佣工，这是战国时期常见的现象，孔氏在秦灭魏国之前，就在魏国从事铁矿的冶炼，那么他肯定需要雇佣成百上千的工人，这必然促进魏国雇佣现象的发展。

《史记·信陵君列传》云："侯生谓公子曰：'臣所过屠者朱亥，此子贤者，世莫能知，故隐屠间耳。'公子往数请之，朱亥故不复谢，公子怪之。"当信陵君窃来兵符准备救赵之时，公子请朱亥。朱亥曰："臣乃市井鼓刀屠者，而公子亲数存之，所以不报谢者，以为小礼无所用。今公子有急，此乃臣效命之秋也。"① 从本篇列传看，此朱亥也当是一个受雇佣者。

战国时期由于商业的发展，雇工现象在魏国已很普遍。

五、白圭仕魏及其经济思想与贡献

白圭，是一个经济学家，也是一个成功的商人。根据史书记载，白圭虽是周人，但是在魏国，也是魏文侯的大臣。白圭有很多商业思想和理论，在历史上有很大的影响，故史称白圭是商人之祖。

根据史籍记载，白圭是周人，最初在中山国为将。《史记·鲁仲连邹阳列传》云："白圭战亡六城，为魏取中山，何则诚有以相知也。……白圭显于中山，中山人恶之魏文侯。文侯投之以夜光之璧，何则两主二臣剖心拆肝相信，岂移于浮辞哉？！故女无美恶，入宫见妒；士无贤不肖，入朝见嫉。"《集解》引张晏曰："白圭为中山将，亡六城，君欲杀之；亡入魏。文侯厚遇之，还拔中山。"

这里是说白圭在中山国为将，但是打了败仗，又投奔了魏文侯，为魏国攻取了中山。虽然前面说乐羊攻取了中山，但是乐羊攻伐中山整整用了三年，因此三年之中又派白圭帮忙也是极有可能的。中山国之人在魏文侯面前攻击白圭，魏文侯气愤，以夜光之璧投之。

当然也有说，白圭是不愿意在中山国为官才到魏国的。

（汉）刘向《说苑》卷十三撰《权谋》云："白圭之中山，中山王欲留之，固辞而去；又之齐，齐王亦欲留之；又辞而去，人问其辞。白圭曰：二国将亡矣。所学者，国有五尽，故莫之必忠则言尽矣，莫之必誉则名尽矣，莫之必爱

---

① 司马迁：《史记·魏公子列传》，北京：中华书局，1982 年，2381 页。

则亲尽矣，行者无粮、居者无食，则财尽矣。不能用人，又不能自用，则功尽矣。国有此五者，毋幸必亡。中山与齐皆当此，若使中山之与齐也，闻五尽而更之，则必不亡也。其患在不闻也，虽闻又不信也，然则人主之务在乎，善听而已矣。"

这两种说法都是有可能的，但是白圭离开中山，到魏国为官则是史实。

白圭在魏国所做的政治贡献，史书记载较少，只说白圭为魏国攻破中山，但是白圭对惠施不满意当是史实。

白圭是一个商界巨头，是一个实干家，他反对空泛之论，明辨穷理，并且反对因私爱而废公，如虽然魏文侯已经最大限度地使用布衣卿相，任贤使能，但是白圭认为还是不够。（汉）刘向《新序》卷四《杂事第四》云："孟尝君问于白圭曰：魏文侯名过于桓公，而功不及五伯何也？白圭对曰：魏文侯师子夏、友田子方、敬段干木，此名之所以过于桓公也。卜相则曰：成与黄孰可？此功之所以不及五伯也。以私爱妨公举，在职者不堪其事，故功废然而名号显荣者，三士翊之也。如相三士，则王功成岂特霸哉。"

白圭认为，任命国家之相是一件大事，季成是文侯之弟，翟璜是异姓布衣，魏文侯相季成，这是他"以私爱妨公举"，故功不及五霸之原因。

白圭深谙市场时变的规律，他薄饮食、忍嗜欲、节衣服，在商场的搏斗中趋如猛兽挚鸟之所发，始终处于不败之地，故治理生意者皆称白圭为祖。《史记·货值列传》云："白圭，周人也。当魏文侯时，李克务尽地力，而白圭乐观时变。故人弃我取，人取我与。夫岁孰取谷，予之丝漆；茧出取帛絮，与之食。太阴在卯，穰；明岁衰恶。至午，旱；明岁美。至酉，穰；明岁衰恶。至子，大旱；明岁美，有水。至卯，积着率，岁倍。欲长钱，取下谷；长石斗，取上种；能薄饮食、忍嗜欲、节衣服，与用事僮仆同苦乐，趋时若猛兽挚鸟之发。故曰：'吾治生产，犹伊尹、吕尚之谋，孙吴用兵，商鞅行法是也。是故其智不足与权变，勇不足以决断，仁不能以取予，强不能有所守，虽欲学吾术终不告之矣。'盖天下言治生祖白圭，白圭其有所试矣。能试有所长，非苟而已也。"白圭经营商业，根据形势而变化。

白圭是战国初年最有影响的商人。根据史籍记载，白圭在魏文侯时期，曾参与魏国的经济管理、制定经济政策。

《孟子·告子章句下》：白圭曰："吾欲二十而取一，何如？"孟子曰："子之道，貉道也。万室之国一人陶，则可乎？"白圭曰："不可，器不足用也。"孟子曰："夫貉五谷不生，惟黍生之；无城郭、宫室、宗庙、祭祀之礼，无诸侯币帛、饔飧，无百官有司，故二十取一而足也。今居中国去人伦，无君子如之何？其可也，陶以寡且不可以为国，况无君子乎。欲轻之于尧舜之道者，大貉小貉也；欲重之于尧舜之道者，大桀小桀也。"（汉）赵岐注："白圭，周人也；节以货殖，欲省赋利民，使二十而税一。"

　　孟子不同意白圭的经济政策，认为二十税一，是"貉道也"。但是根据白圭治生产的思想，还是相符合的。白圭认为，作为一个商人，应该智能权变，勇以决断，仁能取予，强有所守。关键是白圭能够做到"仁"，"欲省赋利民"，这是难能可贵的。

第十章　魏国的思想文化与科技

一个国家的思想文化与科技是与该国的政治经济实力相辅相成的。魏国是战国初年最强大的诸侯国，大有统一全国之势。梁惠王时期甚至是"先行王服"，"广公宫，制丹衣柱，建九斿，从七星之旗，此天子之位也；而魏王处之"。因此魏国的思想文化与科技在很多地方表现出"王者之气"，如魏安釐王墓发现的《汲冢周书》，以及魏国的军事、天文思想都具有很高的水平和价值。

第一节　魏国汲冢出土古书的价值

魏国《汲冢周书》的出土是我国历史上一次影响较大的出土面世的古文献。首先，自从秦始皇焚书，烧毁了《文学》《诗》《书》《百家语》，我国史书遭到空前的焚毁，历史记载几乎出现了断裂。以后孔壁经书的出现，虽然挂一漏万，但西周以后的历史已经稍微明确；然而尧、舜、夏、商历史仍然混沌不清。魏晋时期从魏安釐王墓中出土的汲冢周书，虽然数量还不算太多，但是研究尧、舜、夏、商的重要史料。汲冢周书是魏国编写的史书，如《竹书纪年》《逸周书》《穆天子传》等。当时的魏国有"先行王服"之心，因此魏所编写的史书上，将魏国历史上乘尧、舜、夏、商、西周之王，下接魏王世系，这也是魏国"先行王服"之心的表露。魏国史书具有"王者之气"，是为魏国的统一天下所做的文化准备。

一、汲冢周书的出土

中国古代史上有两批重要的出土文献,那就是西汉鲁恭王在孔子旧宅鲁壁中发现的一批周书。西汉景帝刘启三年(公元前154年),刘启的儿子刘馀被封为鲁王,史称鲁恭王。鲁恭王在扩建王宫拆除孔子故宅鲁壁时,在鲁壁中发现了《尚书》《礼》《论语》《孝经》等,共几十篇。《〈尚书〉序》:"至鲁共王好治宫室,坏孔子旧宅,以广其居,于壁中得先人所藏古文虞、夏、商、周之书及《传》《论语》《孝经》皆科斗文字。"① 以"鲁壁"藏有的儒家经典称为古文经,从而引起了中国社会几千年来的今古文之争。这是我国第一批出土的古文献。

《晋书·武帝本纪》咸宁五年"汲郡人不准掘魏襄王冢,得竹简、小篆、古书十余万言。"

我国第二批出土的古文献,就是晋朝时期在魏襄王或有人认为是魏安釐王墓中出土的汲冢周书,这是魏国史官所作的史书。西晋王朝的学者束晢、荀勖都曾见过,并参与整理过这些古文献。

《晋书·束晢列传》云:"初太康二年,汲郡人不准盗发魏襄王墓或言安釐王冢,得竹书数十车。其纪年十三篇,记夏以来至周幽王为犬戎所灭,以事接之三家分仍述魏事,至安釐王之二十年,盖魏国之史书大略与春秋皆多相应。其中经传大异,则云夏年多殷,益干启位启杀之。太甲杀伊尹,文丁杀季历,自周受命至穆王百年,非穆王寿百岁也。幽王既亡,有共伯和者,摄行天子事,非二相共和也。其易经二篇,与周易上下经同。易繇阴阳卦二篇,与周易略同。繇辞则异;卦下易经一篇似说卦而异。公孙段二篇,《公孙段与邵涉》《论易》《国语》三篇,言楚晋事名三篇,似《礼记》又似《尔雅》《论语》师春一篇,《书》《左传》诸卜筮。师春似是造书者姓名也。《琐语》十一篇,诸国卜梦、妖怪、相书也。《梁丘藏》一篇,先叙魏之世数,次言丘藏金玉事,缴书二篇,论弋射法;生封一篇,帝王所封。大历二篇,邹子谈天类也。《穆天子传》五篇,言周穆王游行四海,见帝台、西王母。图诗一篇,画赞之属也。又杂书十九篇,周食田法,《周书》论楚事,周穆王美人盛姬死事,大凡七十五篇。七篇简书,折坏不识名题。冢中又得铜剑一枚,长二尺五寸;漆书皆科斗字。初发冢者,烧策照取宝物,及官收之多烬。简断,札文既残缺,不

---

① (汉)孔安国:《尚书注疏·序》,清嘉庆二十年南昌府学重刻宋本十三经注疏本,14页。

复诠次。武帝以其书付秘书校缀,次第寻考指归,而以今文写之。皙在著作,得观竹书,随疑分释,皆有义证。"①

《晋书·荀勖传》云:"及得汲郡冢中古文竹书,诏勖撰次之,以为《中经》,列在秘书。"②《隋书·经籍志一》:"秘书监荀勖,又因《中经》更著新簿,分为四部,总括群书。一曰甲部,纪六艺及小学等书;二曰乙部,有古诸子家、近世子家、兵书、兵家、术数;三曰丙部,有《史记》《旧事》《皇览簿》《杂事》;四曰丁部,有诗赋、图赞汲冢书。大凡四部,合二万九千九百四十五卷;但录题及言盛以缥囊书用缃素,至于作者之意,无所辩论。"③

汲冢周书的出土,对我国古史研究有重大的意义,在我国的文献学史上占有重要地位。由于这批竹书是从魏襄王墓中所出,代表了魏国史学的进步和文化的发展。

由于秦始皇烧书,六国史书多被焚毁。汲冢周书是魏国史书的一部分,出土后在我国历史上产生了较大的影响,有些观点及记述是以往史书所未见,如《竹书纪年》《逸周书》《穆天子传》《公孙段与邵涉》《论易》《国语》《梁丘藏》《琐语》等书籍,都有很高的史料价值,皆能弥补以往史书之阙。但是由于这些古籍不是儒家学说,在儒学为一尊的时代,这些书籍还没有得到足够的重视。

二、《逸周书》的史料价值

《逸周书》是记载先秦历史的重要史书。该书对魏国是非常重要的,记载着魏氏先祖毕公高的史迹,故在魏国受到特别多的重视。《逸周书》曾被认为是伪书,但是检查对照《逸周书》与先秦史籍,《逸周书》认定为先秦著作无疑。只是《逸周书》因某些观点与汉代以后儒学观点不符,没有被列为儒家经典而已。

关于《逸周书》的出处,历史上众说纷纭,莫衷一是。一种认为是孔子删书之余。《汉书·艺文志》记有"《周书》七十一篇"。颜师古注:《周史记》,

---

① 《晋书》卷五十一《束皙传》,北京:中华书局,1974年,1432~1433页。
② 《晋书》卷三十九《荀勖传》,北京:中华书局,1974年,1154页。
③ 《隋书》卷三十二《经籍志一》,北京:中华书局,1973年,906页。

刘向云："周时诰誓号令也，盖孔子所论百篇之余也，今之存者四十五篇矣。"

《逸周书》的某些语言和观点确实见于我国传世史籍中，如《逸周书提要》："《左传》引《周志》'勇则犯上，不登于明堂。'又引《书》'慎始而敬终不困。'又引《书》'居安思危'，又称'周作九刑'其文皆在今书中。"① 又如《逸周书·大匡解》："勇知害上，则不登于明堂。明堂所以明道，明道惟法，法人惟重老，重老惟宝。"而《左传·文公二年》记载："《周志》有之：'勇则害上，不登于明堂。'"杜预注："《周志》，《周书》也。明堂，祖庙也；所以策功序德，故不义之士不得升；死而不义，非勇也。"

新问世的《清华简》，其中两篇与《逸周书》的内容相同，如《清华简·皇门》的内容与《逸周书》第四十九篇《皇门》大体相符。《清华简·祭公之命》和《逸周书》第六十篇《祭公解》的内容大体相同。《清华简》有《程寤》一篇，而《逸周书》第十三篇《程寤》，有目无文。

这些都说明《逸周书》当时是在已有的典籍基础上编撰的。

另一种看法认为，这部书是汲冢古书的一种，出土在魏安釐王墓中。《晋书·束晳传》所记载确实有"《周书》"，今本《逸周书》正是汲冢古书的一种。《逸周书·后序·昭德晁公武志》云："汲冢书十卷，盖晋太康中汲郡与《穆天子传》同得。晋孔晁注，盖孔子删采之余凡七十篇。古者天子诸侯皆有史官，唯书法信实者行于世。秦汉罢黜封建，独天子之史存。然史官或怯而阿世，贪而曲笔，虚美隐恶，不足考信。则儒学处士必私有记述以伸其志，将来赖之以证史官之失，其功亦大矣。以司马迁之博闻，犹采数家之言，以成其书；况其下者乎。亦有闻见单浅，记录失实，胸臆偏私，褒贬弗公，误后世在观者，慎择而已矣。"

第三种看法认为，《逸周书》是以春秋早期编成的《周志》为底子，在战国早期由魏国人补充孔子《尚书》不用的材料以及当时流行的兵书等，编为《周书》，汉代仅存45篇。东晋时加入汲冢出土的《周书》而成为《汲冢周书》。明以后，逐渐改称《逸周书》。②

第三种观点认为，东晋时李充整理文献，将孔晁注汉传45篇本《周书》同《汲冢竹书》《周书》合并，称之为《汲冢周书》，形成今本《逸周书》的面貌。其中《器服》一篇，本是汲郡古冢的遗册误收入《逸周书》中。《逸周书》

---

① （清）纪昀等校：《四库全书总目》卷五十史部六《逸周书提要》，清武英殿刻本，868页。
② 罗家湘：《"逸周书"研究》，博士学位论文，2002年，36页。

"汇集了《周志》、孔子删《书》之余以及流行于战国初期的一些兵书、礼书等。它是魏国人继承周、晋遗产而编成的政治读本,是魏人为代晋继周统一天下所做的文化准备"。"《逸周书》的编辑是为魏国兼并诸侯、统一天下服务的。《周志》与《尚书》之余等文献合编为《周书》是在魏文侯时期。"①

这些观点,笔者认为是有一定道理的。

《逸周书》是与魏国有很大关系的一部书。如果说是魏王墓中所出,该书就极有可能在魏国编撰成书。假使如罗家湘博士所说,该书是"魏国人继承周、晋遗产而编成的政治读本,是魏人为代晋继周统一天下所做的文化准备"。虽然该书是魏国在某些政治因素的主导下编撰而成,但是仍然掩盖不了其史料价值。

三、《竹书纪年》相对传世文献的史料价值

《竹书纪年》,亦称《汲冢纪年》,是汲郡古墓出土汲冢书的一本,体例属于编年体,称为《纪年》,一般称为《竹书纪年》。《竹书纪年》记录了从传说时代到魏襄王(一说应为魏哀王)之间的重要历史事件。《竹书纪年》原件于后代散失,散记在其他文献或一些文人的笔记文稿之中,得以保存。清朝朱右曾、王国维等对晋、唐、宋以来的古文献、古注、类书中所引《纪年》佚文,进行梳理查阅、汇辑、补充和校订,重新辑录了《古本竹书纪年》的主要内容。

另外还有一本《今本竹书纪年》,曾被朱右曾、王国维等斥为伪书。但今对该书的内容进行审查研究,此书亦是后人从晋、唐、宋的古文献中辑出,有很高的史料价值。

《竹书纪年》自出土就受到学者的关注,特别是近代以来,学界对此书给予了充分的肯定。《竹书纪年》记载的一些史料已经失传,这些对传世的文献是一个补充;还有很多历史事件与司马迁的《史记》记载不同,可以对传世文献的某些不实之处进行匡正。《竹书纪年》能够使我们对古史有更详细的了解,有很高的史料价值。

(1)关于大禹的儿子启即位时的情况,《史记·夏本纪》记载:"禹子启贤,天下属意焉。及禹崩,虽授益;益之佐禹日浅,天下未洽,故诸侯

---

① 罗家湘:《"逸周书"研究》,博士学位论文,2002年,4、33、37页。

皆去益而朝启,曰:'吾君帝禹之子也。'于是启遂即天子之位,是为夏后帝启。""有扈氏不服启伐之大战于甘……遂灭有扈氏,天下咸朝夏后帝。"《正义》引《括地志》云:"雍州南鄠县,本夏之扈国也。"这里是说诸侯皆不去朝见益,而朝启,故大禹之子启才得以即位。有扈氏不服,启灭有扈氏。

《古本竹书纪年》云:"益干启位,启杀之。"① 该书记载与《史记·夏本纪》完全不同,是说在启即位时,曾与伯益有过战争或杀戮,才即位的。《古本竹书纪年》的记载使我们全面认识历史的视野,从而得出历史的真相。

(2)关于殷商历史,《古本竹书纪年》与后世文献也有很大的不同。《史记·殷本纪》记载:"帝太甲既立三年,不明暴虐,不遵汤法,乱德。于是伊尹放之于桐宫三年。伊尹摄行政当国,以朝诸侯。帝太甲居桐宫三年,悔过自责反善,于是伊尹乃迎帝太甲而授之政。帝太甲修德,诸侯咸归殷,百姓以宁。伊尹嘉之,乃作《太甲训》三篇,褒帝。"

《古本竹书纪年》记载:"伊尹放太甲于桐宫乃自立。伊尹即位,放太甲。七年,太甲潜出自桐,杀伊尹,乃立其子伊陟。伊奋命复其父之田宅而中分之。"②

此处记载与《史记》仍然有很大的区别。《史记》对伊尹放太甲一事持一种很欣赏的态度,认为伊尹是在规劝太甲,当太甲"反善"之后,"伊尹乃迎帝太甲而授之政"。然而,《竹书纪年》却记载了伊尹与太甲相互夺权的血腥战争与屠杀。

(3)《史记·殷本纪》古公生少子季历"古公卒,季历立是为公季。公季修古公遗道,笃于行义,诸侯顺之。公季卒"。

《古本竹书纪年》记载:"武乙三十四年,周公季历来朝。王赐地三十里,玉十毂,马八匹。二十五年,周公季历伐西落鬼戎,俘二十翟王。"文丁十一年,"周人伐翳徒之戎,捷其三大夫。文丁杀季历"③。

(4)《史记·周本纪》记载:"召公、周公二相行政,号曰共和。共和十四年,厉王死于彘。太子静长于召公家,二相乃共立之为王,是为宣王。"

---

① 朱右曾辑录,王国维校补:《古本竹书纪年辑校》,《王国维先生全集 初编》(十一),台北:大通书局有限公司,1976 年,4612 页。
② 朱右曾辑录,王国维校补:《古本竹书纪年辑校》,《王国维先生全集 初编》(十一),台北:大通书局有限公司,1976 年,4619 页。
③ 朱右曾辑录,王国维校补:《古本竹书纪年辑校》,《王国维先生全集 初编》(十一),台北:大通书局有限公司,1976 年,4624 页。

《古本竹书纪年》记载:"共伯和干政。共和十四年,大旱,火焚。伯和篡位。立秋,又大旱其年。厉王死,宣王立。"《今本竹书纪年》记载:"十三年,王在彘。共伯和摄行天子事。""二十六年,大旱,王陟于彘。周定公、召穆公立太子靖为王。共伯和归,其国遂大雨。"

《史记》记载,周厉王奔彘之后,是周公、召公联合执政,称为"共和行政";而《竹书纪年》记载的是,周厉王奔彘之后,有一个诸侯名曰共伯和者,摄行天子事,而不是二相共和。共伯和,被认为是卫武公和,居住在共,故称为"共伯和"。

今根据《吕氏春秋·开春论》记载:"共伯和修其行,好贤仁,而海内皆以为来稽矣。周厉之难,天子旷绝,而天下皆来谓矣。"《庄子·让王》记载:"许由娱乎颖阳,共伯得乎共首。"《吕氏春秋》与《庄子》皆为先秦史籍认为《竹书纪年》的记载较为可信。《史记》是汉代司马迁所著,对先秦时期的先贤皆有美化成分。

《竹书纪年》还记载了许多新的、传世文献没有的史料,如《古本竹书纪年》记载:"后桀伐岷山,进女于桀。二人曰琬、曰琰。后受二女,无子。刻其名于苕华之玉。苕是琬,华是琰,而弃其元妃于洛,曰末喜氏。末喜氏以与伊尹交,遂以间夏。"①

《史记·周本纪》仅记载:"昭王瑕立。昭王之时,王道微缺。昭王南巡狩不返,卒于江上。"而《古本竹书纪年》记载了周昭王三次伐楚的经过:"昭王十六年,伐楚,涉汉,遇大兕。十九年,天大曀,雉兔皆震,丧六师于汉。昭王末年,夜清,五色光贯紫微,其王南巡不返。"

这些史料都比较信实,比传世的文献更丰富,是非常可贵的历史文献典籍。

四、《穆天子传》的史料价值

《穆天子传序》也是晋朝盗发汲冢所得到的古代书籍。

《穆天子传序》:"古文《穆天子传》者,太康二年汲县民不准盗发古冢所得书也,皆竹简素丝编。以臣勖前所考定古尺度,其简长二尺四寸以墨书,一

---

① 朱右曾辑录,王国维校补:《古本竹书纪年辑校》,《王国维先生全集初编》(十一),台北:大通书局有限公司,1976年,4617页。

简四十字。汲者,战国时魏地也。案所得《纪年》,盖魏惠成王子令王之冢也;于《世本》,盖襄王也。案《史记》《六国年表》,自令王二十一年至秦始皇三十四年燔书之岁,八十六年。及至太康二年初得此书,凡五百七十九年。其书言周穆王游行之事,春秋左氏传曰:穆王欲肆其心,周行于天下,将皆使有车辙马迹焉。此书所载则其事也。王好巡守,得盗骊騄耳之乘,造父为御,以观四荒,北绝流沙,西登昆仑,见西王母;与太史公记同。汲郡收书不谨,多毁落残缺,虽其言不典,皆是古书,颇可观览。谨以二尺黄纸写上请事,平以本简书及所新写,并付秘书缮写藏之《中经》,副在三阁,谨序。"

《穆天子传》的文体是学界争论了多年的问题。自《穆天子传》出土汲冢,由荀勖等列于《中经》。《隋书·经籍志》将其纳入史部起居注之类,云:"穆天子传六卷……晋时又得汲冢书,有《穆天子传》,体制与今起居正同;盖周时内史所记,王命之副也。"《旧唐书·经籍志》《新唐书·艺文志》皆是如此。《宋史·艺文志》,将其列入别史类。

而至清代所辑的《四库全书》将《穆天子传》列入子部小说类,云:"书中所纪虽多夸言寡实,然所谓西王母者不过西方一国君;所谓县圃者,不过飞鸟百兽之所饮食,为大荒之圃泽,无所谓神仙怪异之事;所谓河宗氏,亦仅国名,无所谓鱼龙变见之说;较《山海经》《淮南子》犹为近宪。郭璞注《尔雅》西王母句,不过云西方昏荒之国;于河出昆仑墟句,虽引《大荒西经》,而不言其灵异;其注此书乃颇引志怪之谈。"

从以上记载可知,隋唐时期《穆天子传》被认为是起居注,是天子起居活动的真实记载,是完全的信史。宋明之时,也被认为是历史类书籍。唯独清朝将此书认为是小说类。

近代的一些学者甚至把《穆天子传》视为伪书。

《四库全书》将《穆天子传》列入子部小说类,是非常不对的。首先穆天子确实西征,这在传世的古籍中有不止一处的记载,如《国语·周语》云:"穆王将伐犬戎,祭公谋父谏曰:'不可'……王不听,遂征之,得四白狼,四白鹿以归,自是荒服者不至。"《史记·匈奴列传》云:"穆王伐犬戎,得四白狼、四白鹿以归,自是之后荒服不至。"《左传·昭公十二年》记载:"昔穆王欲肆其心,周行天下,将皆必有车辙马迹焉。"[1]

从《穆天子传》的内容来看,全书没有什么灵异鬼怪之说,亦没有太多

---

[1] 杨伯峻:《春秋左传注·昭公十二年》,北京:中华书局,1982年,1341页。

的夸张成分，基本上是按时间顺序记载周穆王的行程。《穆天子传》是一部周穆王西行的纪实之作。

《穆天子传》的文体，可以说是一部周天子的起居注。虽然西周尚无起居注之体制，但是周代已经有史官，对天子的言行进行记载，以载入史书。《礼记·玉藻》曰："动则左史书之，言则右史书之。"《穆天子传》当是史官所记载的周穆王西征的部分史实，至少算一部纪实的游记。

笔者认为，之所以有学者不相信史上有周穆王西征之事，是因认为中国西周时期不可能拥有那么高的生产力，那么高的文化水平，而能够支持周穆王走得那么远，其实这种看法是偏见。

近年来的考古发掘证明，自新石器的晚期以及夏商周三代时期我国就有许多与中亚、西亚交流的考古学证据。周穆王西征之前，我国已经与西方有了很多的文化交流；如我国的黄牛、绵羊、马、轮轴马车、冶金术（包括冶铜、冶铁）都有可能是从中亚、西亚传入的，说明我国已经开始与中亚、西亚有了很多往来。在我国的新疆、西安、安阳殷墟都发现有欧罗巴人的头骨，说明此时中亚、西亚有人已来到我国境内。既然中亚、西亚的人能来，中国人为什么就不可能出去呢？而且根据《穆天子传》的记载，周穆王此次的西征是有向导和翻译的。《穆天子传》记载的柏夭就是周穆王的翻译和向导。

西周时期我国已经生产出史墙盘、克鼎、颂鼎等大型铜器，拥有很高的生产水平。另外也有了很行之有效的交通工具——马和马车。秦人的先祖就是专门为西周王朝养马的部族。周天子乘车骑马带领部队，带着贵重的金银、绸缎到西方去，完全是可能的；周穆王完全有条件和基础进行西征。

周穆王西行的目的是为了看望女儿（或者姊妹）的西王母，论述了周穆王西行的路线及周穆王西行途程中与中亚、西亚、我国西北少数民族的物质文化交流。尽管我们至今还不能完全知晓《穆天子传》记载的全部地名，但是《穆天子传》是一部记事的历史作品，而不是虚构的小说，这一点当是可以肯定的。

《穆天子传》记载了西周时期西北民族的历史地理、风俗礼仪、风物矿产、交通道路、民族风情等，是关于西周史实的一部有重大学术价值的著作。《穆天子传》记载地名不能完全知晓的原因，是因为这些地方在我们国家今天的版图之外。周穆王西征极有可能是如顾实先生所说，到了今伊朗境内。

《穆天子传》记载的周穆王西征，肯定是有此事，但该书成书当在战国，由魏国的史官整理而成。魏国的先祖毕功高，是周文王的儿子；后来衰微，其后裔毕万到晋国为官发展,最后三家分晋,建立魏国。战国初年的魏文侯任贤使能,使魏成为最强大的诸侯国,独霸中原。这个时期的魏国希望重建王霸之业,接续祖先的功绩,统一江山,也是可以理解的。魏国希望统一江山,造舆论、整理史籍、歌颂祖先的功德。笔者认为,《穆天子传》就是这个时期编撰而成的。

汲冢出土的《竹书纪年》是魏国的史书,当然是魏国独有的;同时出土的还有《逸周书》《穆天子传》,这是魏国君主为了接续先祖周天子历史而编撰的史书,也是魏国独有的。魏国史官编撰的史书为后代留下了宝贵的史料。

第二节 魏国墓葬反映的思想与文化

河南省的辉县、汲县等豫北地区在春秋时期,就是魏氏家族的辖地。魏氏家族的墓地多埋藏在这里。汲县的山彪镇、辉县固围村、赵固村、百泉区等地发现上百座春秋末至战国时期的魏国墓葬。辉县、汲县春秋时属于卫国,战国时期属于魏国;但是春秋末年,这里已经是晋国魏氏家族的辖地,故这一地区发现的春秋末至战国时期的墓葬皆为魏国墓葬。辉县固围村还发现大型的魏国王陵。由于有些墓葬已经被盗,民国时期居住在这一带的农民每当收成场事完毕,"自带镢錾到这里挖宝,古物声价,远播中外"[①];因此使这里的古墓千疮百孔,盗坑无数,严重的影响对魏墓的研究;但是根据墓葬宏大的规模与气派来看,可能是魏国的王陵。墓葬是人们思想意识最集中的反映,魏国墓葬出土丰富的遗物,反映出魏国的思想和文化。

一、魏国墓葬形制的特色和等级研究

河南省的辉县、汲县一带自春秋末年就是魏氏的辖地。鲁定公十四年(公元前496年),即春秋晚期,今河南省辉县就落入了魏氏的管辖之下。《左传·定公十四年》记载:"冬十二月,晋人败范、中行氏之师于潞,获籍秦、高强;又败郑师及范氏之师于百泉。"潞,今山西潞城县东北40里;百泉,今

---

① 郭宝钧:《山彪镇与琉璃阁》,北京:科学出版社,1959年,2页。

河南省辉县市内。这里所说的"晋人",就是韩、赵、魏三家。辉县处于晋国(今山西)经太行山到中原地区的出口,是所谓"表里山河"的地段。从这个时期,辉县一带归魏氏所辖。(清)程恩泽《国策地名考》曾引管同曰:"魏地兼有河西、河内、河东、河外,约言之,龙门以东,据汾为河东,今汾、蒲、吉、解诸府州是;龙门以西为河西,今同、埔等州是;太行之南,殷墟为河内,今彰德、卫辉、怀庆等府是;太华以东,虢略为河外,今陕州是。"也就是说"彰德、卫辉、怀庆等府"。

河南省的辉县、汲县一带,发现上百座春秋末年至战国时期的魏氏、魏国的墓葬。辉县、汲县一带发现的春秋墓葬是属于魏氏家族的墓葬,战国时的属于魏国的墓葬。这些墓葬形制、内涵表现出的是典型的周文化墓葬的特色。但是这些战国时期的魏国墓葬,如以辉县固围村墓葬为例,与春秋时期的墓葬也不尽相同。

1. 春秋末年琉璃阁发掘的魏氏家族甲、乙二墓的墓葬形制

辉县琉璃阁发掘的甲、乙二墓,研究者认为是春秋晚期的墓葬,甲、乙二墓是晋国魏氏家族的墓葬。

甲、乙二墓均为坐东朝西的长方形竖穴土坑墓。甲墓东西长约11、南北宽10.3、深约11米。甲墓的墓底已经不见棺椁,但四周仍然可以看出保存好的柏木椁。"每条柏木长3.34、宽0.36、厚0.34米;共约80根柏木条,椁底横铺柏木14条,四壁各叠柏木9条,椁顶纵列3条,在墓壁四周叠起,作版筑状;形成以题凑椁室。"①

东周乙墓东西长约9.1、南北宽7.6、深约11米。乙墓椁室也是由柏木叠成,但是明显的比甲墓椁室要小一些。甲、乙二墓可能是夫妇异穴祔葬墓。

2. 辉县琉璃阁的战国墓葬形制

辉县琉璃阁又发掘50多座战国墓葬,其中80号墓与55号墓并列、呈对称形式。80号墓是男,在左;55号墓是女,在右。在这一墓地的许多墓都是两两相近,男左女右的墓葬,当是夫妇祔葬墓。这些墓葬当与旧晋时期的夫妇附葬墓的形式相同。墓主人头东足西。

80号墓与55号墓,皆为东西长分别是7.4、7.8米,南北宽分别是4.8、5.9米,皆深约10米的长方形竖穴土坑墓。如果两墓撤去中间相隔的墓壁,两人

---

① 郭宝钧:《山彪镇与琉璃阁》,北京:科学出版社,1959年,69、71页。

随葬的器物都在两人对向的怀抱中。椁内的布置皆是人骨在右，器物在左。两墓共一个车马坑。80 号墓中出土的铜戈上有铭文："虎☒丘君☒止元用"。"虎☒丘君"，当是墓主人的名字。①

80 号墓的棺椁可能已经不存，发掘报告没有报道。55 号墓的木椁保存很好，木椁四壁是由长 3.5、宽 0.3～0.35 米的，高 9 层、横排 10 层的柏木方锭累积而成。

《礼记注疏·檀弓下》记载："孔子曰：'卫人之祔也，离之；鲁人之祔也，合之。'"有些先生据此，认为魏国的这些祔葬墓的形式与卫国一样，故琉璃阁的墓葬是卫国墓。

笔者认为，春秋晋国的夫妇祔葬墓形式，也是夫妇不同墓穴，但相距很近的形式。山西侯马柳泉墓地 M301、M302、M303 并列为一组，位于墓地北区，墓上封土连为一体，即令下葬年代有所不同亦可视为同期；在东、西、南三面有陪葬墓 11 座和车马坑 1 座；根据两墓随葬品形制、纹饰来看，其年代为战国早期，具体年代为公元前 430～前 420 年。从残留的 4 件仍可窥见其随葬品的丰富程度，其墓葬形制、规模无论与早期还是同期的晋侯、卿及夫人墓相比，皆级高一等，应是晋公墓莫属。所以，M302 为晋公，M301 及西侧未发掘的 M303 为其夫人，M4、M5 为他们的陪葬墓。根据年代、等级，再结合文献记载，M302 为幽公，M301、M303 为其夫人。柳泉墓地其余三组大墓，有可能是出、敬、哀、烈、孝公、桓公中的三位及夫人。②

侯马乔村墓地墓葬分布十分密集，但仍可依据空隙地带或墓向分为若干片（群）。墓葬间左右成排，前后成行的排列格局较为规整，盛行一男一女的异穴合葬墓，俗称"对子墓"，但男女间左右方位没有一定规律。整个墓地以中心位置年代较早，随葬陶器的墓葬多集中于此，年代多在战国中晚期，靠西时代略晚，年代多在战国晚期。西汉，随葬品也较少。"围墓沟"墓多分布于此二部位，墓地东部基本上是两汉墓葬，少见战国时期墓葬。这些墓葬中，竖穴墓有重棺单椁和一棺一椁或单棺墓三类，洞室墓有单棺和无棺之别，竖穴墓随葬品在棺外椁内，洞室者则在洞口棺前或洞口一侧的壁龛中。③ 这些墓当是平民的墓葬。

侯马乔村还出土一组东周古墓。这些古墓包括 59、M16、M26 和 M59、

---

① 郭宝钧：《山彪镇与琉璃阁》，北京：科学出版社，1959 年，55、56、57 页。
② 山西省考古研究所侯马工作站编：《晋都新田》，山西人民出版社，1996 年，25 页。
③ 山西省考古研究所侯马工作站编：《晋都新田》，山西人民出版社，1996 年，43 页。

M16 和 M27 两墓（以下简称 M26、M27）。两墓紧紧连在一起，并有一道沟围绕着，构成一个整体。两墓埋在地表 2 米以下，M26 在南，M27 在北，相隔不逾 2 米，方向为北偏东 99°。墓圹的形制是仰斗式的土坑，四壁坡度很大。M26 口部东西长 4 米，南北宽 3.72 米，深 6.18 米；底部东西长 2.60 米，南北宽 1.78 米。M27 口部东西长 4 米，南北宽 3.20 米，深 5.92 米。葬具都较简单，只有长方形棺木遗痕，摆在墓圹正中，无二层台和椁。在两墓口四周，围绕着一条土沟，好似一道城壕。有学者认为，乔村墓地带有围墓沟的墓葬具有秦文化的因素。①

笔者认为，琉璃阁的夫妇祔葬墓的形式与旧晋时期山西侯马柳泉、侯马乔村等墓地的夫妇祔葬墓形式相同，即夫妇祔葬墓的墓穴离得很近，但不在同一个墓穴；春秋末期，辉县已经属于魏氏辖地，故琉璃阁的夫妇祔葬墓当是魏氏的家族墓地。

3. 辉县固围村战国墓葬的形制

固围村 1 号墓，分为墓室、南北墓道、墓上享堂三部分。墓室深 17.4 米，南墓道长 125 米之多，上面最宽处 21.7 米，比墓室还宽；至最深处 8.4 米。北墓道长 47 米，与墓室同宽，最宽处 15.3 米。南北墓道相距 190 米。墓室四壁与南、北墓道的两壁皆经过粉饰，即用普通黏土打底，再用白色微绿带胶性的黏土挂一表面，厚 0.2 厘米。墓室、墓道的上口的 1 米以下，用不同色彩涂成雉堞形，以像城堡。墓上有享堂，虽

图 10-1

1. 固围村战国 1 号墓南墓道工人移土时情况 2. 固围村战国 1 号墓墓上口外东北隅板瓦筒瓦散布情况
（中国考古所，《辉县发掘报告》，科学出版社，1956 年，图版肆拾）

---

① 山西省文物管理委员会、山西省考古研究所：《侯马东周殉人墓》，《文物》1960 年 Z1 期，15 页。

图 10-2　辉县固围村 2 号战国墓的残余椁室
（自东向西看）

资料来源：中国考古研究所，《辉县发掘报告》，科学出版社，1956 年

然已经破坏，但是墓上堆积大量的板瓦、筒瓦、瓦当，当是享堂所遗留。椁室下 15.3 米处铺设双层地板，地板上置外椁。外椁四角竖有四根立柱。内椁是用黄色的方锭木条、当是梗楠之类的厚木组成；内椁正中形成棺穴，放置棺木。外、内椁的椁顶皆是花漆板。

棺木外壁黑地硃表，髹硃漆的表面，绘制有四层花纹，如蟠龙纹、卷龙纹、三角纹、方形涡纹等；上面装饰有 6 枚鎏金铜兽环。棺木内壁髹黑漆里，上面点缀若干长方白石、五彩凹面珠，非常华美。

墓室上口，依墓壁四边，有 1 米宽的石基。石基长 18.8 米、宽 17.7 米，与墓口大小相同。石基内有石础 11 块。每面 6 础，四隅础共用，应该是 20 础，但是只遗留 11 础。这些石基、石础当是墓上享堂的基础部分。墓上享堂已经破坏，只留下一些板瓦、筒瓦、瓦当等残件。

固围村战国墓地 1 号墓的东南隅有两个埋玉坑，可能是后世子孙祭祀时所埋（后面将详述）。1 号墓的西壁 5 米处，还有两座小墓，即 5 号、6 号墓。5 号、6 号墓的内涵、时代与 1 号墓相同，当是 1 号墓的袝葬墓。

辉县固围村战国墓地 2 号墓与 1 号墓同样，分为墓室、南北墓道、墓上享堂三部分。墓室上口，依墓壁四边，有石基、石础、板瓦、筒瓦、瓦当等残件。

2 号墓的墓圹自深 7.2 米发现南北两堵石砌墙，上下通高 11.9 米，厚约 0.5 米；再向下 12.2 米深，乃发现椁室顶的朽木板和木枋墙。

圹底铺巨石块 8 层，中间加有细沙，总厚约 1.6 米。

墓圹东西为土圹墙，圹西壁的版筑土墙依靠在 1 号墓的东墙，3 号墓的西壁的版筑土墙依靠在 2 号墓的东墙。自圹墙顶以下 6 米是版筑土层，6～10.78 米是黄土层，再下是红土层。黄土层中 7.5 米处用绳纹板瓦片镶嵌，上面涂一层泥皮，再上一层白石灰皮。

椁室位于圹室的中心。椁底、椁壁皆用长 4 米多、宽 20～30 厘米的木枋铺垫、累积而成为椁室。

固围村战国墓地 2 号墓最突出的当是圹壁中间部分的南北墙用石块砌城，是石墙。

固围村战国墓地 3 号墓，亦分为墓室、南北墓道、墓上享堂三部分。墓道较长，北墓道长 65 米、南墓道长 89 米。椁室东西壁皆为夯筑的土墙壁，皆经过白石灰面的粉饰。椁室四角分别有四个土墩，每个土墩在紧贴东西两壁处，皆有一根立柱。笔者推测，可能是为南北两壁之用。

从以上墓葬形式我们可以了解春秋魏氏家族、战国魏国的墓葬形制，完全体现了周文化的礼制、内涵和特色，并有非常明确等级性。

（1）春秋魏氏家族、战国魏国墓葬的附葬墓形式与春秋晋国的祔葬墓形式完全相同，如春秋末年辉县琉璃阁的甲乙二墓、还有 80 号墓与 55 号墓并列、呈对称形式。80 号墓是男，在左；55 号墓是女，在右。辉县的辛村墓地的 17 与 5 号墓，1 号与 6 号墓，许多墓都是两两相近，男左女右的墓葬，当是夫妇祔葬墓。

墓主人头东足西，也是魏墓的特色。

（2）春秋魏氏家族、战国魏国贵族封君的墓葬，皆没有墓道，呈竖井式的长方形竖穴墓形式，如辉县琉璃阁的战国 80 号墓中出土的铜戈上有铭文"虎　丘君"，当是墓主人的名字，即是如此。

（3）河南省辉县固围村战国墓地有一些带大型的长长墓道的、积石积炭、以柏木枋条累积椁室的题凑墓葬，且墓上建有享堂；此种形式的题凑墓形式当是魏国国君魏王之墓。固围村战国墓地 1、2、3 号墓皆是魏王之墓。辉县琉璃阁战国墓地上的国君墓显示出题凑墓葬形式。

《吕氏春秋》卷十《节丧》"夫玩好货宝，钟鼎壶鉴，舉马、衣被、戈剑，不可胜其数。诸养生之具，无不从者；题凑之室，棺椁数袭，积石积炭，以环其外。"（汉）高诱注："室，椁藏也；题凑，复累袭重；石以其坚，炭以御湿，环绕也。"

《史记·滑稽列传》又有记载：楚庄王有爱马死，楚庄王"欲以棺椁大夫礼葬之。左右争之，以为不可。王下令曰：'有敢以马谏者，罪至死。'优孟闻之，入殿门，仰天大哭。王惊而问其故，优孟曰：'马者，王之所爱也；以楚国堂堂之大，何求不得？而以大夫礼葬之薄，请以人君礼葬之。'王曰：'何如？'对曰：'臣请以雕玉为棺，文梓为椁，楩枫豫章为题凑，发甲卒为穿圹，老弱负土。齐赵陪位于前，韩魏翼卫其后。庙食太牢，奉以万户之邑。诸侯闻之，皆知大王贱人而贵马也。'"《集解》引苏林曰："以木累棺外，木头皆内向，故曰题凑。"《集解》裴骃案："楚庄王时，未有赵、韩、魏三国。"《索隐》案："此辩说者之词，后人所增饰。"

笔者认为，裴骃所说"楚庄王时，未有赵、韩、魏三国"；但是墓葬的"题凑"之椁室却在春秋时未曾出现，《史记·滑稽列传》所述的不是楚庄王时之事，当是战国时期某一楚王之事。

二、魏国墓葬随葬礼器的礼制研究

魏国墓葬随葬礼器，包括礼器和乐器。鼎、簋、鬲、壶、豆、笾、鉴等，本是中国古代的盛食器，广泛地用于先秦时期的中国。贵族们用这些盛食器祭祀祖先，这些盛食器特别是鼎就成为礼器，进一步成为国家社稷以及政权的象征。贵族们为了表现自己高贵的身份，使用的鼎有不同的规格和等级，表现出不同的组合形式。贵族们死后，随葬鼎的等级也不相同。根据魏墓中发现的考古材料，中国古代的用鼎制度分为殷、周两大文化系统。魏墓中的用鼎制度完全属于周文化系统的礼制。

春秋以后，编钟使用的等级出现了。编钟组合日趋复杂，一方面表示音乐的发展，另一方面编钟的使用也开始有了严格的等级。

1. 魏墓随葬礼器研究

河南汲县山彪镇的战国墓地一号墓出土列鼎一套5件。这套列鼎形制花纹相同，大小尺寸依次递减。这是我国考古发掘中最早出现的列鼎。是时，虽然新郑的郑公大墓出现了列鼎，由于是当地士绅挖井所得，不是科学性的发掘，因此当时并未被人们所认识。山彪镇的战国墓地一号墓出土的列鼎使人们第一次见到了古代列鼎的真实面目。

《仪礼·聘礼》云："饪一牢，鼎九，设于西阶前，陪鼎当内廉；东面北上，上当碑，南陈。牛、羊、豕、鱼、腊、肠、胃同鼎。肤、鲜鱼、鲜腊设扃鼏。腸、臐、膮盖陪牛羊豕。"[①]郭宝钧先生认为："这里所说的'上'，就是最大的一鼎；有上必有下，'下'应是最小的一鼎。若各鼎大小相同，便不易分

---

① 《仪礼注疏》卷二十一《聘礼》引自《十三经注疏》，中华书局，1980年，1059页。

别出上下来。"①

该墓出土两对华盖壶，形体雄伟。华盖壶一、壶二为一对，各通高约60厘米，重1.2公斤左右；华盖壶三、壶四为一对，各通高约50.8厘米，重1.5公斤左右；与新政所处的莲鹤方壶，格局相同。绘有水陆攻战图花纹的铜鉴一对。

《仪礼》中的《士丧礼》《既夕礼》《士虞礼》记载了士在各种礼仪中鼎的使用制度和组合形式。《士丧礼》记载："陈三鼎于门外。"《既夕礼》记载："陈五鼎于门外。"郑玄注曰："士礼，特牲三鼎；盛葬，奠加一等，用五鼎，即少牢也。"也就是说，士礼，当用三鼎；但因这是葬前之盛奠，故加一等，用五鼎少牢之礼。

《仪礼·少牢馈食礼》记载大夫（或诸侯）的祭祖之礼："雍人陈鼎五。"

《仪礼》所记载的用鼎制度当与《公羊传·桓公二年》何休注所说的"礼祭，天子九鼎，诸侯七、卿大夫五，元士三也"的用鼎制度是一致的。这种用鼎制度被认为是"西周古制"。

远古时期，鼎、簋、簠、甑、鬲、盆、壶、鬲、罐、碗、豆、笾皆是人们用来炊煮和盛食的器皿。酿酒业发明以后，人们又在宴享或祭祀中用作为盛食器或酒器。鼎、簋、鬲、尊等器皿成为祭器，逐渐被赋予神圣的含义，成为礼器。

西周王朝称为"宗周"，周天子以大宗的宗子身份成为周王，享有祭祀祖先的权力。如果国家政权存在，那么祖先的宗庙就在，祭祀祖先的祭器、礼器就在，所以以鼎为主的祭器被赋予国家权力的象征。先秦时期的用鼎制度存在两个系统：殷商文化系统和周文化系统。殷商文化系统的用鼎制度呈偶数组合形式，即每种形制的鼎呈2、4、6、8的组合形式；而周文化系统的用鼎制度呈奇数组合形式，即每种形制的鼎呈3、5、7、9的组合形式。②

春秋后期魏氏家族、战国时期魏国墓葬出土的礼器皆符合周文化类型的用鼎制度和礼器的组合制度。

辉县琉璃阁战国墓地80号墓出土有盖的列鼎5、无盖的列鼎7、小鼎2、鬲6、簠4、簋4、豆2、大壶2、鉴2、盘1、匜1、舟1等礼器；另外还有一些兵器戈、矛、剑、斧等。由于80号墓出土的铜戈上有铭文"虎𠭖丘君"的字样，那么该墓当是魏国封君的墓葬，无盖的列鼎7是该墓主人使用礼器的规格。

---

① 郭宝钧：《山彪镇与琉璃阁》，北京：科学出版社，1959年，11～12页。
② 李玉洁：《殷商与两周用鼎制度的区别研究》，《中原文物》2012年第2期，42页。

辉县琉璃阁战国墓地60号墓出土有盖的列鼎5、无盖的列鼎9、有盖的列鼎9、不成列的小鼎5；鬲6、甗1组、簠4、簋6、罍2、豆1、方壶3、盘1、舟1等礼器，另外还有一些兵器戈、剑、斧等。60号墓还出土许多青铜乐器（后面讲详述），根据这些器物，60号墓当是魏国国君的墓葬，使用9鼎的礼器规格。

至于固围村战国墓地1、2、3号墓虽然皆是魏国魏王之墓，但是非常遗憾，墓中的青铜礼器被盗掘一空，所以我们还无法了解墓中随葬礼器的情况，只好暂付阙如。

辉县琉璃阁战国墓地出土的鬲、簠、簋、豆、壶、鉴等礼器皆呈偶数的组合形式。

根据《周礼·秋官·掌客》记载：西周至春秋时期，各级贵族宴请、祭祀所使用的礼器组合形式大体情况如下。

天子接待诸侯之礼用九鼎（另有羞鼎三）、八簋、六簠、十六豆、十六壶。

诸侯国君宴请他国使臣上卿之礼为九鼎、八簋、八豆、八笾、六铏、八壶。

宴请卿的副手之礼为七鼎、六簋、六豆、六笾、四铏、六壶。

少牢馈食之礼是五鼎、四簋、四豆、四笾、二铏、四壶。

士礼所使的礼器组合为三鼎、二簋、二豆、二笾、二壶（或两甒）。

周代礼器的组合是有一定规律的。鼎、俎是按奇数组合，即一、三、五、七、九的等差形式递增（或递减）；簋、簠、豆、铏、壶是按二、四、六、八的等差形式递增（或递减）。周人以奇数为阳，象征天、君、父、男；以偶数为阴，象征地、臣、母、女；很明显地有崇尚奇数的意识。这种以奇偶数字表示阴阳的巫术思想意识被周人运用在礼器的组合方面。《礼记·郊特牲》云："鼎、俎奇而笾、豆偶，阴阳之义也。"孔颖达疏曰："鼎、俎奇者，以其盛牲体；牲体、动物。动物属阳，故其数奇。笾、豆偶者，其实兼有植物；植物为阴，故其数偶。"周人及其所臣属的诸侯国在宴享、祭祀及各种社交礼仪上，对礼器的使用与组合形式皆附以阴阳之义，盛放天之所生的动物食品的鼎，用奇数组合形式，象征阳；盛放地之所产的植物食品的豆、笾、簠、敦、簋、壶用偶数组合形式，象征阴。《郊特牲》云："阴阳和而万物得"。只有阴阳相和谐，万物才能滋生繁荣。①

魏国墓葬中出土的礼器组合完全符合周文化的等级规格和制度。

---

① 李玉洁：《中国古代的礼器组合制度》，《华夏考古》2006年第4期，51页。

2. 魏墓随葬乐器的礼制研究

河南省汲县山彪镇第一号墓出土两组编钟，蟠螭纹的编钟一套 5 枚，散虺纹的编钟一套 9 枚。

河南省辉县琉璃阁第 60 号墓出土 30 件青铜乐器，包括蟠螭纹的编镈 4、蟠虺纹复纽编钟 8、鼓纹单纽编钟 8、蟠螭纹的甬式编钟 9；在乐器方面，另有非青铜器的石磬 11。

琉璃阁第 60 号墓共出土编钟 3 堵 25 枚，甬式编钟一堵（最大）、单纽编钟一堵（次之）、复纽编钟一堵（最小）；非常整齐，分堵不乱。如加上编镈 4 枚，共四堵；再加上编磬 11 枚，这个金石之乐是非常豪奢的。

《周礼·春官·小胥》记载："正乐县之位，王宫县，诸侯轩县，卿大夫判县，士特县。"郑玄注曰："乐县，谓钟磬之属县于笋簴者。"郑司农又云："宫县，四面县；轩县，去其一面；判县，又去其一面；特县，又去其一面。四面象宫室，四面有墙，故谓之宫县。轩县三面，其形曲。……轩县去南面，辟王也。判县左右之合，又空北面。特县县于东方，或于阶间而已。"①

这个金石之乐的组合当是所谓的"宫县"，是魏王才能享用的乐器。

《周礼·春官·小胥》又云："凡县钟磬，半为堵，全为肆。"郑玄注云："钟磬者，编县之二八十六枚，而在一虡，谓之堵。钟一堵，磬一堵，谓之肆；半之者，谓诸侯之卿大夫、士也，诸侯之卿大夫半天子之卿大夫。西县钟，东县磬，士亦半天子之士。县磬而已。"② 县，悬也；悬挂之意。

由以上文献记载可知，先秦时期人们的社会地位不同，所奏的音乐不同，使用乐器、特别是铜编钟的规格和等级也不相同。

复合乐器钟、磬是编成列悬挂在簨虡之上的乐器，即"钟、磬皆编县之在簨虡"为列，簨虡，古代悬挂钟磬鼓的木架，横杆叫簨，直柱叫虡；故这些钟、磬，又称为编钟、编磬。这种把编钟悬挂在簨虡上的形式又称为"乐县"。

第 60 号墓位于琉璃阁墓地的中心，各墓之间的相互距离皆取决于该墓；也是一个时代居中的墓，该墓之东者晚、之西者早。60 号墓共出土编镈、编钟共四堵；再加上编磬 11 枚，这是一个全肆金石之乐，也就是《周礼·春官·小胥》所说的"宫县"，只有王才能使用的等级，其豪奢是不容置疑的。另外，第 60 号墓还出土有盖的列鼎 5、有盖的列鼎 9、无盖的列鼎 9、不成列

---

① 阮元校刻：《十三经注疏·周礼》，北京：中华书局，1980 年，795 页。
② 阮元校刻：《十三经注疏·周礼》，北京：中华书局，1980 年，795 页。

的小鼎5；鬲6、甑1组、簠4、簋6、罍2、豆1、方壶3、鉴3、盘2、舟1、盂1、勺1等礼器；戈14、剑3、斧2、镞若干；锯1、削1、害辖32、衔镳45；还出土60多枚含金的蟠龙纹大圆泡（径约10厘米以上）、1000多枚包金的铜贝；出土的玉石器主要有玉璧1、石壁2、玉璜6、澄碧翠绿的硬玉月牙璜1对、雕玉佩2、玉珩6、玉冲2、玉牙4（玉冲、玉牙，皆弯形的小玉佩）、玉蛙1、玉环、红白紫绿碧即大小长短的雕花玉璋16、玛瑙环3、玛瑙管16、红玛瑙珠35、白玛瑙珠10、紫玛瑙珠2、玛瑙长珠12、绿玛瑙珠7等，出土玉器共119件。① 第60号墓的随葬物品如此丰富，那么这个60号墓是魏国的哪一个国君的墓葬呢？

郭宝钧先生在叙述第60号墓之后说："此墓葬可注意之处：①为歌钟镈磬的配列；②为写实图案的萌生；③为金甲金贝的出现；④为璜璧冲牙的组合；四者都可以帮助解释一部分学术问题的争论。"②

笔者根据琉璃阁第60号墓随葬品的规格，认为该墓主人当是魏国的国君。该墓中随葬如此丰富的、呈"宫悬"礼制规格的编钟，如果对照魏文侯对音乐的酷爱与精通，那么该墓很有可能是魏文侯的墓葬。

三、魏国墓葬随葬玉器的礼制研究

辉县固围村1号墓发现两个埋玉坑，可能是后世子孙祭祀时所埋的祭祀坑。坑中出土大量的玉器，计有玉简册50、玉圭6、石圭50、东段大玉璜一组、小玉璜3、虬龙佩、大小环佩43、玉璋1、料珠56。1号墓的棺椁中出土方玉3、玉环18、小圆玉2；另外还有金管、金片、料珠等。

《三礼》（《周礼》《仪礼》《礼记》）虽然成书在战国或者战国之后，但也有许多西周礼制的记载。《仪礼·觐礼》云："设六玉，上圭下璧、南方璋、西方琥、北方璜、东方圭。"《周礼·春官·宗伯》云："以玉作六器，以礼天地四方；以苍璧礼天，以黄琮礼地，以青圭礼东方，以赤璋礼南方，以白琥礼西方，以玄璜礼北方。"

根据《三礼》的记载，"圭"排在最前头，是祭祀东方，即"礼东方"的礼器。圭，起源于古代测日影的木杆，以后用玉制成上尖下方的形式，称为

---

① 郭宝钧，《山彪镇与琉璃阁》，北京：科学出版社，1959年，59、61页。
② 郭宝钧，《山彪镇与琉璃阁》，北京：科学出版社，1959年，62页。

圭，成为礼玉。《说文》云："圭，瑞玉也；上员下方，以封诸侯。"《白虎通》云："圭以为信，而见何也？珪者，锐上象物，始生见于上也。信莫着于见，故以之万物之始，莫不自洁，珪之为言圭也。上锐，阳也；下方，阴也。"固围村1号墓埋玉坑出土6枚玉圭、2枚石圭。

玉圭一 1：375之1，扁平长方形，锐首平柢与汉武梁祠画像榜书为"玄圭"者形象略同，五色灰白杂黑斑，半透明。高18.8厘米、宽5.7厘米、厚0.3厘米。

玉圭二 1：375之2，与圭一色质略同。高10.1厘米。

玉圭三 1：375之3，玉色质同前。高18.6厘米。

玉圭四 1：375之4，与圭三形制相近，圭首亦短，色质略同。高18.8厘米。

玉圭五 1：375之5，形制同前而短，无孔，玉质较纯，暗绿色，琢磨较细。高14.8厘米。

玉圭六 1：375之6，形制质、科与圭五相近，略宽，腰部有白色纹理。自纹理裂为两段。高14.9厘米。

石圭，共有50枚；皆石质，色灰，不透明。形制亦是锐首，但是两边斜下不垂直，上窄下宽形。片颇厚，出土时每10枚为一组，五组交叉叠置。长10.3厘米，宽3.1厘米，厚0.5厘米。其他49枚同号，大小形制亦同。编简成册，古制习见；50枚共一组，为旧所未闻之事。①

固围村1号墓埋玉坑出土有一对大玉璜、3枚小玉璜。

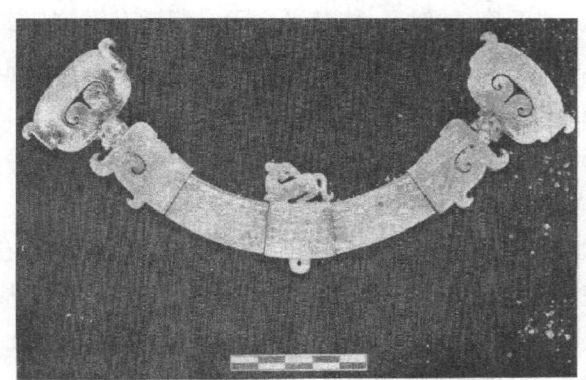

图10-3　固围村第1号墓埋祭坑出土的大玉璜

资料来源：中国考古研究所，《辉县发掘报告》，科学出版社，1956年

---

① 中国考古研究所：《辉县发掘报告》，北京：科学出版社，1956年，80页。

大玉璜，由 7 枚美玉、两个鎏金铜饕餮头组成。玉色温润，色白而微绿。全体弧形，中间一玉长方微曲为扇面；上侧雕一马，两端两玉雕龙头。全长弧外距 20.2 厘米，弧内距 14.4 厘米。宽小央一块 1.9 厘米、连马鼻 3.8 厘米、两侧两块 1.8 厘米、两龙头 2.1 厘米、两端椭圆片 4.1 厘米、厚 0.5 厘米。

玉璜 1，弧形，两端作龙首，以龙目为孔，背亦有孔。面篆谷纹，黄绿白斑，半透明。弧外距 9.2 厘米、内距 4.8 厘米、宽 1.6 厘米、厚 0.8 厘米。

玉璜 2，形制、尺寸、色泽同前，与前为一对。还有一个小玉璜。

玉璜是祭祀北方的礼器。璜，是半璧形式的玉器。《说文》云："璜，半璧也。"固围村 1 号墓埋玉坑东段出土大玉璜一组、小玉璜 3。

琉璃阁第 60 号墓出土的玉器主要有玉璧 1、石璧 2、玉璜 6、澄碧翠绿的硬玉月牙璜 1 对、雕玉佩 2、玉珩 6、玉冲 2、玉牙 4（玉冲、玉牙，皆弯形的小玉佩）、玉蛙 1、玉环、红白紫绿碧即大小长短的雕花玉琀 1、玛瑙环 3、玛瑙管 16、红玛瑙珠 35、白玛瑙珠 10、紫玛瑙珠 2、玛瑙长珠 12、绿玛瑙珠 7 等，出土玉器共 119 件。

璧，当是由纺轮演变而成的，用玉器制成，成为礼拜天的礼玉。其形式圆形、中间带孔。孔与边之间的部分称为"肉"。根据孔与肉的不同，可分为璧、瑗、环等。璧的肉是孔的两倍；如果孔是肉的两倍，则称为瑗；如果肉与孔长度一样，称为环。

辉县固围村出土的玉环较多，但是没有玉璧。

辉县固围村 1 号墓出土雕花玉琀 1 件，是很少见的玉器，当是组带上的饰物。发掘报告云："玉琀，椭长，体椭平，面、背皆有横纹如蚕节。有孔透两端，可以穿绳以系。长 5.2、宽 16、厚 0.8 厘米。"①琉璃阁第 60 号墓出土玉琀 16 件，穿空皆在中心，上面皆有花纹。玉琀在组带中当有居中的地位。

琉璃阁第 60 号墓出土有玉璧、玉璋、虬龙佩、玛瑙珠等璋，《周礼·冬官·考工记·玉人》注释曰："半圭曰璋。"

琥，《说文》曰："发兵瑞玉为琥，文从玉从虎，虎亦声。春秋传曰'赐子家双琥'。"玉琥的形状无考，可能像虎形，当寓意威武之意。战国时期的兵符就制成虎形，又称为虎符。玉琥在目前发掘的墓葬中尚未见到，但是《史记魏公子列传》中记载有"虎符"，也是礼玉的一种。

璧、琮、圭、璋、琥、璜，是《三礼》记载的"六器"，三代至春秋战国

---

① 中国考古研究所：《辉县发掘报告》，北京：科学出版社，1956 年，82 页。

时期,"六器"是备受重视的礼玉,礼器的功能日趋重要。

辉县固围村 1 号墓出土有玉简册,简扁平,长条形,青玉白斑,半透明,质薄而匀,可见当时玉工之精。简的长度大约 22.5 厘米、宽度 1.2 厘米、厚度在 0.11 厘米左右,出土时 50 简相次成卷,依次取出,重加编组,集以成册;宽度约有 69 厘米。简面无字、也无诛墨之迹,或年代久远,笔墨脱落;或原本无字,仅具形式,今无可征。周秦间玉简出土,如此完具者前尚未见。其长度 22 厘米,正界于周尺制(19.1 厘米)与汉尺制(23.5 厘米)之间,可透露出周汉尺度渐次增长的消息(因简的长度一般约为 1 尺)。①

目前,我国战国时期的竹简发现不少,如信仰长台关楚简、郭店楚简、清华简、上博简等,但玉简发现的确实不多。1 号墓出土的 50 枚玉简册,上面也可能没字、也可能写上的字,笔墨已经脱落;但是固围村 1 号墓出土的玉简肯定是非常珍贵的。由于 50 枚玉简册出土在 1 号墓的埋祭坑中,也是战国祭祀的一种礼仪(图 10-4)。

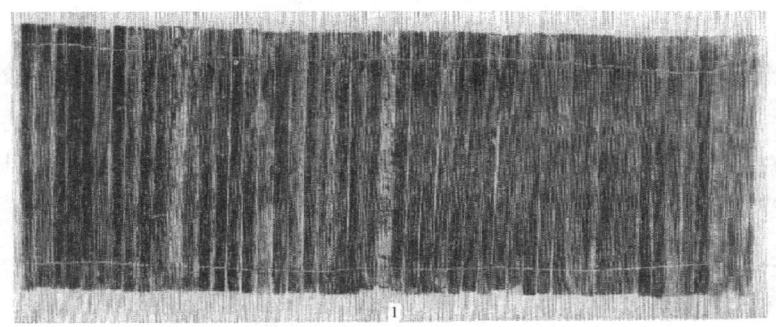

图 10-4　固围村一号墓出土的 50 枚玉简册
(中国考古研究所《辉县发掘报告》,科学出版社 1956 年,82 页)

玉器还有一个重要的作用,那就是"以玉殓尸"。中国古代认为,"金玉在於九窍,则死人为之不朽";②《吕氏春秋》卷十《节丧》"国弥大,家弥富,葬弥厚,含珠鳞施."(汉)高诱注:"含珠,口实也;鳞施,施玉于死者之体如鱼鳞也。"

魏国很多墓葬的墓主人都有"含珠鳞施""以玉殓尸"的情况,如琉璃阁第 75 号墓主人的头顶置白玛瑙环 1、右眼菱形玉 1;胸前黄绿玉璧 1、白玉片若干;右臂碧玉璧 1、白玉片若干、腹下豆青玉璧 1、虬龙佩 1、白石残璋 1;

---

① 中国考古研究所:《辉县发掘报告》,北京:科学出版社,1956 年,80 页。
② (晋)葛洪:《抱朴子·内篇》卷一《對俗》第三。

足下墨玉若璜者2。这种异色异器异部位的放置,应该有一种敛尸防腐及五行迷信的意义。①

琉璃阁第1号墓出土的1、4、6、7号玉环,1、2、5、6号虬玉佩。1号墓主人的头骨左上方、右上方、左臂、右臂皆放置玉环;一对虬玉佩放置在墓主人的胸前,墓主人的身边还放有小玉璗和玉珩。

这种在死者身体的四周放置玉器的现象就是"以玉殓尸",表现出生者希望死者的尸体能够永久保存的心理。

第三节 魏相惠施的哲学思想

战国时期,惠施是名家学派的代表,是我国重要的思想家,也是杰出的政治家,是魏国的相,对魏国政治、军事都起过重要的作用。

惠施是名家学派的代表。所谓名家,就是探讨名与实关系问题的学派。名与实问题,其实是关于知识概念和逻辑学的重要问题,但自先秦时期我国学术界就对名家存有偏见,认为他们是诡辩家。《史记·太史公自序》引司马谈《论六家要旨》云:"名家苛察缴绕,使人不得反其意,专决于名而失人情,故曰:'使人俭而善失真。'若夫控名责实,参伍不失,此不可不察也。"司马谈认为名家强调某一字或词意,太失事物的原意;但他又认为"控名责实,参伍不失,此不可不察也。"荀子在《非十二子》一文中说:名家"不法先王,不是礼义,而好治怪说,玩琦辞,甚察而不惠,辩而无用,多事而寡功,不可以为治纲纪;然而其持之有故,其言之成理,足以欺惑愚众"。荀子对名家的评价更为尖刻,但也承认名家"其持之有故,其言之成理"。

名家虽然不为当时的学者理解,但他们所论述的问题,是逻辑学的重要命题。名家的代表人物惠施、公孙龙等在我国逻辑学史上占据重要地位。

一、惠施的哲学思想

惠施是一个很有为的政治家,而且还是一个很有学问的人。庄子对他的

---

① 郭宝钧:《山彪镇与琉璃阁》,北京:科学出版社,1959年,66页。

评价很高，庄子说："惠施多方，其书五车；其道舛驳，其言也不中。"（《庄子·天下》）庄子虽然认为惠施的"言也不中"，但承认他"其书五车，其道舛驳"。庄子本身就是一个很有学问的人，如此评价惠施，说明惠施的学问在战国时期是很著名的。

《庄子·天下》记载：南方有一奇人曰黄缭，他向庄子提出"天地所以不坠不陷，风雨雷霆之故"的问题。惠施连考虑都没有就回答了黄缭的问题，"遍为万物说"。惠施以万物原理，滔滔不绝，"说而不休，多而无已，犹以为寡，益之以怪"，这说明惠施是个学问渊博的人。

惠施的著作已经散失，没有留传下来，我们仅能从先秦诸子的散乱记载中了解有关他的情况和思想。《庄子·天下》记载了他的部分哲学观点。《庄子·天下》云："（惠施）历物之意曰。"历物，清代学者郭象注疏："心游万物，历览辩之。"也就是对万物思考而提出的看法。后代有人称之为"惠施历物十事"，也就是惠施的十个哲学观点。

《庄子·天下》记载："（惠施）历物之意曰：至大无外，谓之大一；至小无内，谓之小一。"这是惠施的第一个哲学观点。惠施对万物进行观察思考，然后做出解释：如果一个物体无限大，那么这个物体就能包容宇宙中的一切。在这个物体之外，什么也不存在。这个物体就是"至大无外"，称之为"大一"。而如果一个物体无限小，小到微末，在这个物体之中，什么也含容不下，那么这个物体就是"至小无内"，称之为"小一"。"大一"和"小一"的命题，其实就是数学上的"无限大"和"无限小"的问题。"无限大"，就是大到无边，可以包含宇宙之一切，把"无限大"看作一个整体，就是"大一"；而"无限小"，可以小到毫末，即能够独立存在的最小物体，这就是"小一"。这样的对问题的看法，是符合自然规律，也是一种对自然现象的深刻见解。

惠施的第二个哲学观点是"无厚不可积也，其大千里。"即一个物体，如果只有面积，而无厚度，或者说在厚度上不再增加，那么物体就不会加厚，而只在面积上增加，则可以"大千里"。

第三个哲学观点是"天与地卑，山与泽平"。郭氏疏："夫物情见者，则天高而地卑，山崇而泽下，今以道观之，则山泽均平，天地一致矣。《齐物》云：莫大于秋毫，而泰山为小，即其义也。"这段文字说明世界上任何事物都是相对的，无天也就无所谓地，无山就无所谓泽，没有高也就无低，无长就无短。老子在《道德经》第二章中说："有无相生，难易相成，长短相较，高下相倾，声音相和，前后相随。"世界上任何事物都包含着矛盾对立的两个方面。

这两个方面相互依存，相辅相成，如天地、山泽皆属这种情况。这其实是辩证法中的一个重要命题。

第四个哲学观点是"日方中方睨，物方生方死"。每天太阳都行过长空，从东方向西运行。当我们看到太阳正在中天之时，其实它已经偏斜。当一个事物刚刚出生之时，同时也开始了向死亡迈进。任何事物都有一个产生、形成、衰亡的过程。这是事物发展的必然规律。惠施能够认识到这一点，说明他有深邃的哲学家的眼光。

第五个哲学观点是"大同而与小同异，此之谓小同异。万物毕同毕异，此之谓大同异"。郭氏疏曰："物情分别见有同异，此小同异也。死生交谢，寒暑递迁，形性不同，体理无异，此大同异也。"对于同一物体来说，它的各个部分也不相同，这是"小同异"。而对于天地万物来说，皆有相同之规律，但又有不同之形式，此谓"大同异"。

关于"同"与"异"的问题，战国时期已经有许多学者开始注意。《吕氏春秋·有始》云："天地万物，一人之身也，此之谓大同；众耳目鼻口也，众五谷寒暑也，此之谓众异。"高诱注："以一人身喻天地万物，《易》曰：近取诸身，远取诸物，故曰大同也。"把天地万物当作一个整体看，并发观它们的共同规律；又把具体事物进行分析，找出它们的差别，从中发现异同，发现"大同异"与"小同异"，这是当时人们对世界认识深化的结果。

第六个哲学观点是"南方无穷而有穷"。冯友兰先生在《中国哲学史新编》十一章中说："在当时，一般人都认为南方是无穷的。因为中国东面有海，西有沙漠（流沙），北面有大山，只有南面，随着南方各国，如楚、越等国向南方继续扩展，没有达到止境，好像是无穷的。"惠施认为，南方看起来是无穷的，但它肯定有达到"有穷"之处。这种观点亦是辩证的，这是惠施对地域有穷与无穷、有涯与无涯的认识，从今天的地理知识和科学知识来看，惠施的认识是正确的。

在时、空观念上，惠施提出他的第七个哲学观点，即"今日适越而昔来"。郭氏疏："夫以今望昔，所以有今；以昔望今，所以有昔。而今自非今，何能有昔，昔自非昔，岂有今哉？既有无昔无今，故曰今日适越而昔来可也。"没有过去，就没有现在；将来的过去，就是现在；没有现在，也不会有过去。今与昔、现在与过去，这是相互对立，又相互依存的两个对立面。"今日适越而昔来"其字面意思是：今日到达越，但其出发时间当为"昔"。昔日出发，今日才能到越。今日出发，明日才到越，那么相对明天，今日就是昔。

第八个哲学观点是"连环可解也"。惠施认为，解连环有其道理，那就是当两环相贯时不可解；而两环贯空，不贯于环时，连环可解，即连环可解，须有一定的条件，并不是在任何条件下都可解。

惠施认为，"天下之中央，燕之北，越之南是也"。惠施虽然还不知"天下之中央"在何处，但他提出"燕之北、越之南是也"。我国古代的人民皆认为"中国"即天下之中央，中原又是中国之中。那么中国之中央，当在燕之南，越之北。但惠施却反其道而行之，认为天下之中央，当在燕之北、越之南。这是把天下看作"无边"，认为九州之外还有九州的一种看法。惠子认为，"天下之中央"，并不在中国。

第十个哲学观点是"氾爱万物，天下一体也"。这句话既表现惠施的政治思想，也反映了他的哲学思想。从政治上说，惠施认为应该氾爱天下万物，包括世界上的一切人民、生物、物体等，这是后代所说的人道主义观点。从哲学上说，惠施认为，天地万物是一体，任何相对的事物其实都属于一个事物的两个方面，即天下大同的思想。无论从政治上还是哲学上，惠子的"氾爱万物，天地一体"都有其进步意义，表现了惠施对天下万物的认识和态度。

二、惠施的明辨逻辑思想

惠施是战国时期有名的学者，有很好的辩才。他的思想是丰富的。惠施把自己的思想和观点向天下喜辩论的人展示，天下辩者"相与乐之"。根据《庄子·天下》的记载，惠施，包括追随惠施的名辩学者还有许多论点，都表现了名家学派的逻辑思想。

惠子及追随他的名辩学者认为，"卵有毛"，即鸡子为卵之时，卵必将成鸡；鸡有毛，那么卵中当有毛羽伏。胎卵未生，而毛羽之性已着。那么"卵有毛"之说，当有其道理。

"鸡三足"，也就是说，鸡虽两足，但行走时，须有精神为之主导，两足加精神，故曰"鸡三足"。

"犬可以为羊，马有卵，丁子有尾。"名字是人起的，不妨把犬唤作羊，把马胎称为马卵，把丁子（楚人称蛤蟆为丁子）称为有尾。万物无定形，形无定称。可以把某一物体随便称为什么，就是一种习惯和定论。"山出口。"惠施等认为，如山的名字皆人为之，故山名出自人口。"山出口"，就是这个道理。

"火不热。"其意是,热与冷皆出自物情,出自人们的感觉,如杖加在人身,人疼而杖不痛;同样,火加在人身,人热而火不热。故认为"火不热"。

"轮不碾地。"这句话,自古就有许多解释。《庄子集释》郭氏疏:"夫车之运动,轮转不停。前迹已过,后途未至,徐却前后,更无碾时,是以轮虽运行,竟不碾于地也。"笔者认为,"轮不碾地"之意,当为车在道路上行进,故车轮所碾者,路也,非地也。故曰"轮不碾地"。

惠施一派的名辩学者提出"目不见",即眼睛之所以看见物必假借于光。郭氏引司马《释文》云:"目不假光而后明,无以见光。故目之于物,未尝有见也。"

惠施及其追随者认为,做任何事情都要假之以物。他说:"指不至,至不绝。"郭氏引司马《释文》云:"指之取物,不能自至,要假物故至也。……取火以钳,刺鼠以锥,故云假物,指是不至也。"不假借他物,无以成事。

任何事物都是相对的,如以龟、蛇比较,在形体上蛇长龟短,而在寿命上,龟长蛇短,所以惠子说:"龟长于蛇。"

"矩不方,规不可以为圆。"这是惠施的又一命题。惠施认为,任何事物都不是绝对的。"矩虽为方而非方,规虽为圆而非圆。譬绳为直而非直也。"

"凿不围枘",凿,孔也;枘,孔中之木也。所凿之孔,肯是不能围枘,比枘小;故才能围枘。

"飞鸟之景,未尝动也。"飞鸟的影子,是随鸟而动的。而鸟影相对飞鸟是不动的。

"镞矢之疾,而有不行不止之时。"即矢镞太快,看上去像不行不止(即不动)一样。

"狗非犬。"狗、犬实同而名异,从名字上看,狗不是犬。

"黄马骊牛三",即黄马为一、骊牛一,而又把黄马、骊牛之色与形皆表示出来。故这里所表示的是"黄马骊牛"共三个意思。

"白狗黑。"如白狗黑目,那么可以把黑眼睛的白狗说或是黑狗。惠施又说:"孤驹未尝有母。"本来驹生是有母的,但云"孤驹",那么"孤称立则母名去。故"孤驹"无母,才能称为"孤"。

惠施一派的名辩学者还以为"一尺之棰,日取其半,万世不竭"。棰,杖也。也就是说,一尺长的木杖,每天取一半,一万年也不会取完。惠子等的观点,当然是很有哲理的,并具有逻辑性。

惠施学问渊博,思想机敏,善于推理,富于逻辑性和辩才,在当时的学者中间有很大的影响。这些学者响应惠施,"终身无穷",如桓团、公孙龙等皆为惠施之信徒。

惠施的思想与逻辑推理方法,当时有许多人不能理解,如庄子说:惠子"能胜人之口,不能服人之心,辩者之囿也。惠施日以其知,与人之辩,特与天下之辩者为怪,此其柢也。……惜乎,惠施人才,骀荡而不得,逐万物而不反,是穷响以声,形与影竞走也。悲夫。"[①]庄子了解惠施的才华,但又不理解他为所辩事物之理的执着。惠施一生对政治有积极的参与意识,对事物之理穷、之明辨,执着而不妥协。他的思想是富于哲理的,不愧为我国逻辑学的奠基者之一,但惠施不能得到先秦时人的理解,故议论对其多有贬词。

第四节 魏国的军事思想

魏国的兵学家主要有吴起、尉缭子。吴起、尉缭子是出色的军事将领。

中华民族像世界其他民族一样在历史的长河中进行过许多战争。在战争中总结经验和教训,形成了我国古代辉煌的兵学思想。自古以来我们伟大的民族对战争就有深刻的认识。他们把战争当作诛残惩暴的工具,视为制止战争的手段。他们认为战争的目的是为了爱护人民免受摧残。在战争中,他们不仅要保护自己,也不愿意伤害对方的人民,并且创立了以仁本和民本为主的兵学道德理论,表现了中国人民的善良、勇敢、无畏的优秀品质。当然他们也认识到,战争是保护自己、歼灭敌人的行为,在战争中魏国吴起、尉缭子等军事家还掌握了战争的艺术和策略以及各种应对敌人的措施。他们以卓越的兵学思想,大大丰富了我国古代的军事理论的宝库。

一、吴起的军事思想

《汉书·艺文志》记载:"吴子一篇。"这是一本记载吴起军事思想的著作。吴起是一个非常有影响、有作为的军事家,有兵书传世。他的很多军事思想和谋略都记载在这部书中。

---

① 《庄子集解》卷八《天下》,引自《诸子集成》,北京:中华书局,1983年,224页。

《吴子·料敌》用魏武侯与吴起的对话记载了吴起认为什么样的情况下，敌人可击，什么情况下敌人不可击。吴起认为必须有好的天时与地利、军队将领和睦、贤能之士居主流，而且有援兵，这样才可以向敌人发动进攻。

武侯谓吴起曰："今秦胁吾西，楚带吾南，赵冲吾北，齐临吾东，燕绝吾后，韩据吾前；六国之兵四守势，甚不便，忧此奈何？"

吴起曰："夫安国家之道，先戒为宝。今君先戒祸其远矣。"

吴子曰："凡料敌有不卜而与之战者八：一曰疾风大寒，早兴寤迁，剖冰济水。不惮艰难。二曰盛夏炎热，晏兴无间，行驱饥渴，务于取远。三曰师既淹久，粮食无有，百姓怨怒，妖祥数起，上不能止。四曰军资既竭，薪刍既寡，天多阴雨，欲掠无所。五曰徒众不多，水地不利，人马疾疫，四邻不至。六曰道远日暮，士众劳惧，倦而未食，解甲而息。七曰将薄吏轻，士卒不固，三军数惊，师徒无助。八曰阵而未定，舍而未毕，行阪涉险，半隐半出，诸如此者，击之勿疑。有不占而避之者六：一曰土地广大，人民富众。二曰上爱其下，惠施流布。三曰赏信刑察，发必得时。四曰陈功居列，任贤使能。五曰师徒之众，兵甲之精。六曰四邻之助，大国之援。凡此不如敌人，避之勿疑，所谓见可而进，知难而退也。"

另外，还要摸清敌人的虚实，看是否可以向敌人进攻。武侯问敌必可击之道。

吴起对曰："用兵必须审敌虚实而趋其危，敌人远来新至，行列未定可击，既食未设备可击，奔走可击，勤劳可击，未得地利可击，失时不从可击，涉长道后行未息可击，涉水半渡可击，险道狭路可击，旌旗乱动可击，阵数移动可击，将离士卒可击，心怖可击。凡若此者，选锐冲之，分兵继之，急击勿疑。"①

武侯问曰："吾欲观敌之外，以知其内，察其进以知其止，以定胜负，可得闻乎？"

吴起对曰："敌人之来，荡荡无虑，旌旗烦乱，人马数顾。一可击十，必使无措，诸侯未会，君臣未和，沟垒未成，禁令未施。三军汹汹，欲前不能，欲去不敢，以半击倍，百战不殆。"

吴起认为，如果想在战争中取胜，必须有严明的纪律。（唐）杜佑《通典》卷一百四十九《纂兵二》也记载了吴起的一些战略思想。

---

① 《吴子》卷上《料敌第二》，续古逸丛书武经七书本，2～3页。

魏武侯问吴起曰："兵以何胜？"对曰："以治为胜。""不在众乎？"

吴起曰："法令不明，赏罚不信，闻鼓不进，闻金不止，虽有百万之师何益？于用所为治者，居则有礼，动则有威；进不可当，退不可追；前却如节，左右应麾；虽绝成阵，虽散成行；投之无所往，天下莫当。"又曰："凡敌有不卜而与战，有不占而避之疾风，大寒早兴，冥迁剖冰济度；盛夏炎热，兴役无间，行饥驱渴，务取于远。师久无粮，士众怨怒，妖祥疑惑，上不能止；军资既竭，时多霖注；欲掠无便，师众不多；地土不利，人马疾疫，道远日暮；士卒劳倦，饥未及食；解甲而息，将薄吏轻；士卒无固，三军数惊；师徒无助，阵而未定；舍而未毕，行坂涉险；半隐半出，诸如此类，击而勿疑；若土地广大，人众富盛，上爱其下，惠施流布；赏信刑察，发止得时；行阵居列，任贤使能，师徒习教，兵甲精锐；四邻有助，大国之援，凡如此类，惮而避之。故曰：见可而进，知难而退。"①

《通典·兵八》"避锐"条："战国魏武侯问吴起曰：暴寇卒至，掠吾田野，取吾牛马，则如之何？"起曰："暴寇之来，必精且强；善守勿应，潜伏路旁；暮去必醉，朝乘重装；骁骑逐击，势必莫当；过我伏内，如雪逢汤。"②

吴起认为，战争中必须对敌人了解，对其将领的名字、脾气、性格、为人、作风全面了解，才能制定出正确的作战的策略与战术。(唐)杜佑《通典》卷一百五十六《纂兵九》记载：魏武侯问吴起曰："两军相当，不知其将；欲击何如？"吴起曰："令贱而勇者，将而击锐；交合而北，告而勿罚；观敌进取，一来一起；其政以理，奔北不追；见利不取；此将有谋，若其众追北，旗帜离乱；自止自行，或纵或横；贪利务得；凡若此类，将令不行。"③

吴起认为关隘之险是以少胜多的重要因素。《吴子·应变》记载吴起对关隘的看法：武侯问曰："若敌众我寡为之奈何？"吴起对曰："避之于易邀之于阨。故曰以一击十，莫善于阨；以十击百，莫善于险；以千击万，莫善于阻。今有少卒，卒起击金鸣鼓于阨路；虽有大众，莫不惊动。故曰用众者务易，用少者务阨。"

吴起认为，当攻破城邑之后，首要之举应该安民。吴起说："凡攻敌围城之道，城邑既破，各入其宫；御其禄秩，收其器物，军之所至，无刊其木，废

---

① （唐）杜佑，《通典》卷一百五十《兵三》"料敌制胜"条，清武英殿刻本，1548页。
② （唐）杜佑，《通典》卷一百五十五《兵八》"避锐"条，清武英殿刻本，1602页。
③ （唐）杜佑，《通典》卷一百五十八《兵九》"挑战"条，清武英殿刻本，1620页。

其屋，取其粟，杀其六畜，燔其积聚；示民无残心。其有请降，许而安之。"①

如果战争中有许多对自己不利的因素，例如，敌人实力强大，占据了优越的地理环境；而自己一方粮草不多，实力又较弱。吴起认为如果遇到这样的情况，就要使用间谍，扰乱敌方军心，迷惑敌人，自己乘机逃跑，或者坚守不出，等待援军。（唐）杜佑《通典》卷一百五十九《纂兵十》记载：

魏武侯问吴起曰："有师甚众，据险高垒；守以强弩，退如山移；进如风雨；粮食又多不能长久，则如之何？"

吴起曰："车骑步徒，分军五衢，敌人必惑，莫知所如。敌若坚守，急行间谍，以观计谋，彼听吾说，解军而去；不听吾说，吾军疾战，胜而勿追，不胜疾归；或佯北安行设伏，疾斗一结其后，一绝其路，两军衔枚；或左或右，而袭其处；吾军交至，必有其利。"

又问曰："溪谷险阻，与敌相逢，彼众我寡，则如之何？"

吴起曰："息而待之，持弓满弩；且备且虑，乱则击之勿疑。理则退后随之，凡过山谷丘陵亟行勿留，高山深谷卒然，遇敌必先鼓噪乘之。"

又问曰："左右高山，地甚隘狭，卒逢敌人，击之不敢，去之不得，为之奈何？"

吴起曰："此为谷战，勇者虽众勿用。募吾材士，与敌相当，轻足利刃以为前行，分车列骑退隐四方；且拒且去，乘势不臧。敌若坚阵，行山列营，应须更图。"

又问曰："敌近而薄我，我无道路，我众甚惧，为之奈何？"

吴起对曰："为此之术，我众彼寡，参分而裹之；彼众我寡，合阵从之。"

又问曰："若暴寇近薄驱我马牛，取我禾稼，为之奈何？"

吴起对曰："寇暴之至，善守而勿应；彼将暮去，其装必重，其心必恐，退还务速；必有不属，追而击之，其兵必散，虽众可破也。"

吴起的战争谋略、战争思想至今亦有重要的借鉴意义。

二、尉缭子的军事思想

《史记·秦始皇本纪》云："大梁人尉缭来，说秦王曰：'以秦之强，诸侯譬如郡县之君。臣但恐诸侯合从，翕而出不意，此乃智伯夫、差、湣王之所以

---

① 《吴子》卷下《应变》，续古逸丛书景宋刻武经七书本，7页。

亡也。愿大王毋爱财物赂其豪臣，以乱其谋，不过亡三十万金，则诸侯可尽。'秦王从其计，见尉缭亢礼，衣服食饮与缭同。缭曰：'秦王为人蜂准长目，挚鸟膺，豺声，少恩而虎狼心；居约易出人下，得志亦轻食人。我布衣，然见我常身自下我。诚使秦王得志于天下，天下皆为虏矣；不可与久游，乃亡去。秦王觉，固止，以为秦国尉，卒用其计策。"①

由此可见，尉缭子是大梁人，即魏国人。尉缭子是战国时期著名的军事家，曾有兵书《尉缭子》问世。《尉缭子》的第一篇《天官》就是梁惠王向尉缭子请教军事问题。

梁惠王问："黄帝形德，可以百胜有之乎？"

尉缭子曰："刑以伐之，德以守之。非所谓天官，时日阴阳向背也；黄帝者，人事而已矣。……繇是观之，天官时日不若人事也。"尉缭子的意思是，人心向背是战争胜负的主要因素。

尉缭子认为："凡兵，制必先定；制先定，则士不乱；士不乱，则刑乃明；金鼓所指，则百人尽斗，陷行乱陈，则千人尽斗；覆军杀将，则万人齐刃；天下莫能当其战矣。"又云："吾用天下之用为用，吾制天下之制为制；修吾号令，明吾刑赏，使天下非农无所得食，非战无所得爵，使民扬臂争出农，战而天下无敌矣。故曰发号出令，信行国内，民言有可以胜敌者，毋许其空言，必试其能战也。视人之地而有之，分人之民而畜之，必能内有其贤者也。不能内有其贤，而欲有天下必覆军杀将如此，虽战胜而国益弱，得地而国益贫，由国中之制弊矣。"②

尉缭子认为，国家百姓必须进行教育，用礼义、廉耻、孝慈去教育他们，用亲爱之情去温暖他们，这样百姓们在战争中才会知道什么是礼义廉耻，士卒才会对国家与君主死节，才会在战争中为名誉而战。尉缭子说："国必有礼信、亲爱之义，则可以饥易饱；国必有孝慈廉耻之俗，则可以死易生；古者率民必先礼信而后爵禄，先廉耻而后刑罚，先亲爱而后律其身；故战者心本乎率身以励，众士如心之使四肢也；志不励则士不死节，士不死节则众不战；励士之道，民之生，不可不厚也。"

尉缭子认为，在战争中必须任贤使能。尉缭子说："举贤任能，不时日而事利；明法审令，不卜筮而获吉；贵功养劳，不祷祠而得福；故曰天时不如地利，地利不如人和，圣人所贵人事而已。夫勤劳之师将必先，已暑不张盖，寒

---

① 司马迁：《史记·秦始皇本纪》，北京：中华书局，1982年，230页。
② 《尉缭子》卷一《制谈第三》，续古逸丛书景宋刻武经七书本，1～2页。

不重衣，险必下步，军井成而后饮，军食熟而后饭，军垒成而后舍，劳佚必以身同之，如此师虽久而不老不弊"①。

更重要的是，尉缭子认为战争中必须有严格的军纪；而要有严格的军纪，将帅要坚定不移，绝不动摇；发布的军令要求士卒不折不扣地执行。"将帅者，心也；群下者，支节也。其心动以诚，则支节必力；其心动以疑，则支节必背。"②

"故兵者，所以诛暴乱、禁不义也。兵之所加者，农不离其田业，贾不离其肆宅，士大夫不离其官府，由其武议在于一人，故兵不血刃而天下亲焉。"③

尉缭子把军令看作是军队的生命线，只有严格的军令，军队才有强大的作战力量。尉缭子说："今以法止逃归、禁亡军，是兵之一胜也；什伍相连及战斗，则卒吏相救，是兵之二胜也；将能立威，卒能节制，号令明信，攻守皆得，是兵之三胜也。臣闻古之善用兵者，能杀士卒之半，其次杀其十三，其次杀其十一。能杀其半者，威加海内；杀十三者，力加诸侯；杀十一者，令行士卒；故曰百万之众不用命，不如万人之斗也；万人之斗，不如百人之奋也；赏如明月，信如四时，令如斧钺，制如干将，士卒不用命者，未之闻也。"④

因此，尉缭子特别强调军令，并且制定了非常严格的军令制度。尉缭子说："军中之制：五人为伍，伍相保也；十人为什，什相保也；五十人为属，属相保也；百人为闾，闾相保也。伍有干令犯禁者，揭之免于罪，知而弗揭，全伍有诛。什有干令犯禁者，揭之免于罪，知而弗揭全什有诛。属有干令犯禁者，揭之免于罪，知而弗揭全属有诛。闾有干令犯禁者，揭之免于罪，知而弗揭全闾有诛。吏自什长以上至左右将，上下皆相保也；有干令犯禁者，揭之免于罪，知而弗揭者皆与同罪。夫什伍相结，上下相联，无有不得之奸，无有不揭之罪；父不得以私其子，兄不得以私其弟，而况国人聚舍同食，乌能以干令相私者哉。"⑤

军将与士卒在军队中皆不准随便走动，否则严格处罚。"中军左右前后军，皆有分地，方之以行垣，而无通其交往。将有分地，帅有分地，伯有分地，皆营其沟洫而明其塞令，使非百人无得通。非其百人而入者，伯诛之；伯不诛，与之同罪。军中纵横之道，百有二十步而立一府柱，量人与地，柱道相望，禁

---

① 《尉缭子》卷二《武议第八》，续古逸丛书景宋刻武经七书本，6页。
② 《尉缭子》卷二《攻权第五》，续古逸丛书景宋刻武经七书本，4页。
③ 《尉缭子》卷二《武议第八》，续古逸丛书景宋刻武经七书本，5页。
④ 《尉缭子》卷二《兵令下第十二》，续古逸丛书景宋刻武经七书本，13页。
⑤ 《尉缭子》卷四《伍制令第十四》，续古逸丛书景宋刻武经七书本，9页。

行清道；非将吏之符节不得通行。采薪刍牧者，皆成行伍；不成行伍者，不得通行。吏属无节，士无伍者，横门诛之；蹱分于地者诛之。故内无干令犯禁，则外无不获之奸。"①

如果士卒有错误罪行，士卒之间必须互相揭发；士卒也不能背后诽谤上司。"卒无非其吏，吏无非其卒，见非而不诰，见乱而不禁，其罪如之。鼓行交斗则前行进为犯难，后行退为辱众，蹱五行而前者有赏，蹱五行而后者有诛，所以知进退先后，吏卒之功也。"②

军令只能发布一次，不准随便发布。"军无二令，二令者诛；留令者诛，失令者诛。将军告曰：出国门之外期日中，设营表置辕门，期之如过时，则坐法。将军入营则闭门清道，有敢行者诛，有敢高言者诛，有敢不从令者诛。"③ "出卒陈兵有常令，行伍疏数有常法，先后之次有适宜。"④

有其他事情没有跟随大部队，必须在规定的时间内赶上大部队。"蹱军者去大军百里，期于会地，为三日熟食前……蹱军百里期于会地，为六日熟食。"

戍边的军将和士卒如果逃亡，要治诛杀之罪，父母妻子如果知之，则与其同罪。《尉缭子·兵令下》云："戍边一岁遂亡，不候代者，法比亡军；父母妻子知之，与同罪，弗知赦之。卒后将吏而至大将所一日，父母妻子尽同罪；卒逃归至家一日，父母妻子弗捕执及不言，亦同罪。诸战而亡其将吏者，及将吏弃卒独北者，尽斩之。前吏弃其卒而北，后吏能斩之而夺其卒者，赏。军无功者，戍三岁。三军大战，若大将死，而从吏五百人以上不能死敌者，斩大将左右；近卒在陈中者皆斩。余士卒有军功者，夺一级，无军功者戍三岁。战亡伍人及伍人战死，不得其尸，同伍尽夺其功；得其尸，罪皆赦。"⑤

尉缭子还制定将坐离地遁逃之法、战诛之法、束伍令、经卒令、勒卒令等。

尉缭子认为："兵者以武为植，以文为种；武为表，文为里；能审此二者，知胜败矣。文所以视利害，辨安危，武所以犯强敌，力攻守也……有功必赏，犯令必死，存亡死生在枹之端；虽天下有善兵者，莫能御此矣。"⑥

"将自千人以上有战而北、守而降、离地逃众，命曰'国贼'；身戮家残，

---

① 《尉缭子》卷四《分塞令第十五》，续古逸丛书景宋刻武经七书本，9页。
② 《尉缭子》卷四《经卒令第十七》，续古逸丛书景宋刻武经七书本，10页。
③ 《尉缭子·将令》卷四《将令第十九》，续古逸丛书景宋刻武经七书本，12页。
④ 《尉缭子·兵令上》卷五《兵令上第二十三》，续古逸丛书景宋刻武经七书本，13页。
⑤ 《尉缭子·兵令下》卷五《兵令下第二十四》，续古逸丛书景宋刻武经七书本，12页。
⑥ 《尉缭子·兵令下》卷五《兵令上第二十三》，续古逸丛书景宋刻武经七书本，12页。

去其籍，发其坟墓，暴其骨于市，男女公于官。自百人以上有战而北、守而降、离地逃众，命曰'军贼'；身死家残，男女公于官，使民内畏重刑，则外轻敌。故先王明制度于前，重威刑于后，刑重则内畏，内畏则外坚矣。"①

尉缭子是战国末期时人，在激烈的兼并战争中，他所制定的军令比吴起时期更为严格，甚至非常酷烈，这是特定时期的军事命令和军纪。

第五节　魏国天文学家石申及其贡献

石申，又名石申夫，战国中期魏国的天文学家、星占学家。《史记·天官书》"魏石申"。《正义》引《七录》云："石申，魏人，战国时作《天文》八卷也。"石申的著作，在西汉以后被尊称为《石氏星经》。汉、魏以后，石氏学派续有著述，这些书都托为"石氏"所作，如《石氏星经簿赞》等。

宋朝时期，有人把石申与甘德的《天文星占》合在一起，称为《甘石星经》。甘德，一说为楚人，一说为齐人。"《甘石星经》载有一百二十颗恒星的黄经度数和距北极的度数。《汉书·天文志》，岁星晨出东方，石氏载在斗牵牛，甘氏载在建星婺女，太初历载在营室东壁。由这些记载可以推定《石氏星经》所载恒星的位置，是在战国中叶，即公元前360年制定的。"②也就是说，石申的《天文》当是在魏国迁都大梁之后完成的，所以有人说石申是大梁人。

石申和甘德所测量和记录的恒星，是世界上最早的恒星表。

为了纪念石申对天文学的伟大贡献，月球背面西北隅，离北极不远处，月面坐标为东105°、北76°，面积350平方公里的一座环形山，以"石申"的名字命名。

一、古代天文学的发展与魏国天文学家石申

中国是一个农业国家，天文历法的研究自古就为中华民族所重视。高辛氏时期，人们已经懂得了较多的天文历法知识，并且会看天象星辰与气候的关

---

① 《尉缭子·重刑令》卷三《重刑令第二十三》，续古逸丛书景宋刻武经七书本，8页。
② 陈遵妫：《中国古代天文学简史》，上海：上海人民出版社，1955年，75页。

系。高辛氏时期可能已经有了较为先进的历法知识，认识了天上的星辰及其在天空中的位置。在很多古籍上都记载了高辛氏"能序三辰"的故事。《国语·周语下》云："星与日辰之位，皆在北维，颛顼之所建也，帝喾受之。"《国语·鲁语上》云："帝喾能序三辰，以固民。"韦昭注曰："三辰，日月星也，谓能次序。三辰以治历明时，教民稼穑，以安之。"

（汉）王充《论衡·祭意篇》云："帝喾能序星辰，以著众。"

《左传·昭公元年》记载："子产曰：昔高辛氏有二子，伯曰阏伯，季曰实沈；居于旷林不相能也，日寻干戈以相征讨。后帝不臧，迁阏伯于商丘主辰，商人是因，故辰为商星。迁实沈于大夏主参，唐人是因，以服事夏商。"

颛顼、高辛氏时期就掌握了一定的天象历法知识，"能序星辰"。天象星辰与农时有非常密切的关系，故高辛氏时期设立了专门管理天象星辰的官职，并用这些知识以教民稼穑，使民众安心地从事农业生产，"以固民""以著众"。帝尧时期，人们已经知道，一年有366天，并以闰月来调整四时。《尚书·尧典》所记载的羲和、羲仲、羲叔、和仲、和叔等皆为管理天象星辰的官员，更重要的是管理各个季节的农事和民事。

先秦时期有夏历、殷历、周历，又称"三正"。《史记·历书》云："夏正以正月，殷正以十二月，周正以十一月，盖三王之正。"三者主要的区别在于岁首的不同，夏正建寅、殷正建丑、周正建子，即夏历以建寅之月（正月）为岁首，殷历以建丑之月（夏历十二月）为岁首，周历以冬至所在的建子之月（夏历十一月）为岁首。夏、商、周三代已经有了很科学的历法。

西周时期，一些星辰已经有了名字，如火星、参星、昴星等。

春秋、战国时期，我国天文历法有了进一步发展。《晋书·天文上》："鲁有梓慎，晋有卜偃，郑有裨灶，宋有子韦，齐有甘德，楚有唐昧，赵有尹皋，魏有石申，夫皆掌著天文，各论图验；其巫咸、甘、石之说，后代所宗。暴秦燔书六经，残灭天官星占，存而不毁。及汉景武之际，司马谈父子继为史官，著天官书以明天人之道。"也就是说，后代的天文星象之时皆是在巫咸、甘、石等，实际上只在甘德与石申的研究基础上进行。

《隋书·天文上》又云："星官之书自黄帝始高阳氏，……魏有石氏，齐有甘公，皆能言天文，察微变者也。""三国时，吴太史令陈卓始立甘氏、石氏、巫咸三家星官，著于图录，并注占赞总有二百五十四官，一千二百八十三星并二十八宿及辅官，附坐一百八十二星，总二百八十三官，一千五百六十五星。"

（明）王英明《历体畧》卷中云："古言星官者，唐虞以前莫考。其见于

《尚书》，则四象列宿，仅仅有其三。汉以来，石申、甘德两家，最后又有巫咸家出；然象于朝者，皆袭秦官意，其非巫咸本文也。"

魏国石申是中国古代伟大的天文学家。

二、石申天文学对农事天候的贡献

石申系统精确地观察并记载了金、木、水、火、土等五大行星的运行规律，测定了它们的方位，后世在测量天体的位置和运动时，都要使用《甘石星经》的数据。石申还详细地记载了日食和月食发生的时间，皆在每月的朔、晦。每月的初一为朔，最后一天为晦。石申的《天文》，西汉时期被称为《石氏星经》，甚至有些属于石氏学派的著作，也署上"石氏"之名，如《石氏星经簿赞》等。石申、甘德与殷代巫咸氏三家星宫，构成二百八十三宫、一千四百六十四星的星座体系，是世界上最早的恒星表，比希腊天文学家伊也谷测编的欧洲第一恒星表大约早200年。[1]

战国时期，如前所述，史籍所记载的天文学家有四位，即"齐有甘德，楚有唐昧，赵有尹皋，魏有石申，夫皆掌著天文，各论图验"[2]。

石申，战国中期天文学家。《史记·天官书》"魏石申"。《正义》引《七录》云："石申，魏人，战国时作《天文》八卷也。"

《隋书·经籍三》云："石氏《星簿经赞》一卷、《星经》二卷、甘氏《四七法》一卷。""《石氏星占》一卷、《候云气》一卷、《星官次占》一卷、《彗孛占》一卷、《二十八宿二百八十三官图》一卷。"

《新唐书·历志》"石氏《星经簿赞》一卷"注："石申。"

《七录》记载石申有《天文》八卷。《隋书·经籍三》记载石申有《星簿经赞》一卷、《星经》二卷、《石氏星占》一卷、《候云气》一卷、《星官次占》一卷、《彗孛占》一卷、《二十八宿二百八十三官图》一卷。石申著作丰富，是一个非常了不起的天文学家。

石申《星经》八卷已经遗失，后人拾遗补阙，把它与甘德的《星占》八卷，合称《甘石星经》，又名《星经》。《甘石星经》至今流传的只有两卷，而且还夹杂后人的材料在内。

---

[1] 解维俊主编：《齐都名著》，《甘石星经》，天津：百花文艺出版社，2006年，200页。
[2] 《晋书·天文上》，北京：中华书局，1973年，277～278页。

但是石申的天文学贡献，与其他各家相比，在战国时代是最大的。石申不仅天文学的著作最多，而且后世对石申天文学知识和研究成果的引用也是最多的，如唐代天文学家瞿昙悉达《唐开元占经》引石申的记载内容1800多处，引甘德800多处。

石申对金、木、水、火、土五大行星的运行、其出没的规律进行了详细的观察，并把这些星辰的运行规律与天候农事结合起来，有非常重要的价值。

《开元占经》卷八《日占四·日晕》石氏曰："日有青晕，不出旬有大风，粜贵十倍，人民多疾病，凶。"

《开元占经》卷九《日占五·候日蚀》石氏曰："日月以二月、八月出房南过其度，其冲日月以晦蚀；出房北过其度，其冲日月以朔蚀。"

《开元占经》卷十《日占六·日十二·月蚀二》石氏曰："正月日蚀不见光，人多疾。""二月日蚀不见光，人多丧。""三月日蚀不见光，水大出。""四月日蚀不见光，天下大旱。""五月日蚀不见光，大旱民饥。""六月日蚀不见光，六畜贵。""七月日蚀不见光，其岁恶；又曰秦国恶之。""九月日蚀不见光，布帛贵；又曰卫国大恶。""十月日蚀不见光，六畜贵；又曰魏国鱼盐贵。""十一月日蚀不见光，鱼盐贵；又曰赵国大恶。""十二月日蚀不见光，谷粟贵；又曰燕国牛死。"[1]

《开元占经》卷十一《月占一·月当盈不盈十六》：石氏曰："月当盈不盈，君侵臣；不则有旱灾。"

《开元占经》卷十三《月占三·月犯参七》：石氏曰："月犯乘参右股，五谷熟。"

《开元占经》卷十四《月占四·月犯石氏中官》石氏曰："月犯天江，大水关梁塞。""月乘卷舌，天下多丧。""月行南河戍中，四方兵起有丧，若大旱，百姓数病。""月中犯乘轩辕大星，民大饥大流……犯乘少星，民小饥小流。""月犯天仓，有移五谷。"

《开元占经》卷十五《月占五·月晕》石氏曰："正月上旬一晕，树木虫；二晕禾谷虫，三晕震雷。""月以十二月八日晕，再重大有风。""月晕再重，天下大风起。""月晕房箕，风地动。""月晕心尾亢，骨虫为害；一曰四足虫，一不出其年易政，山崩出五十里外。""月以十一月晕心尾，麦有价。""月晕参井，冰霜数至。""月晕右角，大将军有病，岁偏，民饥，角鳞虫多死。""月晕亢者

---

[1] （唐）瞿昙悉达：《开元占经》卷十《日占六·日十二·月蚀二》，清文渊阁四库全书本，73页。

角，虫多死。""月晕心，谷大贵。""月一岁再晕围心，有大旱及大火。""月晕箕，五谷以风伤"。"月晕昴，天下饥；一曰贵人多死，一曰籴贵。""月晕鬼，黍贵三倍。""月晕七星，民多夭伤，物再荣。""月在参而蚀，旱赤地千里人民饥。"①

《开元占经》卷二十《五星占三·岁星与太白相犯三》石氏曰："太白与岁星合于一舍，西方凶；岁星出左有年，出右无年；合之日以知五谷之有无。"

石申以天象预测农事天候是有一定道理的。

三、石申对星辰方位与运行规律的识别

今天我们所引用的星辰之名皆是石申、甘德著作中所列出的，如（宋）邵雍《皇极经世书·观物外篇上》卷十三"五星之说，自甘公、石公始也"。（清）顾炎武《日知录·天文·星名》所云："今天官家所传星名，皆起于甘石。"

（明）徐光启等《新法算书》卷五十八《恒星历指三》："自古掌天星者，大都以可见可测之星，求其形似，联合而为象；因象而命之名，以为识别；是有三垣二十八宿三百座，一千四百六十一有名之星焉。世所传巫咸、石申、甘德之书是也。"石申、甘德发现了一千四百多颗星辰的方位及运行规律。

《续后汉书·历象》："石申，赤星；中外一百三十二，官九百九，星共二百八十三；官一千四百六十四，星及诸得名者一百一官，共三百八十四官。当易爻数无名星，万有一千五百二十；当易卦爻二篇策数，数以象显，象以数明，道之不易之体著矣。"原注："北极五紫宫垣十五，北斗七，太微垣十五，帝坐五，天市垣二十二、库楼十、房四心三十二、国十六、王良一五、车五、参七、军市十三、鬼四、轩辕十七。"②

（唐）瞿昙悉达《开元占经》所说是"石氏"就是石申，《开元占经》记载了石申所识及命名的部分星辰名字及运行规律：石氏曰："岁星，他名曰摄提，一名重华，一名应星，一名经星……岁星，木之精也，位在东方；青帝之子，岁行一次十二，年一周。天与太岁相应，故曰岁星。"③

《开元占经》卷六十五《石氏中官占上一·摄提占一》石氏曰："摄提六星夹大角，一名环枢，一名天枢，一名阙丘，一名致法，一名三老，一名天

---

① （唐）瞿昙悉达：《开元占经》卷十五《日占五·月晕列宿同占六》，清文渊阁四库全书本，110页。
② （元）郝经：《续后汉书》，《录第二上下·历象》，清文渊阁四库全书本，920页。
③ （唐）瞿昙悉达：《开元占经》卷三十三《岁星占一·岁星名主一》，清文渊阁四库全书本，144页。

鈇，一名天狱，一名天楯，一名天武，一名天兵。星东西三三而居形似鼎，足常东向。"注："入角八度少去北极五十九度半在黄道内三十二度太。"《天官书》曰："摄提者，直斗杓所指以建时，故曰摄提格。"

《开元占经》卷六十五记载石氏曰："梗河三星大角北""玄戈一星在招摇北""天枪三星在北斗杓东"，即天枪，一名天钺，三星鼎足形，在北斗柄端。

《开元占经》卷六十五记载石氏曰："天棓五星在女床东北""七公七星招摇东""贯索九星在七公前。"按：贯索为贼人之牢，止有九星。

石氏曰："天纪九星在贯索东""织女三星在天纪东端""织女一名天女，天子之女也，在牵牛西北，鼎足居。星足常向牵牛扶筐，牵牛扶筐星亦常向织女之足。""天市垣二十二星在房心东北""帝座一星在市中候星西""候一星帝座东""宦者四星在帝座西""斗五星在宦者西南""宗正二星在帝座东南""宗人四星在宗正东""宗星二星在宗人北""东咸四星在房东北""天江四星在尾北""建星在南斗北""天弁九星在建星北""河鼓三星旗九星在牵牛北""离珠五星在须女北""匏瓜星五星在离珠北""天津九星在须女北河中""螣蛇二十二星在营室北""王良五星在奎北。"

《开元占经》卷六十六《石氏中官占上一·辰星占四》石氏曰："阁道六星在王良东北""附路一星在阁道南傍""天将十一星在娄北""大陵八星在胃北""天船九星在大陵北河中""卷舌六星在昴北""五车五星、三柱九星，凡十四星在毕东北。"五车一名天库，一名天仓，凡五星在毕昴北大陵东其西北端一大星曰天库，天库将毕也。

石氏曰："南河北河六星夹东井""五诸侯五星在东井北近北河""积水一星在北河西星北""积薪一星在积水东南""水位四星在东井东南北列""轩辕十七星在七星北""少微四星在太微西南北列""太微十星在翼轸北。"①按：司马迁《天官书》、班固《天文志》并匡卫十二星验图簿及所见星位止十星。

《开元占经》卷六十七《石氏中官占上一·三台占》石氏曰："三台六星两两而居起文昌列抵太微""相一星在北斗南。"相星，天丞相也；大臣，象也；主衣服之章。

石氏曰："太阳守一星在相西南。"太阳守，辅臣象也。石氏曰："天牢六星在北斗魁下""文昌六星""北斗七星辅一星在太微北。"石氏曰："北斗第一星曰正星，主阳主德，天子之相也。第二曰法星，主阴主刑，女主之位也。第

---

① （唐）瞿昙悉达：《开元占经》卷六十六《石氏中官·阁道星占三十一》，清文渊阁四库全书本，396～399页。

三曰令星，主福；第四曰伐星，主天理伐无道；第五曰杀星，主中央、助四旁、杀有罪；第六星危星。主天仓五谷；第七曰部星，一曰应星，主兵。"石氏又曰："北斗第一星主日，第二星主月，第三星主荧惑，第四星主辰星，第五星主填星，第六星主岁星，第七星主太白。"①

石氏曰："紫微垣十五星西蕃七东蕃八""北极五星钩陈六星皆在紫微宫中""天一星在紫宫门外右星南与紫宫门右星同度""天一星欲明而有光则阴阳和万物成""太一一星在天一星南相近。"②

《开元占经》卷六十八《石氏外官·库楼占一》石氏曰："库楼十星、五柱十五星、衡四星，凡二十九星左角南""南门二星在库楼南""骑官二十七星在垣南""积卒十二星在房心南""龟五星在尾南""傅说一星在尾后""鱼一星在尾后河中""杵三星在箕南""鼈十四星在南斗""九坎九星在牵牛南""败臼四星在虚危南""羽林四十五星、垒壁阵十二星、凡五十七星在营室南""北落一星在羽林西南""土司空一星在奎南""天仓六星在娄南""天囷十三星在胃南""天廪四星在昴南""天苑十六星在昴毕南""参旗九星在参西，一名天弓""玉井四星在参左足下""屏星在玉井南""厕四星在屏东""天矢一星在厕南""军市星在参东南""野鸡一星在军市中""狼一星在参东南""弧九星在狼东南""老人星在弧南""稷五星在七星南"③ 等。

《开元占经》卷七十《甘氏外官·青丘星占一》石氏曰："丈人二星在军市西南""天节八星在毕，附耳南。"④

《开元占经》共记载石申发现了 500 多颗星辰的名字和方位，这只是部分星辰的情况。据说石申曾系统地测定 121 颗恒星方位，数据被后世天文学家所用。经过长期观测，详细考核，测出恒星 138 座，810 颗。

---

① （唐）瞿昙悉达：《开元占经》卷六十七《石氏中官·三台占五十三》，清文渊阁四库全书本，400 页。
② （唐）瞿昙悉达：《开元占经》卷六十七《石氏中官·三台占五十三》，清文渊阁四库全书本，410～411 页。
③ （唐）瞿昙悉达：《开元占经》卷六十八、卷六十九《石氏外官·库楼占一》，清文渊阁四库全书本，412～420 页。
④ （唐）瞿昙悉达：《开元占经》卷七十《天节星占二十七》，清文渊阁四库全书本，432 页。

魏国史大事年表

公元前 7 世纪　毕万仕魏。

公元前 661 年　晋献公赐毕万于魏，把魏地封给毕万，故毕万又被称为"魏万"。这是魏氏在晋国发展的起点。

公元前 655 年　晋重耳奔狄，魏武子是跟随的腹心臣子。

公元前 636 年　重耳回到晋国即位，是为晋文公。魏武子袭魏万之后裔，封列为大夫，治于魏。

公元前 594 年　辅氏之役，老人"结草报恩"，使魏颗大败秦师，获秦之力士杜回，魏颗之功勋铭于景钟之上。晋赐魏颗封邑令狐。魏氏一支别为令狐氏。

公元前 570 年　晋悼公鸡泽（今河北鸡泽县东 10 公里处的旧城营村）会盟诸侯。晋侯之弟扬干乱行于曲梁，魏绛戮其仆，执法不阿。

公元前 569 年　无终国（山戎国）派使臣孟乐献虎豹之皮，晋魏绛提出"和戎"之策。

公元前 454 年　智伯率韩、魏二家围攻晋阳赵氏。

公元前 453 年　赵、魏、韩三家灭智氏。

公元前 445 年　三家分晋，魏文侯以安邑为都城。

公元前 437 年　晋哀公去世，其子柳继位，是为晋幽公。

公元前 429 年　乐羊攻破中山。

公元前 424 年　魏文侯斯称侯。

公元前 423 年　赵献侯浣称侯。

公元前 419 年　魏城少梁。

公元前 418 年　魏城少梁，秦击之。

公元前 417 年　魏复城少梁。秦修补庞城、籍姑等城邑。秦与魏战少梁。

公元前 414 年　魏伐郑、城酸枣，败秦于注（今河南省汝州市境）。

公元前 412 年　秦与魏战，败郑下。魏与秦国争夺河西之地。子击围繁庞，出其民。

公元前 409 年　魏国伐秦，筑临晋、元里①。临晋、元里，今陕西澄城南。

公元前 408 年　韩景侯虔称侯，魏将乐羊灭中山。

魏国"击宋、中山，置合阳"；"攻秦，至郑，还筑雒阴、合阳"。

三晋联合，受周天子之命伐齐，魏国翟员为帅，攻入齐国的长城。

公元前 401 年　魏伐秦，至阳狐。阳狐郭在魏州元城县东北三十里。

公元前 403 年　周天子册封魏文侯斯、赵烈侯籍、韩景侯虔为诸侯，进入战国时期。

公元前 395 年　魏文侯卒，魏武侯即位。

公元前 396 年　魏伐郑，城酸枣。

公元前 391 年　三晋大败楚军于大梁、榆关。

公元前 389 年　齐伐燕取桑丘。魏救燕，伐齐至桑丘（今河北易县）。

公元前 387 年　魏吴起伐齐，至灵丘（今河北省蔚县）。

公元前 386 年　田太公和拜托魏文侯，请得周天子同意，田氏立为诸侯。

公元前 385 年　魏与韩、赵三分晋地，灭其后。

公元前 381 年　魏、赵刚平之役。赵国侵入卫国。卫国是魏臣服国，于是魏国攻伐赵。魏毁赵都城中牟郭城。吴起率楚国之兵伐魏，攻取魏之棘蒲、黄城。

公元前 380 年　魏伐楚取鲁阳（今河南省鲁山县）。

公元前 375 年　魏公子缓如邯郸以作难。

公元前 373 年　魏败韩马陵，今河北省大名县一带。

公元前 372 年　赵国伐卫，取乡邑七十三。魏败赵国于蔺。

公元前 371 年　魏取楚国鲁阳赵与秦战高安，败秦。

公元前 370 年　魏、韩、赵瓜分晋公室的绛及宗邑曲沃。静公成为平民，晋国灭亡。

赵伐齐于鄄，魏败赵于怀。魏武侯卒。

赵国打败郑，以郑给韩国；韩把长子送与赵国。长子，今山西长治。

罃与公中缓争立，赵成侯偃、韩懿侯若伐魏国的葵。

---

① 《史记·六国年表》，北京：中华书局，1982 年，708 页。

公元前 369 年　魏惠王即位。魏与韩、赵有浊泽之战，魏国失败。

公元前 367 年　齐败魏于观（今河南省济源市东的轵城镇）。

公元前 361 年　魏公叔痤为魏将，而与韩、赵战浍北，禽乐祚。

公元前 360 年　魏伐取赵皮牢。

公元前 365 年　魏迁都于大梁，梁惠王发逢忌之薮以赐民。齐败我观。

公元前 366 年　秦魏石门之战。魏国六万士卒被斩首。

公元前 365 年　魏伐取宋仪台。

公元前 362 年　秦商鞅与魏战少梁。

公元前 361 年　魏与秦战少梁，秦虏魏将公孙痤，取庞。

公元前 359 年　秦商鞅变法。

公元前 355 年　魏惠王召集蓬泽会盟，朝天子。秦国派公子少官率师参会。

魏惠王乘夏车，称夏王，一朝为天子，天下皆从。

公元前 353 年　魏攻破了赵之邯郸。

公元前 353 年　秦与魏战元里（今陕西澄城县南），秦取魏少梁（今陕西韩城县）。

公元前 352 年　齐国孙膑使用"围魏救赵"之策，魏齐军队在桂陵（今河南长垣县西南）相遇。齐一举打败魏国，重创魏军。

秦商鞅攻取魏国旧都安邑，在咸阳，筑冀阙。

公元前 350 年　魏国伐齐，攻至博陵（约在今山东泰安县一带）。秦迁都咸阳。

公元前 349 年　卫国伐齐，攻取薛城（今山东阳谷县东北）。

公元前 348 年　赵国伐齐，攻取了齐国的甄邑（今河南濮阳一带）。

公元前 340 年　齐、魏马陵之战，魏大败。齐虏魏太子申、杀将军庞涓，魏军大破。

秦败韩、魏于洛阳（洛水之阳）。

公元前 339 年　秦、赵、齐共伐我。秦将商君诈我将军公子卬，而袭夺其军，破之。

公元前 338 年　秦商鞅死。

公元前 334 年　齐、魏"徐州相王"梁惠王称王改元，称为后元一年。

公元前 325 年　秦惠文君称王。

公元前 323 年　魏约燕、韩、赵、中山"五国相王"。

公元前 318 年　齐、楚、韩、赵、魏五国合纵伐秦。

公元前 316 年　秦克巴蜀。燕王哙禅让子之。

公元前 312 年　秦、楚蓝田之战。

公元前 307 年　赵武灵王"胡服骑射",略中山地。

公元前 301 年　沘水之战,齐将章子、韩将暴鸢、魏将公孙喜三国攻楚,大败楚军,杀楚将唐蔑。楚国伤亡千人之多,遭到惨败。

秦与齐、韩、魏攻楚,杀楚将唐昧,取楚重丘(今河南新野县东);夺取了楚国宛、叶以北的土地。

公元前 299 年　秦昭王约楚怀王会于武关,秦扣留楚怀王。

公元前 298 年　齐孟尝率齐、韩、魏三国攻秦。攻进了函谷关,秦人求和。

公元前 293 年　秦与韩、魏伊阙之战,斩韩、魏之卒 24 万。

公元前 292 年　秦白起攻魏,取垣,复予之。

公元前 288 年　秦拔魏城大小六十一。

公元前 288 年　齐、秦称帝。齐去帝号,秦亦去之。秦拔魏新垣、曲阳之城。

公元前 286 年　齐、魏、楚灭宋。

公元前 284 年　乐毅破齐。

公元前 247 年　□骜攻魏,取二十城作置东郡。

蒙骜攻魏高都(今山西泽县)、汲(今河南省汲县),拔之。

魏将无忌率五国兵击秦,秦败退于河外。

公元前 247 年　信陵君率五国之兵,败秦师,复得其地。

公元前 249 年　秦灭东周。

公元前 254 年　天下来宾,魏后;秦使摎伐魏,取吴城;韩王入朝,魏委国听令。

公元前 255 年　周亡九鼎,入于秦。

公元前 256 年　秦灭西周。

公元前 257 年　信陵君窃符救赵。

公元前 260 年　秦白起大破赵于长平,40 余万尽杀之。

公元前 266 年　秦拔魏郪丘。郪丘,今安徽太和县北。

公元前 266 年　秦攻魏,取邢丘、怀。

公元前 268 年　秦拔魏怀。怀,今河南省武陟县西 11 里。

公元前 269 年　秦、赵阏与之役，赵大破秦军。魏入南阳以和。

公元前 273 年　秦与魏、韩上庸地为一郡。

公元前 274 年　秦攻魏卷、蔡阳、长社取之；击破芒卯、华阳，斩首 15 万。

公元前 275 年　秦相穰侯攻魏至大梁，破暴鸢，斩首 4 万，鸢走。魏入三县请和。

公元前 276 年　白起伐魏取两城。

公元前 278 年　秦将白起拔郢，置南郡。楚迁都于陈。

公元前 279 年　齐将田单复齐。

公元前 241 年　楚、赵、魏、韩、燕五国最后一次合纵伐秦，失败。楚徙都寿春。

公元前 238 年　秦王政亲政，平嫪毐之乱。

公元前 230 年　秦灭韩。

公元前 229 年　秦使反间计，使赵杀李牧，废司马尚。

公元前 228 年　秦克邯郸，虏赵王迁。赵公子嘉率其宗族奔代，自立为代王。

公元前 227 年　燕太子丹派荆轲刺秦王。

公元前 226 年　秦将王翦破燕蓟都，燕王走保辽东。

公元前 225 年　秦虏魏王假，灭魏。

公元前 224 年　秦将王翦破楚。项燕立昌平君为楚王，反于淮南。

公元前 223 年　王翦、蒙武攻楚，昌平君死，项燕自杀。

公元前 222 年　王贲攻燕辽东，俘燕王喜。还攻代，虏代王嘉。王翦遂定楚越地。

公元前 221 年　秦灭齐，虏齐王建。秦统一六国。

主要参考资料

（清）阮元校刻：《十三经注疏》，北京：中华书局影印本，1980年。

《百子全书》，杭州：浙江人民出版社，1984年。

《诸子集成》，北京：中华书局，1983年。

（汉）司马迁：《史记》，北京：中华书局，1982年。

（汉）刘向集录：《战国策》，上海古籍出版社，1985年。

（汉）刘向、赵善诒疏证：《说苑疏证》，华东师范大学出版社，1985年。

（东汉）班固、（唐）颜师古注：《汉书》，北京：中华书局，1983年。

《左传》，上海：上海人民出版社，1977年。

《国语》，上海：上海古籍出版社，1983年。

《韩非子》，北京：中华书局，2007年。

《孟子》，北京：中华书局，2006年。

《韩子浅解》，北京：中华书局，1985年。

《战国策》，上海：上海古籍出版社，1985年。

《汉书》，北京：中华书局，1982年。

《荀子》，上海：上海古籍出版社，2001年。

《墨子》，上海：上海古籍出版社，2014年。

《列子》，长春：吉林出版集团，2010年。

《淮南子》，上海：上海古籍出版社，1985年。

《孙子兵法》，北京：中华书局，2010年。

《说苑》，上海古籍出版社，1990年。

《管子》，上海古籍出版社，1989年。

（东晋）常璩：《华阳国志》，上海商务影印宋刊本《四部丛刊·史部》。

（宋）司马光：《资治通鉴》，北京：中华书局，2007年。

（宋）朱熹集注：《楚辞集注》，上海古籍出版社，1979年。

（宋）程公说：《春秋分纪》，北京：商务印书馆，《四库全书珍本初集》。

林尹注译：《周礼今注今译》，北京：书目文献出版社，1985年。

《春秋左传集解》，上海：上海人民出版社，1977年。

梁启雄：《韩子浅解》，北京：中华书局，1985年。

（刘宋）范晔、（唐）李贤等注：《后汉书》，北京：中华书局，1982年。

（北魏）郦道元注，王国维校：《水经注校》，上海：上海人民出版社，1984年。

（清）顾栋高：《春秋大事表》，乾隆十三年刊本。

（南宋）朱熹注：《诗经集传》，上海：上海古籍出版社，1987年。

杨伯峻：《春秋左传注》，北京：中华书局，1983年。

杨伯峻：《论语译注》，北京：中华书局，1984年。

杨伯峻：《孟子译注》，北京：中华书局，1984年。

陈奇猷：《吕氏春秋校释》，北京：学林出版社，1984年。

王国维：《观堂集林》，北京：中华书局，1984年。

郭沫若：《文史论集》，北京：人民出版社，1961年。

顾德融、朱顺龙：《春秋史》，上海：上海人民出版社，2001年。

杨宽：《战国史》，上海：上海人民出版社，1980年。

徐中舒：《徐中舒历史论文选辑》，北京：中华书局，1998年。

高亨注：《诗经》，上海：上海古籍出版社，1982年版。

杨宽：《战国史》，上海：上海人民出版社，1998年。

李玉洁：《先秦史稿》，郑州：河南大学出版社，2002年

顾颉刚：《史林杂识》，北京：中华书局，1964年。

徐中舒：《先秦史讲座》，《四川大学学报》，1979年1～4期，1980年第1期。

陈梦家：《殷墟卜辞综述》，北京：中华书局，1988年。

徐中舒：《徐中舒历史论文选辑》，北京：中华书局，1998年。

徐中舒主编：《殷周金文集录》，成都：四川人民出版社，1984年。

杨宽：《战国史》，上海：上海人民出版社，1998年。

孙淼：《夏商史稿》，北京：文物出版社，1987年。

中国社会科学考古研究所编：《新中国的考古发现和研究》，北京：文物出版社，1984年。

中国社会科学考古研究所编：《文物考古工作三十年》，北京：文物出版社，1981年。

张之恒：《中国新石器时代的文化》，南京：南京大学出版社，1988年。

刘顺安：《战国魏都大梁》，北京：光明日报出版社，2016年。

李玉洁：《楚史稿》，郑州：河南大学出版社，1988年。

李玉洁：《齐史稿》，济南：齐鲁书社，1998年。

李玉洁：《中国早期国家性质》，郑州：河南大学出版社，1999年。

李玉洁：《先秦诸子思想研究》，郑州：中州古籍出版社，2000年。

李玉洁：《先秦丧葬制度研究》，郑州：中州古籍出版社，1991年。

《文物》《考古学报》《考古》《考古与文物》《中原文物》《华夏考古》《历史研究》《中国史研究》《史学月刊》等各级历史学、考古学刊物。

后　　记

近年来，国内出现了地方文化研究的热潮，如湖北的楚文化，山东的齐文化、鲁文化，江浙的吴越文化，山西的晋文化，陕西的秦文化，河北的赵文化，安徽的徽文化，四川的巴蜀文化，广东的岭南文化等相继成为学术研究关注的热点。地域文化及其在中华文明发展中的作用的研究，越来越受到人们的重视。

但魏文化的研究在学术界却没有得到足够的重视，甚至关于魏文化研究的文章也不多，且比较分散、不集中，更没有形成对魏文化研究的规模。至今尚未有一部系统的学术研究的专著问世，魏文化的研究与其在文明发展过程中的地位极不相称。

笔者生在开封、长在开封、工作在开封，曾经写过《楚国史》《齐国史》《先秦史》，并且曾想要写战国七雄的国别史。由于忙不完的工作，《魏国史》一直搁浅。我虽然觉得对魏国文化研究得还不够，但作为一个土生土长的开封人一直没有动笔去写，心里还是有些埋怨自己的！

人的年龄越大，家乡情怀也越浓。年轻的时候，有人告诉我多研究一些家乡的文化，我并不以为然；但当我进入花甲之后，家乡文化的研究，逐渐地挂在心头。研究开封地方志的庞应水老师、郭书学老师也都曾鼓励我写《魏国史》，把大梁的辉煌写出来。

战国初年，魏文侯选贤任能，战国时期的顶尖人才基本皆为之所用，从而成就了魏国的辉煌强大,定大梁为都,大有统一六国之势。然而自魏武侯、梁惠王时期,一改任人唯贤之风,任用亲信、排斥迫害贤能之士,吴起、孙膑、商鞅等优秀人才的逃亡,预示了魏国的衰败和不可避免的灭亡。

开封被称为八朝古都,是国务院颁布的最早的六大古都之一,也是中国历史上一个非常重要的都城。在研究家乡历史的过程中,我发现研究地方史与祖国历史并不冲突,地方史是祖国历史的一部分。

2013年2月,我曾在《中州学刊》发表一篇《夏人"十迁"及夏都老丘考释》,认为夏王朝共经历了471年,以开封老丘为国都就有216年,占整个夏王朝的一半时间。夏王朝十次迁都,在其他九个国都或者夏王曾经住过的地方一共只有255年,可见老丘在夏代历史上地位的重要。在老丘,夏王朝走上鼎盛时期。2013年10月,中国古都学会在开封召开古都学术研讨会,我和开封市的学者一起在大会上合作论证了开封老丘是夏王朝的鼎盛之都,影响很大。人们过去曾认为开封是七朝古都,这次论证开封是八朝古都的史实,基本得到学界的认可。这件事使我认识到,研究的地方史也是祖国的正史。

出于对刘马青霞女士的仰慕,我曾撰写了《辛亥女革命家刘马青霞评传》一书。刘马青霞女士是开封人,是民国时期河南省的首富,曾经办过义学、义庄等。她在日本参加了同盟会、参与辛亥革命杂志《河南》《中国新女界》的创办与发行,支持河南省的辛亥起义;创办河南省的第一个女校,培养革命人才。她是辛亥时期的革命家、教育家、慈善家,最后把家产全部献给了国家,有人说她是"中国裸捐第一人"。辛亥时期有"南秋瑾、北青霞"之说。刘马青霞为辛亥革命做出了卓越的贡献。这本书付梓面世时,我觉得能够把河南省有过光辉业绩的人物展现现在国人面前,稍感欣慰。

现在《魏国史》也终于写完,我可以向家乡父老交一份答卷了。

我很早就发现,中原地区先秦诸侯国史的研究很少有人问津。现在我主编的这套"中原诸侯国史研究丛书",对先秦时期的郑国、宋国、卫国、陈国、蔡国、魏国、韩国等,分国研究中原诸侯国的历史文化,研究各个诸侯国的特点及其兴衰的原因。我希望能够更多地为家乡历史文化的研究尽一点绵薄之力。

当《魏国史》即将问世之际,我还是有点胆怯。虽然我已经学习或研究先秦历史多年,但是由于水平有限,每当一本新书即将呈现于世人面前之时,我的心中总是惴惴不安。我诚恳的希望学术界的同仁和先生对本书提出宝贵意见,以供再版修改之用。

李玉洁

于河南大学闲云斋

2016 年 6 月 26 日